国家社科基金专项工程"十八大以来党中央治国理政的经济思想研究"（16ZZD028）
结项证号：2018ZJ001　项目主持人：白暴力　李翠玲
北京市第十六届哲学社会科学优秀成果一等奖

新时代中国特色社会主义经济思想研究

（第二版）

白暴力　李翠玲　等著

中国财经出版传媒集团
经济科学出版社
Economic Science Press

图书在版编目（CIP）数据

新时代中国特色社会主义经济思想研究／白暴力等著．— 2 版．— 北京：经济科学出版社，2021.5
 ISBN 978 - 7 - 5218 - 2549 - 7

Ⅰ.①新… Ⅱ.①白… Ⅲ.①中国特色社会主义 - 经济思想 - 研究 Ⅳ.①F120.2

中国版本图书馆 CIP 数据核字（2021）第 089168 号

责任编辑：程晓云
责任校对：隗立娜
责任印制：王世伟

新时代中国特色社会主义经济思想研究
（第二版）
白暴力 李翠玲 等著
经济科学出版社出版、发行 新华书店经销
社址：北京市海淀区阜成路甲 28 号 邮编：100142
总编部电话：010 - 88191217 发行部电话：010 - 88191522
网址：www.esp.com.cn
电子邮箱：esp@esp.com.cn
天猫网店：经济科学出版社旗舰店
网址：http：//jjkxcbs.tmall.com
北京季蜂印刷有限公司印装
710×1000 16 开 22.25 印张 450000 字
2021 年 8 月第 1 版 2021 年 8 月第 1 次印刷
ISBN 978 - 7 - 5218 - 2549 - 7 定价：68.00 元
（图书出现印装问题，本社负责调换。电话：010 - 88191510）
（版权所有 侵权必究 打击盗版 举报热线：010 - 88191661
QQ：2242791300 营销中心电话：010 - 88191537
电子邮箱：dbts@esp.com.cn）

作者名单

白暴力　李翠玲　王胜利
董宇坤　方凤玲　白瑞雪
傅辉煌　程艳敏　徐　喆

序　言

一、本书的写作背景

习近平新时代中国特色社会主义经济思想，是马克思主义理论与当代中国实践相结合的新认识、新创造、新飞跃、新成果，既是对我国社会主义市场经济发展规律和特点的新探索，又是对中国特色社会主义经济建设的系统指导，是对马克思主义政治经济学的重大丰富和发展，构建了中国特色社会主义政治经济学的核心理论内容。

为了深入学习、领会和贯彻习近平新时代中国特色社会主义经济思想，2016年7月，北京市中国特色社会主义理论体系研究中心组织并立项了"国家社科基金十八大以来党中央治国理政的新理念新思想新战略研究专项工程"项目"党中央治国理政的经济思想研究"（16ZZD028）。项目组负责人为：白暴力和李翠玲。

课题立项以来，课题组开展了富有成效的研究工作。2017年5月13日，课题组与"首都经济学家论坛"联合主办了"治国理政经济思想"专题学术研讨会。40余位来自全国各地高等院校和科研机构的学者出席了会议。2017年9月出版了阶段性研究成果《治国理政经济思想研究文集》。2019年4月，作为结项成果（结项证号：2018ZJ001），出版了《新时代中国特色社会主义经济思想研究》一书。目前，本课题的研究成果在《人民日报》《经济日报》和各学术期刊上发表30余篇文章（见附录），为《中国社会科学文摘》《人民大学报刊复印资料》以及人民网、求是网、光明网等50余家媒体广泛转载和相关学术论文广泛引用。

在此基础上，进一步补充完善写成本书，抛砖引玉，贡献给广大读者。习近平新时代中国特色社会主义经济思想博大精深、系统完善，本书仅一管之见，且人力有限、水平所限，缺陷、不足和错误在所难免，还请读者不吝赐教。学习、领会和贯彻习近平新时代中国特色社会主义经济思想，是学术界和社会各界的共同行动，本书既表达了作者的自身研究成果，也展示了一些学术界的共同认识。

二、本书的主要观点与理论内容

1. 社会生产力理论是习近平新时代中国特色社会主义经济思想的总依据

新时代中国特色社会主义生产力发展进入新阶段、新时代，我国社会主要矛盾发生变化的新特点、新时代中国特色社会主义生产力布局、以五大发展理念为核心的社会生产力理论是习近平新时代中国特色社会主义经济思想体系建立的总依据，进入"新时代"的基本依据是我国社会主要矛盾的变化，而主要矛盾变化的客观依据则是社会生产力发展进入了新阶段。

2. "人民中心论"是对马克思主义政治经济学的丰富与发展，构成了新时代中国特色社会主义经济思想体系的逻辑起点

生产力是整个政治经济学的起点，生产关系是政治经济学的研究对象，生产目的是政治经济学的行为分析基础，劳动价值理论是政治经济学的理念基础。而"人民中心论"则构建了这些基础范畴的逻辑起点。人民中心论以历史唯物主义为哲学基础，明确了劳动者是生产力中最活跃最根本的因素，揭示了生产资料公有制的社会基础和历史必然性，进一步确立了社会主义生产目的，夯实了劳动价值理论的学术基础。

3. 习近平新时代中国特色社会主义经济发展理论为新发展理念

我国经济发展进入高质量发展阶段，经济发展的显著特征是进入新常态，认识把握引领经济发展新常态是发展的大逻辑。经济新常态下，我们要坚持"创新发展、协调发展、绿色发展、开放发展、共享发展"的新时代新发展理念。新发展理念深刻揭示了当前和今后一个时期我国的发展思路、发展方向和发展着力点，指明了建设现代化经济体系实现更高质量、更有效率、更加公平、更可持续发展的路径。

4. 习近平新时代中国特色社会主义经济高质量发展理论

改革开放40余年来，我国经济实力不断增强，经济总量日益攀升，取得了令人瞩目的成就，中国特色社会主义进入了新时代，中国经济进入了高质量发展阶段。高质量发展理论，是习近平新时代中国特色社会主义经济思想的重要理论组成部分，是中国特色社会主义理论的最新成果，丰富与发展了马克思主义经济理论。高质量发展是新时代中国特色社会主义发展的必然道路。

5. 习近平新时代中国特色社会主义经济布局理论

中国特色社会主义事业总体布局是经济、政治、文化、社会、生态文明"五位一体"；战略布局是全面建成小康社会、全面深化改革、全面依法治国、全面从严治党"四个全面"。以"京津冀协同发展"为代表的区域布局

理论，坚定不移疏解北京非首都功能，着力优化京津冀城市群空间格局，统筹推动重点工作持续突破，高起点规划、高标准建设雄安新区。

6. 习近平新时代中国特色社会主义生产关系和经济制度理论

以科学社会主义理论为基础，贯彻以人民为中心的发展思想，全面深化改革，使中国特色社会主义制度更加完善。习近平总书记指出："中国特色社会主义制度是一个严密完整的科学制度体系，起四梁八柱作用的是根本制度、基本制度、重要制度，其中具有统领地位的是党的领导制度。党的领导制度是我国的根本领导制度。"① 这是新时代中国特色社会主义生产关系的基本特征。坚持社会主义基本经济制度，毫不动摇巩固和发展公有制，毫不动摇鼓励、支持、引导非公有制经济发展。坚持社会主义分配制度，强调收入分配理论的核心是人民共享。党的领导是社会主义市场经济体制的重要特征，通过运用"两手合力"加快完善社会主义市场经济体制。

7. 习近平新时代中国特色社会主义现代化经济体系理论

深化供给侧结构性改革是调整宏观经济结构、建设现代化经济体系的战略举措，建设创新型国家是建设现代化经济体系的战略支撑，实施乡村振兴战略是补齐农村短板、建设现代化经济体系的重要基础，实施区域协调发展战略是拓展发展空间、建设现代化经济体系的内在要求，加快完善社会主义市场经济体制是建设现代化经济体系的制度保障，形成全面开放新格局是建设现代化经济体系的必要条件。

8. 习近平新时代中国特色社会主义宏观调控理论

"更好发挥政府作用，既是一个重大理论命题，又是一个重大实践命题。"② 以习近平同志为代表的中国共产党人，以马克思主义宏观经济理论为基础，依据新时代中国特色社会主义出现的新矛盾、新形势，通过将宏观的调控与改革相结合，在改革中调控，在调控中改革，为新时代中国特色社会主义宏观调控注入新内涵，创新性提出了包括新时代宏观调控依据、目标、体系以及宏观调控制度体系理论的新时代中国特色社会主义宏观调控理论。

9. 习近平新时代中国特色社会主义生态经济理论

习近平总书记将马克思主义生态经济理论与中国特色社会主义建设实践相结合，提出了一系列新观点、新理念、新论断，形成了习近平生态文明思

---

① 习近平：《坚持和完善中国特色社会主义制度推进国家治理体系和治理能力现代化》，载《求是》2020 年第 1 期。
② 《习近平谈治国理政》，外文出版社 2014 年版，第 117 页。

想。习近平生态文明思想丰富与发展了马克思主义生态经济理论。新时代中国特色社会主义生态经济思想是在总结国内外经济建设和生态环境保护相关实践经验的基础上，立足于新时代生态环境保护和经济发展的实践要求而形成的，对未来生态经济发展实践方向的科学把握，是马克思主义关于生态经济的思想在我国实践基础上的理论创新。新时代中国特色社会主义生态经济思想指引着我国生态环境保护事业和生态经济建设的发展，指引着我国为推进全球环境治理和可持续发展贡献力量。

10. 习近平新时代中国特色社会主义国际发展战略理论

围绕"建设一个什么样的世界、如何建设这个世界"等课题，党中央提出了建立以合作共赢为核心的新型国际关系和共商共建共享的全球治理观，创新和丰富了全球治理理念。提出了"一带一路"倡议，推动形成全面开放新格局、探索全球经济治理新模式、构建人类命运共同体的新平台，丰富和发展了马克思主义全球化理论、地域分工理论、生产力发展理论和社会资本理论。提出了从政治、安全、经济、文化、生态等五个方面构建"人类命运共同体"的新型时代观、世界观、主权观和发展观，是实现马克思"自由人联合体"的重要探索，既符合马克思人类社会发展形态理论，更与中国传统文化思想相契合。

三、本书的主要学术价值

第一，系统研究习近平新时代中国特色社会主义经济思想理论体系并阐述了学习领会后的认识和理解。

本书系统地研究了十八大以来，以习近平总书记为核心的党中央坚持马克思主义为基础，从生产、分配、交换和消费等社会经济的各个环节以及生产力、生产关系在内的中国特色社会主义基本经济制度、经济体制、市场经济机制、宏观经济运行、微观经济基础和对外经济开放等经济改革、现代化建设和发展等各个方面，形成内容上相互联系、相互依存的习近平新时代中国特色社会主义经济思想理论体系。同时，阐明了在学习、领会各部分内容过程中自己的认识和理解。

第二，具体阐明了习近平新时代中国特色社会主义经济思想对马克思主义经济理论各个方面的丰富和发展。

本书对于习近平新时代中国特色社会主义经济思想的马克思主义理论基础进行了研究，并深入分析了习近平新时代中国特色社会主义对马克思经济理论丰富和发展的具体体现。比如，供给侧结构性改革理论丰富和发展了马克思主义微观主体的生产力和生产关系理论；绿色发展理念丰富和发展了马克思主义自然生产力理论;"一带一路"倡议体现了中国的全球发展战略创新,既有助于本国经济发展,又有助于区域合作,建设开放型世界经济,是马克思主义经济学的丰富与发展。

第三,系统并具体阐释了习近平新时代中国特色社会主义经济思想对我国经济建设与改革各个方面的根本性指导作用和意义。

本书在研究习近平新时代中国特色社会主义经济思想理论体系基础上,就中国特色社会主义在新时代高质量发展阶段的改革和实践提出了自己的观点。比如,从新时代我国可能遭遇的风险角度看,我们所面临的市场经济考验主要有以下三个方面,即实体经济波动和金融运行风险的考验、收入分配差距扩大的考验和产生消极腐败的考验。为此,提出了要自觉增强"四个意识",用习近平新时代中国特色社会主义思想武装头脑、指导实践、推动工作,针对新时代市场经济考验的新特点、新表现,推出应对举措、制定应对方案。

四、下一步所要研究的问题

习近平新时代中国特色社会主义经济思想博大精深、系统完善,本书仅一管之见,无论在深度和广度上,我们都需要进一步深入学习、领会和研究习近平新时代中国特色社会主义经济思想。随着新时代中国特色社会主义经济的高质量发展和改革开放的进一步深入,以习近平同志为主要代表的中国共产党人将会进一步提出一系列新思想、新理论和新战略。这也都是我们需要进一步认真深入学习、领会和研究的。

目 录

第一章 习近平新时代中国特色社会主义经济思想体系 …………… 1

第一节 习近平新时代中国特色社会主义经济思想体系形成的
客观基础
——生产力理论与社会主要矛盾理论 ……………………… 1

第二节 习近平新时代中国特色社会主义经济思想的逻辑起点
——人民中心理论 …………………………………………… 5

第三节 习近平新时代中国特色社会主义经济发展理论
——新发展理念 ……………………………………………… 7

第四节 经济高质量发展理论 ………………………………………… 12

第五节 习近平新时代中国特色社会主义经济布局理论 …………… 16

第六节 习近平新时代中国特色社会主义生产关系
和经济制度理论 ……………………………………………… 18

第七节 习近平新时代中国特色社会主义经济体制理论 …………… 22

第八节 习近平新时代中国特色社会主义宏观调控理论 …………… 26

第九节 习近平新时代中国特色社会主义生态经济理论 …………… 27

第十节 习近平新时代中国特色社会主义现代化经济体系理论 …… 29

第十一节 习近平新时代中国特色社会主义国际发展战略理论 …… 35

第二章 习近平新时代中国特色社会主义经济思想形成的
时代背景
——生产力理论与社会主要矛盾理论 ……………………… 39

第一节 新时代中国特色社会主义生产力发展进入新阶段 ………… 39

第二节 新时代我国社会主要矛盾发生变化的新特点 ……………… 51

第三节 新时代中国特色社会主义生产力布局 ……………………… 68

第四节 以五大发展理念为核心的社会生产力理论 ………………… 78

第三章　习近平新时代中国特色社会主义经济思想的逻辑起点
——人民中心理论 ……………………………………… 91

第一节　历史唯物主义是"人民中心论"的哲学基础 ……… 91
第二节　"人民中心论"明确了生产力中最活跃最根本的因素 …… 94
第三节　"人民中心论"进一步揭示了生产资料公有制的社会基础和历史必然性 …………………………………… 96
第四节　"人民中心论"进一步确立了社会主义生产目的 ……… 98
第五节　"人民中心论"夯实了劳动价值理论的理念基础 ……… 100

第四章　习近平新时代中国特色社会主义经济发展理论
——新发展理念 …………………………………………… 103

第一节　新发展理念的理论体系 …………………………… 103
第二节　经济新常态判断对马克思主义经济理论的丰富和发展 …… 108
第三节　推动经济高质量发展 ……………………………… 119
第四节　新时代中国特色社会主义发展总目标和总任务 …… 122

第五章　经济高质量发展理论 ……………………………… 127

第一节　供给质量与数量双提升的经济发展 ……………… 127
第二节　布局合理优化的经济发展 ………………………… 129
第三节　绿色的经济发展 …………………………………… 131
第四节　中国特色社会主义生产关系再生产的发展 ……… 132
第五节　自主自强的经济发展 ……………………………… 134
第六节　国家安全的经济发展 ……………………………… 135

第六章　习近平新时代中国特色社会主义经济布局理论 … 138

第一节　"五位一体"总体布局理论 ……………………… 138
第二节　"四个全面"战略布局理论 ……………………… 147
第三节　以"京津冀协同发展"为代表的区域布局理论 … 155

第七章　习近平新时代中国特色社会主义生产关系和经济制度理论 ………………………………………… 172

第一节　新时代中国特色社会主义生产关系的特征
——科学社会主义理论的丰富与发展 ………………… 172

第二节　党的领导的根本制度和经济制度体系 …………… 184
　　第三节　中国特色社会主义所有制结构 ………………… 193
　　第四节　中国特色社会主义分配制度 …………………… 202
　　第五节　中国特色社会主义市场经济体制 ……………… 217

第八章　习近平新时代中国特色社会主义宏观调控理论 …… 233
　　第一节　新时代中国特色社会主义宏观调控新依据理论 … 233
　　第二节　新时代中国特色社会主义宏观调控新目标 …… 237
　　第三节　新时代中国特色社会主义宏观调控新体系理论 … 239

第九章　习近平新时代中国特色社会主义生态经济理论 …… 245
　　第一节　对马克思主义生态经济理论的丰富与发展 …… 245
　　第二节　实践来源与实践基础 …………………………… 265
　　第三节　对我国生态经济建设的指导 …………………… 279

第十章　习近平新时代中国特色社会主义现代化
　　　　　经济体系理论 ……………………………………… 293
　　第一节　习近平新时代中国特色社会主义现代化
　　　　　　经济体系理论系统 …………………………… 293
　　第二节　深化供给侧结构性改革是建设现代化
　　　　　　经济体系的战略举措 ………………………… 301

第十一章　习近平新时代中国特色社会主义国际
　　　　　　发展战略理论 …………………………………… 317
　　第一节　习近平新时代中国特色社会主义国际
　　　　　　发展战略理论系统 …………………………… 317
　　第二节　建设新型国际关系 ……………………………… 319
　　第三节　"一带一路"倡议对马克思主义经济理论的
　　　　　　丰富与发展 …………………………………… 323

附录　主要阶段性成果（31 项） ……………………………… 338

第一章

习近平新时代中国特色社会主义经济思想体系

党的十八大以来，以习近平同志为主要代表的中国共产党人以巨大的政治勇气和强烈的责任担当，发挥党总揽全局、协调各方的领导核心作用，坚持以人民为中心，科学地把握了国内外发展大势，在实践中形成了习近平新时代中国特色社会主义经济思想，构建了新时代中国特色社会主义经济思想体系，实现了马克思主义政治经济学与中国特色社会主义伟大实践的结合，是中国特色社会主义政治经济学的最新理论成果。本章，首先探讨新时代中国特色社会主义经济思想体系形成的客观基础和逻辑起点；然后，讨论了习近平新时代中国特色社会主义经济发展理论、经济布局理论、生产关系和经济制度理论、经济体制理论、现代化经济体系理论和国际发展战略理论。

第一节 习近平新时代中国特色社会主义经济思想体系形成的客观基础
——生产力理论与社会主要矛盾理论

党的十九大报告明确指出，我国新的发展方位是中国特色社会主义进入了新时代。新时代中国特色社会主义生产力发展进入新阶段、新时代，我国社会主要矛盾发生变化的新特点、新时代中国特色社会主义生产力布局、以五大发展理念为核心的社会生产力理论是习近平新时代中国特色社会主义经济思想体系建立的总依据。"新时代"是新时代中国特色社会主义经济思想体系建立的客观基础，进入"新时代"的基本依据是我国社会主要矛盾的变化，而主要矛盾变化的客观基础则是社会生产力发展进入了新阶段。

一、生产力发展进入新阶段

随着我国社会生产力水平总体显著提高，实现了富起来的伟大飞跃；随着我国 GDP 稳居世界第二，实现了数量到质量的显著跃升；随着供给侧结构性改革深入推进，经济结构不断优化，区域发展协调性增强。在生产力要素上，劳动者的数量和质量显著提高，全国就业人口数量近年呈持续增长趋势，劳动者科学文化素质和技能化职业化水平显著提高；劳动资料数量和质量显著提高，机械化工具数量和水平明显提高，电动工具持续增长，智能化生产工具发展迅速；劳动对象数量和质量也显著提高，在自然资源发现和供应数量方面取得重大发展，加工后的原材料数量、质量和种类发展取得显著成果。经过改革开放 40 多年的发展，我国社会生产力水平明显提高，这种提高使得新时代生产力水平与之前的中国特色社会主义落后的生产力相比发生了质的飞跃，跃进到一个新的发展台阶，我国进入到"强"起来的发展阶段。

新时代中国特色社会主义生产力仍然是社会主义初级阶段生产力，其特点是发展的不平衡不充分。不平衡体现在生产力的产业发展不均衡、区域发展不均衡和城乡发展不均衡等方面；不充分体现在资源配置不合理导致的效益不高、技术创新能力不强、生态环境改善不足等方面。不平衡不充分的发展制约了生产力的全面提高。"由平衡到不平衡再到新的平衡是事物发展的基本规律"[①]。在我国生产力水平落后时，产业、区域和收入等方面的差距较小，生产力发展处于相对平衡状态。而经过改革开放生产力获得了显著跃升发生了质的变化，进入到新时代中国特色社会主义生产力发展阶段，这个新阶段生产力不平衡不充分是相对于新时代生产力进一步整体协调发展要求的不平衡不充分，是相对于新时代中国特色社会主义生产力发展目标的不平衡不充分，是相对于世界其他发达国家生产力水平而言。新时代中国特色社会主义初级阶段生产力发展总体显著提高，但又不平衡不充分发展，这是中国特色社会主义进入新时代后生产力发展出现的新特点。

全面准确地把握新时代中国特色社会主义生产力内涵和特点，是我们理解新时代中国特色社会主义的历史阶段及其主要矛盾和各项方针、政策的基础，也是习近平新时代中国特色社会主义经济思想体系形成的客观依据。

---

① 《习近平谈治国理政》（第二卷），外文出版社 2017 年版，第 206 页。

二、以新发展理念为核心的社会生产力理论

生产力理论是马克思经济理论体系的基石，是马克思主义政治经济学最基本的范畴。党中央提出了创新发展、协调发展、绿色发展、开放发展和共享发展新理念，构建了新时代中国特色社会主义生产力理论。

创新发展是贯穿在生产力发展全过程的核心，"创新是引领发展的第一动力，是建设现代化经济体系的战略支撑"①。"人才是衡量一个国家综合国力的重要指标"②，是创新的根本和基础。深化与发展了马克思主义"科学技术是生产力""人才是第一资源"的生产力构成理论。协调发展是持续健康平衡发展的内在要求，走出一条新型工业化、信息化、城镇化、农业现代化和绿色化协调推进的生产力发展新道路，使生产力要素一同发挥作用，丰富和发展了马克思主义生产力各要素"关系"和"结构"在数量和比例上最佳结合的系统对称要求理论。绿色发展是将环境资源作为生产力发展的内在要素，实现经济、社会和环境可持续发展的生产力发展新模式，"牢固树立保护生态环境就是保护生产力、改善生态环境就是发展生产力"③的思想，丰富和发展了马克思主义自然生产力理论。开放发展明确了中国永远开放的立场，延伸了生产力发展没有止境的时间长度；中国命运与世界命运休戚相关的内在共赢逻辑，拓宽了生产力发展的无限宽度；中国与世界各国共建人类命运共同体，增大了内外互动生产力发展空间，丰富和发展了马克思主义生产力发展理论。共享发展是中国特色社会主义的本质要求，让人民群众在共同建设中国特色社会主义事业中能得到全面发展，能共同富裕，能感觉幸福快乐，强调了社会主义发展生产力的目的，体现了共同富裕的原则，既传承与发展了马克思主义生产力发展价值目标，又体现了中国特色社会主义生产力发展的新要求。"五大发展"理念内涵丰富、体系完整，是一个辩证统一的系统集合体，构成了习近平新时代中国特色社会主义生产力理论，为探索更加科学的生产力发展道路提供了充满中国智慧的中国方案。

---

① 习近平：《决胜全面建成小康社会　夺取新时代中国特色社会主义伟大胜利》，人民出版社2017年版，第31页。
② 中共中央文献研究室：《十八大以来重要文献选编》（上），中央文献出版社2014年版，第344页。
③ 《习近平谈治国理政》，外文出版社2014年版，第209页。

"五大发展"是注重生产力协调性、系统性、平衡性、可持续性的发展;是以全体人民都过上小康生活为生产力价值目标的发展;是高质量、高效益、优结构的生产力创新发展;是把生产力与生产关系、当前利益与长远利益、发展速度与发展质量、人类社会与自然环境、发展目的与发展手段统一起来的生产力发展新理念。既为马克思主义生产力理论增添了时代新内涵,又丰富和发展了马克思主义生产力理论,开辟了马克思主义生产力发展理论和中国特色社会主义政治经济学理论的新境界。

三、新时代我国社会主要矛盾发生变化的新特点

"我国社会主要矛盾已经转化为人民日益增长的美好生活需要和不平衡不充分的发展之间的矛盾"[①] 是党对我国发展新的历史方位和对新时代中国特色社会主义发展阶段性特征的科学认识和把握。

在生产上,我国社会生产力水平总体上显著提高,很多领域都走在了世界前头,"短缺"已不再是我国经济的主要问题,"落后的社会生产"已不符合变化了的客观现实。在需求上,"有没有"不是问题,"好不好"成了关键。人们不仅需要更高的物质生活,而且需要超出以前物质文化层次和范畴的更好的精神生活。而制约人民美好生活需要的主要因素则是民生、区域、收入分配等方面发展的不平衡不充分,只有着力解决这些问题,才能更好地满足广大人民的要求。我国社会主要矛盾的转化是关系全局的历史性变化,是把马克思主义基本原理与我国现阶段具体实际相结合作出的实事求是的科学理论判断,决定了中国特色社会主义习近平新时代的出现。

正确认识新时代社会主要矛盾的变化,需把握"变"与"不变"的关系。社会主要矛盾"变"了,但并未改变我国社会主义所处的历史阶段,没有改变我国仍处于并将长期处于社会主义初级阶段的基本国情,没有改变我国是世界上最大发展中国家的国际地位,没有改变中国共产党的初心。新时代的"变"与"不变"是事物发展的渐进性和飞跃性的统一,是谋划未来发展的基本依据。

---

① 习近平:《决胜全面建成小康社会 夺取新时代中国特色社会主义伟大胜利》,人民出版社2017年版,第19页。

第二节 习近平新时代中国特色社会主义经济思想的逻辑起点
——人民中心理论

生产力是整个政治经济学的起点，生产关系是政治经济学的研究对象，生产目的是政治经济学的行为分析基础，劳动价值理论是政治经济学的理念基础。而"人民中心论"则构建了这些基础范畴的逻辑起点。人民中心论以历史唯物主义为哲学基础，明确了劳动者是生产力中最活跃最根本的因素，揭示了生产资料公有制的社会基础和历史必然性，进一步确立了社会主义生产目的，夯实了劳动价值理论的学术基础。

坚持以人民为中心的哲学基础是历史唯物主义。"人民群众是历史创造者"，这是历史唯物主义的核心内容。党中央在坚持历史唯物主义基础上，坚持以人民为中心，提出了"人民中心论"。强调历史的创造者是人民，人民是决定党和国家前途命运最根本的力量。人民是改革开放事业的主体，是建设中国特色社会主义、实现"中国梦"的主力军，是决胜全面建成小康社会，开启全面建设社会主义现代化国家新征程的力量源泉和胜利之本。以人民为中心是马克思主义政治经济学的根本立场，丰富和发展了马克思历史唯物主义思想，突出地显现了习近平新时代中国特色社会主义经济思想的本质特征。

坚持以人民为中心明确了生产力中最活跃最根本的因素。马克思主义政治经济学的出发点是生产力，"人民中心论"鲜明地揭示了生产力及其决定因素中最活跃、最根本的因素是劳动人民。习近平总书记指出，必须凝聚全国各族人民大团结的力量实现中国梦；必须依靠全体人民的力量突破利益固化的藩篱；必须从人民群众中汲取智慧和力量培养造就大批的科技创新领军人才。习近平紧紧抓住了劳动者的能动作用和人的创造性，使生产力发展有了动力和源泉，有了科技创新人才坚强雄厚的支撑。"人民中心论"对劳动者是生产力诸因素中最活跃、最根本的因素进行了全方位的揭示，推进了习近平新时代中国特色社会主义经济思想的发展。

坚持以人民为中心揭示了生产资料公有制的社会基础和历史必然性。马克思主义政治经济学的研究对象是生产关系，生产关系的核心是生产资料所有制。"人民中心论"阐明了生产资料公有制的社会基础和历史必然性。只有坚定地实行生产资料公有制为主体、多种所有制经济共同发展的社会主义基本经济制度,广大人民才能真正成为生产资料的主人、社会的主人。"必须坚持和完善我国社会主义基本经济制度和分配制度,毫不动摇巩固和发展公有制经济,毫不动摇鼓励、支持、引导非公有制经济发展"①。"两个毫不动摇"深刻阐明了,只有坚持公有制主体地位和国有经济主导作用,才能完善社会主义市场经济体制,才能为多种所有制经济共同发展提供前提条件,才能为生产力发展提供物质技术基础和重要载体,从制度上保证人民群众共同利益和共同理想的实现,从而激发非公有制经济的生机活力,促进社会主义初级阶段生产力的发展。

坚持以人民为中心进一步确立了社会主义生产目的。社会生产目的是政治经济学的行为分析基础,"人民中心论"进一步确立了满足人民日益增长的美好生活需要的社会主义生产目的,确立了习近平新时代中国特色社会主义经济思想行为分析的逻辑出发点。十九大报告指出,我们的奋斗目标就是人民对美好生活的向往,要多为人民谋利,多帮人民解忧,在改革发展中补齐民生短板,尤其在人民关心的教育、就业、医疗、养老、住房等方面持续取得新进展,不断促进人的全面发展、全体人民共同富裕。"人民中心论"决定着各个经济主体在生产过程各环节的决策取向和行为方式,使宏观、微观行为从人民群众的根本利益出发谋划改革思路和举措,奠定了习近平新时代中国特色社会主义经济思想的行为分析基础。

坚持以人民为中心打牢了劳动价值理论的理念基础。马克思主义政治经济学理论体系的构建,是以劳动价值理论为基础的,"人民中心论"突出强调了劳动者的价值,为劳动创造价值理论提供了深厚的学理分析基础。习近平总书记指出,"人民创造历史,劳动开创未来"②;没有从天而降的幸福,没有不劳而获的财富;没有不奋斗就能实现的梦想,中华民族伟大复兴中国梦的实现,必须依靠人民群众的历史创造活动。"人民中心论"以"人民"即"劳动者"为"本",强调了劳动者的主体地位、劳动在财富生产中的创造作用,揭示了人民的劳动是人类存在、发展的条件和动力,是价值的唯一人类源泉,夯实了劳动创造价值的理论分析和学术基础。

人民中心论以历史唯物主义为哲学基础,明确了劳动者是生产力中最活跃最根本的因素,揭示了生产资料公有制不可避免的历史趋势,进一步确立了社会主义生产目的,夯实了劳动价值理论的学术基础,构成了习近平新时

---

① 习近平:《决胜全面建成小康社会 夺取新时代中国特色社会主义伟大胜利》,人民出版社2017年版,第21页。

② 《习近平谈治国理政》,外文出版社2014年版,第44页。

代中国特色社会主义经济思想体系的逻辑起点，丰富和发展了马克思主义政治经济学。

第三节 习近平新时代中国特色社会主义经济发展理论
——新发展理念

我国经济发展进入高质量发展阶段，经济发展的显著特征是进入新常态，认识把握引领经济发展新常态是发展的大逻辑。新时代中国特色社会主义发展总目标是实现中华民族伟大复兴的中国梦；总任务是建成社会主义现代化强国，基本方略是"十四个坚持"①，发展理念是创新、协调、绿色、开放和共享。在经济新常态下，我们要坚持"创新发展、协调发展、绿色发展、开放发展、共享发展"的新时代新发展理念。新发展理念深刻揭示了当前和今后一个时期我国的发展思路、发展方向和发展着力点，指明了建设现代化经济体系实现更高质量、更有效率、更加公平、更可持续发展的路径。

一、经济发展进入高质量发展阶段

（一）我国经济的显著特征是进入新常态

经济新常态是对我国经济发展阶段性特征的准确判断，是对马克思主义经济周期性理论认识的升华和发展。社会主义公有制虽然在某种程度上消除了资本主义经济周期波动的可能性，但我国的公有制还不完善，发展还不平衡不充分，特别是结构性产能过剩还比较严重。因此，我国经济在发展不同阶段也会存在周期性变化，但主要不是周期性波动，而是社会主要矛盾发生转化引起的发展阶段转变，经济新常态正是我国经济不同发展阶段更替变化的结果。"'十三五'时期，我国经济的显著特征就是进入新常态"②，以"中高速"新阶段取代高速增长旧阶段，以质量效率型发展新方式取代规模速度型旧方式，以调整存量、做优增量并举的经济新结构取代增量扩能的旧结构，这已成为一个相对稳定的状态，即成为常态。新常态是我国经济发展

---

① 习近平：《决胜全面建成小康社会 夺取新时代中国特色社会主义伟大胜利》，人民出版社2017年版，第20~26页。

② 中共中央宣传部：《习近平总书记系列重要讲话读本》，人民出版社2016年版，第141页。

客观规律决定的加快经济发展方式转变的主动选择，是化解不平衡不充分深层次矛盾，走向更高级经济形态、更合理结构的必经阶段。

（二）经济增长动力从投资驱动向创新驱动转换

经济新常态的实质是要实现经济增长动力的转换，这一定位深化和发展了马克思主义经济增长要素理论。随着人力资源、自然资源、环境资源和技术变革创新等成本要素的增加，必然引起产品价格上升、通货膨胀出现、竞争力下降和经济发展乏力。只有推动经济发展质量、效率和动力变革，提高全要素生产率，才能化解成本上升的矛盾和动力不足问题，实现从投资驱动向创新驱动转换；只有破除体制机制障碍，最大限度激发科技所蕴藏的第一生产力的潜能，培育贸易新业态新模式，打造国际合作新平台，增添共同发展新动力，才能更好发挥消费和出口促进经济增长的作用。从增长不是简单增加生产总值，而是有效益、有质量、可持续的增长，到确定符合经济规律的增长速度、增长动力和增长潜力，彰显了发展的智慧和对我国经济社会发展阶段性特征和经济增长规律的深刻把握，深化和发展了马克思主义经济增长要素理论。

（三）经济发展方式从数量扩张向质量提升转变

经济新常态下实现经济发展方式从数量扩张向追求质量转变，进而推动增长动力转换的思想，深化和发展了马克思主义经济发展方式理论。"十三五"时期是转方式调结构的重要窗口期，如果只为短期经济增长实行刺激政策，而不注重转方式调结构，必然会透支未来增长。从以速度为中心的外延式经济增长方式转向以质量和效益为中心注重内涵的经济增长方式，体现了扩大再生产方式由外延扩大向内涵扩大转化的历史趋势，贯穿着马克思主义经济发展方式理论的核心理念，是新常态下创新经济发展方式唯一正确的选择。推进以科技创新为核心的全面创新，实现从注重速度、数量往注重长期质量、速度和效益并行的可持续发展转变，促进生产规模、速度、效益、质量、环保的有机统一，有利于中国制造向中国创造、中国速度向中国质量、制造业大国向制造业强国的转变。

（四）坚持稳中求进、质量第一、效益优先

坚持"稳中求进"工作总基调。适应经济新常态关键在全面深化改革的力度、在宏观调控措施的到位、在经济提质增效的升级，为稳增长、调结构、促改革创造有利环境。坚持稳中求进工作总基调，"不能简单以国内生产总值增长率论英雄"[①]，发展必须保持一定的速度，但又不能单纯追求增长速

---

① 中共中央宣传部：《习近平总书记系列重要讲话读本》，人民出版社2016年版，第146页。

度；我们不唯 GDP，但也不能不要 GDP。我们要追求稳中有进遵循经济增长规律的有质量有效益的科学发展，遵循自然规律的绿色低碳循环的可持续发展和遵循社会规律的开放共享协调包容的发展。"稳中求进"是宏观调控方式和思路的重大创新，也是建立现代化经济体系的方法论。

坚持供给侧"结构性改革"总方向。在全面建设现代化经济体系的总体战略目标指引下，供给侧结构性改革是主攻方向和工作主线。经济新常态的一个显著特征是结构性减速。只有深化改革，加快产业结构调整，切实提高供给质量，将需求管理与供给管理结合起来，实行积极的财政政策和稳健的货币政策，保持国民经济在合理均衡水平上的基本稳定，才能形成稳增长调结构合力，实现宏观调控任务。坚持供给侧结构性改革，深化了宏观调控的目标内涵和方式手段。

坚持质量第一、效益优先基本要求。我们的经济"增长必须是实实在在的和没有水分的增长，是有效益、有质量、可持续的增长"[1]，宏观调控的着力点是提质增效、转方式调结构，坚持质量第一、效益优先，进一步变革经济发展质量、效率和动力，不断扩充发展的内涵，使全要素生产率得以提高。主动放缓经济增速，把发展质量放在第一位，优先注重效益，在客观上突破了只专注短期经济运行的传统框架，适应了既要利当前、更要惠长远的发展思路，丰富和发展了马克思宏观经济调控理论。

二、新时代中国特色社会主义发展总目标

为中国人民谋幸福和为中华民族谋复兴，是新时代中国特色社会主义的总目标。

党的十八大以后的五年，我国经济对世界经济增长贡献率超过 30%，总量稳居世界第二；一批重大科技成果相继问世，国家创新指数排名升至第 17 位；城镇化率年均提高 1.2 个百分点，对全球减贫事业贡献率超过 70%……中国人民在习近平新时代中国特色社会主义思想指导和共产党领导下，在持续探索中国特色社会主义道路和改革开放的伟大实践中，在强大的民族精神和时代精神激励下砥砺奋进，走出了一条繁荣发展、稳定前行的强国之路。我们有信心和能力实现中华民族伟大复兴的总目标，也比历史上任何时期都更接近这一总目标。

---

[1] 《习近平谈治国理政》，外文出版社 2014 年版，第 112 页。

三、新时代中国特色社会主义发展总任务

为实现新时代中国特色社会主义总目标，我们要完成建设社会主义现代化国家的总任务。

（一）全面建成小康社会

全面建成小康社会将为开启全面建设社会主义现代化国家新征程奠定坚实的基础。

全面建成小康社会，必须坚定实施科教兴国、人才强国和创新驱动发展战略，推动我国科技创新水平向跟跑、并跑、领跑"三跑"并存的历史性转变，推动科技创新能力向质的飞跃、系统能力提升转变，推动科技创新与经济社会发展关系向"融合、支撑、引领"的历史性转变，推动全球创新竞争格局向挺进世界舞台中心的历史性转变，提升科技进步贡献率，为从科技大国迈向科技强国奠定重要基础。全面建成小康社会，必须坚定实施乡村振兴、区域协调发展战略，大力发展农村生产力，着力解决农业农村短腿短板，理顺工农城乡关系，缩小城乡差距，推进城乡融合发展和各地区现代化建设。全面建成小康社会，必须坚定实施可持续发展、军民融合发展战略，实现国家发展和安全兼顾、富国和强军统一，经济建设和国防建设融合发展，经济实力和国防实力同步提升，形成军民融合全要素在多领域深度高效的发展格局。

（二）全面建设社会主义现代化国家

全面建设社会主义现代化国家的目标，从 2020 年到 2050 年，分两个阶段进行。

第一阶段，从 2020 年到 2035 年的第一个 15 年，在全面建成小康社会基础上再奋斗 15 年，基本实现社会主义现代化。这个目标提前了 15 年时间完成我们党原来提出的"三步走"战略目标的"基本实现现代化"的第三步目标。经济建设上跻身创新型国家前列，政治建设上基本实现国家治理体系、治理能力现代化，文化建设上国家文化软实力和中华文化影响力显著增强，民生和社会建设上基本实现公共服务均等化和全体人民共同富裕，生态建设上基本实现美丽中国的目标。

第二阶段，从 2035 年到 2050 年的第二个 15 年，在基本实现现代化的基础上再奋斗 15 年，把我国建成富强民主文明和谐美丽的社会主义现代化强国。那时的中国，将拥有高度的物质文明建成富强的社会主义现代化强国；将拥有高度的政治文明建成民主的社会主义现代化强国；将拥有高度的精神

文明建成文明的社会主义现代化强国；将拥有高度的社会文明建成和谐的社会主义现代化强国；将拥有高度的生态文明建成美丽的社会主义现代化强国。

四、新时代中国特色社会主义新发展理念

（一）关系我国发展全局的发展理念创新

习近平总书记指出，新发展理念不是凭空得来的，而是我们党深刻总结了国内外发展经验教训、深刻分析了国内外发展大势、深化认识了经济社会发展规律的基础上，针对我国发展中的突出矛盾和问题提出来的发展新理念。针对新时代社会主要矛盾的转化，提出要解决好社会、民生、法治、生态环境等方面存在的发展不平衡不充分问题，大力提升发展质量和效益。针对发展中存在的突出问题，创新发展、协调发展、绿色发展、开放发展、共享发展，分别注重解决发展动力问题、发展不平衡问题、人与自然和谐问题、发展内外联动问题和社会公平正义问题。新发展理念深刻阐释了发展的目标、动力、布局、保障等关系发展全局的问题，既体现了对新时代社会主要矛盾的洞悉，又体现了对社会主义本质要求和发展方向的科学把握，是习近平新时代中国特色社会主义思想对实现什么样的发展、怎样实现发展问题的科学回答，是中国共产党对经济社会发展规律认识的新高度，实现了中国特色社会主义政治经济学的重大创新。

（二）新发展理念的科学内涵和精神实质

着力实施创新驱动发展战略，准确把握创新是引领发展的第一动力，是积极把握发展主动权，积极应对发展环境变化，增强内生发展动力的根本之策。着力增强发展的整体性协调性，准确把握协调是持续健康平衡发展的内在要求，是发展手段、发展目标、发展的评价标准和尺度，统一了发展的平衡与不平衡、发展的短板与潜力。着力推进人与自然和谐共生，准确把握绿色是永续发展的必要条件，保护环境就是保护生产力，改善环境就是发展生产力，协同推进人民富裕、国家强盛和中国美丽的进程。着力形成对外开放新体制，准确把握开放是国家繁荣发展的必由之路，要坚持对外开放，坚持引进来和走出去并重、引资引技和引智并举，质量和水平不断提高。着力践行以人民为中心的发展思想，准确把握共享是逐步实现共同富裕的要求，其实质是坚持以人民为中心的发展思想，坚持全民、全面、共建和渐进共享，让人民群众有更多获得感。新发展理念是掌管全局、根本和长远的，从战略的高度引领着我国的发展。因此，必须从整体上、从五大发展理念的内在联

系中系统把握新发展理念,才能不断开拓发展新境界。

(三)贯彻新发展理念,建设现代化经济体系

建设现代化经济体系是我国发展的战略目标,也是我国经济发展到了更为关键的跨越关口时期的紧迫要求,只有在新发展理念引领下努力建设现代化经济体系,才能根本改变粗放的经济发展模式,实现更高质量、更有效率、更加公平、更可持续的发展;才能使市场机制实现预期目的,宏观调控张弛有度,微观主体充满活力,经济创新能力和国际竞争力不断增强。建设现代化经济体系,要深化供给侧改革,为建设现代化经济体系提供着力点和主攻方向;加快建设创新型国家,为建设现代化经济体系提供战略支撑;实施乡村振兴战略,为建设现代化经济体系提供重要基础;实施区域协调发展战略,为建设现代化经济体系提供布局路径;加快完善社会主义市场经济体制,为建设现代化经济体系提供制度保障;推动形成全面开放新格局,为建设现代化经济体系提供必要条件。建设现代化经济体系的科学布局充分体现了新发展理念的科学内涵和精神实质。

新发展理念深刻揭示了当前和今后一个时期我国发展的方向思路和关键点,指明了建设现代化经济体系的路径,对破解发展难题、增强发展动力、厚植发展优势更具针对性、指导性和可操作性,开拓了马克思主义政治经济学的新境界,为人类发展贡献了中国智慧和中国方案。

第四节　经济高质量发展理论

改革开放40余年,我国经济实力不断增强,经济总量日益攀升,取得了令人瞩目的成就,中国特色社会主义进入了新时代,中国经济进入了高质量发展阶段。高质量发展理论,是习近平新时代中国特色社会主义经济思想的重要理论组成部分,是中国特色社会主义理论的最新成果,丰富与发展了马克思主义经济理论。高质量发展是新时代中国特色社会主义发展的必然道路。

一、供给质量与数量双提升的经济发展

习近平总书记指出,要"重视量的发展,但更要重视解决质的问题,在质的提升中实现量的有效增长"。[①]高质量发展成为我国经济进入新时代的重

---

① 《习近平谈治国理政》(第三卷),外文出版社2020年版,第238页。

要特征。新时代经济发展的主题是解决人民日益增长的美好生活需要与不平衡不充分发展之间的矛盾。这就要求高质量发展要从供给侧结构性改革入手，牢牢把握既要增加供给数量更要提升供给质量的理念。

马克思主义生产力发展理论认为，物质资料生产数量与效率的全面升级和劳动者素质技能的全面提升都是社会生产力发展的重要表现。马克思主义资本积累理论指出，在社会生产发展初期，社会生产主要表现为资本有机构成不变的扩大再生产，即外延型扩大再生产，也就是单纯数量扩大的再生产；而"在积累过程中就一定会出现一个时刻，那时社会劳动生产率的发展成为积累的最强有力的杠杆"[①]，社会生产也就转化为资本有机构成提高的扩大再生产，即外延型扩大再生产，也就是质量提高的扩大再生产。高质量发展理论，紧密结合中国特色社会主义建设实际，丰富和发展了马克思主义生产力发展理论和资本积累理论。

二、布局合理优化的经济发展

习近平总书记指出，"高质量发展应该实现生产、流通、分配、消费循环通畅，国民经济重大比例关系和空间布局比较合理"[②]。高质量发展是布局合理优化的经济发展，实现国民经济结构的优化，保证社会经济的健康持续发展。

马克思主义社会资本再生产理论认为，社会再生产的合理状态具体表现为社会经济总量的平衡和宏观经济结构的均衡。马克思主义产业资本循环理论指出，社会经济发展是一个动态的循环系统，产业结构的合理布局是系统循环畅通的重要条件。布局合理优化的经济发展思想，则在此基础上进一步深入论述了中国特色社会主义经济建设中城乡发展、区域平衡、社会生态和社会生产的全面均衡发展等一系列重大社会经济合理优化布局问题。高质量发展理论中的布局合理优化思想丰富和发展了马克思主义社会资本再生产理论和产业资本循环理论。

三、绿色的经济发展

习近平总书记指出："绿水青山就是金山银山，阐述了经济发展和生态

---

① 《马克思恩格斯文集》（第5卷），人民出版社2010年版，第717页。
② 《习近平谈治国理政》（第三卷），外文出版社2020年版，第239页。

环境保护的关系,揭示了保护生态环境就是保护生产力、改善生态环境就是发展生产力……绿水青山既是自然财富、生态财富,又是社会财富、经济财富。"①高质量发展理论强调人与自然的和谐发展的原则,也就是绿色的经济发展的原则。

马克思和恩格斯关于"人—自然—社会"关系的系统研究中蕴含着丰富的生态经济思想,例如,恩格斯的著名论述:"我们不要过分陶醉于我们人类对自然界的胜利。对于每一次这样的胜利,自然界都对我们进行报复。……我们每走一步都要记住:我们决不像征服者统治异族人那样支配自然界,决不像站在自然界之外的人似的去支配自然界——相反,我们连同我们的肉、血和头脑都是属于自然界和存在于自然界之中的;我们对自然界的整个支配作用,就在于我们比其他一切生物强,能够认识和正确运用自然规律。"② 马克思主义关于生态经济的思想主要包括人与自然关系思想、自然生产力理论、物质变换理论、可持续性发展思想、对资本主义社会的生态批判及生态共产主义思想等一系列重要理论。高质量发展理论中的绿色发展思想,紧密结合中国特色社会主义经济建设实践,丰富和发展了马克思主义的生态经济理论。

四、中国特色社会主义生产关系再生产的发展

高质量发展是社会主义制度自我完善的发展,是中国特色社会主义生产关系再生产的发展。马克思主义资本积累理论指出:"资本主义的再生产同时是资本主义关系的再生产。"③同理,任何社会的再生产同时都是社会生产关系的再生产。高质量发展理论,紧密结合中国特色社会主义经济建设实践,强调中国特色社会主义基本经济制度的巩固和发展,丰富和发展了马克思主义关于社会再生产同时也是社会生产关系再生产的理论。

五、自主自强的经济发展

高质量发展理论强调经济发展的自主性和自强性。毛泽东同志指出:

---

① 《习近平谈治国理政》(第三卷),外文出版社2020年版,第361页。
② 《马克思恩格斯全集》(第26卷),人民出版社2014年版,第769页。
③ 《马克思恩格斯文集》(第5卷),人民出版社2010年版,第4页。

"中国无论何时也应以自力更生为基本立脚点。"①"中国的事情必须由中国人民做主张,自己来处理。"②高质量发展理论的自主自强经济发展思想,密切结合新时代中国特色社会主义经济建设实践,丰富与发展了马克思列宁主义和毛泽东思想。

六、国家安全的经济发展

高质量发展是充分保障国家安全的发展。习近平总书记指出:"国家安全是安邦定国的重要基石,维护国家安全是全国各族人民根本利益所在。"③

在《共产党宣言》中,马克思指出:资产阶级"迫使一切民族……按照自己的面貌为自己创造出一个世界"④。资本在世界市场上不仅仅输出商品获取利润,还会输出资本制度。列宁指出:"战争对资本主义是不可避免的。"⑤垄断资本主义就是帝国主义,帝国主义就是战争。只要垄断资本主义还存在,战争的风险就始终存在。因此,在当前世界,保障国家安全乃是一个国家经济发展的重要前提。高质量发展理论,紧密结合当前世界所面临的"百年未有之大变局",强调中国的高质量发展必须坚持国家安全的经济发展思想丰富和发展了马克思主义理论。

高质量发展通过供给侧结构性改革,不断夯实国民经济基础,理顺产业结构。经济发展重心由高增长速度转变为高质量发展,"从'有没有'转向'好不好'"⑥。高质量发展的使命是提高社会主义生产力发展水平、满足人民对美好生活的需要。习总书记指出,"我们追求的发展应该是高质量的发展,衡量标准就是以人民为中心"⑦。高质量发展理论,是习近平新时代中国特色社会主义经济思想的重要理论组成部分,丰富与发展了马克思主义经济理论。在习近平新时代中国特色社会主义思想的指引下,沿着高质量发展的道路前进,中国特色社会主义建设一定能够取得更加辉煌的伟大成就。

---

① 《毛泽东选集》(第2卷),人民出版社1991年版,第191页。
② 《毛泽东选集》(第4卷),人民出版社1991年版,第146页。
③ 《习近平谈治国理政》(第三卷),外文出版社2020年版,第39页。
④ 《马克思恩格斯选集》(第1卷),人民出版社1995年版,第276页。
⑤ 《列宁全集》(第26卷),人民出版社1959年版,第147页。
⑥ 《习近平谈治国理政》(第三卷),外文出版社2020年版,第239页。
⑦ 《习近平会见联合国秘书长古特雷斯》,载《人民日报》2018年4月9日,第1版。

第五节　习近平新时代中国特色社会主义经济布局理论

中国特色社会主义事业总体布局是经济、政治、文化、社会、生态文明"五位一体";战略布局是全面建成小康社会、全面深化改革、全面依法治国、全面从严治党"四个全面";"十四个坚持"是基本方略。发展方略是总体布局和战略布局内涵和外延的具体表现,是习近平新时代中国特色社会主义思想的行动纲领。以"京津冀协同发展"为代表的区域布局理论,坚定不移疏解北京非首都功能,着力优化京津冀城市群空间格局,统筹推动重点工作持续突破,高起点规划、高标准建设雄安新区。

一、"五位一体"总体布局理论

党中央从经济、政治、文化、社会、生态文明五个方面,制定了新时代统筹推进"五位一体"总体布局的战略目标和路线图。

经济建设上,坚持新发展理念,以供给侧结构性改革为主线,建设现代化经济体系,以更高的质量和效率,实现更加公平更可持续的发展。政治建设上,人民当家作主的制度体系更加健全,社会主义民主政治的优势和特点充分发挥,确保人民当家作主落到实处。文化建设上,坚持社会主义核心价值体系,坚定文化自信,推动中国特色社会主义文化创造性转化、创新性发展。社会建设上,加强和创新社会治理,坚持在发展中保护和保证民生的改善,在发展中补齐民生的短板不足,在发展中加快推进社会的公平正义,保障人民群众可持续地获得幸福感、安全感。生态文明建设上,坚持人与自然和谐共生,构建绿色产业结构、绿色生产方式、绿色生活方式,以节约资源和保护环境,形成现代化建设的新格局,建设美丽中国。"五位一体"总体布局是一个互相联系、互相作用的有机整体,根本是经济建设,保证是政治建设,灵魂是文化建设,条件是社会建设,基础是生态文明建设,共同致力于全面提升我国物质文明、政治文明、精神文明、社会文明、生态文明,统一于把我国建成富强民主文明和谐美丽的社会主义现代化强国的新目标。

"十四个坚持"中的"坚持新发展理念""坚持人民当家作主""坚持全

面依法治国""坚持社会主义核心价值体系""坚持在发展中保障和改善民生""坚持总体国家安全观""坚持人与自然和谐共生""坚持一国两制和推进祖国统一""坚持推动构建人类命运共同体",这九个"坚持"是对"五位一体"总方略的深刻阐述。

二、"四个全面"战略布局理论

"四个全面"科学统筹了全面建成小康社会的奋斗目标、全面深化改革的发展动力、全面依法治国的重要保障和全面从严治党的根本保证。

全面建成小康社会是战略布局中战略目标层面的内容,具有统帅地位,其他三个全面是战略举措。全面建成小康社会"一个都不能少",不仅是经济小康,还必须是政治小康、文化小康、社会小康和生态小康。全面深化改革,以促进社会公平正义、增进人民福祉为出发点和落脚点,完善和发展中国特色社会主义制度,实施一整套更加科学、完备、稳定和更管用的制度体系,保证国家的长期安定太平、社会的和谐稳定和人民的健康幸福平安,推进国家治理体系和治理能力现代化。全面依法治国,完善以宪法为核心的中国特色社会主义法治体系,推进科学立法、严格执法、公正司法、全民守法,建设社会主义法治国家,是中国特色社会主义的本质要求和重要保障。全面从严治党是全面建成小康社会、全面深化改革和全面依法治国顺利推进的根本保证,核心是加强党的领导,保证正确方向,保证我们党始终为民、爱民,始终务实、清廉,不断自我净化,不断提高自身素质,不断完善和革新自我。

"十四个坚持"中的"坚持党对一切工作的领导""坚持以人民为中心""坚持全面深化改革""坚持全面依法治国""坚持全面从严治党""坚持党对人民军队的绝对领导",这六个"坚持"是对"四个全面"战略布局的具体阐述。

坚持和发展中国特色社会主义,推进"五位一体"总体布局和"四个全面"战略布局,必须统筹规划、协调一致,必须坚定"十四个坚持"基本方略,必须对中国特色社会主义道路、理论、制度和文化深信不疑,增强自信心。

三、以"京津冀协同发展"为代表的区域布局理论

习近平总书记站在党和国家事业发展全局的高度,以大历史观谋划区域

未来发展,创新性地提出了以京津冀协同发展战略为主要内容的区域布局理论。

习近平总书记指出,实现京津冀协同发展是国家重大发展战略。是为打造新的首都经济圈、完善城市群和形态、探索生态文明建设有效路径、实现京津冀优势互补、创新区域发展体制机制、协调人口经济资源环境提供示范和样板,实现生产力区域布局和空间结构的优化。京津冀协同发展战略以马克思主义生产力理论为基础,将内涵集约式发展作为发展方向,以创新驱动为发展动力,以开放、共享为发展原则,丰富和发展了马克思主义生产力理论;根据三地具体情况和我国经济新常态的特殊要求,丰富和发展了马克思主义社会分工理论,开拓了一条新型社会分工之路;坚持有计划、按比例的经济发展模式,丰富与发展了马克思主义社会再生产理论;充分发挥政府引导和协调作用,通过市场实现三地产业转移、生产要素流动和人才交往共享,革新优化了政府与市场关系。京津冀协同发展战略是我国推动区域协调发展和进行生产力发展区域布局的有益探索,为西部大开发、东北老工业基地改造、长江经济带等区域经济发展提供了宝贵经验。

总之,新时代中国特色社会主义生产力布局,是结合社会主要矛盾,以人民利益为出发点,以"五位一体"总体布局为原则,以"四个全面"为战略,以满足人民日益增长的美好生活需要为目标,以供给侧结构性改革为主线,以区域协调发展为重点,以实现国内生产力充分、平衡发展,推进经济高质量、动态协调发展。在经济全球化下,全面开放中的中国特色社会主义生产力布局,是以人类共同利益为基础,以"开放、包容、互利、共赢"为核心概念,构建人类命运共同体。

第六节 习近平新时代中国特色社会主义生产关系和经济制度理论

围绕新时代中国特色社会主义生产关系的特征,坚持党的领导,全面深化经济体制改革,完善社会主义市场经济体制,党中央提出的一系列重要理论观点和战略部署,构建了中国特色社会主义生产关系和经济制度理论。坚持社会主义基本经济制度,毫不动摇巩固和发展公有制,毫不动摇鼓励、支持、引导非公有制经济发展。坚持社会主义分配制度,强调收入分配理论的核心是人民共享。

第一章 习近平新时代中国特色社会主义经济思想体系

一、新时代中国特色社会主义生产关系的特征

以科学社会主义理论为基础,贯彻以人民为中心的发展思想,全面深化改革,使中国特色社会主义制度更加完善,特别是使中国特色社会主义基本经济制度更加完善,这是新时代中国特色社会主义生产关系的基本特征。

坚持公有制经济和非公有制经济相辅相成、相得益彰共同发展,使新时代中国特色社会主义所有制结构更加完善。劳动关系和谐稳定、资本关系更趋优化、供求关系更趋平衡,使新时代中国特色社会主义生产关系更加完善。居民收入增高、基尼系数下降、中等收入群体扩大、再分配作用明显、社会保障体系成就巨大,使新时代中国特色社会主义分配关系更加完善。市场主体活力提升、市场体系更加完善、价格改革纵深推进、政府职能转变加快,使新时代中国特色社会主义交换关系更加完善。消费水平持续提高、消费结构逐步优化,使新时代中国特色社会主义消费关系更加完善。经济结构不断优化、分配交换关系不断完善、消费水平层次不断提高,新时代中国特色社会主义再生产过程的协调性增强。但"我国仍处于并将长期处于社会主义初级阶段的基本国情没有变",当前我国发展中不平衡、不协调依然突出,生产关系也存在着不平衡不协调。因此,要通过全面深化生产关系改革构建系统完备、科学规范的新时代中国特色社会主义生产关系:以新发展理念为指导,实现协调发展,逐步建立共享的分配关系、平等的交换关系、全面升级的消费关系,促进人的全面发展。

二、党的领导的根本制度和经济制度体系

习近平总书记指出:"中国特色社会主义制度是一个严密完整的科学制度体系,起四梁八柱作用的是根本制度、基本制度、重要制度,其中具有统领地位的是党的领导制度。党的领导制度是我国的根本领导制度。"[①]

中国特色社会主义经济制度体系由根本制度、基本经济制度和重要经济制度相互联系、相互作用共同构成。根本制度在中国特色社会主义经济制度中起着顶层决定性、全域覆盖性和全局指导性作用,党的领导制度是中国特

---

① 习近平:《坚持和完善中国特色社会主义制度 推进国家治理体系和治理能力现代化》,载《求是》2020年第1期。

色社会主义经济的根本领导制度。基本经济制度，是我国经济基础的核心，体现国家经济生活的基本原则，对国家经济社会发展等发挥重大影响。重要经济制度，是由党的领导制度和基本经济制度派生的，同时也是贯彻、执行和推进着根本制度和基本经济制度，在国家经济治理领域中直接发挥着具体的重要作用。健全和完善中国特色社会主义经济制度体系，是深入贯彻落实习近平新时代中国特色社会主义思想、把制度优势转化为国家治理效能的必然要求。因此，我国要"抓紧制定国家治理体系和治理能力现代化急需的制度、满足人民对美好生活新期待必备的制度"[①]，健全和完善中国特色社会主义经济制度体系。

三、公有制为主体、多种所有制共同发展的所有制结构

（一）毫不动摇巩固和发展公有制经济

我国目前实行的是以公有制为主体、多种所有制经济共同发展的基本经济制度。这是我们党确立的一项巩固中国特色社会主义制度、完善社会主义市场经济体制的大政方针。"公有制主体地位不能动摇，国有经济主导作用不能动摇，这是保证我国各族人民共享发展成果的制度性保证，也是巩固党的执政地位、坚持我国社会主义制度的重要保证"。[②] 社会主义国家的改革，必须坚守社会主义公有制方向，在"更好的政府作用"前提下，更好地坚持发展社会主义制度优越性、发挥党和政府的积极作用，构建有利于发展的市场环境、产权制度、投融资体制、人才培养制度等体制机制，发挥市场配置资源的决定性作用，真正为人民带来福祉，促进生产关系适合生产力发展。

（二）毫不动摇鼓励、支持、引导非公有制经济发展

毫不动摇巩固和发展公有制经济，同毫不动摇鼓励支持引导非公有制经济发展是相辅相成、相得益彰的有机统一。"非公有制经济在我国经济社会发展中的地位和作用没有变，我们鼓励、支持、引导非公有制经济发展的方针政策没有变，我们致力于为非公有制经济发展营造良好环境和提供更多机会的方针政策没有变"。[③] 习近平总书记强调的"三个没有变"是党和国家的大政方针。公有制经济是社会主义市场经济的组成部分，非公有制经济同样

---

① 《中共中央关于坚持和完善中国特色社会主义制度 推进国家治理体系和治理能力现代化若干重大问题的决定》，载《人民日报》2019年11月6日。
② 《中共中央关于全面深化改革若干重大问题的决定》，载《人民日报》2013年11月16日。
③ 《习近平谈治国理政》（第二卷），外文出版社2017年版，第259页。

是社会主义市场经济的组成部分,二者都是中国特色社会主义经济社会发展的重要基础。一系列保护各种所有制经济组织和自然人产权合法利益的法律政策,一大批扩大非公有制企业市场准入、平等发展的改革举措,形成了鼓励、支持、引导非公有制经济发展的政策体系,大力推进了各类市场主体实现权利平等、机会平等、规则平等,建立新型的政商关系。

四、中国特色社会主义分配制度

公有制为主体的多种所有制经济并存的所有制结构,决定了我国的分配制度必须是以按劳分配为主体的多种分配方式并存状态。与我国现阶段生产力发展不平衡不充分相适应,分配方式也必然存在多种形式。

(一)收入分配理论的核心是人民共享

人民共享是习近平新时代中国特色社会主义收入分配理论的核心,统领收入分配的各个环节和全部内容。新时代中国特色社会主义收入分配不仅关注企业分配问题、个人消费品的分配问题,更加关注社会公共服务提供问题;不仅关注货币分配的问题,还关注住房、医疗、教育、养老等更广阔范围的问题,使"幼有所育、学有所教、劳有所得、病有所医、老有所养、住有所居、弱有所扶"[①];不仅关注人民生活水平、福利公平等问题,还关注地区均衡、自然生态等问题;不仅重视全体人民在社会生产中的合作和分配的社会公平公正,还注重和谐、贡献和效率,是真正全民、全面、共建、渐进的共享。

(二)初次分配:坚持按劳分配原则,完善按要素分配体制机制

社会主义分配制度是社会主义劳动者按劳分配的主体地位和权益的制度保障。只有坚持按劳分配的主体地位不动摇,在分配中提高劳动要素价格以及劳动收入所占的比重,监管垄断收入,各行业、企业同等劳动贡献获得同等收入,才能从根本上实现合理、公平的分配。十九大报告创新性地将"完善按要素分配的体制机制"作为收入分配的内容,表明健全市场机制不仅是社会主义生产的重要内容,也是收入分配公平、合理、有序的制度前提。初次分配,改善劳动力市场,创造更多岗位需求,提高就业质量,为劳动者创造同工同酬、没有歧视和提高工资收入均等化的机会。同时,完善市场体系、健全市场机制,使生产要素能够在市场上进行自由流动、交换,并在价格机

---

① 习近平:《决胜全面建成小康社会 夺取新时代中国特色社会主义伟大胜利》,人民出版社2017年版,第23页。

制引导下实现所有权的转移。

（三）再分配：缩小收入差距，加强公共服务

重视再分配环节的公平、公正，是习近平新时代中国特色社会主义分配理论的重要特点。不仅要把"蛋糕"做大，还要把不断做大的"蛋糕"分好，让社会主义制度的优越性得到更充分体现，让人民群众有更多获得感。再分配充分发挥政府调节职能，通过税收、财政政策，让辛勤劳动的守法公民走上富裕之路，使低收入者的收入增加，过高收入得到调节，非法收入予以取缔，最终扩大中等收入人群的比例，形成较为合理的橄榄型分配格局，着力改变贫富的代际传递，创造公平竞争环境。通过实施精准扶贫工程、乡村振兴战略、区域协同发展战略，加快推进基本公共服务均等化，缩小收入分配差距，不断满足人民日益增长的美好生活需要，实现居民收入与国家经济增长同步增长，劳动者报酬与劳动生产率提高同步提高。

五、社会主义市场经济体制

坚持和完善社会主义市场经济体制是由我国基本国情决定的。一方面，社会主义市场经济"将社会主义基本制度的优越性与市场经济体制的优越性有机融合起来，使之在发展社会生产力方面发挥出巨大的'合力'作用"。[1] 只有坚持和完善社会主义市场经济体制，才能发挥社会主义制度的优越性，最大限度发挥市场经济资源配置的效率，解放和发展生产力。另一方面，中国特色社会主义基本国情决定了既要"充分发挥市场在资源配置中的决定性作用，又要更好发挥政府作用"。[2] 政府更好地发挥作用，通过经济总量与经济结构的均衡发展推动社会经济健康运行。不仅如此，更好发挥政府作用也是中国特色社会主义发展的内在需要。只有将市场经济和政府调控有机结合起来，才能极大地推动生产力发展。

第七节 习近平新时代中国特色社会主义经济体制理论

新时代中国特色社会主义经济，在党的领导下，充分发挥市场在资源配

---

[1] 习近平：《对发展社会主义市场经济的再认识》，载《东南学术》2001年第4期。
[2] 《习近平关于全面深化改革论述摘编》，中央文献出版社2014年版，第136页。

置中的决定性作用，更好发挥政府作用，"两手合力"加快完善社会主义市场经济体制。

一、党的领导是社会主义市场经济体制的重要特征

中国共产党的领导是中国特色社会主义的最本质特征。"坚持党的领导，发挥党总揽全局、协调各方的领导核心作用，是我国社会主义市场经济的一个重要特征"。[①]

（一）社会主义市场经济体制的政治特征是党的领导

市场经济总是依附并服务于一定的社会制度，与资本主义制度结合形成了资本主义市场经济，与社会主义制度相结合建立了社会主义市场经济。社会主义市场经济是中国共产党领导的社会主义制度框架内运行的市场经济。离开了党的领导，离开了社会主义基本制度，就不是社会主义市场经济了。没有中国共产党的坚强领导，就没有新中国，就没有社会主义制度的建立、巩固和完善，就没有中国社会主义生产力的发展，就没有改革开放的成就取得，当然也不可能有社会主义市场经济体制的建立和逐渐完善，不可能有社会主义市场经济体制优越性的发挥。因此，社会主义市场经济必须服务于社会主义基本经济制度和人民共同富裕的宗旨，坚持党的领导是社会主义市场经济的重要政治特征。

（二）党的领导是政府在市场经济运行中发挥作用的根本保证

中国共产党的领导，集政治领导、思想领导、组织领导于一身，具有先进性和统一性的优势。在社会主义市场经济运行中，中国共产党的领导主要是通过政府发挥指导和协同功能。在宏观层面，通过总体布局和战略目标等统揽发展全局，协调各方利益，充分发挥市场机制的积极作用；通过法律制度管理市场，加强和优化公共服务，促进公平正义和社会稳定，实现共同富裕，矫正、弥补市场本身的缺陷。在微观层面，市场中的风险防范、生态资源、农业资源、能源等的配置必须运用政府职能的发挥，而不能单纯依靠市场化解风险。"在我国，党的坚强有力领导是政府发挥作用的根本保证"。[②]在中国，只有中国共产党能够统揽全局、协调各方面力量。

（三）只有坚持党的领导，才能不断完善社会主义市场经济

党的十九大报告强调，要坚持社会主义市场经济改革方向，加快完善社

[①②]《习近平谈治国理政》，外文出版社2014年版，第118页。

会主义市场经济体制，必须重点完善产权制度，根据市场需求配置要素。社会主义市场经济本质上是法治经济，只有坚持党的领导，才能从根本上保证依法治国和政府治理的现代化，完善市场监管体制。社会主义市场经济体制的基石是现代产权制度，只有坚持党的领导，才能毫不动摇地巩固与发展公有制经济和鼓励支持引导非公有制经济发展，坚持现代企业制度改革方向，完善产权制度。社会主义市场经济要实现要素自由流动，必须完善要素市场，只有坚持党的领导，才能深化劳动力市场、土地市场、资本市场及要素价格市场化的改革，完善公平竞争的市场环境。社会主义市场经济是开放性经济，只有坚持党的领导，才能在扩大开放中增强防风险、化冲击的能力，更好地把握开放的限度和方式，适应国际交易规则，完善参与国际市场竞争的机制。

二、"两手合力"加快完善社会主义市场经济体制

党的十八届三中全会提出："使市场在资源配置中起决定性作用、更好发挥政府作用。"[①] 市场作为"看不见的手"，政府则作为"看得见的手"，在社会主义市场经济中共同发力，协同推进中国特色社会主义经济实现高质量的发展。

（一）充分发挥市场在资源配置中的决定性作用

马克思认为，市场在资源配置中起"决定性"作用，能最有效地实现私人劳动向社会劳动的转化，能最有效地实现社会必要劳动时间。党的十八届三中全会将市场在资源配置中起"基础性"作用修改为起"决定性"作用，是对市场作用的全新定位。发挥市场在资源配置中起"决定性"作用，有利于完善"归属清晰、权责明确、保护严格、流转顺畅"的现代产权制度，夯实社会主义市场经济体制的基石；有利于完善要素市场化配置，深化要素价格市场、劳动力市场、土地市场和资本市场改革；有利于完善公平竞争的市场环境，全面实施市场准入负面清单制度和公平竞争审查制度；有利于完善各类国有资产管理体制，健全公司治理结构，建立股权制衡机制；有利于深化投融资、税收、金融、利率和汇率体制改革，健全金融监管体系。"使市场在资源配置中起决定性作用"是我们党把马克思主义基本原理与我国实际相结合，对中国特色社会主义建设规律认识的一个新突破，是完善社会主义生产关系的创新性成果，有利于经济体制机制的改革完善和优化资源配置，

[①]《中共中央关于全面深化改革若干重大问题的决定》，人民出版社2013年版，第5页。

提高全要素生产率。

（二）更好发挥政府作用

习近平总书记在对《〈中共中央关于全面深化改革若干重大问题的决定〉的说明》中特别指出："我们实行的是社会主义市场经济体制，我们仍然要坚持发挥我国社会主义制度的优越性、发挥党和政府的积极作用。"市场机制虽然在资源配置和发展生产力方面有巨大优势，但其自身无法弥补的自发性、盲目性、短期性、滞后性等缺陷容易引发市场经济的自主性、逐利性、投机性，与社会主义集体主义原则产生矛盾。因此，单纯的市场配置资源是行不通的。更好发挥政府作用，不仅是马克思主义社会总产品实现理论的运用，更是中国特色社会主义发展的内在需要。只有在"更好的政府作用"下，"市场的资源配置决定性"作用才有用武之地，才能保证社会主义方向，真正发挥社会主义制度优越性，保持宏观经济稳定，保障公平竞争，优化公共服务，加强市场监督，维护市场秩序；才能有效弥补市场作用的缺陷，弥补市场失灵，为市场"决定性"作用保驾护航，才能保障人民根本利益。"更好"发挥政府作用既是对马克思主义的继承，也是对马克思主义的创新。

（三）"两手合力"推进社会主义市场经济体制机制完善

使市场在资源配置中起决定性作用和更好发挥政府作用是有机的统一，不能相互取代。"看不见的手"和"看得见的手"都要用好，形成合力，相互补充、相互促进，不断完善社会主义市场经济体制。社会主义基本经济制度是市场"决定性"作用和"更好"发挥政府作用的共同基础，追求人民利益是其共同目标、共同的基础和共同的终极目标，决定了二者成为"两手合力"的"两只手"。"更好"发挥政府作用，有助于培育公平公正的市场环境、创造统一开放的市场、培育独立自主的市场主体、完善现代企业制度等，为市场的"决定性"作用把握方向，纠正市场自身的弊端，进一步提升市场效率，确保市场"决定性"作用的有效发挥，真正体现中国特色社会主义市场经济的先进性。只有发挥市场"决定性"作用，才能为"更好"发挥政府作用提供活力与资源，才能激发劳动、知识、资本技术、管理等一切要素的活力，让政府从直接干预、过多干预、不当干预的状态中摆脱出来，只负责该管的事，增强政府管理的效果与效率。"两手合力论"是对市场与政府关系的崭新界定，是社会主义市场经济发展新阶段的必然要求，是全面建成小康社会、实现社会主义现代化、实现中华民族伟大复兴的重要途径，是对马克思主义市场理论的创新。

第八节 习近平新时代中国特色社会主义宏观调控理论

"更好发挥政府作用,既是一个重大理论命题,又是一个重大实践命题"。① 以习近平同志为主要代表的中国共产党人,以马克思主义宏观经济理论为基础,依据新时代中国特色社会主义出现的新矛盾、新形势,通过将宏观的调控与改革相结合,在改革中调控,在调控中改革,为新时代中国特色社会主义宏观调控注入新内涵,创新性提出了包括新时代宏观调控依据、目标、体系以及宏观调控制度体系理论的新时代中国特色社会主义宏观调控理论。

一、新时代中国特色社会主义宏观调控新依据理论

新时代中国特色社会主义需要进一步完善市场经济体制。同时,我国仍处于社会主义初级阶段。我们不仅需要完善市场经济体制而进行宏观调控,而且需要为实现社会主义现代化而进行宏观调控。以习近平同志为主要代表的中国共产党人,以马克思主义理论为基础,根据新时代中国特色社会主义面临的新矛盾和宏观经济运行面临的新问题,提出了新时代中国特色社会主义宏观调控新依据理论。

二、新时代中国特色社会主义宏观调控新目标

以习近平同志为主要代表的中国共产党人,根据中国特色社会主义进入新时代的新矛盾、新阶段和新规律,提出了高质量发展的宏观调控新目标。对此,习近平总书记指出:"推动高质量发展是当前和今后一个时期确定发展思路、制定经济政策、实施宏观调控的根本要求。"② 新时代高质量发展是以新发展理念为指导的宏观调控的长期性、总体性目标,包含着"更高质量,更有效率,更加公平,更可持续"等具体内容。这就意味着新时代宏观

---

① 《习近平谈治国理政》,外文出版社 2014 年版,第 117 页。
② 《中央经济工作会议在北京举行》,载《人民日报》2017 年 12 月 21 日。

调控的目标较之过去经济高速增长阶段的目标，由注重经济数量增长转向注重经济发展质量，由注重经济规模转向注重经济效益，由效率优先兼顾公平转向更注重公平，由注重经济增长速度转向注重经济社会可持续发展，因此，这是具有新特征的宏观调控目标，是新时代中国特色社会主义宏观调控的新目标。

三、新时代中国特色社会主义宏观调控新体系理论

党的十八届三中全会提出了"健全宏观调控体系"①。所谓宏观调控体系是政府为实现宏观经济调控目标，对宏观经济运行进行干预、调节和控制而运用的各种政策和措施的总称。党中央基于新时代中国特色社会主义宏观经济运行出现的新变化，提出了宏观调控新体系理论。这里"新"体现在两个方面，即一方面，新时代宏观调控体系内容"新"。较之传统西方宏观调控体系，新时代中国特色宏观调控体系内容不仅包括宏观政策工具，而且包括宏观制度和体制，这是因为我们面临的经济结构失衡的重要原因在于宏观体制机制障碍，因此，宏观调控不仅需要运用宏观政策工具，而且需要完善宏观经济制度和体制。另一方面，新时代宏观调控体系的政策和体制"新"，这不仅表现在新时代中国特色宏观调控创新的财税、货币、产业等政策方面，而且表现在创新的制度和体制方面。可见，党中央以高质量发展为目标，提出了包含着丰富内容的宏观调控新体系理论。

第九节 习近平新时代中国特色社会主义生态经济理论

习近平总书记将马克思主义生态经济理论与中国特色社会主义建设实践相结合，提出了一系列新观点新理念新论断，形成了习近平生态经济理论。习近平生态经济理论丰富与发展了马克思主义生态经济理论。新时代中国特色社会主义生态经济思想是在总结国内外经济建设和生态环境保护相关实践经验的基础上，立足新时代生态环境保护和经济发展的实践要求而形成的，对未来生态经济发展实践方向的科学把握，是马克思主义关于生态经济的思

---

① 《中共中央关于全面深化改革若干重大问题的决定》，载《人民日报》2013年11月16日。

想在我国实践基础上的理论创新。新时代中国特色社会主义生态经济思想指引着我国生态环境保护事业和生态经济建设的发展,指引着我国为推进全球环境治理和可持续发展贡献力量。

一、对马克思主义生态经济理论的丰富与发展

生态文明建设是关系人民福祉、关乎民族未来的大计。习近平总书记将马克思主义生态经济理论与中国特色社会主义建设实践相结合,提出了一系列新观点新理念新论断,形成了习近平生态经济理论。习近平生态经济理论主要包括促进人与自然和谐共生、环境就是民生、绿水青山就是金山银山、保护环境就是保护生产力、推动绿色发展和构建人类命运共同体等重要内容。习近平生态经济理论丰富与发展了马克思主义生态经济理论。

二、实践来源与实践基础

党的十八大以来,以习近平同志为主要代表的中国共产党人坚持以人民为中心,在总结国内外发展经验的基础上,科学把握发展大势,在实践中形成了以"新发展理念"为主要内容的习近平新时代中国特色社会主义经济思想[1]和以"绿色发展"为核心的习近平生态经济理论[2]。其中,具体到生态经济领域,有着一系列新理念新思想,包括良好的生态环境就是民生福祉思想、人与自然和谐共生理念、良好的生态环境就是生产力思想、绿水青山就是金山银山理念、绿色发展理念,为绿色发展提供严密的法制保障思想,国际社会携手共建清洁美丽世界思想等,它们构成了内涵丰富的新时代中国特色社会主义生态经济思想。新时代中国特色社会主义生态经济思想以"增进民生福祉"为出发点和落脚点,以实现"人与自然和谐共生"为目标,以"正确认识和处理生态环境保护和经济发展的关系"为核心内容。它是我们党在总结国内外生态环境保护和经济发展相关实践经验的基础上,立足于新时代生态经济发展的实践要求,科学把握未来生态经济发展的实践方向而形成的,是马克思主义关于生态经济的思想在我国社会主义实践基础上的理论创新。

---

[1] 2017年12月,中央经济工作会议上首次提出了习近平新时代中国特色社会主义经济思想。相关研究可参见:白暴力、李翠玲等:《新时代中国特色社会主义经济思想研究》,经济科学出版社2019年版。

[2] 2018年5月,全国生态环境保护大会召开,此次大会标志着习近平生态文明理论的确立。

三、对我国生态经济建设的指导

党的十八届五中全会提出我国坚持"创新、协调、绿色、开放、共享"的新发展理念。"新发展理念是习近平新时代中国特色社会主义经济思想的主要内容,是管全局、管根本、管长远的,具有战略性、纲领性和引领性,为我国建设现代化经济体系提供战略指引和重要遵循",作为具有内在联系的集合体,"新发展理念"贯穿于我国经济社会发展的各领域各环节。绿色发展理念作为新发展理念的重要组成部分,是实现永续发展的必要条件和人民对美好生活追求的重要体现。新时代中国特色社会主义生态经济思想以绿色发展理念为核心,是新发展理念在生态经济领域的具体化,为我国缓解生态环境问题、提高经济发展质量、推动生态环境保护与经济发展的协同共进提供着具体的指引。

"理念是行动的先导,一定的发展实践都是由一定的发展理念来引领的"。新时代中国特色社会主义生态经济思想指出良好的生态环境就是民生福祉、良好的生态环境就是生产力,要以实现人与自然和谐共生为目标、以增进民生福祉为出发点和落脚点,坚持系统工程思路开展生态环境治理,坚持"绿水青山就是金山银山"的绿色发展路径,用最严格的制度、最严密的法律保护生态环境,全球携手共建清洁美丽家园,指引着我国生态环境保护事业和生态经济建设的发展,为推进全球生态环境治理和可持续发展贡献力量。

第十节 习近平新时代中国特色社会主义现代化经济体系理论

随着中国特色社会主义进入新时代,我国经济发展也进入新时代,宏观经济运行以新发展理念为指导、以供给侧结构性改革为主线、以稳中求进为工作总基调,建设现代化经济体系。深化供给侧结构性改革是调整宏观经济结构、建设现代化经济体系的战略举措,建设创新型国家是建设现代化经济体系的战略支撑,实施乡村振兴战略是补齐农村短板、建设现代化经济体系的重要基础,实施区域协调发展战略是拓展发展空间、建设现代化经济体系的内在要求,加快完善社会主义市场经济体制是建设现代化经济体系的制度保障,形成全面开放新格局是建设现代化经济体系的必要条件。

一、深化供给侧结构性改革是调整宏观经济结构建设现代化经济体系的战略举措

供给侧结构性改革从生产端入手,以提高社会生产力为目的。供给侧结构性改革的着眼点在于生产,在于生产领域通过优化要素配置和调整产业结构,提高供给体系的质量和效率。供给侧结构性改革的根本目的在于通过解放和发展生产力,增加有效供给、减少无效供给、增强优质供给,实现更好满足人民美好生活需要的目的。供给侧结构性改革的主要任务是长期推进创新驱动战略和近期实现"三去一降一补",有效化解过剩产能,促进产业优化重组,增加公共产品和服务供给,提高供给结构对需求变化的适应性和灵活性。

调整经济结构,是供给侧结构性改革的主攻方向。建设现代化经济体系,必须把发展经济的着力点放在实体经济特别是提升制造业水平上,不断培育新的经济增长点和新动能,以创新引领绿色发展、低碳发展和循环发展,建设知识型、技能型、创新型劳动者大军,培育世界级先进制造业集群。加强基础设施网络建设,坚持去产能、去库存、去杠杆、降成本和补短板,提升供给体系质量,在更高水平上实现供需动态平衡。

深化企业改革是供给侧结构性改革的根本途径。供给侧结构性改革的"本质属性是深化改革,推进国有企业改革,加快政府职能转变,深化价格、财税、金融、社保等领域基础性改革"。① 推动企业兼并重组,化解过剩产能,淘汰僵尸企业,提高国有资本运行效率;推动技术革新,促进创新链与产业链和市场需求有机衔接;建立现代企业制度,发挥各类人才积极性、主动性、创造性,激发各类要素活力;形成有效制衡的公司法人治理结构、灵活高效的市场化经营机制,提升企业竞争力。

以深化供给侧结构性改革为主线,推动经济发展提质增效,是我国经济宏观调控的着力点,丰富和发展了马克思主义产业结构调整理论。

二、建设创新型国家是建设现代化经济体系的战略支撑

强化基础研究,加强应用基础研究。坚持战略引领,着力原始创新,力

---

① 《习近平主持召开中央财经领导小组第十三次会议 强调坚定不移推进供给侧结构性改革在发展中不断扩大中等收入群体》,载《人民日报》2016年5月17日。

争在前瞻性基础研究和引领性原创成果上打开缺口，实现重大的突破。同时，强化应用基础研究，在一些领域突破关键共性技术、现代工程技术及前沿引领技术，掌握一批颠覆性创新技术，拥有更多原创性技术，加强重点领域的技术开发与集成、装备研制与大规模运用，强力支撑现代化强国建设，实现科技创新能力从量的积累向质的飞跃转变、从点的突破向系统能力提升转变。

加强国家创新体系建设。建设体现国家意志、具有世界高水平的战略科技创新基地，建设一批重大科技基础设施和综合性科学中心；优化整合国家科研基地和平台布局，推动科技资源开放共享；以产学研深度融合推动技术创新，建设一批引领企业创新和产业发展的国家技术创新中心，培育一批核心技术能力突出、集成创新能力强的创新型领军企业；打造"一带一路"协同创新共同体，全方位提升科技创新国际化水平；协同推进发展理念、体制机制、商业模式等创新，系统构建国家创新体系，提升国家发展水平和国际竞争力。

深化科技创新体制改革。"建立以企业为主体、市场为导向、产学研深度融合的技术创新体系"①，不断完善支持企业创新的普惠性政策体系、完善国家技术转移体系、完善科技成果转化激励评价体系，强化知识产权创造、保护和运用，推进项目评审、人才评价、机构评估改革，激发科技人员的积极性，逐渐形成以创新为主要引领和支撑的经济体系和发展模式，实现科技创新能力和水平巨大跃升。

培养科技人才和高水平创新团队。习近平总书记强调，我们一定要树立强烈的人才意识，要求贤如渴地寻觅人才，如获至宝地发掘人才，不拘一格地推举人才，各尽其能地使用人才，开阔视野地引进聚集人才，择天下英才而用之。要坚持"科学技术是第一生产力""人才是第一资源"的理念，努力培养高水平的科技创新团队，培育成就具有国际水准的大批战略科技英才，努力把我国建设成为世界科技强国。

三、实施乡村振兴战略是建设现代化经济体系的重要基础

实施乡村振兴战略的总要求是：产业兴旺、生态宜居、乡风文明、治理有效、生活富裕。

---

① 习近平：《决胜全面建成小康社会　夺取新时代中国特色社会主义伟大胜利》，人民出版社2017年版，第31页。

实施乡村振兴战略，必须不断深化农村改革。加强和完备农村基本经营制度，深化农村土地制度改革，保持土地承包关系长期稳定不变，实行土地所有权、承包权、经营权"三权分置"。深化农村集体产权制度改革，构建产权明晰、权能完善的中国特色社会主义农村集体产权制度。完善农业支持保护制度，探索建立粮食生产功能区、重要农产品生产保护区的利益补偿机制；深化粮食收储制度和价格形成机制改革，扩大轮作休耕制度试点；完善财政补贴政策、农村金融保险政策和农产品调控政策，优化存量，扩大增量，促进产业健康发展。

加快建设现代农业。确保国家粮食安全，把中国人的饭碗牢牢端在自己手中。实施"藏粮于地、藏粮于技"战略，提高农业机械化、科技化、信息化和良种化水平。构建现代农业产业体系、生产体系、经营体系，促进农产品加工流通业、林业、渔业、种植业、畜牧业、农业服务业转型升级和融合发展；用现代物质装备武装农业、现代生产方式改造农业、现代科学技术服务农业，大力推进农业生产经营机械化和信息化；培育新型职业农民和新型经营主体，提高农业经营集约化、组织化、规模化、社会化、产业化水平。

调整农业结构，促进农村各产业融合发展。调整优化农业产品结构、产业结构和布局结构，促进粮经饲统筹、农林牧副渔结合、种养销一体，促进农业产业链条延伸和农业与二三产业尤其是文化旅游产业的深度融合，发展特色产业、休闲农业、农村电商、乡村旅游等新产业新业态，延长产业链、提升价值链，坚持质量兴农、绿色兴农，为农民持续稳定增收提供更加坚实的农村产业支撑。

适度规模经营，实现小农户和现代农业发展有机衔接。推进土地入股、土地流转、土地托管、联耕联种等多种经营方式，提升农业适度规模经营水平，探索建立公益性农技推广与经营性技术服务共同发展新机制，保护好小农户利益，使其通过多种途径和方式进入规模经营和现代生产，与大农户一起分享现代化成果。

四、实施区域协调发展战略是建设现代化经济体系的内在要求

建立更加有效的区域协调发展新机制。加快建立全国统一开放、竞争有序的市场体系；创新区域合作机制，鼓励创新区域合作的组织保障、规划衔接、利益协调、激励约束、资金分担、信息共享、政策协调和争议解决等机

制；完善区域互助机制，促进对口支援从单方受益为主向双方受益深化；建立健全区际补偿机制，促进区际利益协调平衡。加大力度支持老少边穷地区加快发展，推进西部大开发、东北等老工业基地振兴、中部地区崛起，建立全方位统筹协调新机制，形成新格局。

以城市群为主体构建大中小城市和小城镇协调发展的城镇格局。优化提升东部地区城市群，培育发展中西部地区城市群，形成一批参与国际合作竞争、国土空间均衡开发和区域协调发展的城市群。强化大城市对中小城市辐射带动作用，形成横向错位发展、纵向分工协作的发展格局。完善城市群协调机制，形成大中小城市和小城镇协调发展的城镇格局。深化户籍制度改革，加快居住证制度全覆盖。建立健全财政转移支付同农业转移人口市民化挂钩、城镇建设用地增加规模与吸纳农业转移人口落户数量挂钩、中央预算内投资安排向吸纳农业转移人口落户数量较多的城镇倾斜的激励机制。

京津冀协同发展。着力建设以首都为核心的世界级城市群、区域整体协同发展改革引领区、全国创新驱动经济增长新引擎、生态修复环境改善示范区。疏解北京非首都功能，走出一条中国特色解决"大城市病"的路子。加快北京城市副中心建设，优化京津冀城市群空间格局和功能定位，形成区域发展主体功能区和定位清晰、分工合理、功能完善、生态宜居的现代城镇体系。构建轨道交通、公路交通、空中交通、海上交通一体化现代交通网络，建立一体化环境准入和退出机制，扩大区域环境容量和生态空间；打造立足区域、服务全国、辐射全球的优势产业集聚区。

推动长江经济带发展。以共抓大保护、不搞大开发为导向推动长江经济带发展。坚持生态优先、绿色发展、统筹发展的总体要求，把修复长江生态环境摆在压倒性位置，实施好长江防护林体系建设等生态保护修复工程，建设沿江绿色生态廊道。以畅通黄金水道为依托，建设高质量综合立体交通走廊、建设沿江绿色生态廊道，推进产业转型升级和新型城镇化建设，优化沿江产业和城镇布局，实现长江上中下游互动合作和协同发展。

坚持陆海统筹，加快建设海洋强国。统筹陆海间相互支援、相互促进，实现陆海资源互补、陆海发展并举、陆海安全并重的目标，推进陆海全面协调可持续发展和陆地大国向陆海强国转变。充分利用海洋资源，增加资源供给，破解我国可持续发展的资源瓶颈；统筹陆地、海洋开发开放布局，建设海洋生态文明；增强海上通道保护，维护海上通道安全。加快建设海洋强国，提高海洋开发、控制、综合管理能力，促进陆海在经济、军事、科技等领域一体化建设。

五、加快完善社会主义市场经济体制是建设现代化经济体系的制度保障

加快完善产权制度，实现产权有效激励。社会主义市场经济体制的基石是现代产权制度，深化经济体制改革的重点之一是完善产权制度。在坚持和完善我国基本经济制度下，要着力加强产权保护，依法保护各种所有制经济产权和合法利益，激励知识产权在科技创新和成果转化上的作用持久发挥。

加快推进要素市场化配置，实现要素自由流动。深化劳动力市场改革，依法保障平等就业，实现劳动力的自由流动；深化土地市场改革，加快建设城乡统一的建设用地市场；深化资本市场改革，健全金融监管体系，促进多层次资本市场健康发展。

加快完善市场决定价格机制，实现价格灵活反应。深化要素价格形成机制改革，打破资源性产品和垄断行业等领域各种形式的行政垄断，根据行业特点配置资源；深化商事制度改革、投融资体制改革、税收制度改革、利率和汇率市场化等改革，完善市场监管体制。

加快完善公平竞争的市场环境，实现统一开放、有序竞争。对于妨碍统一市场和公平竞争的各种规定和做法，一定要坚决予以废除和清理，全方位地实施市场准入负面清单制度，最大限度地缩小政府对市场主体经营的干预，大幅度放宽市场准入，促进贸易和投资自由化便利化，推动经济全球化。

深化国有企业改革，发展混合所有制经济。国有企业改革的深化进行，必须在各类国有资产管理体制完善下，稳妥有序发展混合所有制经济，优化国有经济布局，调整结构，加快战略重组，做强做大做优国有资本。支持民营企业的发展，依法保护其法人财产权和经营自主权，弘扬企业家精神，激发各类市场主体活力，创建良好的法治环境、市场环境和社会环境。

加快完善社会主义市场经济体制，构建市场机制有效、微观主体有活力、宏观调控有度的经济体制，加快完成要素市场化配置和完善产权制度的重点工作，促进生产要素自由流动、产权有效激励、企业优胜劣汰，实现市场价格灵活反应、公平有序竞争，为建设现代化经济体系提供制度保障。

六、形成全面开放新格局是建设现代化经济体系的必要条件

形成陆海内外联动、东西双向互济的开放格局。在共商共建共享原则下，

以"一带一路"建设为重点,"引进来"与"走出去"并重,加强对外投资合作和创新能力合作。积极有效地利用外资,坚持引资和引技引智并举,促进经济迈向中高端水平,实现互利共赢。在深化沿海开放的同时,将内陆和沿边地区的开放洼地打造提升为开放高地,形成陆海内外联动、东西双向互济的开放格局,进而形成区域协调发展新格局。

培育贸易新业态新模式,推进贸易强国建设。深化外贸领域供给侧结构性改革,优化国际市场布局和国内区域布局,优化商品结构、经营主体和贸易方式,加快外贸转型升级示范基地、贸易平台和国际营销网络建设,积极培育贸易新业态新模式,支持跨境电子商务、市场采购贸易、外贸综合服务等健康发展,打造外贸新的增长点,形成更为全面及多元化的全球贸易合作关系,促使我国由外贸大国变为外贸强国。

实行高水平的贸易和投资自由化便利化政策。全面实行准入前国民待遇加负面清单管理制度,对市场准入放宽条件,对服务业进一步开放,深化我国与发达国家的经贸合作和与发展中国家的经贸联系。加大西部地区的开放力度,使自由贸易试验区、边境经济合作区、跨境经济合作区有更大的改革自主权,促进贸易和投资自由化便利化。探寻摸索自由贸易港的建设,完善外商投资管理体制,营造公平竞争的外商投资市场环境,保护外商在华投资的合法权益,加强海关合作,为跨境电子商务发展营造良好环境。

创新对外投资方式,加快培育国际经济合作和竞争新优势。促进以企业为主体、以市场为导向、以国际惯例为遵循、以政府为导引的国际产能合作,逐步构筑辐射"一带一路"、面向全球的高标准的贸易投资和生产服务网络。加强海外并购引导,扩大市场渠道、提高创新能力、打造国际品牌,增强企业核心竞争力;在扩大轻工、纺织、建材、家电、冶金等传统产业投资合作的同时,加快推进数字经济、智能经济、绿色经济、共享经济等新兴产业合作,推动陆、海、空、网互联互通。

"推动形成全面开放新格局",从统筹国内国际两个大局的高度、从理论和实践两个维度,系统回答了新时代要不要开放、要什么样的开放、如何更好推动开放等重大命题,丰富了全面开放内涵。

第十一节 习近平新时代中国特色社会主义国际发展战略理论

围绕"建设一个什么样的世界、如何建设这个世界"等课题,党中央提出了建立以合作共赢为核心的新型国际关系和共商共建共享的全球治理观，创新和丰富了全球治理理念。提出了"一带一路"倡议，推动形成全面开放新格局、探索全球经济治理新模式、构建人类命运共同体的新平台，丰富和发展了马克思主义全球化理论、地域分工理论、生产力发展理论和社会资本理论。提出了从政治、安全、经济、文化、生态等五个方面构建"人类命运共同体"的新型时代观、世界观、主权观和发展观，是实现马克思主义"自由人联合体"的重要探索，既符合马克思主义人类社会发展形态理论，更与中国传统文化思想相契合。

一、建设新型国际关系

建设新型国际关系，相互尊重是基础，公平正义是保障，合作共赢是目标。中国尊重各国人民自主选择发展道路的权利，反对干涉别国内政。中国秉持共商共建共享的全球治理观，创造一个奉行法治、公平正义的未来，确保国际规则有效遵守和实施。中国积极倡导国家间建立平等相待、互商互谅的伙伴关系，努力营造公平正义、共建共享的安全格局，创造各尽所能、合作共赢、开放创新、互鉴互惠、共同发展的未来发展前景，文明交流、兼容并包，创建尊重自然、崇尚自然的绿色、低碳、循环发展的生态体系。

建立相互尊重、公平正义、合作共赢的新型国际关系，是习近平总书记对新时代中国特色社会主义国际发展战略理论的最新诠释，是把持久和平、共同繁荣的人类梦想变为现实的有效途径。

二、完善全球经济治理体系

经济全球化发展需要建立更加包容与可持续发展的体制机制，改革和完善全球治理体系，引导全球贸易向着更加开放、普惠和均衡的方向发展。

习近平总书记指出，面对当前挑战，我们应该完善全球经济治理体系，"共同构建公正高效的全球金融治理格局，维护世界经济稳定大局；共同构建开放透明的全球贸易和投资治理格局，巩固多边贸易体制，释放全球经贸投资合作潜力；共同构建绿色低碳的全球能源治理格局，推动全球绿色发展合作；共同构建包容联动的全球发展治理格局，以落实联合国2030年可持续发展议程为目标，共同增进全人类福祉！"[①] 以平等为基础、以开放为导向、

---

① 《习近平谈经济全球化》，载《人民日报海外版》2017年1月15日。

以合作为动力、以共享为目标的全球经济治理观，为完善全球经济治理体系贡献了中国方案。

三、促进"一带一路"国际合作，建设开放型世界经济

"一带一路"建设以共商共建共享为基本原则，尊重各国差异，着力解决发展失衡、治理困境、数字鸿沟、分配差距等问题，以实现各国优势互补、协同并进，推动共赢共享发展。"一带一路"建设以政策沟通、设施联通、贸易畅通、资金融通、民心相通为核心内容，促进各国经济要素有序自由流动、资源高效配置和市场深度融合，推动全球经济增长。"一带一路"强调求同存异兼容并蓄，致力于缩小发展鸿沟、破解全球发展难题，给予各国参与国际事务的权利，推动现有国际秩序和规则增量改革，推动全球治理变革。

"一带一路"倡议契合各国发展需要，为促进各国协调联动发展、实现共同繁荣、发展开放型世界经济提供了新方案。

四、推动人类命运共同体建设

构建人类命运共同体，需要全国各族人民齐心协力，共同建设一个开放包容的、普遍安全的、共同繁荣的、绿色低碳的、拥有持久和平的世界。

政治上，彼此尊重、对话不对抗、结伴而不结盟的相互尊重、合作共赢的新型国际关系。安全上，用对话解决争端，用和平协商化解矛盾冲突，加强安全领域的合作，协力打击恐怖主义，维护各国人民的生命安全。经济上，加强全球经济治理，维护世界贸易组织规则，促进不同国家、阶层、人群经济平等协商，建设开放型的世界经济。文化上，摒弃傲慢与偏见，尊重各国文化的差异性和文明的多样性，使文明交流互鉴成为增进世界各国友谊的桥梁、推动人类社会发展的动力、维护世界和平的纽带，促进人类文明进步。生态上，以人与自然和谐相处为目标，尊重、顺应、保护自然，平衡推进2030年可持续发展议程，实现世界绿色低碳循环可持续发展和人的全面发展。超越传统，以开放的胸襟、包容的姿态、科学的精神，与不同制度、不同民族、不同文化背景的基金会发展友好合作关系，求同存异。

构建人类命运共同体既是中国对外开放的目标，也是中国向世界提供的全球治理中国智慧、中国方案；既是积极推动经济全球化、大力倡导国际合作、促进国际经贸投资自由化便利化、反对任何形式保护主义的更加积极主

动的开放战略，又是站在全人类和平发展利益高度创新全球化思维，为世界和平与发展事业作出的重大贡献，为人类社会实现共同发展、持续繁荣、长治久安绘制了蓝图，对中国和平发展、世界繁荣进步具有重大而深远的意义。

习近平新时代中国特色社会主义经济思想立足于人民，服务于人民；来自实践，指导实践；坚持马克思主义，又发展马克思主义；系统完整，重点突出，具有鲜明的时代性、科学性、革命性、实践性特征。不但包括生产、分配、交换和消费等社会经济的各个环节，还包括了生产力、生产关系在内的中国特色社会主义基本经济制度、经济体制、市场经济机制、宏观经济运行、微观经济基础和对外经济开放等经济改革、现代化建设和发展等各个方面，形成了相互联系、相互依存、有机统一的科学完整的习近平新时代中国特色社会主义经济思想理论体系，将我们党对社会主义经济建设规律的科学把握提升到了一个新境界，丰富和发展了马克思主义政治经济学，是中国特色社会主义政治经济学的最新成果。

第二章

习近平新时代中国特色社会主义经济思想形成的时代背景

——生产力理论与社会主要矛盾理论

党的十八大以来,习近平总书记坚持以人民为中心,在世界经济复苏乏力、局部冲突和动荡频发、全球性问题加剧的外部环境和我国经济发展进入新常态条件下,提出了一系列新理念新思想新战略,在实践中形成了习近平新时代中国特色社会主义经济思想。这一思想博大精深、系统完整,实现了马克思主义政治经济学与中国特色社会主义伟大实践的结合,是中国特色社会主义政治经济学的最新理论成果。本章,首先探讨了新时代中国特色社会主义生产力的内涵、特征、布局、意义,以及新时代我国社会主要矛盾发生变化的新特点;然后,阐述了以五大发展理念为核心的社会生产力理论。

第一节 新时代中国特色社会主义生产力发展进入新阶段

习近平总书记指出:"经过长期努力,中国特色社会主义进入了新时代,这是我国发展新的历史方位。"① "新时代"是习近平新时代中国特色社会主义经济思想体系建立的客观基础,进入"新时代"的基本依据是我国社会主要矛盾的变化,而主要矛盾变化的客观基础则是社会生产力发展进入了新阶段。

---

① 习近平:《决胜全面建成小康社会 夺取新时代中国特色社会主义伟大胜利》,人民出版社2017年版,第10页。

党的十八大以来，党中央坚持在马克思主义生产力理论的基础上，根据新时代中国特色社会主义生产力发展水平，提出了新时代中国特色社会主义生产力思想，构建了新时代中国特色社会主义思想的理论基础。全面领会新时代中国特色社会主义生产力思想对于我们正确认识新时代社会主义的历史方位、贯彻落实新时代中国特色社会主义伟大方略、实现新时代中国特色社会主义的伟大目标、实现中华民族的伟大复兴具有重要的理论和现实意义。

全面把握新时代中国特色社会主义生产力思想，首先要正确把握新时代中国特色社会主义生产力内涵，这是正确认识新时代中国特色社会主义生产力思想的根本。新时代中国特色社会主义生产力内涵通过新时代中国特色社会主义生产力特征表现出来，新时代中国特色社会主义生产力具有以下特征。

一、生产力水平总体显著提高

习近平总书记在党的十九大报告中指出："我国社会生产力水平总体上显著提高"[①]，这是对新时代中国特色社会主义生产力本质特征的准确判断。新时代中国特色社会主义生产力水平总体显著提高，在时间和空间两个维度上都有充分的表现，生产力水平总体显著提高的原因在于社会生产力诸要素都有了显著的提高。

（一）生产力水平总体显著提高在时空维度上的表现

1. 时间维度上的表现

新中国成立以来，在中国共产党的领导下，确立了社会主义基本制度，实现了中国人民"站起来"的伟大飞跃。社会主义制度建立以来，特别是改革开放以来，我国社会生产力获得极大的解放，物质文化生活也获得空前的丰富，中国人民实现了"富起来"的伟大飞跃。党的十八大以来，中国人民在创造力、凝聚力、战斗力、领导力和号召力显著增强的中国共产党领导下，坚定不移贯彻新发展理念，使得我国"2013~2016年，国内生产总值年均增长7.2%，高于同期世界2.6%和发展中经济体4%的平均增长水平，平均每年增量44413亿元（按2015年不变价计算）"[②]，"国内生产总值从五十四万

[①] 习近平：《决胜全面建成小康社会　夺取新时代中国特色社会主义伟大胜利》，人民出版社2017年版，第11页。

[②] 党的十八大以来我国经济社会发展成就辉煌，国家统计局网站，http：//www.gov.cn/xinwen/2017-10/10/content_5230539.htm，2017年10月10日。

第二章 习近平新时代中国特色社会主义经济思想形成的时代背景

亿元增长到八十万亿元,稳居世界第二"①,因此,新时代中国特色社会主义生产力已经改变了过去长期困扰我国的供给不足的状况,全社会产品实现了总体增加甚至过剩,这是新时代中国特色社会主义社会生产力获得了总体提高的最直接的体现。同时,新时代中国特色社会主义生产力也实现了显著跃升。这种显著跃升不仅表现在我国用了短短几十年的时间,就完成了西方发达资本主义国家花了几百年完成的工业化,使我国由一个生产力落后的国家变为生产力总体显著提高的国家,而且表现在生产力水平较之前"落后的生产力水平"实现了一个质的跃升,新时代中国特色社会主义生产力已经在数量增加基础上跃升到质量提高阶段。对此,十九大报告指出:"我国经济已由高速增长阶段转向高质量发展阶段。"② 可见,生产力高质量发展阶段是我国进入新时代的根本特征。总之,新时代中国特色社会主义生产力水平总体显著提高,是我国进入新时代历史方位的物质基础,也是我国进入新时代的根本特征。

2. 空间维度上的表现

从空间维度来看,新时代中国特色社会主义生产力总体提高表现在全国各区域生产力总体上有了提高,所有行业生产力总体上有了提高。新时代生产力显著提高表现在全国诸多区域和许多行业生产能力提高的幅度是巨大的、显著的。正因为新时代生产力总体上显著提高,人民生活水平在获得了很大提高的同时,也导致许多行业出现了严重产能过剩。在2014年,"据有关统计显示,我国有19个制造业行业产能利用率都在79%以下,有7个行业的产能利用率在70%以下,属于严重过剩状态"。③ 党的十八大以来,在"三去一降一补"政策的推动下,"供给侧结构性改革深入推进,经济结构不断优化"④,许多原来发展相对不足的行业、地区生产力有了显著的提高,国民经济结构已经实现了重大变革,使全国生产力行业结构逐步优化,同时,"一带一路"、京津冀等区域经济发展成效显著,区域经济结构逐步协调,这些都使得生产力空间维度的总体显著提高特点更为突出。总之,党的十八大以来,中国特色社会主义生产力空间维度的这种变化,进一步凸显了新时代中

---

①④ 习近平:《决胜全面建成小康社会 夺取新时代中国特色社会主义伟大胜利》,人民出版社2017年版,第3页。

② 习近平:《决胜全面建成小康社会 夺取新时代中国特色社会主义伟大胜利》,人民出版社2017年版,第29页。

③ 邹蕴涵:《我国产能过剩现状及去产能政策建议》,http://www.sic.gov.cn/News/455/7349.html,2016年12月23日。

国特色社会主义生产力提高的总体显著性。

（二）生产力内容（生产要素）总体显著提高

马克思认为劳动生产力是由劳动者、劳动资料和劳动对象等多种因素构成的有机整体。马克思指出："为了在对自身生活有用的形式上占有自然物质，人就使他身上的自然力——臂和腿、头和手运动起来。"① 为此必须借助于劳动资料，"劳动资料是劳动者置于自己和劳动对象之间、用来把自己的活动传导到劳动对象上去的物或物的综合体"②。可见，生产力的简单要素包含劳动者、劳动资料和劳动对象。不仅如此，"劳动生产力是随着科学和技术的不断进步而不断发展的"③，因此，新时代中国特色社会主义生产力内容的总体显著提高不仅体现在劳动者、劳动资料和劳动对象的数量和质量方面，而且表现在科学技术方面。

1. 劳动者的数量和质量的总体显著提高

第一，从数量来说，全国就业人口数量近年来呈现持续增长趋势。按照2013年以来人力资源和社会保障事业发展统计公报公布的统计数据，2013年末全国就业人员76977万人，比上一年末增加273万人；2014年末全国就业人员77253万人，比上年末增加276万人；2015年末全国就业人员77451万人，比上年末增加198万人；2016年末全国就业人员77603万人，比上年末增加152万人。

第二，从质量来说，劳动者的科学文化素质和技能化、职业化水平显著提高。首先，劳动者的科学文化素质显著提高。近年来，特别是党的十八大以来，随着我国教育事业全面发展，我国在业人口平均受教育年限已经由2010年的9.10年上升到2014年的9.28年。到2020年"主要劳动年龄人口平均受教育年限从9.5年提高到11.2年"④。受教育年限的增加不仅提高了全国居民整体科学素质，"根据中国科协数据，2010年城镇居民的科学素质达标率为4.86%，农村居民为1.83%；2015年，城镇居民水平提升到了9.72%，农村居民提高至2.43%"⑤，而且使具有研究和发展的科技人才数量显著增加，研究结果显示，"我国已成为第一科技人力资源大国，2013年我

---

① 马克思：《资本论》（第1卷），人民出版社2004年版，第208页。
② 马克思：《资本论》（第1卷），人民出版社2004年版，第209页。
③ 马克思：《资本论》（第1卷），人民出版社2004年版，第698页。
④ 国家中长期教育改革和发展规划纲要（2010～2020年），中央政府门户网站，http://www.gov.cn/jrzg/2010-07/29/content_1667143.html，2010-07-29。
⑤ 李群、刘涛：《城镇劳动人口科学素质及影响因素》，载《中国科技论坛》2017年第5期。

国科技人力资源总量达到7105万人，每万人口中科技人力资源数为522人。作为科技活动核心要素的R&D（研究与发展）人员总量高速增长，2013年我国R&D人员总数为353.3万人，绝对总量已经超过美国居世界第一位"。① 其次，各行业劳动者技能化、职业化水平不断提高。这突出地表现在专业技术队伍数量和增速显著提高。据统计，"2015年底，全国累计共有1797万人取得各类专业技术人员资格证书"②，到了"2016年底，全国累计共有2358万人取得各类专业技术人员资格证书"③，较之2015年全国增加了561万人，增长率为31.2%。劳动力获得专业技术资格证书的比例不断提高，据统计，2014年我国劳动力获得专业技术资格证书的比例为11.75%，2016年我国劳动力获得专业技术资格证书的比例为13.24%。同时，农民的职业化水平也不断提高，"2016年底，全国新型职业农民规模达到1272万人，比2010年增长55%"④。

2. 劳动资料的数量和质量显著提高

马克思指出，"各种经济时代的区别，不在于生产什么，而在于怎样生产，用什么劳动资料生产"⑤，因此，劳动资料是生产力水平的主要标志，特别是生产工具"更能显示一个社会生产时代的具有决定意义的特征"⑥，因此，我们主要通过生产工具来分析新时代中国特色社会主义劳动资料的数量和质量。科技革命发展过程中生产工具可以分为机械化、电气化以及智能化生产工具，中国正在同时经历工业革命发展的不同阶段，生产工具呈现多样化特点。近年来从整体上看，我国机械化工具、电气化工具和智能化工具数量和水平都获得显著提高。

一是机械化工具数量和水平获得显著提高。机械化工具的使用突出表现在农业机械化方面。据统计，2004年全国农作物耕种收综合机械化水平为35.7%，2015年增长到62%，2016年达65%，我国"农业机械化水平由农业机械化初级阶段进入农业机械化中级阶段"⑦，主要经济作物生产的机械化水平较高，"小麦耕种收机械化率已达到较高水平，基本实现了全程机械化，

---

① 《我国已成为第一科技人力资源大国》，载《中国青年报》2015年7月2日。
② 人力资源社会保障部：《2015年度人力资源和社会保障事业发展统计公报》，2016年5月30日。
③ 人力资源社会保障部：《2016年度人力资源和社会保障事业发展统计公报》，2017年5月31日。
④ 《统筹谋划大力培养高素质农业生产经营者队伍——农业部科技教育司负责人解读"十三五"全国新型职业农民培育发展规划》，载《农村工作通讯》2017年第10期。
⑤⑥ 马克思：《资本论》（第1卷），人民出版社2004年版，第210页。
⑦ 白学峰等：《中国农业机械化现状与发展模式研究》，载《农机化研究》2017年第10期。

大豆、水稻、玉米也已达到较高水平"①，这为农业劳动生产力的显著提高奠定了可靠的基础。

二是电气化生产工具数量和水平显著提高。近年来，我国电动工具持续增长，"2017年市场调研数据显示，我国已成为全球最大的电动工具生产国、消费国、出口国，且保持着30%的增长速度。电动工具产品产量与销量增长的同时企业数量也在增长。在2013~2015年的制造业企业数据报表中，近年来国内从事电动工具制造的企业数量在翻倍增长，且保持着25%的增长速度，到2017年增长速度已达到30%"②。就驱动电动工具用电量而言，人均装机容量和人均用电量逐年增加，2016年全国人均装机规模为1.19千瓦，比上年增加0.08千瓦，人均用电量也逐年增加，"2005年以来，我国人均用电量实现年均增长10%"③。这些都反映了我国生产电气化工具水平有了显著提高。

三是智能化生产工具数量和水平显著提高。智能化生产工具是指智能化电子信息处理设备，最突出的是工业机器人。以工业机器人产量为例，近年来我国工业机器人的产量成倍增加。据统计，我国的工业机器人采用率（每10000名员工对应的机器人数量比例）"在2008~2011年的3年间增长了210%。另据有关国际调查机构统计，2016年我国工业机器人产量超过5.2万台，同比增长57.6%"④。2017年"前10个月我国工业机器人产量首次突破10万台，同比增长近70%，全年产量预计首次突破12万台"⑤。这为我国通过智能机器人显著提高劳动生产率提供了可靠的基础。

3. 劳动对象的数量和质量显著提高

新时代中国特色社会主义生产力要素显著提高还体现在劳动对象方面，这不仅表现在矿藏等自然资源方面，而且表现在加工后的原材料等方面。

首先，在自然资源发现和供应数量方面取得重大发展。就矿产资源而言，五年来，自然资源发现和供应方面取得重大成果，"我国主要固体矿产新发现256处大型和480处中型矿产地，油气新增了数个亿吨级油田和千亿方级气田，页岩气勘察开发实现了零的突破""国内矿产资源供应能力稳步提高，一次能源总产量117亿吨标准煤、铁矿石总产量68亿吨、10种有色金属总

---

① 白学峰等：《中国农业机械化现状与发展模式研究》，载《农机化研究》2017年第10期。
② 《大而混乱电动工具需联手电机迈向中高端》，大比特商务网，https://item.btime.com/wm/47ob26gd4vj9sfqhpo5gln4u3q9，2017-08-21。
③ 孙祥栋：《透过人均GDP把握人均用电量规律》，载《中国能源报》2015年3月2日。
④ 袁钰坤：《我国工业机器人发展及趋势》，载《中国新技术新产品》2017年第10期。
⑤ 《我国工业机器人产量前10月首破10万台》，载《人民日报》2017年12月14日。

产量2亿吨""我国已经成为世界上最大的矿产品生产国"①。

其次,加工后的原材料数量、质量和种类方面取得了显著成果。近年来中国传统的原材料数量和质量不断提高。以钢铁为例,不仅数量持续增加,到2014年,中国粗钢产量达8.2亿吨,创下历史最高纪录,而且产品结构也趋于优化,2016年我国"特殊钢同比增长10.52%,特殊钢种类中,特殊质量合金钢同比增长16.8%"。② 同时,新材料发展取得了显著成就。这不仅表现在材料产业总体价值量获得显著提高,据统计"我国新材料产业总产值已由2010年的0.65万亿元增至2015年的近2万亿元"③,而且表现在一些领域取得了突破性进展,我国研发的"三元材料动力电池能量密度达到220瓦时/公斤,驱动电机比功率达到3.3千瓦/公斤"。④ 我国化工新材料保障能力达到63%,高强高韧汽车用钢、硅钢片等国内市场占有率达到90%以上。

4. 科学技术整体水平显著提高

当今世界,科学技术作为第一生产力作用更加凸显。党的十八大以来,党中央以创新发展理念为指导,高度重视科技创新,推动我国科技创新取得了辉煌的成就,使得"我国科技整体水平有了明显提高,正处在从量的增长向质的提升转变的重要时期"⑤。

新时代科技整体水平明显提高不仅表现在基础研究方面正在加速赶超,"在信息、生命、物质等科学领域涌现出一大批重大原创成果,基础研究的国际影响力大幅提升,正逐步从'仰视'向'平视'演进"。⑥而且还表现在战略性高新技术不断地取得新突破。我国FAST500米射电望远镜在世界上是最先进的,唯一一颗在天上的实验量子通信的墨子号科学卫星在国际领先,"载人航天、探月、大飞机、蛟龙、超算等重大科技成果相继问世。中国的超算连续多年排在世界第一",⑦ 这些科技水平的明显提升,使得我国科技水平实现了整体的、明显的和格局性的变化。正因为如此,科技创新对我国经济社会快速发展发挥了全局性、根本性的作用。这不仅体现在科技对于产业

---

① 《我国五年来新发现大中型矿产地730多处》,证券时报网,http://finance.sina.com.cn/stock/t/2016-09-23/doc-ifxwevww1435066.shtml,2016-09-23。
② 王明军:《优特钢市场研讨会预计2017年特钢市场整体将好于2016年》,载《中国冶金报》2017年3月17日。
③ 张辛欣:《新材料发展为"中国制造"增底气》,载《中国石化报》2017年2月9日。
④⑥ 《中国科技步入跨越式发展》,载《人民日报》2017年6月4日。
⑤ 《习近平谈治国理政》(第二卷),外文出版社2017年版,第203页。
⑦ 王志刚:《十八大以来中国在科技创新方面取得一系列成果》,新华网,http://www.xinhuanet.com/politics/19cpcnc/2017-10/20/c_129723990.html,2017-10-20。

结构的升级发挥了重要的引领作用，如新一代高铁技术实现跨越式发展、特高压工程的建设和运营让中国电力技术占领了世界高压输电的制高点，而且体现在科技增进民生福祉方面取得巨大成就。

正是因为生产力要素数量和质量的提高，尤其是科技水平整体明显提高，使得新时代生产力要素结构总体显著提高，我国实现"社会生产力水平总体跃升"①，"社会生产力有了历史性的飞跃"，这种飞跃使新时代生产力水平与之前的中国特色社会主义落后的生产力相比发生了质的跃升，跃升到一个新的发展台阶，我国进入到"强起来"的发展阶段。

二、生产力存在不平衡、不充分性

在中国共产党的领导下，社会生产力水平总体上显著提高，中国特色社会主义生产力发展进入了新时代。但是，"我国仍处于并将长期处于社会主义初级阶段的基本国情没有变"②。新时代中国特色社会主义生产力仍然是社会主义初级阶段生产力水平，存在着不平衡和不充分的特性。

（一）生产力不平衡不充分的表现

新时代中国特色社会主义生产力的不平衡体现在生产力的产业发展、区域发展和城乡发展等方面的不均衡，因而制约了生产力的全面提高。生产力的不充分体现在一些领域资源配置不合理、技术创新能力不强、生态环境改善不够，导致社会生产力发展质量和效益不高。对此，党的十九大报告明确指出：我国目前的"发展质量和效益还不高，创新能力不够强，实体经济水平有待提高，生态环境保护任重道远"③。生产力的不平衡不充分是密切联系的，生产力发展不平衡导致我国生产力发展不是全面充分的发展；同时正是乡村、中西部区域等发展不充分，才导致我国生产力发展不平衡。因此，不平衡不充分是一个密切联系的整体，解决不平衡不充分问题也要从整体上认识它们的问题，而不是割裂开两者的关系。

（二）生产力不平衡不充分的阶段性和相对性

习近平总书记指出："由平衡到不平衡再到新的平衡是事物发展的基本

---

① 《就当前经济形势和下半年经济工作中共中央召开党外人士座谈会》，载《人民日报》2014年7月30日。

② 习近平：《决胜全面建成小康社会 夺取新时代中国特色社会主义伟大胜利》，人民出版社2017年版，第12页。

③ 习近平：《决胜全面建成小康社会 夺取新时代中国特色社会主义伟大胜利》，人民出版社2017年版，第9页。

规律"①。当中国特色社会主义处于落后的生产力水平时，我国各产业、各区域以及各类经济主体收入等方面的差距较小，生产力发展处于相对平衡状态。这种各方面落后的生产力发展状况难以满足人民日益增长的物质文化需要，矛盾的主要方面在于生产力方面，这就决定了我国要把"发展生产力作为第一要务"。经过40多年的改革开放，中国特色社会主义生产力获得了总体显著跃升，中国特色社会主义生产力较之"落后生产力"发生了质的变化，进入了新时代中国特色社会主义生产力发展阶段。但是，这个新阶段仍然是社会主义初级阶段，仍然面临着不平衡不充分问题。不过，新时代生产力不平衡不充分是有其特定规定性的，主要突出不平衡不充分的相对性。首先，这里的不平衡不充分是相对于我国进入新时代生产力进一步整体协调发展要求的不平衡不充分。因为"在经济发展水平落后的情况下，一段时间的主要任务是要跑得快，但跑过一定路程后，就要注意调整关系，注重发展的整体效能，否则'木桶'效应就会愈加显现"②，因此，新时代中国特色社会主义生产力进一步发展要求注重整体协调发展，要着力推进区域经济协调发展、城乡经济协调发展、产业结构协调发展以及人与自然协调发展。其次，这里的不平衡不充分是相对于新时代中国特色社会主义生产力发展目标的不平衡不充分。十九大报告指出：我们"总任务是实现社会主义现代化和中华民族伟大复兴，在全面建成小康社会的基础上，分两步走在本世纪中叶建成富强民主文明和谐美丽的社会主义现代化强国"③。为此，我们就需要解决发展不平衡不充分的一些突出问题，如创新能力不够强、城乡收入分配差距较大等问题。最后，这里的不平衡不充分是相对于世界其他发达国家生产力水平的不平衡不充分。目前虽然中国"拥有全世界最完整的工业体系，而且在高端装备制造业方面已经达到了世界领先水平"，④ 但是与世界其他主要国家比较，中国特色社会主义生产力水平"总体上依然处于中等偏下，这就决定了我国发展不充分的状态并没有根本改观，更没有完全消失"⑤，而仍然存在着少数领先水平与整体落后的不平衡发展问题，为此，我们需要在坚持独立自主技术创新的同时，"坚持对外开放，充分运用人类社会创造的先进科学技术成

---

① 《习近平谈治国理政》（第二卷），人民出版社2017年版，第206页。
② 《习近平谈治国理政》（第二卷），人民出版社2017年版，第198页。
③ 习近平：《决胜全面建成小康社会　夺取新时代中国特色社会主义伟大胜利》，人民出版社2017年版，第19页。
④ 徐东华：《中国高端装备制造业已达世界领先水平》，载《智慧中国》2017年第11期。
⑤ 中央党校辛鸣解读：《中国发展的不平衡不充分体现在哪里》，人民网，http://app.peopleapp.com/Api/600/DetailApi/shareArticle?type=0&article_id=769279，2017-10-30。

果和有益管理经验"①，不断推动新时代中国特色社会主义生产力整体协调发展。

（三）辩证地认识生产力发展的不平衡和不充分

全面科学地认识新时代中国特色社会主义生产力的不平衡不充分需要以马克思主义唯物辩证法为指导，运用矛盾分析法分析新时代中国特色社会主义生产力发展不平衡不充分问题。马克思主义唯物辩证法指出，矛盾双方的地位和作用是不平衡的，矛盾的主要方面规定着事物的性质。新时代中国特色社会主义生产力的不平衡不充分不是在落后的生产力水平背景下的不平衡不充分，而是在生产力总体显著提高条件下的不平衡不充分。正因为如此，中国特色社会主义生产力的总体显著提高是矛盾的主要方面，决定了中国特色社会主义生产力进入了新时代，因此，当前我国生产力不平衡不充分是新时代中国特色社会主义生产力的不平衡不充分。

总之，新时代中国特色社会主义生产力呈现出社会主义初级阶段生产力发展总体显著提高但又不平衡不充分的特征。这是中国特色社会主义进入新时代后生产力发展呈现的新特点，是生产力发展在新时代历史方位下出现的新现象，我们必须正确认识这一特点，才能全面把握新时代中国特色社会主义生产力状况。

三、生产力具有整体协调性

新时代中国特色社会主义生产力不仅具有质的规定性，也具有量的规定性，不仅指的是目前生产力发展的状态，而且指的是新时代中国特色社会主义生产力发展的过程，因此，对于新时代中国特色社会主义生产力特征不仅仅要从静态的层次来认识其状态，而且要从动态层次来认识其过程，要在解决不平衡不充分问题过程中认识新时代中国特色社会主义生产力，要认识到新时代解决生产力不平衡不充分问题的同时也是实现整体协调发展的过程，不平衡不充分与动态整体协调发展两者并存，正是这一矛盾的辩证运动推动着新时代中国特色社会主义经济的持续发展。

（一）新时代中国特色社会主义生产力的整体性

劳动生产力发展是人的劳动作用于包括自然资源的各种生产资料而形成的现实能力。"劳动生产力是由多种情况决定的，其中包括工人的平均熟练

---

① 《习近平谈治国理政》（第二卷），人民出版社2017年版，第211页。

程度、科学发展的水平和它在工艺上应用的程度，生产过程的社会结合，生产资料的规模和效能，以及自然条件"。① 因此，新时代中国特色社会主义生产力的整体性是指新时代劳动生产力各种因素及其相互作用发展的整体性。

新时代社会生产力的整体性不仅表现生产力发展空间上的整体性，而且表现在生产力发展时间上的整体性。新时代中国特色社会主义生产力已经实现了生产要素总体上质和量的提高，这为新时代中国特色社会主义实现生产力的整体、全面的发展奠定了可靠的基础。但我国仍处于社会主义初级阶段，生产力发展在一些区域、一些领域是不平衡的、不充分的，存在着短板。因此，我们要在中国特色社会主义的新时代着力补齐区域、产业等方面短板，实现空间层面生产力的整体发展。同时，随着对自然界发展规律认识的逐步深入，我们在坚持与自然协调发展的基础上，充分调动劳动者的积极性、提高劳动资料技术水平和扩大劳动对象范围，特别提高人自身的劳动熟练程度和劳动能力、技巧，使得生产要素相互作用所形成的生产能力逐步实现整体提高。正是在生产力要素在空间和时间获得整体提高的基础上，中国特色社会主义生产力水平实现整体提高。新时代中国特色社会主义生产力整体提高是一个动态的过程，是一个逐步解决不平衡不充分问题的过程，所以，新时代中国特色社会主义生产力的整体性和不平衡不充分是矛盾运动中体现出的两个同时存在的特征。因此，在新时代中国特色社会主义生产力发展中面临着不平衡不充分问题时，"我们必须牢牢把握中国特色社会主义事业总体布局，正确处理发展中的重大关系，不断增强发展整体性"②。

（二）新时代中国特色社会主义生产力的协调性

新时代中国特色社会主义生产力发展的协调性意味着新时代中国特色社会主义劳动生产力发展不仅要实现生产要素在全社会合理配置，而且要实现生产领域中人与自然、人类与生态环境之间的协调关系。

首先，新时代中国特色社会主义生产力发展的协调性强调各种生产要素之间的优化配置以实现协调发展。习近平总书记指出："协调是发展短板和潜力的统一。"③ 因此，新时代生产力协调发展，一方面要"找到短板，在补齐短板上多用力，通过补齐短板挖掘发展潜力、增强发展后劲"④，另一方面要巩固原有优势，通过生产要素优化配置，协调区域和产业发展，挖掘生产潜力，从而提高生产力发展的质量和效率。当然，新时代中国特色社会主

---

① 马克思：《资本论》（第1卷），人民出版社2004年版，第53页。
② 《习近平谈治国理政》（第二卷），人民出版社2017年版，第198页。
③④ 《习近平谈治国理政》（第二卷），人民出版社2017年版，第206页。

生产力的协调发展,我们也要"最大限度解放和激发科技作为第一生产力所蕴藏的巨大潜能"①,要通过提高技术水平来补齐短板和挖掘潜力。

其次,新时代中国特色社会主义生产力协调发展还表现在人与自然、人类与生态环境之间的协调关系。习近平总书记不仅提出了"生态就是资源"②,是生产力发展的基本要素,而且以绿色发展理念为指导,从生态环境和生产力协调发展的角度将社会作为整体来认识生产力发展。习近平指出,"既要金山银山,又要绿水青山"③,"保护生态环境就是保护生产力、改善生态环境就是发展生产力"④。新时代中国特色社会主义生产力协调发展正是要求通过维护和协调好生态环境保护和生产力发展的关系,协调人类社会与外部环境关系,从而使中国特色社会主义生产力实现全面可持续发展。

新时代中国特色社会主义生产力的这三个特点是密切联系的。因为生产力水平总体显著提高,使得中国特色社会主义进入了新时代,但这种总体的显著提高,不是整体、全面显著的发展,生产力发展仍然存在不平衡不充分的问题。因此,在新时代我们要解决生产力不平衡不充分的问题,在解决不平衡不充分问题的矛盾运动过程中,新时代生产力运动必然呈现整体协调性。

新时代中国特色社会主义生产力特征反映了新时代生产力的内涵,可以看出,新时代中国特色社会主义生产力就是中国特色社会主义生产力总体显著提高并解决不平衡不充分以实现整体协调发展的生产能力。

四、全面客观认识新时代中国特色社会主义生产力内涵和特征的意义

全面客观地认识新时代中国特色社会主义生产力内涵和特征,深入学习和领会习近平新时代中国特色社会主义经济思想,具有重要的理论和现实意义。

新时代中国特色社会主义生产力已经获得了总体显著提高但又存在不平衡不充分问题,新时代中国特色社会主义生产力发展中不平衡不充分和动态整体协调同时并存,这是新时代中国特色社会主义生产力的基本内涵和特征。全面

---

① 习近平:《在中国科学院第十七次院士大会、中国工程院第十二次院士大会上的讲话》,载《人民日报》2014年6月10日。
② 《习近平总书记考察黑龙江首站到伊春》,人民网,http://politics.people.com.cn/n1/2016/0523/c1024-28373127-2.html,2016-05-24。
③ 《习近平总书记系列重要讲话读本》,人民出版社2016年版,第230页。
④ 习近平:《在省部级主要领导干部学习贯彻党的十八届五中全会精神专题研讨班上的讲话》,载《人民日报》2016年5月10日。

正确地把握新时代中国特色社会主义生产力的内涵和特征具有重要的理论意义。首先,全面正确地把握新时代中国特色社会主义生产力内涵和特征是准确把握新时代中国特色社会主义生产力思想及其科学性的基础。其次,全面正确地把握新时代中国特色社会主义生产力内涵和特征是全面理解习近平中国特色社会主义思想及其科学性的根本理论基础。最后,全面正确地把握新时代中国特色社会主义生产力特征要准确理解习近平新时代中国特色社会主义思想是马克思主义中国化的最新理论成果,是对马克思主义经济理论丰富和发展的基础。

全面正确地把握新时代中国特色社会主义生产力内涵和特征具有重要的现实意义。只有正确地把握新时代中国特色社会主义生产力特征,才能正确认识新时代中国特色社会主义的主要矛盾是人民日益增长的美好生活需要和不平衡不充分的发展之间的矛盾,才能理解矛盾的主要方面在于生产力发展的不平衡不充分,才能充分地认识到新时代中国特色社会主义的主要任务是解放和发展生产力;只有正确地理解新时代中国特色社会主义生产力内涵和特征,才能全面贯彻落实新时代中国特色社会主义的基本路线、基本方略,不断增强工作的自觉性、创造性,并在新时代中国特色社会主义新发展理念的指导下,更好地推动新时代中国特色社会主义生产力的整体协调发展。因此,全面正确地把握新时代中国特色社会主义生产力内涵和特征,是我们理解新时代中国特色社会主义的历史阶段及其主要矛盾和各项方针、政策的基础。

第二节 新时代我国社会主要矛盾发生变化的新特点

1987年,党的十三大报告明确指出,我国社会的主要矛盾是人民日益增长的物质文化需要同落后的社会生产之间的矛盾。2017年10月18日,在新的历史条件下,适应当前社会生产发展的新状况,习近平总书记在党的十九大报告中对我国社会主要矛盾重新做了重要的历史性论断:"中国特色社会主义进入新时代,我国社会主要矛盾已经转化为人民日益增长的美好生活需要和不平衡不充分的发展之间的矛盾。"[①] 习近平总书记关于社会主要矛盾变化的重大判断,反映了我国社会主义进入新时代之后的基本特征,明确了党

[①] 习近平:《决胜全面建成小康社会 夺取新时代中国特色社会主义伟大胜利》,人民出版社2017年版,第3页。

的时代任务和发展方向,是习近平新时代中国特色社会主义思想的重要组成部分和中国特色社会主义政治经济学的重要内容。

一、我国社会主要矛盾发生转变的依据

习近平总书记在十九大报告中阐述了十八大以来我国经济建设取得的重大成就:"坚定不移贯彻新发展理念,坚决端正发展观念、转变发展方式,发展质量和效益不断提升。经济保持中高速增长,在世界主要国家中名列前茅,国内生产总值从五十四万亿元增长到八十万亿元,稳居世界第二,对世界经济增长贡献率超过百分之三十。"[①]生产力在量和质两个方面的进步,正是我国社会主要矛盾发生转变的根本依据。

(一)我国社会主要矛盾发生转变的根本依据:生产力状况的改变

生产力状况的改变,是社会主要矛盾发生转变的根本依据,这主要体现在两个方面:一方面,我国生产力水平实现明显跃升,摆脱了落后局面,标志着中国特色社会主义进入新时代;另一方面,我国发展生产力的根本目的就是为了提高人民生活水平,因此,在更高的生产力水平和人民生活水平上,人民产生了新的对美好生活的需要。

1978年改革开放以来,我国经济开始迈入长期的稳定增长阶段,尤其是在新世纪的第一个十年间,GDP持续保持高水平增速增长,最高增速达到14.2%。2010年之后,尽管我国进入经济发展新常态阶段,GDP增速有所放缓,但依然维持7%左右的中高速增长。与生产力高速增长同步的,是生产效率的提高:2016年,我国全员劳动生产率(以2015年价格计算)达到94825元/人,比2012年提高30.2%,年均提高6.8%[②]。而且,我国生产力水平不仅在量上实现了跃升,还实现了质的转变,"我国经济已由高速增长阶段转向高质量发展阶段"[③]。随着供给侧结构性改革的不断推进,经济结构不断优化;随着创新驱动发展战略的深入实施,创新国家建设取得了重要进展:2016年,我国创新指数在世界居第25位,比2012年提高9位[④]。可见,

---

① 习近平:《决胜全面建成小康社会 夺取新时代中国特色社会主义伟大胜利》,人民出版社2017年版,第3页。

②④ 国家统计局:《新理念引领新常态新实践谱写新篇章——党的十八大以来我国经济社会发展成就辉煌》,http://www.stats.gov.cn/tjsj/zxfb/201710/t20171010_1540653.html。

③ 习近平:《决胜全面建成小康社会 夺取新时代中国特色社会主义伟大胜利》,人民出版社2017年版,第30页。

无论从量的增长,还是从质的转变,我国生产力均已摆脱原来的落后状态,中国特色社会主义进入新时代。

人的需要必然受所处社会生产力和生产关系的制约。"人们是现实的、从事活动的人们,他们受自己的生产力和与之相适应的交往的一定发展——直到交往的最遥远的形态——所制约"。①当生产力得到发展,人的行为和需要必然也会随之改变。而我国社会生产的目的正在于提高人民的生活水平,正如习近平总书记所指出的:"我们党领导人民全面建设小康社会、进行改革开放和社会主义现代化建设的根本目的,就是要通过发展社会生产力,不断提高人民物质文化生活水平,促进人的全面发展。"②我国生产力的进步,极大地提高了人民的生活水平,使人民的原有需要得以满足,并为人民提供了更丰富的消费对象,带来了新的消费方式,同时也创造了新的消费动力,从而促使人民产生了更高层次的新需要。所以,新时代下人民对美好生活的新需要,正是生产力发展的结果。

(二)人民美好生活需要产生的制度基础:公有制为主体的基本经济制度

生产力的发展是人民美好生活需要产生的根本依据,但是,生产的发展并不能直接带来人民需要的增长,而是要借助分配作为中间桥梁。"在社会中,产品一经完成,生产者对产品的关系就是一种外在的关系,产品回到主体,取决于主体对其他个人的关系。他不是直接获得产品。……在生产者和产品之间出现了分配,分配借社会规律决定生产者在产品世界中的份额,因而出现在生产和消费之间"。③ 以公有制为主体、多种所有制经济共同发展是我国社会主义初级阶段的基本经济制度。公有制的主体地位,使劳动者共同占有生产资料;此时,在生产中,个体之间不是剥削与被剥削的不平等关系,而是互助合作的平等关系。在基本经济制度基础上,我国实行以按劳分配为主体、多种分配方式并存的分配制度,这样,在分配中,劳动者的收入不会受限于劳动力价值水平,而是取决于他所提供的劳动的数量和质量;随着生产的发展,收入水平必然会不断提升,从而,才能产生对更高生活水平的追求。

我国正具有这种制度优势,在公有制主体地位基础之上,以按劳分配为

---

① 《德意志意识形态》,载《马克思恩格斯选集》(第1卷),人民出版社1995年版,第72页。
② 习近平:《全面贯彻落实党的十八大精神要突出抓好六个方面工作》,人民网,http://theory.people.com.cn/n/2013/0104/c83846—20083095.html。
③ 《政治经济学批判(导言)》,载《马克思恩格斯选集》(第2卷),人民出版社1995年版,第12页。

主体,"坚持在经济增长的同时实现居民收入同步增长、在劳动生产率提高的同时实现劳动报酬同步提高"①,使人民收入随着生产的发展不断提高,使发展成果能够更多更好地惠及全体人民,让人民从经济增长中获益。尤其是十八大以来,我国人均国民收入又实现了新的飞跃:2016 年,人均 GNI 增长至 8250 美元,已经超过了世界银行统计的中高收入国家标准 8202 美元。② 并且,我国居民收入增长速度已经连年超过经济增长速度:2014～2016 年,我国居民人均可支配收入增长速度分别为 10.1%、8.9%、8.4%③,均超过了同期的 GDP 增速。

综上,生产力的发展是我国社会主要矛盾发生转变的根本依据,也是人民美好生活需要产生的根本原因。而以公有制为主体、多种所有制共同发展的基本经济制度,和以按劳分配为主体、多种分配方式并存的分配制度,使人民能够受惠于经济发展,收入水平得以快速提升,这是人民美好生活需要产生的制度基础。

二、人民美好生活需要的内涵及表现

在社会主要矛盾发生转变的历史论断中提出的人民美好生活需要的新概念,伴随着生产力水平的提高,人民日益增长的需要,不再单纯局限于物质文化需要,而是内涵更丰富、层次更高的美好生活需要,这既是我国经济社会进步的结果,同时也对我国未来的进一步发展提出了更高的要求。

(一)人民美好生活需要的具体内涵

改革开放 40 多年来,我国社会生产力实现了历史性跃升,"人民生活显著改善,对美好生活的向往更加强烈,人民群众的需要呈现多样化多层次多方面的特点,期盼有更好的教育、更稳定的工作、更满意的收入、更可靠的社会保障、更高水平的医疗卫生服务、更舒适的居住条件、更优美的环境、更丰富的精神文化生活"。④习近平总书记从八个方面详细阐述了人民美好生活需要包含的内容,并在党的十九大报告中进一步凝练:"人民美好生活需要日益广泛,不仅对物质文化生活提出了更高要求,而且在民主、法治、公

---

① 习近平:《决胜全面建成小康社会　夺取新时代中国特色社会主义伟大胜利》,人民出版社 2017 年版,第 46~47 页。
② 资料来源:世界银行 WDI 数据库。
③ 计算依据:《中国统计年鉴(2017)》,中国统计出版社 2017 年版。
④ 《习近平谈治国理政》(第二卷),外文出版社 2017 年版,第 61 页。

平、正义、安全、环境等方面的要求日益增长。"① 习近平总书记的这些重要论述,明确了人民美好生活需要的具体内涵。从中不难发现,层次的递进是美好生活需要的题中之义。一方面,人民美好生活需要是在原有需要得以满足的基础上产生的更高层次的新需要;另一方面,人民美好生活需要所包含的具体内涵同样是多层次递进式的。

  人的需要具有不同的层次,只有基础层次的需要得到了满足,才会产生更高层次的需要。人类生存的第一个前提是生产满足吃喝住穿这些需要的物质资料,即生产物质生活本身;在此基础上,"已经得到满足的第一个需要本身、满足需要的活动和已经获得的为满足需要而用的工具又引起新的需要"②。可见,第一,当基本的需要得以满足之后,人会产生新的需要,比如当吃饱之后,人会开始寻求吃好;第二,为了满足基本需要所进行的生产活动,本身会带来派生需要,比如种植小麦的生产活动会派生出对农具的需要;第三,现有工具的使用同样会带来派生需要,比如农具的使用会派生出对改进农具等的需要。长期以来,我国人民在为满足生活需要的生产过程中,在这些机制的作用下,不断产生新的需要,并推动着生产工具和生产技术的进步,使我国从落后的农业国转变为工业体系齐全、三大产业协调发展的社会主义现代化国家。随着生产的发展,原来的派生需要逐渐演变成基本需要,这个过程也即人民生活需要的水平不断提高、内涵不断扩展的过程。比如,改革开放初期,电视机等大家电尚属于较高层次的派生需要,随着生产效率的提高,才逐渐进入千家万户,成为基本生活需要。相比过去,当前条件下我国人民美好生活需要的要求更高、内涵更丰富,这既是原有需要得以满足的结果,更是为满足原有需要而进行的生产不断进步的结果。

  并且,人民美好生活需要的内涵本身也是具有层次性的,既包括基础的物质生活资料需要,也包括在此基础上发展起来的对文化、政治、法治等社会环境以及良好的自然环境的需要。恩格斯指出,人与动物的生存有着本质的不同,动物只是"搜集",人则从事"生产",而且,"一有了生产,所谓生存斗争便不再围绕着单纯的生存资料进行,而要围绕着享受资料和发展资料进行"。③可见,人类的需要可以分为生存需要及在此基础上进一步产生的享受需要和发展需要。人民在安全、居住、工作、医疗、社保等方面的基本

---

  ① 习近平:《决胜全面建成小康社会 夺取新时代中国特色社会主义伟大胜利》,人民出版社2017年版,第11页。
  ② 《德意志意识形态》,载《马克思恩格斯选集》(第1卷),人民出版社1995年版,第79页。
  ③ 恩格斯:《自然辩证法》,载《马克思恩格斯全集》(第20卷),人民出版社1973年版,第653页。

需要属于生存需要,而对文化生活、民主、法治、公平、正义以及优美的自然环境等需要,则属于享受需要和发展需要。习近平总书记在阐述人民美好生活需要时连用的八个"更",均体现着人民在生存需要得以满足的前提下所形成的享受需要和发展需要。

(二)人民美好生活需要在经济领域的具体体现

就经济领域而言,人民美好生活的需要主要体现在居民消费上。具体来说,从原有需要到新需要的转变,主要体现为消费数量、消费结构和消费质量三个方面的改变。

第一,消费数量快速增长。由于我国居民收入水平持续上升,人民消费能力显著增强,对各类消费品的购买数量快速增长。2013年,全国居民平均每百户所拥有的家用汽车、洗衣机、电冰箱、空调和计算机数量分别为16.9、80.8、82.0、70.4、48.9,至2016年,分别显著增长至27.7、89.8、93.5、90.0、57.5。①就整体消费支出情况而言,由图2-1可见,自改革开放以来,我国居民消费水平不断提升,无论是居民消费支出的绝对数额,还是剔除了物价影响的消费水平指数,都呈现明显的加速增长的趋势。并且,自2011年以来,农村居民的消费支出增长率就超过了城镇居民,呈现出更快增长的趋势,城乡居民间消费支出差距逐渐缩小。例如,2017年,按常住地划分,我国城镇居民人均消费支出增长5.9%;农村居民人均消费支出增长8.1%。②

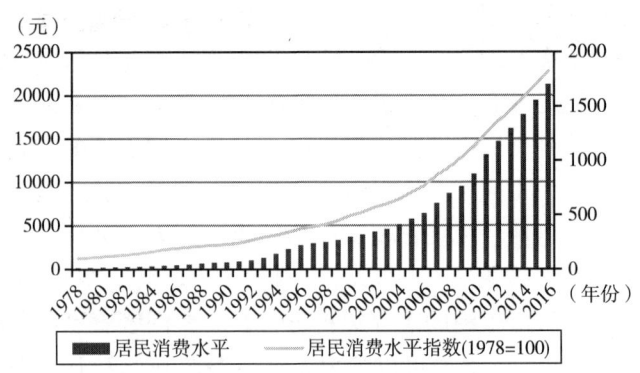

图2-1 1978~2016年我国的居民消费水平

资料来源:国家统计局年度数据。

---

① 《中国统计年鉴(2017)》,中国统计出版社2017年版。
② 国家统计局:《中华人民共和国2017年国民经济和社会发展统计公报》,www.stats.gov.cn/tjsj/zxfb/201802/t20180228_1585631.html。

第二,消费结构出现明显转变。近年来,我国居民在食品烟酒、衣着、居住等方面的消费支出在整体消费支出中的比重呈下降趋势;而教育文化娱乐、社会服务、交通通信、医疗保健等方面的比重不断提高。最显著的是,1978 年,我国城镇居民和农村居民的恩格尔系数分别高达 57.5% 和 67.7%;而 2017 年,分别降至 28.6% 和 31.2%,①已经达到或者非常接近联合国划分的 20%~30% 的富足标准。这体现了我国居民消费层次的提升,消费结构已经从食品等一般家庭消费为主,转向服务、文化、教育、旅游、保健、信息、小轿车和住房等精神消费和高端消费。在社会服务类消费支出方面,2017 年全国居民人均家政服务支出增长 11.0%,旅馆住宿支出增长 18.1%,美容美发洗浴支出增长 8.8%。在文化娱乐消费支出方面,2017 年全国居民人均团体旅游、景点门票、体育健身活动、电影话剧演出票支出分别增长 14.0%、10.6%、15.5% 和 9.5%;尤其在出境旅游消费方面,无论是出境人数还是消费金额,都迅速增长。2016 年,我国出境旅游总消费 2610 亿美元,约占世界旅游消费总额的 21%,而在 10 年前,仅为 240 亿美元和 3%。形成鲜明对比的是,吃穿等基本需求消费支出增长较慢,食品烟酒、衣着两方面支出增速分别为 4.3% 和 2.9%,远低于服务类和文娱类消费增速。②

第三,对消费质量的要求显著提升。近年来,人民的消费观念发生了显著的改变,对消费的质量要求明显上升。一方面,从单纯追求数量转变到了同样注重质量,在生活水平得到普遍提高的新时代,人民群众在选购商品时不再只是关注价格是否低廉、同样的支出是否能买更多数量的商品,而是更关注商品的品质、功能、质量等,希望买到优质的放心产品。近年来,持续存在的境外购物热和海外代购热就是体现。另一方面,消费目的不再限于满足吃穿等基本生理需求,而是越来越关注获得精神层面的满足。在选购商品时,除了对商品的质量、功能等方面提出更高要求,还产生了文化附加值、个性化等要求。

据报道,中国大陆 25~34 岁主力消费人群占总人口比例早已超过 30%,这一群体已经逐渐成为职场主力并具备较好的经济能力,对衣食住行每一方面都提出了更高要求;他们的品牌意识较强,注重商品的品质与配套服务,

---

① 《中国统计年鉴(2014)》,中国统计出版社 2014 年版;国家统计局:《中华人民共和国 2017 年国民经济和社会发展统计公报》,www. stats. gov. cn/tjsj/zxfb/201802/t20180228_1585631. html。

② 王有捐:《2017 年全国居民收入较快增长居民生活质量不断改善》,www. stats. gov. cn/tjsj/sjjd/201801/t20180119_1575491. html,2018 - 01 - 19;人民网:《中国人出境游市场持续增长消费占全球两成多》,http://travel. people. com. cn/n1/2017/1027/c41570 - 29611848. html,2017 - 10 - 27。

追求个性化、新鲜感、多样化、高品质的消费,对于价格的敏感度偏低,更关注商品能否满足其独特的需求,具体体现在住房改善化、家居舒适化、家用设备多功能化、度假旅游休闲化等方面。①

总之,人民美好生活需要的具体内涵,既包括对物质资料等经济基础层面的需要,也包括对政治、社会环境等上层建筑层面的需要。人民新旧需要的转变,在经济领域,集中体现在消费数量、消费质量和消费结构三个方面。

三、我国经济发展中的不平衡与不充分

习近平总书记在党的十九大报告中指出:"我国社会生产力水平总体上显著提高,社会生产能力在很多方面进入世界前列,更加突出的问题是发展不平衡不充分,这已经成为满足人民日益增长的美好生活需要的主要制约因素。"②可见,当前我国经济发展中最主要的问题是:总体普遍提高基础上的不平衡与不充分。

(一) 发展的不充分:相对人民需要的不充分

我国当前经济发展中的不充分并非绝对不充分,而是生产力发展到新高度前提下的相对不充分,是生产力相对人民日益增长的美好生活需要的不充分。

生产决定消费,社会生产力的提高会带来消费水平的提高,也即人民需要的增长。具体而言,生产通过三个方面的作用对消费产生影响:第一,生产为消费创造材料,决定着消费的对象。"它为消费提供材料,对象。消费而无对象,不成其为消费,因而在这方面生产创造出、生产出消费"。生产水平越高,等量投入就能带来越多的产品,社会的物质资料也就越充足。第二,生产决定着人们的消费方式。"不仅消费的对象,而且消费的方式,不仅在客体方面,而且在主体方面,都是生产所生产的。所以,生产创造消费者"。③ 不同的生产水平将生产出品质、特性、功能等不一样的产品。生产水平提高,产品性能也会随之提高,产品的使用方式也会发生改变,因而,消费者的消费方式也会随之改变。正如生产发展到信息化、电子化阶段之

---

① 搜狐网:《中国消费升级研究分析报告》(上篇),http://www.sohu.com/a/206939740_652385. 2017 - 11 - 27。

② 习近平:《决胜全面建成小康社会 夺取新时代中国特色社会主义伟大胜利》,人民出版社2017年版,第11页。

③ 《马克思恩格斯选集》(第2卷),人民出版社1995年版,第10页。

后，人们的消费方式从单纯的实体商店购物，转变到线上购物。第三，生产产生出消费的需要和动力。"生产通过它起初当作对象生产出来的产品在消费者身上引起需要""生产把消费的动力，消费能力本身当作需要创造出来"。①

近年来，我国生产力水平快速提高，为广大人民提供了数量更充足、种类更丰富、品质更优良的产品，带来了新的消费方式，对消费产生了极大的促进作用；同时，也产生了新的需要。如表 2-1 所示，党的十八大以来的五年中，居民消费水平增长速度都超过了经济增长速度。这既表明了生产对消费的促进作用，同时也表明，我国生产力尽管已经达到了较高水平，但是依然没有满足人民对美好生活的需要，生产的发展还没有跟上人民需求的增长。因而，我国的生产力发展依然是不充分的。

表 2-1　　　2012~2016 年我国的经济增长与居民消费水平增长　　　单位：%

项目	2012 年	2013 年	2014 年	2015 年	2016 年
GDP 增长率	7.9	7.8	7.3	6.9	6.7
消费增长率	10.65	9.21	8.93	8.35	8.63

注：增长率均剔除了价格因素，按不变价格计算，以上年为 100。
资料来源：国家统计局年度数据。

（二）发展的不平衡

1. 区域发展不平衡

我国不同区域的区位特征、发展基础和资源禀赋各不一样，导致区域间经济发展呈现较为明显的不平衡：东南地区和中南地区发展迅速，发展水平较高；而西部地区和东北地区处于较低水平。并且，在同一区域内部的不同省份之间，发展也存在明显的不平衡。以 2016 年省际 GDP 为例，在中南地区内，排名第一的广东省 GDP 为 80854.91 亿元，是排名第二的河南省 GDP 的 2 倍，是排名最后的广西省 GDP 的 20 倍。

2. 城乡发展不平衡

随着我国经济的高速发展，尤其是新世纪以来城市建设的加速发展和城市规模的迅速扩大，城市发展的速度显著高于农村，城市经济规模持续扩大：2015 年，地级以上城市地区生产总值为 428359 亿元，按可比价格计算，比

---

① 马克思：《政治经济学批判》（导言），载《马克思恩格斯选集》（第 2 卷），人民出版社 1995 年版，第 10~11 页。

2012 年增长了 33.0%①。作为拉动经济增长的最关键因素，农村消费水平也始终远低于城镇：2015 年，城镇居民人均消费支出是农村居民的 2.8 倍②。此外，在社会资源方面，农村也存在着明显的资源匮乏。比如，就医疗资源而言，2016 年，城镇居民每千人口医疗卫生机构床位数和每千人口执业医师数分别为 8.41 和 3.92，而农村仅为 3.91 和 1.59③。

3. 产业结构不平衡

从纵向发展来看，新中国成立之初，我国农业增加值在 GDP 中所占比重超过了一半，而工业增加值所占比重大约 20%；至 1987 年，我国农业增加值和工业增加值占比分别为 26% 和 43%；发展到 2016 年，我国三次产业比重分别为 8.6%、39.8%、51.6%，已经基本实现了产业结构的协调。但是，如果在世界范围内进行横向比较，我国产业结构确实还处于第一和第二产业偏重、第三产业偏轻的不平衡局面，不仅与美国、日本、英国等发达国家相比明显落后，而且与巴西、俄罗斯等发展中国家相比也存在差距。此外，在产业内部也存在不平衡问题。比如，在第二产业内部，中低端制造业产能过剩与优质供给不足并存，煤炭、钢铁等产能严重过剩，而机器人、临床创新药物等高技术产业大量依靠进口。

4. 收入分配不平衡

从全国总体情况来看，1978 年以来，我国基尼系数始终呈现上升趋势，并且突破了 0.4 的国际警戒线；自 2008 年以来，基尼系数开始呈现下降趋势，从 2008 年的 0.491 下降至 2016 年的 0.465④，但依然处于较高水平。分配决定于生产，生产发展的不平衡必将导致收入分配的不平衡。就区域收入差距而言，西南地区和西北地区的全部 10 个省份，以及中南地区除广东外的其他 5 个省份，居民人均收入达不到 23821 元的全国平均水平；而人均收入最高的上海和北京，分别为 54305 元和 52530 元，是全国平均水平的两倍多⑤。就城乡收入差距而言，2016 年，城镇居民人均可支配收入为 33616.2 元，接近农村居民人均纯收入 12363.4 元的 3 倍⑥。并且，经济发展水平越落后的区域，城乡之间收入差距越明显。例如，2016 年，东南地区内部城乡收入倍差仅 2.3；而西北地区为 3.0⑦。

---

① 国家统计局：《城镇化水平持续提高　城市综合实力显著增强——党的十八大以来经济社会发展成就系列之九》，http://www.stats.gov.cn/tjsj/sjjd/201707/t20170711_1511794.html，2017 - 07 - 28。
② 《中国农村统计年鉴（2016）》，中国统计出版社 2016 年版。
③⑤⑥⑦ 《中国统计年鉴（2017）》，中国统计出版社 2017 年版。
④ 国家统计局：《2003 ~ 2016 年全国居民人均可支配收入基尼系数》，http://www.stats.gov.cn/ztjc/zdtjgz/yblh/zysj/201710/t20171010_1540710.html，2017 - 10 - 10。

四、社会基本矛盾运动对新时代中国特色社会主义发展的作用

一切社会的基本矛盾是生产力和生产关系的矛盾,中国特色社会主义建设必须不断调整生产关系以适应社会生产力发展,不断完善上层建筑以适应经济基础发展。

(一) 生产力和生产关系的矛盾是一切社会的基本矛盾

"事物(现象等等)是对立面的总和与统一",① 矛盾的存在是普遍的、绝对的,不仅存在于一切事物之中,而且贯穿每一事物发展过程的始终。一个事物包含的矛盾常常不止一个,"在复杂的事物的发展过程中,有许多的矛盾存在,其中必有一种是主要的矛盾,由于它的存在和发展规定或影响着其他矛盾的存在和发展"。② 作为最庞大的复杂系统,人类社会也存在特征和影响各不一样的多种矛盾。马克思和恩格斯的唯物史观告诉我们,人类社会的第一个基本前提是物质资料生产,它具有双重关系:生产中形成的人与自然的关系,表现为生产力;生产中形成的人与人之间的关系,表现为生产关系。生产力与生产关系是物质资料生产不可分割的两个方面,构成社会发展的基本矛盾,也是社会发展的诸多矛盾中的主要矛盾。社会基本矛盾存在于一切社会形态,只是性质和表现形式会有所不同。在资本主义私有制下,基本矛盾表现为生产社会化与生产资料私有制之间的矛盾;而在我国社会主义公有制下,社会基本矛盾则表现为生产力发展水平与人民日益增长的需要之间的矛盾。

矛盾着的两个方面既互相对立,又互相依存;一方消失,对立的另一方也将消失,矛盾也将不存在。"所有的两级对立,总是决定于相互对立的两极的相互作用;这两极的分离和对立,只存在于它们的相互依存和相互联系之中"③。作为社会基本矛盾的两个方面,生产力和生产关系在相互依存中相互对立。"两个相互矛盾方面的共存、斗争以及融合成一个新范畴,就是辩证运动"④。正是在生产力与生产关系不断对立、适应和共存的辩证运动中,社会基本矛盾推动着社会生产不断向前发展。

矛盾着的两个方面,它们的地位和作用是不相同的。"矛盾着的两方面

---

① 《哲学笔记》,载《列宁选集》(第55卷),人民出版社1990年版,第213页。
② 《矛盾论》,载《毛泽东选集》(第1卷),人民出版社1991年版,第320页。
③ 恩格斯:《自然辩证法》,载《马克思恩格斯全集》(第20卷),人民出版社1973年版,第411页。
④ 马克思:《哲学的贫困》,载《马克思恩格斯选集》(第1卷),人民出版社1995年版,第144页。

中，必有一方面是主要的，他方面是次要的。其主要的方面，即所谓矛盾起主导作用的方面。事物的性质，主要地是由取得支配地位的矛盾的主要方面所规定的"。① 在社会基本矛盾中，生产力处于主导地位，是矛盾的主要方面，决定着生产关系的性质与特征。因此，生产关系必须要适应生产力的发展，在生产力不断提高的过程中，生产关系必须适应其进行改变。

（二）社会基本矛盾对新时代中国特色社会主义的促进作用及实现途径

生产力与生产关系之间的矛盾，是贯穿人类社会发展始终的主要矛盾。社会主要矛盾发生改变，社会发展的诸多方面也将随之改变，正如习近平总书记在参加党的十九大贵州省代表团讨论时所指出的："我国社会主要矛盾的变化是关系全局的历史性变化，对党和国家工作提出了许多新要求，我们要深入贯彻新发展理念，着力解决好发展不平衡不充分问题，更好满足人民多方面日益增长的需要，更好推动人的全面发展、全体人民共同富裕。"②当前我国经济发展的不平衡不充分成为制约满足人民美好生活需要的主要因素，是主要矛盾的主要方面，因而我国必须继续推进生产发展，并根据生产力的新特征积极调整生产关系和完善上层建筑，实现主要矛盾两个方面的平衡。生产力与生产关系从不平衡走向平衡再走向新的不平衡，正是推动社会发展的根本动力。

1. 社会基本矛盾运动对新时代中国特色社会主义的促进作用

矛盾的辩证运动是普遍、永恒存在的，"……创造这些矛盾能在其中运动的形式……，这就是实际矛盾赖以得到解决的方法"③。矛盾双方总是在从对立到统一再到对立的过程中推动事物的发展，"由平衡到不平衡再到新的平衡是事物发展的基本规律"④。正是在生产力与生产关系不断对立、适应和共存的辩证运动中，社会基本矛盾推动着社会生产不断向前发展。当生产力与生产关系从旧的平衡走到新的平衡，社会生产水平也就随之提高了。

新中国成立后很长一段时间内，我国生产力水平都处于落后状态，生产力与人民的经济文化需要之间处于不平衡状态。因此，我国始终将发展生产力作为社会主义的根本任务。经过近 70 年的努力，生产力水平实现显著飞跃，旧的不平衡得以解决，中国特色社会主义进入了新时代，生产力在较高

---

① 毛泽东：《矛盾论》，载《毛泽东选集》（第 1 卷），人民出版社 1991 年版，第 322 页。
② 刘少华等：《不平衡不充分：深刻看加快干》，载《人民日报海外版》2017 年 10 月 20 日。
③ 马克思：《资本论》（第 1 卷），载《马克思恩格斯全集》（第 23 卷），人民出版社 1972 年版，第 122 页。
④ 《习近平谈治国理政》（第二卷），外文出版社 2017 年版，第 206 页。

水平上的不平衡与不充分发展,无法满足人民对美好生活的需要,形成了基于更高生产力水平的、新的不平衡。从而,生产力与生产关系的矛盾运动不断推动着社会生产的进步。

并且,在生产力不断提高的过程中,生产关系必须适应其进行改变。正如习近平总书记在第十一次集体学习时所指出的:"坚持和发展中国特色社会主义,必须不断适应社会生产力发展调整生产关系,不断适应经济基础发展完善上层建筑。我们提出进行全面深化改革,就是要适应我国社会基本矛盾运动的变化来推进社会发展。社会基本矛盾总是不断发展的,所以调整生产关系、完善上层建筑需要相应地不断进行下去。"①根据社会主要矛盾的转变,不断推进改革进程,是推动新时代中国特色社会主义不断前进、长久发展的重要动力。

2. 社会基本矛盾运动推动生产力进步的具体途径

新的不平衡是在新时代中国特色社会主义阶段更高生产力水平上的不平衡,是指生产力发展的不平衡不充分暂时不能满足人民日益增长的美好生活需要,在经济领域主要体现在人民的各类消费需要没有完全得以满足。消费决定于生产,但同时也是实现生产目的的途径和生产的动力。"没有消费,也就没有生产,因为如果没有消费,生产就没有目的。消费从两方面生产着生产:(1)因为产品只是在消费中才成为现实的产品……(2)因为消费创造出新的生产的需要,也就是创造出生产的观念上的内在动机,后者是生产的前提"。②

尚未满足的消费需要,将从三个方面推动着生产力的进一步发展。

其一,数量上没有得到满足的消费需要,将通过价值规律的作用,增加产品的生产数量。价值规律是商品经济的基本规律,中国特色社会主义市场经济也受其支配。供求关系的变化引起价格围绕价值上下波动是价值规律的表现形式,当某产品生产数量不足以满足消费需要,势必导致市场价格偏离价值直接决定的价格而上涨,刺激着更多的资源流向该领域,使生产规模得以扩张,同时,也将刺激现有生产者改进技术,提高生产效率,两方面共同作用,生产出更多产品。

其二,"消费生产出生产者的素质,因为它在生产者身上引起追求一定

---

① 习近平:《推动全党学习和掌握历史唯物主义》,新华网,http://news.xinhuanet.com/politics/2013-12/04/c_118421164.html.2013-12-04。

② 马克思:《政治经济学批判》(导言),载《马克思恩格斯选集》(第2卷),人民出版社1995年版,第9页。

目的的需要"①，所以，质量上没有得到满足的消费需要，将促使生产者提高技术水平，改进生产方式，生产出符合消费需要的产品。新中国成立后一段时期内，我国处于供给约束型经济，社会产品的供应难以满足需要，消费对生产的反作用并没能凸显出来；随着改革开放的推进和生产的进步，社会产品迅速丰富起来，我国逐渐转变为以买方市场为特征的需求约束型经济，这意味着产品若不能满足消费者的要求，将无法转变为"现实的产品"，生产的目的也将无法实现。"事实证明，我国不是需求不足，或没有需求，而是需求变了，供给的产品却没有变，质量、服务跟不上"，要解决这个问题，"必须把改善供给侧结构作为主攻方向，实现由低水平供需平衡向高水平供需平衡跃升"②。

其三，人的需要是无止境的，原有需要得以满足，必然将产生更高的新的需要。当前，人民群众对清新空气、干净饮水、安全食品、优美环境的强烈需要，就是在基本物质文化需求得以满足的基础上形成的。新发展理念中的绿色发展，正是为了满足人民在这方面的需要。"绿色是永续发展的必要条件和人民对美好生活追求的重要体现"，坚持绿色发展，则必然"形成人与自然和谐发展现代化建设新格局，推进美丽中国建设"③，促使生产力进入高质量发展阶段。

此外，需要的无止境不仅体现在对已有事物的要求越来越高，也体现在对尚未出现的事物的期盼和需要。正如马克思所说，"消费创造出新的生产的需要，也就是创造出生产的观念上的内在动机，后者是生产的前提。……消费在观念上提出生产的对象，把它作为内心的图像、作为需要、作为动力和目的提出来。消费创造出还是在主观形式上的生产对象"。④正是这种尚在观念上的消费需要，推动着新技术的不断更替和新产品的不断涌现，比如，人们渴望飞上蓝天的梦想，促使着人们不断研究，最终实现了飞机的诞生。

在新时代中国特色社会主义条件下，人民的美好生活需要从量和质两个方面对现有消费对象提出更高的要求，在观念上也存在着对尚未出现的消费对象的需要；这必将要求生产者增加投入、改进技术，不仅使产品数量增加至人民需要的水平，而且使产品质量达到要求，即生产力水平必将进一步提

---

① 马克思：《政治经济学批判》（导言），载《马克思恩格斯选集》（第2卷），人民出版社1995年版，第10页。
② 中共中央宣传部：《习近平总书记系列重要讲话读本》，学习出版社2016年版，第155页。
③ 中共中央宣传部：《习近平总书记系列重要讲话读本》，学习出版社2016年版，第134～135页。
④ 马克思：《政治经济学批判》（导言），载《马克思恩格斯选集》（第2卷），人民出版社1995年版，第9页。

高，从而达到人民美好生活需要所要求的水平。可见，为满足人民的新需要所做的努力，将使生产和需要之间的不平衡趋向平衡。然而，"一切平衡都只是相对的和暂时的"①，新的平衡必将再次走向不平衡，并通过调整达到更高水平的新平衡，如此不断往复，从而推动社会生产不断前进。在推进过程中，新发展理念是贯穿始终的重要指导思想。

综上所述，社会主要矛盾发生转变的根本依据，在于生产力状况的改变。近年来，我国生产力飞速发展，一方面满足了广大人民原有的物质文化需要，实现了生产和人民需要之间的平衡；但另一方面又带来了人民对美好生活的新需要，使生产和人民需要在更高的生产力水平上处于新的不平衡状态。正是在主要矛盾的两个方面从不平衡到平衡再到新不平衡的运动过程中，我国社会基本矛盾推动着新时代中国特色社会主义向前发展；新发展理念是全面指导这个过程的重要思想。习近平总书记关于我国社会主要矛盾转变的经济思想，是立足于我国基本国情、结合我国经济发展的具体实践，对马克思主义政治经济学的丰富与发展，也是对科学社会主义理论的重大推进。

五、社会主要矛盾转化是关系全局的历史性变化

中国共产党根据社会主要矛盾变化调整发展理念和战略，每一次都对我国经济社会发展规律认识达到了新高度，都推动着中国特色社会主义发展实现新跨越。中国特色社会主义进入新时代，我国社会主要矛盾转化为人民日益增长的美好生活需要和不平衡不充分的发展之间的矛盾。只有解决好发展不平衡不充分的问题，包括解决好社会、民生、法治、生态环境等方面存在的发展不平衡不充分问题，大力提升发展质量和效益，才能更好满足人民在经济、政治、文化、社会、生态等方面日益增长的需要。我国社会主要矛盾的变化是历史性的、关系党和国家工作全局的重大变化。

正确认识我国社会主要矛盾的转化，必须从马克思主义历史唯物主义和辩证唯物主义出发，站在中国特色社会主义发展的历史方位上，站在中国特色社会主义发展战略全局的高度和党和国家事业长远发展的高度上，把握新时代中国特色社会主义主要矛盾的变化。

正确认识我国社会主要矛盾的转化，必须结合中国特色社会主义的伟大实践，结合"五位一体"总体布局和"四个全面"战略布局，结合实现社

---

① 恩格斯：《自然辩证法》，载《马克思恩格斯全集》（第20卷），人民出版社1973年版，第590页。

主义现代化和中华民族伟大复兴的总任务以及当前社会的主要任务，把握新时代中国特色社会主义主要矛盾的变化。

正确认识我国社会主要矛盾的转化，必须结合理论与实践、历史与现实、国内与国际，从战略思维、辩证思维和创新思维出发，正确把握新时代中国特色社会主义主要矛盾的变化。

正确认识我国社会主要矛盾变化的重大意义及其对党和国家工作提出的新要求，必须"在继续推动发展的基础上，着力解决好发展不平衡不充分问题，大力提升发展质量和效益，更好满足人民在经济、政治、文化、社会、生态等方面日益增长的需要，更好推动人的全面发展、社会全面进步"。[①]

六、社会主要矛盾的变化没有改变我国社会主义所处历史阶段的判断

中国特色社会主义进入新时代、我国社会主要矛盾发生变化，是党的十九大作出的新判断、新表述，是中国共产党对人类社会发展规律、对中国社会主义建设规律以及我们党的执政规律的重大理论创新和认识的进一步深化，是我们党方针政策制定的基础，是习近平新时代中国特色社会主义思想的重要内容，必将对新时代中国特色社会主义伟大事业和民族复兴中国梦的最终实现起到重要的指导作用。

改革开放以来，我国的经济、科技、国防实力和综合国力都进入了世界前列，解决了温饱问题，实现了持续走向繁荣富强的伟大飞跃，"落后的社会生产"已不符合现实国情。随着城乡居民收入增速超过经济增速，人民期盼有更好的教育、医疗和社会保障，更满意的工作、收入和优美的环境，"人民日益增长的物质文化需要"已经升级为更高层次的"人民日益增长的美好生活需要"。但民生领域还有不少短板，群众还面临不少难题，城乡区域发展和居民收入分配差距依然较大，只有着力解决经济社会发展不平衡不充分的问题，大力提升发展质量和效益，才能更好满足人民在经济、政治、文化、社会、生态等方面日益增长的需要。

我国社会主要矛盾的变化是关系全局的历史性变化，决定了习近平新时代中国特色社会主义理论的出现。党的十九大报告指出："必须认识到，我

---

① 习近平：《决胜全面建成小康社会　夺取新时代中国特色社会主义伟大胜利》，人民出版社2017年版，第12页。

国社会主要矛盾的变化,没有改变我们对我国社会主义所处历史阶段的判断,我国仍处于并将长期处于社会主义初级阶段的基本国情没有变,我国是世界最大发展中国家的国际地位没有变。全党要牢牢把握社会主义初级阶段这个基本国情,牢牢立足社会主义初级阶段这个最大实际,牢牢坚持党的基本路线这个党和国家的生命线、人民的幸福线,领导和团结全国各族人民,以经济建设为中心,坚持四项基本原则,坚持改革开放,自力更生,艰苦创业,为把我国建设成为富强民主文明和谐美丽的社会主义现代化强国而奋斗。"①"三个没有变""三个牢牢"是正确认识和把握我国社会主要矛盾变化同社会主义初级阶段关系问题的依据。

首先,要明确我国社会主义所处历史阶段——社会主义初级阶段是社会主义的不发达阶段。经济发展水平对发展阶段起重要作用,但并不是决定初级阶段的唯一条件,要联系社会总体发展水平,从生产力和生产关系、经济基础和上层建筑、物质文明和精神文明等整个社会主义事业发展全局,经济、政治、文化、社会、生态文明建设等各个方面上看待社会主义初级阶段。

其次,要明确社会主义初级阶段是"仍处于并将长期处于",是要延续上百年的一个历史阶段。改革开放以来,我国发展取得举世瞩目的成就,但社会主义初级阶段的基本特征和根本任务没有变。虽然目前我国经济总量已超过日本稳居世界第二,但人均国内生产总值只相当于世界平均水平的80%左右;在科技创新、发展质量、社会保障、公共服务等方面与发达国家仍有较大的差距,到全面建成小康社会时,人均GDP水平也仅接近世界平均水平。在实现建成富强民主文明和谐美丽的社会主义现代化强国目标的历史进程中,还有很长的路要走,我国社会主要矛盾也必然随着社会发展而变化。这一变化是在社会主义初级阶段这个历史阶段中发生的变化,这些变化并不意味着社会主义初级阶段的基本国情发生了变化。

最后,要准确把握我国是世界上最大发展中国家的定位。随着我国社会生产力发展水平的提高,引发生产关系、上层建筑的深刻变革,社会主义初级阶段在发展上有了新进展,在发展层次上有了新提升,在发展实践上有了新飞跃,综合实力大大增强,虽然我国GDP已经稳居世界第二,但2017年我国人均GDP世界排名第70位②,与发达国家差距还很大,我国仍然是世界上最大的发展中国家。

---

① 习近平:《决胜全面建成小康社会 夺取新时代中国特色社会主义伟大胜利》,人民出版社2017年版,第12页。

② 《2017年人均GDP世界排名,中国排名进步了》,http://www.sohu.com/a/214620888_687803/。

总之，正确理解我国社会主要矛盾的新表述，准确理解"变"与"不变"的唯物辩证法至关重要。改革开放以来，我国生产力水平发生了巨大变化，"人民日益增长的物质文化需要同落后的社会生产之间的矛盾"转化为"人民日益增长的美好生活需要和不平衡不充分的发展之间的矛盾"，社会主要矛盾"变"了，但并未改变我国社会主义所处的历史阶段，我国仍存在发展不平衡不充分的突出问题，仍处于并将长期处于社会主义初级阶段的基本国情没有变，我国是世界最大发展中国家的国际地位没有变，中国共产党的初心没有变。新时代的"变"与"不变"是事物发展的渐进性和飞跃性的统一，是我们谋划未来发展的基本依据。

第三节　新时代中国特色社会主义生产力布局

以习近平同志为主要代表的中国共产党人以马克思主义为指导，结合新时代社会主要矛盾，构建了新时代中国特色社会主义的生产力布局理论。生产力布局是生产要素与经济资源的合理分布与配置，是生产力发展的核心内容。新时代中国特色社会主义生产力布局进一步解放和发展生产力，更好满足人民日益增长的美好生活需要，推动社会主义现代化经济建设和中华民族的伟大复兴。

一、新时代中国特色社会主义生产力布局的出发点

生产力布局的社会主义属性，决定了新时代中国特色社会主义生产力布局要以人民利益为出发点，就是坚持人民主体，就是在生产力布局中"坚持以人民为中心的发展思想，这是马克思主义政治经济学的根本立场。要坚持把增进人民福祉、促进人的全面发展、朝着共同富裕方向稳步前进作为经济发展的出发点和落脚点，部署经济工作、制定经济政策、推动经济发展都要牢牢坚持这个根本立场"。[①] 这就决定了，新时代中国特色社会主义生产力布局要以人民主体为原则展开。

（一）人民主体决定生产力布局的目标

我国经济进入新时代，社会主要矛盾已经发生转化。"中国特色社会主

[①] 习近平：《立足我国国情和我国发展实践　发展当代中国马克思主义政治经济学》，载《人民日报》2015年11月25日。

义进入新时代，我国社会主要矛盾已经转化为人民日益增长的美好生活需要和不平衡不充分的发展之间的矛盾"。①"我国社会主要矛盾的变化是关系全局的历史性变化，对党和国家工作提出了许多新要求。我们要在继续推动发展的基础上，着力解决好发展不平衡不充分问题，大力提升发展质量和效益，更好满足人民在经济、政治、文化、社会、生态等方面日益增长的需要，更好推动人的全面发展、社会全面进步"。②新的社会主要矛盾构成了新时代中国特色社会主义生产力布局的现实基础，要适时根据发展变化了的经济现实进行全新的生产力布局。

人民就是人民群众，主体就是强调人民的主体地位和主体利益。坚持人民主体决定了生产力布局的目标就是满足人民的需要，实现人的全面发展。在新的社会主要矛盾条件下，人民主体决定了新时代中国特色社会主义生产力布局的目标——推进社会主义现代化建设，不断满足人民日益增长的美好生活需要。这就要求新时代中国特色社会主义生产力布局"必须多谋民生之利，多解民生之忧，在发展中补齐民生短板、促进社会公平正义……保证全体人民在共建共享发展中获得更多获得感，不断促进人的全面发展、全体人民共同富裕"。③

新时代中国特色社会主义主要矛盾下，坚持人民主体，就是坚持"增进民生福祉是发展的根本目的"④，这决定了新时代中国特色社会主义生产力布局的目标——满足人民日益增长的美好生活需要。

（二）人民主体决定生产力布局的效率

新时代中国特色社会主义生产力布局要通过对社会生产力进行合理调整，充分、有效利用社会经济资源，进一步解放和发展生产力，才能实现满足人民日益增长的美好生活需要的目标。是否有助于社会生产力结构优化和水平提升是生产力布局成败的关键。人民（劳动者）是生产力中最重要和唯一能动的因素。坚持人民（劳动者）主体，充分尊重劳动者的地位和贡献，激发劳动者的劳动热情，是不断解放和发展生产力，解决不平衡、不充分发展问题的前提。因此，人民主体决定了新时代中国特色社会主义生产力布局的效率。

---

① 习近平：《决胜全面建成小康社会　夺取新时代中国特色社会主义伟大胜利——在中国共产党第十九次全国代表大会上的报告》，人民出版社2017年版，第11页。
② 习近平：《决胜全面建成小康社会　夺取新时代中国特色社会主义伟大胜利——在中国共产党第十九次全国代表大会上的报告》，人民出版社2017年版，第11～12页。
③④ 习近平：《决胜全面建成小康社会　夺取新时代中国特色社会主义伟大胜利——在中国共产党第十九次全国代表大会上的报告》，人民出版社2017年版，第23页。

劳动者在劳动进程与生产力发展中发挥主导和能动作用。首先，人民（劳动者）是生产力发展中的主导因素。"劳动首先是人和自然之间的过程，是人以自身的活动来引起、调整和控制人和自然之间的物质变换过程"。① 物质资料的生产过程自始至终都在劳动者有目的的指导下进行，按照劳动者的需要而展开。其次，人民（劳动者）是生产力水平的决定性因素。马克思在《资本论》中提出，"劳动生产力是由多种情况决定的，其中包括：工人的平均熟练程度，科学的发展水平和它在工艺上应用的程度，生产过程的社会结合，生产资料的规模和效能，以及自然条件"。② 其中，劳动者素质技能水平是关键因素，是决定生产力水平的重要方面。此外，马克思还认为，"劳动资料不仅是人类劳动力发展的测量器，而且是劳动借以进行的社会关系的指示器"。③ 可见，劳动者所使用的劳动资料，或者说科学技术是社会进步的重要推动力量。劳动者对于生产过程的热情与态度也会直接影响到社会生产力的发展和社会的进步。这些都决定了"始终坚持人民主体地位，充分调动工人阶级和广大劳动群众的积极性、主动性、创造性"④，才能真正解放和发展生产力，才能实现新时代中国特色社会主义生产力布局的目标任务。人民（劳动者）是生产力中最活跃、最根本的因素。生产力布局的效率，进而生产力水平的高低取决于劳动者的素质技能以及劳动热情。新时代中国特色社会主义生产力布局只有在人民主体的主导下，才能更有效率地实现社会主义生产力的解放和发展。

（三）人民主体检验生产力布局的有效性

新时代中国特色社会主义生产力布局通过对经济资源的合理配置、产业结构升级改造和区域协调发展，实现生产力水平的提升，实现社会主义现代化和中华民族伟大复兴。生产力布局工作的成败以是否更好地坚持人民主体为检验标准。人民主体作为检验生产力布局有效性的标准，可以具体化为以下两个方面。

第一，生产力布局是否有利于增进民生。新时代中国特色社会主义生产力布局"必须多谋民生之利，多解民生之忧"⑤。增进民生包括：真正做到贫困地区脱贫、帮扶弱势群体、完善最低生活保障制度，做到兜住底线；加强

---

① 马克思：《资本论》（第1卷），人民出版社1975年版，第201~202页。
② 马克思：《资本论》（第1卷），人民出版社1975年版，第53页。
③ 马克思：《资本论》（第1卷），人民出版社1975年版，第204页。
④ 《坚守人民主体地位的根本立场——二论学习贯彻习近平全国劳模表彰大会重要讲话精神》，载《人民日报》2015年5月2日。
⑤ 习近平：《决胜全面建成小康社会 夺取新时代中国特色社会主义伟大胜利——在中国共产党第十九次全国代表大会上的报告》，人民出版社2017年版，第23页。

社会保障体系建设，促进社会公平正义，做到"幼有所教、学有所教、劳有所得、病有所医、老有所养、住有所居"①，实现全体人民的安居乐业。有利于增进民生的生产力布局才是真正合格的生产力布局，才是新时代中国特色社会主义的生产力布局。

第二，生产力布局是否有利于人民素质技能的提升。随着我国社会主义的日益发展，社会主要矛盾已经发生转变，人民的需要已经不再仅仅局限于物质生活领域，而转变为更高层次的需要。这就对新时代中国特色社会主义布局有了更高的要求——不仅要在物质生产上满足人民的安居乐业，还要全方位满足人民素质技能提升的需求。生产力布局要着眼未来，积极构建人才培养机制，营造鼓励创新、包容创新的良好氛围，为人民提升素质技能创造良好的发展环境和条件，实现人的全面发展。

新时代中国特色社会主义生产力布局成败的标准在于是否增进民生、是否有利于人民素质技能的提升，总而言之在于是否坚持人民主体。

人民主体决定了新时代中国特色社会主义生产力布局的目标与效率，是生产力布局有效性的检验标准，因而，从人民利益出发是新时代中国特色社会主义生产力布局的出发点，人民主体是新时代中国特色社会主义生产力布局的主导思想，表现为通过充分、平衡发展生产力，满足人民不断增长的美好生活需要。

二、高质量发展中的生产力动态协调

2017年12月召开的中央经济工作会议指出，我国已经由高速增长阶段转向高质量发展阶段。推动高质量发展，是适应新的社会主要矛盾和决战小康社会的必然要求。这一时期工作的重点就是要通过崭新的生产力布局推动经济的高质量发展。因此，高质量发展中的新时代中国特色社会主义生产力布局以人民为主体，结合新时代我国社会主要矛盾，开创了国内生产力动态协调新思路，即以"五位一体"的总体布局观为原则，以供给侧结构性改革为主线，以区域协调发展为重点，以实现国内生产力的充分、平衡发展，增加人民福祉，推进经济高质量、动态协调发展。

（一）以"五位一体"总体布局为总原则

新的社会主要矛盾要求，高质量发展中的新时代中国特色社会主义生产

---

① 习近平：《决胜全面建成小康社会 夺取新时代中国特色社会主义伟大胜利——在中国共产党第十九次全国代表大会上的报告》，人民出版社2017年版，第23页。

力布局表现为实现国内生产力的充分、平衡发展，以满足人民日益增长的美好生活需要。党的十八大报告首次提出了"五位一体"的社会主义总体布局，党的十九大再次强调"五位一体"总体布局的重要作用。国内生产力的充分、平衡发展要在"五位一体"的原则下才能真正得以实现。

1. "五位一体"总原则与国内生产力的充分发展

高质量发展中的新时代中国特色社会主义生产力布局以"五位一体"为总原则，即在国内生产力发展方面充分发挥经济、政治、文化、社会和生态这五方面的力量，全面深化改革，以实现国内生产力的充分发展和经济的高质量发展。"五位一体"总体布局拓展了生产要素范畴。在传统经济理论中，生产要素仅仅局限于经济因素。"五位一体"总体布局对生产力要素的理解进行了拓展，除了坚持经济因素的重要性外，还创造性地将政治、文化、社会以及生态因素纳入社会主义生产力发展体系中，拓展了马克思主义的生产要素内涵，为新时代生产力充分发展提供了更为广阔的空间。此外，"五位一体"总体布局丰富了发展生产力的途径。"五位一体"总体布局的提出，使发展生产力不再仅仅局限于三大产业上，不再限于经济领域，而属于整体的社会范畴，民主法治的进步、思想文化的发展、民生水平的提高、生态环境的改善等都是充分发展生产力的方式。"五位一体"总体布局为充分发展生产力提供了广阔的空间和丰富的实现途径，为解决新的社会主要矛盾提供了新思路。

2. "五位一体"总原则与生产力的平衡发展

坚持"五位一体"总原则有利于国内生产力的平衡发展，有助于新时代社会主要矛盾的解决。"五位一体"总体布局主张经济、政治、文化、社会、生态文明的全面协调和可持续发展。在"五位一体"总原则下，国内生产力布局应充分重视全面协调发展，致力于区域协调发展；积极利用社会各个方面的相互影响与作用，发掘各地的比较优势，加强各地的合作共赢，优化生产力结构、均衡地区生产力水平。高质量发展中的新时代中国特色社会主义生产力的布局以"五位一体"总体布局为原则，坚持平衡发展理念，在积极推进乡村振兴战略、区域协调发展战略、创新驱动战略等方面下功夫，在发展中不断补齐短板，以实现经济的高质量、动态协调发展，不断满足人民增长的美好生活需要，推动人的全面发展、社会的全面进步。

（二）以供给侧结构性改革为主线

习近平总书记指出："我国经济已由高速增长阶段转向高质量发展阶段，正处在转变发展方式、优化经济结构、转换增长动力的攻关期，建设现代化经济体系是跨越关口的迫切要求和我国发展的战略目标。必须坚持质量第一、效益优先，以供给侧结构性改革为主线。"① 这就要求高质量发展中的新时代中国特色社会主义生产力布局应以供给侧结构性改革为主线，实现生产力动态协调发展，解决新的社会主要矛盾，满足人民日益增长的美好生活需要。

1. 国内生产力布局的思路围绕供给侧结构性改革展开

"供给侧结构性改革，重点是解放和发展社会生产力，用改革的办法推进结构调整，减少无效和低端供给，扩大有效和中高端供给，增强供给结构对需求变化的适应性和灵活性，提高全要素生产率"。② 供给侧结构性改革一方面注重激发经济增长动力，提升生产力水平，另一方面注重解决结构性问题，通过要素的重新配置和结构调整，推动生产力的平衡发展。供给侧结构性改革的方向与国内生产力布局所追求的生产力的平衡、充分发展是一致的。高质量发展中的新时代中国特色社会主义生产力布局以供给侧结构性改革为主线，结合新的社会主要矛盾，一方面从供给方入手，注重生产力水平的提高和经济增长点的培育，实现生产力的充分发展；另一方面从结构性入手，注重产业结构的调整和生产要素的再配置，提高经济效益与质量，实现生产力的平衡发展，推进经济的高质量、动态协调发展。

2. 国内生产力布局的途径围绕供给侧结构性改革展开

供给侧结构性改革，"这不只是一个税收和税率问题，而是要通过一系列政策举措，特别是推动科技创新、发展实体经济、保障和改善人民生活的政策措施，来解决我国经济供给侧存在的问题"。③ 也就是说，供给侧结构性改革不仅要以产业结构调整为途径，还要依靠科技创新、民生保障、公共服务等方面驱动发展。供给侧结构性改革的方法也是国内生产力布局的主要途径，是实现经济高质量发展的重要途径。

新时代中国特色社会主义生产力布局根据当前经济的主要矛盾，以供给侧结构性改革作为国内生产力布局的主线，从供给侧、结构性入手，通过新经济增长点的培养，提升生产力水平；通过内涵集约式发展转变经济增长方式，增强资源利用的效率；通过产业结构的转移，实现区域内现有经济资源和生产要素最大限度发挥作用；通过创新驱动，增强国内生产力的发展动力与活力，从而实现国内生产力的充分、平衡发展，解决新的社会主义矛盾，

---

① 习近平：《决胜全面建成小康社会　夺取新时代中国特色社会主义伟大胜利——在中国共产党第十九次全国代表大会上的报告》，人民出版社 2017 年版，第 30 页。

②③《习近平在省部级主要领导干部学习贯彻党的十八届五中全会精神专题研讨班上的讲话》，载《人民日报》2016 年 5 月 10 日。

实现新时代中国特色社会主义生产力的合理布局和经济的高质量、动态协调发展。

（三）以区域协调发展为重点

中国特色社会主义进入新时代，各个地区的经济发展都取得了重大成就，但是区域发展不平衡、不协调的问题依旧突出，直接影响我国生产力总体布局的效率和水平。区域经济协同发展是经济高质量发展的重要组成部分。新时代，我国区域协调发展格局是在西部开发、东北振兴、中部崛起、东部率先的基础上，发展"一带一路"倡议、京津冀协同发展战略、长江经济带建设战略。其中，京津冀协同发展战略是新时代我国区域协调发展的重大课题，也是高质量发展中新时代中国特色社会主义生产力布局的重要内容。

以京津冀协同发展为例，探讨区域协调发展实施路径。

第一，注重区域间的共同发展和功能互补。京津冀协同发展应自觉打破"一亩三分地"的僵化发展模式，坚持合作共赢理念，力争实现三个地区的共同发展。京津冀协同发展注重功能互补。京津冀整体定位是"以首都为核心的世界级城市群、区域整体协同发展改革引领区、全国创新驱动经济增长新引擎、生态修复环境改善示范区"[①]。三地的功能地位是，"北京市：全国政治中心、文化中心、国际交往中心、科技创新中心；天津市：全国先进制造研发基地、北方国际航运核心区、金融创新运营示范区、改革开放先行区；河北省：全国现代商贸物流重要基地、产业转型升级试验区、新型城镇化与城乡统筹示范区、京津冀生态环境支撑区"[②]。

第二，注重立体化、错位发展。京津冀协同发展战略除了注重以往社会分工领域中的经济上的互通有无、产业梯度的有机转移对接、生产要素的有效流动等经济因素外，还特别强调，京津冀三地协同发展要以立体化方式展开，具体表现为交通一体化、人口流动一体化、社会公共服务共享等方面，真正实现三地的有机融合、协同发展。京津冀三地在生产力发展水平、经济发展阶段以及产业分工中所处的地位不尽相同。京津冀协同发展积极推进产业转移对接，实施错位发展既有助于疏解北京的大城市病，又有利于河北省经济基础的强化与经济增长极的培育，为区域经济协调发展提供了新的思路。

第三，注重经济增长与生态环境的和谐发展。由于地理位置的原因，北京、天津、河北共同面临着空气污染、环境恶化等社会生态问题。为此，京

[①][②] 《京津冀协同发展纲要获通过》，载《新京报》2015年5月1日。

津冀协同发展战略强调注重三地间的生态环境保护、积极推进生态环境的联防联治。三地将生态环境与生产力的有效布局有机结合,开创了新的绿色发展模式。

高质量发展中的新时代中国特色社会主义生产力布局,受"五位一体"总体布局观统领,注重全社会、全要素的系统化发展;以供给侧改革为主线,积极转变经济增长方式,增强资源的利用效率,实现生产力合理布局;以区域协调发展为重点,缩小差距共同发展,实现生产力布局的国内均衡,以解决新的社会主要矛盾,满足人民日益增长的美好生活需要,推动经济高质量、动态协调发展。

三、全面开放中的全球生产力布局

全面开放中的新时代中国特色社会主义生产力布局——全球生产力布局,在人类命运共同体理念指导下发展对外交往、开展全球化活动。全球生产力布局以全人类共同利益为核心,重新调整各国关系,追求从更广的范围实现分工协作、合作共赢,积极构建人类命运共同体,为世界经济发展贡献中国方案和中国力量。

(一) 全球生产力布局以构建人类命运共同体为目标

中国共产党不仅为中国人民谋幸福,而且要为全人类谋幸福。2013年,习近平总书记在莫斯科访问时第一次提出"命运共同体"的概念。随着社会主义实践的深化和国际交往的发展,人类命运共同体的思想日益成熟,这是向世界各国贡献的中国智慧。全球生产力布局的目标就是构建人类命运共同体。

1. 全球生产力布局以人类共同利益为基础

以人类命运共同体为目标,要求全球生产力布局要以人类共同利益为基础。以人类共同利益为基础的全球生产力布局不同于以往的资本主导的生产力布局。资本主导的生产力布局,受资本的支配,人的一切经济行为都按照资本的逻辑进行,为了追逐利润而展开。马克思、恩格斯在《共产党宣言》中曾对此进行了深刻的剖析。资本的生产力布局,是资本进行"血腥"掠夺的过程,是为过剩的产品和资本寻找市场的过程。而全球生产力布局坚持马克思主义,以人民主体为指导思想,目标是全体人民的解放和自由发展。全球生产力布局以人类共同利益为基础,将经济发展、社会进步的目标回归到人民自身。

只有将人类共同利益作为基础,全球生产力布局才能真正做到互相尊重、平等协商,才能摒弃旧有的冷战思维和强权政治;才能真正实现互利共赢,推进贸易和投资的自由化、便利化;才能真正激发各国劳动者的劳动热情和积极性,为各国生产力水平的提升提供充足的动力,为国家间的经济合作奠定坚实基础。

2. 以"开放、包容、互利、共赢"为核心概念

党中央提出的"一带一路"倡议是全球生产力布局的集中体现。"一带一路"倡议始终围绕"开放、包容、互利、共赢"这四个核心概念。"遵守和平共处五项原则,即尊重各国主权和领土完整、互不侵犯、互不干涉内政、和平共处、平等互利。坚持开放合作。'一带一路'相关的国家基于但不限于古代丝绸之路的范围,各国和国际、地区组织均可参与,让共建成果惠及更广泛的区域。坚持和谐包容。倡导文明宽容,尊重各国发展道路和模式的选择,加强不同文明之间的对话,求同存异、兼容并蓄、和平共处、共生共荣。"① "坚持互利共赢。兼顾各方利益和关切,寻求利益契合点和合作最大公约数,体现各方智慧和创意,各施所长,各尽所能,把各方优势和潜力充分发挥出来"。② 全球生产力布局强调的是各国人民的共同利益,追求的目标是合作共赢,致力于在全球打造政治互信、经济融合、文化包容的利益共同体、命运共同体和责任共同体。

以全人类共同利益为基础的全球生产力布局,符合全世界劳动者的利益,顺应和平与发展的国际环境;"开放、包容、互利、共赢"的核心概念营造和平友好的国际环境,满足世界各国发展生产力的现实需求,更加有效地解放和发展生产力,推进人类命运共同体的实现。

(二) 全球生产力布局充分尊重和利用各国经济发展的差异

历史唯物主义告诉我们,世界各国的自然禀赋、历史文化的不同一定会在发展中留下印记,表现为各国经济发展的差异。马克思认为,"不同的共同体在各自的自然环境中,找到不同的生产资料和不同的生活资料。因此,它们的生产方式、生活方式和产品,也就各不相同。这种自然的差别,在共同体互相接触时引起了产品的互相交换,从而使这些产品逐渐转化为商品。交换没有造成生产领域之间的差别,而是使不同的生产领域发生关系,从而使它们转化为社会总生产的多少互相依赖的部门"。③ 也就是说,不同国家按

---

①② 国家发展改革委、外交部、商务部:《推动共建丝绸之路经济带和21世纪海上丝绸之路的愿景与行动》,载《人民日报》2015年3月29日。

③ 马克思:《资本论》(第1卷),人民出版社1975年版,第390页。

照各自的发展轨迹运行,导致生产力在不同国家间的差异。

全球生产力布局充分尊重差异。正是这些差异的存在,使得世界市场的经济合作得以发生;正是这些差异的存在,为全球生产力发展提供了合作空间。全球生产力布局可以充分利用这些差异发展国际贸易、进行国际生产技术转让和产业结构转移,形成多层次的供给与需求关系,构建有层次的有机统一的国际大市场。各国间可以互通有无,互相提供市场,互相补充,扬长避短,发挥各自的比较优势,提高资源的利用效率,国家间的合作日益全面深化,影响日益加深。这些互利互惠的国际经济关系还会逐步渗透到各国的生产、分配、交换和消费的各个环节,促进各国经济更快发展,生产力水平不断提升。

(三) 在全球生产力布局中贡献中国力量

全球生产力布局以人类命运共同体为目标,积极推进全球人民同心协力、共同繁荣、互利共赢。在这一进程中,中国积极为全世界贡献了中国力量。

中国为诸多发展中国家提供了崭新的发展模式。中国作为一个基础差、底子薄、人口众多的发展中国家的典型代表,在中国共产党的领导下走出了一条崭新的发展之路,取得的成绩举世瞩目。"中国经济持续保持中高速增长,在世界主要国家中名列前茅,国内生产总值从五十四万亿元增长到八十万亿元,稳居世界第二,对世界经济增长贡献率超过百分之三十"。① 各项产业蓬勃发展,人民生活水平日益提升。这些成绩得益于中国特色社会主义市场经济的建立与发展,得益于中国共产党带领中国人民在马克思主义的指导下,根据中国具体实践开创的"中国道路"。"中国道路"是中国这一发展中国家实现工业化、现代化的崭新模式,造就了中国经济发展奇迹,使中国成为世界经济发展的重要引擎。因此,"中国道路"对很多发展中国家具有极强的吸引力和号召力,为其他发展中国家工业化、现代化提供了新的思路和新的模式。

中国在不断取得经济成就、增强经济实力的同时,也为世界经济提供发展红利。在坚持"和平、发展、合作、共赢"的基础上,中国积极推进全球生产力布局,发展全球伙伴关系。仅在2017年,中国就与11个国家签署15份推动双边关系发展文件;中欧班列开行近7000列,运行线路57条;与"一带一路"沿线12个国家建有34条跨境路缆和多条国际海缆;前三季度对

---

① 习近平:《决胜全面建成小康社会 夺取新时代中国特色社会主义伟大胜利——在中国共产党第十九次全国代表大会上的报告》,人民出版社2017年版,第3页。

"一带一路"沿线国家进出口增长20.1%,沿线国家对华投资新设企业2893家,同比增长34.4%;中国与58国签署各类投资贸易协定,"单一窗口"综合简化率达59%;亚投行成员数增至84个,批准20多个投资项目,总额超37亿美元;丝路基金已签约项目17个,支持项目涉及总投资金额达800亿美元[①]……中国为其他国家提供诸多的资金和技术,积极打造国际合作新平台,增添共同发展新动力,为世界经济的繁荣与发展贡献着中国力量。

全面开放中的新时代中国特色社会主义生产力布局——全球生产力布局,坚持人民主体和人类共同利益,致力于构建人类命运共同体,与世界各国进行协调合作,积极贡献中国力量,推动建设开放型世界经济,更有力地促进生产力的发展,有利于劳动者的自由发展,拥有更强大的发展动力和更广阔的前景未来。

新时代中国特色社会主义生产力布局以人民利益为出发点,坚持人民主体,紧扣社会主要矛盾和国际新局势的特征与发展需求,适时调整国内充分、平衡发展生产力布局思路、拓展生产力布局的国际视野,实现经济资源的最佳配置和生产力水平的最大提升,是建立现代化经济体系的有力支撑,也是新时代社会主义现代化建设和中华民族伟大复兴的重要基石,为社会主义现代化建设和中华民族伟大复兴奠定了坚实的经济基础。

第四节 以五大发展理念为核心的社会生产力理论

生产力理论是马克思主义经济理论体系的基石,也是马克思主义政治经济学最基本的范畴。围绕着马克思主义生产力理论和解放生产力、发展生产力的社会主义根本任务,党中央提出了在现阶段必须坚持创新发展、协调发展、绿色发展、开放发展和共享发展的治国理政新理念,深化与发展了生产力构成理论、生产力系统理论、自然生产力理论、生产力发展理论、生产力价值目标理论,以及生产关系一定要适合生产力状况的规律,对生产力理论认识提升到了新高度,为我国"十三五"乃至更长时期生产力的发展指明了道路。

---

① 数据来自中国一带一路网,www.yidaiyilu.gov.cn。

第二章　习近平新时代中国特色社会主义经济思想形成的时代背景

一、创新发展理念丰富和发展了马克思主义生产力构成理论

创新发展是贯穿在解放生产力、发展生产力全过程的核心，科技创新与劳动资料、劳动对象和劳动者相结合，将促使三要素转化为现实的生产力，丰富劳动资料的内容、提高劳动者的水平、扩大劳动对象的范围和种类，极大地提高劳动生产率，促进生产力发展，是对马克思"科学技术是生产力"、生产力的要素主体"人才是第一资源"的生产力构成理论的深化与发展。

（一）创新是生产力发展的第一动力

马克思曾经指出，在机器生产中使用了自然科学后，生产力中就蕴含着科学，因而发展科学技术就是发展生产力。由于科学技术的发展是靠创新来驱动的，所以，创新就成为了生产力发展的动力基础。"创新发展"不仅坚持了马克思主义生产力理论，同时揭示了创新是引领生产力发展的第一推动力的思想，深化和发展了马克思主义"科学技术是生产力"的生产力构成理论。

习近平总书记指出，在人类历史发展的进程中，创新始终以一种不可抗逆的力量推动着一个国家、一个民族的向前发展，始终推动着人类社会的进步。总书记将"创新"的位置放在了民族进步的灵魂、国家兴旺发达的源泉、最深沉的民族禀赋的高度，他认为，在当今社会日趋激烈的国际竞争中，只有创新者才能进步，只有创新者才能强盛，也只有创新者才能最后取得胜利。"创新是引领发展的第一动力"[1]。在习近平总书记的执政思想和国家发展路径中，始终贯穿着"科技兴则民族兴，科技强则国家强"[2]的理念，他充分认识到，世界各国综合国力的竞争说到底是科技创新的竞争。他把科技创新比喻为撬动地球的"杠杆"和"牛鼻子"，认为创新能够创造出令人意想不到的奇迹，能够让人们赢得优势抢占先机，充分肯定了创新的巨大作用。党中央在部署实施创新驱动发展战略时，特别强调了科技创新在提高社会生产力和综合国力中的战略支撑地位、在国家发展全局的核心地位，充分肯定了科技创新不仅可以直接转化为现实的生产力，而且还可以通过科技的渗透作用倍加各生产要素的生产力，从而提高全社会生产力发展水平，并将科技

---

[1]《中共中央关于制定国民经济和社会发展第十三个五年规划的建议》，载《人民日报》2015年11月4日。

[2]《全国科技创新大会两院院士大会中国科协第九次全国代表大会在京召开》，载《人民日报》2016年5月31日。

创新放在生产力诸要素的排序中的第一位,把创新看作是引领我国生产力发展的首要动力。这是对社会主义初级阶段生产力发展的阶段性特征的提炼,也是适应我国经济新常态实践的结晶,是对马克思"科学技术是生产力"的生产力构成理论的深化与发展。

(二) 创新人才是第一资源

马克思认为,人是生产力中最活跃、最根本的因素,也是唯一具有能动性的因素。无论是劳动工具还是劳动对象的掌握、利用,都取决于人的主体性作用的发挥。创新人才是第一资源的理念,深化和发展了生产力构成中劳动者要素的主体性作用。

改革开放以来尤其是党的十八大以来,党中央制定的各项方针政策都是把提高人的积极性、发挥人的聪明才智作为出发点,把人的全面发展与生产力的发展相互联系起来,突出了生产力中人的主体性作用的发挥。习近平总书记认为,一切科技创新活动都要靠人来完成。要把我国建设成为世界科技强国,最关键最重要的是,必须最大限度地调动广大科技人员的创造精神,充分尊重广大科技人员的价值,激发他们创新的活力和潜力,激励他们争当创新的实践者和推动者;必须建设一支素质优异、结构合理、规模宏大的创新人才队伍,使谋划创新、推进创新和落实创新成为每一位科技人员自觉的行动。习近平总书记指出,"人才是衡量一个国家综合国力的重要指标"[①],如果我们没有一支高素质、强能力的人才队伍,那么,实现中华民族伟大复兴的中国梦就难以顺利实现,全面建成小康社会的奋斗目标也难以顺利完成。人才是创新的根本和基础,创新驱动从本质上讲就是人才的驱动,只有拥有了一流的创新人才,才能拥有科技创新的优势和主导权。因此,习近平总书记强调,我们一定要树立强烈的人才意识,要求贤如渴地寻觅人才,如获至宝地发掘人才,不拘一格地推举人才,各尽其能地使用人才;要以更加开阔的视野引进和聚集人才,加快把一大批具有国际视野的站在行业科技前沿的领军人才集聚到发展生产力的队伍中,择天下英才而用之;要坚持"科学技术是第一生产力""人才是第一资源"的理念,努力培养数量更多、质量更好的人才,并为人才作用的发挥和才华的施展创造更好的条件、提供更加广阔的发展空间。习近平总书记的论述,充分肯定了科技创新型人才对全社会的技术创新水平、劳动生产率的提高、生产力的发展的决定性作用,并且号

---

① 中共中央文献研究室:《在全国组织工作会议上的讲话,十八大以来重要文献选编》(上),中央文献出版社2014年版,第344页。

召在全社会营造一个有利于科技创新型人才施展才华的天地，加快科技创新成果的涌出，从而推进生产力的发展。

二、协调发展理念丰富和发展了马克思主义生产力系统理论

协调发展是通过平衡生产力各要素关系和比例以促进城乡、区域、经济社会和人与自然的发展，是解决生产力发展不平衡、不协调、不可持续问题的有效方法，是建立在马克思社会再生产条件和两大部类关系分析基础上的、反映生产力系统各要素"关系"和"结构"在数量和比例上最佳结合的系统对称要求的理念，丰富和发展了马克思主义生产力系统理论。

（一）生产力系统对称理论

劳动过程中的各个要素对生产力形成和发展起着至关重要的作用，但更为重要的是要保证生产力系统的对称，即生产力各个要素间的"关系"和"结构"在数量和比例上实现最佳结合，才能发挥生产力最大的整体功能和效用。

马克思认为，社会劳动的生产力或社会的劳动生产力是由协作本身产生的。在工场手工业时期，劳动分工是通过手工业活动的分解、劳动工具的专门化形成的，而局部工人的形成和局部工人在一个总机构中的分组与结合，则导致了社会生产过程的质的划分和量的比例，最终创立了社会劳动的一定组织，促进和发展了新的、社会的劳动生产力。社会生产过程的"质的划分和量的比例"就是生产劳动过程或生产力系统内部的"关系"和"结构"，它既包括各种"物的要素"之间的"物质技术关系"，也包括作为生产要素的"人与人"之间的"分工"和"协作"的"劳动关系"，还包括"物质技术关系"与"劳动关系"之间的决定和被决定的关系。这一理论告诉我们，无论是国家或是企业，如果各种生产要素之间的"关系"不通畅、"结构"不适合，那么，资源就得不到最优配置，效用就不会达到最大化，生产资料或劳动力就会出现闲置状况，从而严重影响生产力的发展水平。在一定程度上说，生产力系统结构的对称程度决定了生产力的发展速度，生产力系统的结构对称，生产力发展速度就快；反之，生产力系统的结构如果不对称，生产力发展速度就慢。生产力系统从不同的层面决定着整个社会的生产。只有充分认识生产力的系统性，才能克服把生产力限定在几个要素或把各要素并列等同看待的认识与做法，进而更加有效地促进生产力的全面协调发展。

（二）协调发展体现了生产力系统内部"关系"和"结构"的合理结合

协调发展主要是指生产力各要素的按比例发展，这是生产活动得以进行的根本，也是社会得以存在的根本。习近平总书记指出，"涉及经济、政治、文化、社会发展各个领域，其根本要求是统筹兼顾"。[①] 我国国民经济和社会发展第十三个五年规划就是在区域协调发展、城乡协调发展、物质文明和精神文明协调发展、经济建设和国防建设融合发展四个方面展开的统筹发展。习近平总书记强调，要在全面把握我国新时期发展的各种重大关系基础上，坚持协调发展；在"四个全面"战略布局下，科学定位城市化和农业发展、生态安全和自然岸线的发展格局；在可持续发展战略下，科学构建劳动者能公平享有基本公共服务、生产力诸要素能有条不紊流动、资源环境系统能承受人类各种社会经济活动的能力的区域协调发展格局；在城乡发展一体化战略下，逐步完善城乡协调发展的体制机制、健全广大农村基础设施投入的长效机制、缩小城乡发展差距的城乡发展格局；在科教兴国战略下，着力加强思想道德建设，提高公民的国家意识、法治意识和社会责任意识，推动物质文明和精神文明协调发展格局；在富国强军和军民融合战略下，坚持经济建设和国防建设相协调，战略发展和国家安全兼顾，多领域、深层次、高效益的全方位推进军民融合深度发展格局。可以说，我们国家整个"十三五"规划的发展格局，就是生产力系统内部各种关系和结构的合理结合的统筹兼顾的协调发展格局，是马克思主义生产力系统理论与我国实际结合的具体运用。

（三）协调发展体现了生产力系统结构的对称要求

习近平总书记指出，要提高我国生产力水平，使经济发展行稳致远，必须增强协调性，解决好发展不平衡、不协调和不可持续的问题，解决好制约经济和社会长期发展"一条腿长、一条腿短"等矛盾。他反复强调，我们决不能用牺牲环境和浪费资源作为代价来换取暂时的GDP增长，我们必须要走出一条适合生产力发展的，经济发展和生态文明相互配合、相得益彰的，新型工业化、信息化、城镇化、农业现代化和绿色化协调推进的新的发展道路。党中央把"十三五"的目标明确设定为"坚持协调发展，着力形成平衡发展结构"[②]。并且指出，协调是生产力发展的手段和目标，是衡量生产力发展的标准。我们不能仅仅满足于保持生产和消费两大部类的平衡，而且还要注重

[①] 习近平：《关于〈中共中央关于制定国民经济和社会发展第十三个五年规划的建议〉的说明》，载《人民日报》2015年11月4日。

[②] 《中共中央关于制定国民经济和社会发展第十三个五年规划的建议》，载《人民日报》2015年11月4日。

区域之间、城乡之间关系的平衡,要让科技创新和制度创新"两个轮子一起转",全力下好我国经济社会发展的"全国一盘棋";要充分运用马克思全面的、辩证的、平衡的观点正确处理好各种各样的关系,把协调发展的理念贯穿到解放生产力、发展生产力的全过程,渗透到政治、经济、文化、社会、生态和百姓生活的方方面面,弥补发展短板,挖掘发展潜力,平衡生产力各要素;要牢记协调发展这一制胜的要诀,全方位实现均衡协调发展,使生产力诸要素协同发挥作用,以突出体现生产力系统对称发展的要求。这些协调发展的思想,提升了生产力发展的境界,是对马克思主义生产力系统理论的丰富与发展。

三、绿色发展理念丰富和发展了马克思主义自然生产力理论

绿色发展是将环境资源作为生产力发展的内在要素以实现经济、社会和环境的可持续发展的一种生产力发展新模式,是注重人与自然的关系、注重自然界与生产力发展的内在联系、注重大自然的承载力的发展模式,促使生产力向着有利于人类社会和有利于大自然生态系统协调发展的方向前进,为马克思生产力理论注入了新的时代内涵,丰富和发展了马克思主义自然生产力理论。

(一)绿色发展是自然生产力的必然要求

基于马克思主义自然生产力理论,习近平总书记提出了要"牢固树立保护生态环境就是保护生产力、改善生态环境就是发展生产力"[①] 的思想。习近平总书记强调,在生产力发展过程中,我们决不能把人与自然相统一的物质变换关系割裂开来,决不能为了发展生产而破坏蓝天、绿地,决不能为一时的经济增长付出牺牲环境的高额代价;我们必须要像对待生命和保护眼睛一样对待和保护生态环境,处理好发展经济与保护环境的关系,使二者保持最优的动态平衡,为我们的子子孙孙留下可持续发展的"绿色银行";我们要"把不损害生态环境作为发展的底线"[②],把社会生产力的发展维持在自然生产力的承载能力和一定范围内,既要生产力发展的"金山银山",也要美好生活的"绿水青山",在两者发生冲突的情况下,要优先保证"绿水青

[①] 《习近平谈治国理政》,外文出版社 2014 年版,第 209 页。
[②] 中共中央宣传部:《习近平总书记系列重要讲话读本》,学习出版社、人民出版社 2016 年版,第 233 页。

山"，而不是"金山银山"。习近平总书记特别强调，"绿水青山就是金山银山"，① 生态文明建设"关系人民福祉，关乎民族未来"。② 因此，在保护生态环境问题上，无论谁超越了一定的范围和界限，就都会受到严厉的惩罚。习近平总书记充分肯定了生态环境就是自然生产力、就是社会财富，生态环境和经济社会发展要相辅相成、不可偏废，不能忽视任何一方。在中央出台的领导干部自然资源资产离任审计制度中就突出体现了"绿色发展"理念的风向标，明确了损害生态环境要戴上被追责的"紧箍咒"，而治理了大气污染、解决了雾霾等问题，把绿色发展搞上去了，就可以当英雄当模范受到表彰。这些思想充分体现了马克思主义自然生产力观的核心价值，体现了保护生态环境促进绿色发展的责任意识，既是对我国生产力发展经验教训的历史总结，也是引领我国生产力发展的执政理念和战略谋划。

（二）生态环境也是生产力

"保护生态环境就是保护生产力，改善生态环境就是发展生产力"的论断，将自然资源和生态环境状况一并纳入生产力的范畴，蕴含着改造利用自然获得永续物质资料的力量是生产力，改善保护生态环境的力量同样也是生产力的思想，既秉承了"自然生产力也是生产力"的马克思主义观点，明确了"生态环境"不仅包括人类赖以生存的水资源、土地资源、气候资源、生物资源等生活资源，还包括人们从事生产的各类生态系统，具有与马克思主义的"自然生产力也是生产力"本质相同的科学含义，同时，又融入了当今社会人类面对全球性生态环境危机的新思考，更具现实指导意义和时代特点，丰富了"生产力"的内涵，强化和提升了人们对生态环境与生产力关系的认识。习近平总书记指出，要发展生产力，必须首先要保证生产力的主体劳动者有清新的空气、洁净的饮用水和健康的食物，如果这些条件不具备，他们的生存生活都成问题，那么，发展生产力就无从谈起。同时，还要使生产力中的劳动资源和劳动对象要素在适宜的条件下充分发挥作用，使不同区域生产力发展的布局、结构、速度和规模限定在自然资源总量和生态系统的总承载力范围内，坚决遏制阻碍生产力发展的水土流失、臭氧层空洞、土地荒漠退化等现象的发生。习近平总书记语重心长地告诫我们，"生态环境没有替代品，用之不觉，失之难存"③，充分肯定了作为人类劳动对象的生态资源是

---

① 中共中央宣传部：《习近平总书记系列重要讲话读本》，学习出版社、人民出版社2016年版，第230页。

② 《习近平谈治国理政》，外文出版社2014年版，第208页。

③ 《聚焦发力贯彻五中全会精神　确保如期全面建成小康社会》，载《人民日报》2016年1月19日。

生产力的组成部分,是构成生产力第一要素的劳动者生存生活的前提条件,是作为劳动对象的物质资源的源泉,直接影响和决定并推动着生产力的发展,影响着劳动者和以劳动工具为主的劳动资料作用的发挥。所以说,注重生态环境就是发展生产力。

绿色发展着重强调的保护生态环境的观点,不仅将直接进入生产过程作为生产生活资料的自然"资源"纳入生产力的范畴,而且将自然"生态环境"作为潜在的要素和内生的变量整体地纳入生产力的大系统之中,本身就涵盖着自然生产力和社会生产力的复合范畴。自然资源是生产力→资源环境是生产力→生态环境是生产力,是生产力理论发展逐步迈向新高度的过程,为马克思主义自然生产力理论注入了新时代的内涵。绿色发展既深化和丰富了"生产力"的内涵,凸显了生态环境与生产力各要素的密切关系,又升华了自然生产力理论,是对马克思主义政治经济学的重大贡献。

四、开放发展理念丰富和发展了马克思主义生产力发展理论

开放发展是准确地把握国内国际发展大势的更高水平、更深层次上的开放型经济发展理念,是我国生产力与生产关系协同发展的必然结果,也是生产从一国范围扩展到全球范围形成世界市场的必然选择,是在经济全球化下以开放促发展、与世界各国互利共赢的先进理念,丰富和发展了马克思主义生产力发展理论,必将推动着世界范围内的生产合作和我国开放型经济的发展。

(一)开放发展坚定了全球化立场,拓展了生产力发展的时空

开放发展是生产力发展的必由之路,是人类生产交换活动在深度、广度、频度上的显现,推动着世界范围内的生产合作和我国外向型经济的发展。

建立在马克思主义全球化理论基础上,"开放发展"重申了中国永远开放的决心。习近平总书记指出,"关起门来搞建设不可能成功"①,任何封闭、僵化的体制机制都会阻碍生产力的发展,我们既要"引进来",也要"走出去";要统筹"国内国际两个大局",要利用好国内国际"两个市场",真正"把国内发展与对外开放统一起来,把中国发展与世界发展联系起来"②,在谋求我国利益和发展时兼顾他国利益和共同发展。习近平总书记向世界表明

---

① 《中国是合作共赢倡导者践行者》,载《人民日报》2012年12月6日。
② 《习近平谈治国理政》,外文出版社2014年版,第248页。

了"中国对外开放的大门永远不会关上"的明确立场，延伸了生产力发展没有止境的时间长度；揭示了中国的发展离不开世界，中国经济的命运与世界经济的命运紧密相连、休戚相关的内在共赢逻辑，拓宽了生产力发展的无限宽度。

为了更加紧密地与世界各国进行经济合作，更加深入地开拓发展空间，习近平总书记表示，中国愿意同世界各国一道，"让繁荣的篝火温暖世界经济的春寒，促进全人类走上和平发展、合作共赢的道路"①。我们要建设繁荣稳定、改革进步、文明共荣之桥，把中欧两大力量、两大市场、两大改革进程、两大文明连接起来，共同建设"丝绸之路经济带"和二十一世纪"海上丝绸之路"。习近平总书记强调，只有全面加强与世界各国的务实合作，才能将经济互补优势、地缘毗邻优势转化为实实在在的合作优势、持续不断的增长优势，促进生产力的发展。开放发展既是对我国改革开放历史经验的深刻总结，更是我国通向繁荣富强"中国梦"、完成社会主义根本任务的必由之路，增大了内外互动生产力发展的空间。

（二） 开放发展提高了生产力发展水平，提升了生产力发展层次

"开放发展"要求生产力在更高层次上发展。习近平总书记说，中国将实行更加积极主动的对外开放战略，要在更大的范围、更广的领域、更深的层次上提升开放型经济水平，建立起公平稳定、互利互惠、合作共赢、安全高效可持续的开放型经济发展体系。只有坚持开放发展，在学习世界各民族先进的科学技术、优秀的文化成果和先进的管理经验中，提高我国劳动者和管理者的素质，才能更好地发挥生产力主体因素的作用；只有坚持开放发展，才能打开国门吸引外资以增强生产力发展的物质基础；只有走出国门极力扩大出口能力，才能发挥我国的比较优势，更好地解决资金和技术问题拉动经济增长、促进生产力发展；只有坚持开放发展，引进先进技术以改进改造劳动工具和劳动对象，与世界一流的科研团队合作开发研究以减少重复的劳动消耗，才能加速生产力的发展，促使生产力发展迈向新的台阶。

开放发展使生产力与生产关系的矛盾运动形成了一个全球互动的系统，我们也由原来侧重于吸收和利用国外的资金和技术，转化为更注重利用最先进的生产力更好地发挥后发优势，内外联动地提高了我国生产力发展水平，提升了生产力发展层次，丰富和发展了马克思主义生产力发展理论。

---

① 《习近平谈治国理政》，外文出版社2014年版，第282页。

五、共享发展理念丰富和发展了马克思主义生产力价值目标理论

共享发展是广大人民群众共同享有公平的教育、公平的就业创业、公平的收入分配、公平的社会保障、公平的基本公共服务和改革发展的成果,在解放生产力、发展生产力的基础上,使全体社会成员真正成为自由而全面发展的人、最终实现共同富裕的发展理念,是实现国家长治久安和全心全意为人民服务宗旨的目标要求,是对马克思主义生产力价值目标理论的丰富和发展。

(一) 共享发展体现了生产力发展的终极价值目标

马克思认为生产力价值的终极目标是人的全面、自由发展。"五大发展理念"的价值取向和终极目标正是这一目标的体现,而共享发展则直接围绕这一价值目标来展开,我国为促进生产力发展的战略布局也是围绕这一目标来进行。

习近平总书记指出:人民期望更好的教育、更美丽的环境、更稳定的工作、更称心的收入、更优质的医疗、更牢靠的社保,这些向往就是我们发展生产力奋斗的目标。在社会主义中国,我们要让每一个人都"享有人生出彩的机会""享有梦想成真的机会"。"小康不小康,关键看老乡"[①],这句透彻、深刻而又生动活泼的话语表明,在实现全面小康的进程中,农村不能掉队,困难地区和困难群众也不能掉队,我们发展生产力的目的就是要让每一个孩子都能有公平受教育的机会,让每一个人都能"获得发展自身、奉献社会、造福人民的能力"[②]。习近平总书记站在最广大人民的立场上,指出了国家会为每个人实现自身价值提供客观条件,让每个人的全面自由发展建立在坚实的社会基础上。

共享发展强调了每个人都能得到发展的机会,每个人都能获得发展的能力,每个人都能自由规划自己的发展道路,反映了马克思主义生产力价值目标的内在要求。

(二) 共享发展更加关注社会主义生产力发展目标

共享发展在马克思主义生产力理论和全面发展理论基础上,科学概括了社会主义的本质和任务。中央在制定"十三五"规划的建议中明确指出:

---

① 《小康不小康,关键看老乡》,载《人民日报》2013年12月26日。
② 《习近平谈治国理政》,外文出版社2014年版,第191页。

"共享是中国特色社会主义的本质要求。"① 人民群众是先进生产力的创造主体，同时又是享有生产力发展成果的利益主体。因此，我们必须以生产力发展的主体——人民的发展、人民共享发展成果为出发点和落脚点，以公平有效为依据进行制度安排，让每一个人在生产力的发展中有更多幸福感、满足感、收获感，一起朝着共同富裕的目标稳步向前。

习近平总书记指出，我们的责任，就是要"不断解放和发展社会生产力，努力解决群众的生产生活困难，坚定不移走共同富裕的道路"。② 并表示，我们要"完善城乡劳动者平等就业制度"，要"维护好农民工合法权益"，要建立"合理有序的收入分配机制"和"更加公平更可持续的社会保障制度"，让全体人民共享改革开放和生产力发展的成果。他强调，共享是每一个中国人共享，是全体人民共享，是同步推进经济社会发展和促进人的全面发展的执政目的的共享，是把促进人的全面发展作为社会主义初级阶段迈向中级阶段生产力发展价值目标追求的共享。

共享发展强调了社会主义发展生产力的目的，体现的是全体人民共同富裕的原则，既传承与发展了马克思主义生产力发展价值目标，又体现了中国特色社会主义生产力发展的新要求，为马克思主义生产力理论注入了中国特色社会主义内涵。

六、"五大发展理念"丰富和发展了生产关系一定要适合生产力状况的理论

"五大发展理念"是党中央在深刻认识我国社会主义初级阶段生产力和生产关系矛盾运动基础上，在马克思主义"生产关系一定要适合生产力状况"的理论指导下，提出的破解生产力发展难题、厚植生产力发展优势的新理念，是解放生产力发展生产力、全面建成小康社会的理论指导和行动指南，丰富和发展了马克思主义"生产关系一定要适合生产力状况"的理论。

（一）"五大发展"是现阶段生产力与生产关系矛盾运动的必然要求

习近平总书记说，我国经济发展形势从总的方面看，长期趋好的基本状况没有变，支撑经济持续增长的基础和条件没有变，优化调整经济结构的行进态势没有变，经济发展韧性佳、回旋空间大、潜在力量强的基本特征也没

---

① 《中共中央关于制定国民经济和社会发展第十三个五年规划的建议》，载《人民日报》2015年11月4日。
② 《习近平谈治国理政》，外文出版社2014年版，第4页。

有变。但随着我国生产力的不断发展，社会主义生产关系中尤其是经济体制中出现了一些不适合生产力发展的方面和环节，习近平总书记将其归纳为：我国经济"规模很大、但依然大而不强""增速很快、但依然快而不优"[①]，还存在着靠扩大规模的粗放型不可持续的发展方式、依靠资源等要素投入推动经济增长的状况。我国科技创新成果很多，但科技创新的"基础还不牢""原创力还不强"[②]，在一些关键领域和核心技术上还受制于人。随着我国经济进入新常态，过去依靠增加投入、扩大规模的传统粗放型增长方式实现的经济高速增长的旧模式，随着劳动和资本投入的减少，以及资源环境约束的加强，已很难维持原有的发展方式和增长速度。因此，必须根据我国生产力发展状况科学地调整生产关系，实施创新发展以解决生产力发展根本动力问题，实施协调发展以解决生产力要素、关系平衡问题，实施绿色发展以解决生产力可持续发展问题，实施开放发展以解决生产力发展，充分利用国内国外两个市场、两种资源问题，实施共享发展以解决生产力主体发展、创造、享有的价值目标问题。

（二）"五大发展理念"是对生产关系一定要适合生产力状况理论的丰富和发展

改革开放以来，我国经济飞速发展取得了举世瞩目的成就，已经成为超过日本仅次于美国的第二大世界经济体，但我国的 GDP 只有美国的 1/3，人均产出约为日本的 1/10，仍然是世界上最大的发展中国家。解放生产力、发展生产力依然是社会主义的根本任务。如何解放生产力、发展生产力，弥补发展的短板、增强发展的后劲、培育发展的优势，使生产关系更适合生产力发展呢？用"创新、协调、绿色、开放、共享"的五大发展理念引领我国经济运行渡过增速换挡期、进而转入中高速增长期的战略布局，反映了我们党在新的历史时期对于生产关系一定要适合生产力状况规律认识的不断深入，必将推动中国特色社会主义生产力发展向更高境界、更深层次迈进。

2014 年 12 月召开的中央经济工作会议分析了我国经济在消费需求、投资需求、出口和国际收支、生产能力和产业组织方式、生产要素相对优势、市场竞争特点、资源环境约束、经济风险积累和化解、资源配置模式和宏观调控方式九个方面的趋势性变化，指出我国经济正在朝着转换发展模式、优化产业结构、创新驱动、稳健投资、稳步发展等经济新常态阶段演进。这一

---

① 《习近平谈治国理政》，外文出版社 2014 年版，第 120 页。
② 《习近平谈治国理政》，外文出版社 2014 年版，第 122 页。

论断，是相对于我国历史上拉动经济的投资拉动型增长模式和出口导向型增长模式的"非常态"和"旧常态"来说的一个客观状态的论断，是对我国生产力发展现状的正确诊断，也是调整我国当前生产关系的依据。习近平总书记明确指出，能不能适应生产力发展变化的新常态，"关键在于全面深化改革的力度"①，在于协同推进新型工业化、信息化、城镇化和农业现代化，在于改革生产关系中制约新型城镇化发展、制约产业升级和消费升级的换代，以及制约科技创新的体制机制；在于创新和完善宏观调控的思路和方式，在于科学构建规范、高效的宏观调控体系，以及实施稳定的宏观政策、灵活的微观政策和托底的社会政策，以应对生产力发展过程中可能出现的各种各样的风险，"化解各种'成长的烦恼'"②，加快推进我国生产力发展水平的升级。党中央主动调整发展思路、变革生产关系以适应我国生产力发展的新变化，这是对马克思主义生产关系一定要适合生产力发展状况规律与我国经济发展实际相结合的深刻认识，把马克思主义生产力理论提高到新的水平。

综上所述，"五大发展理念"是党中央在深化认识我国现阶段生产力发展规律的基础上，注重生产力协调性、系统性、平衡性、可持续性的发展，是以全体人民都过上小康生活为生产力价值目标的发展，是以更高的质量、更好的效益、更优的结构的生产力创新发展，是把生产力与生产关系、当前利益与长远利益、发展速度与发展质量、人类社会与自然环境、发展目的与发展手段统一起来的生产力发展新理念，也是实现中华民族伟大复兴和全面建成小康社会的基本路径。"五大发展理念"既为马克思主义生产力理论增添了时代新内涵，又丰富和发展了马克思主义生产力构成理论、生产力系统理论、自然生产力理论、生产力发展理论、生产力价值目标理论和生产关系一定要适合生产力状况规律，开辟了马克思主义生产力发展理论和中国特色社会主义政治经济学理论的新境界。

---

①② 习近平：《谋求持久发展 共筑亚太梦想》，载《人民日报海外版》2014年11月10日。

第三章

习近平新时代中国特色社会主义经济思想的逻辑起点

——人民中心理论

生产力是推动整个社会存在和发展的最终决定力量，是整个政治经济学的出发点。生产力和生产关系的矛盾运动构成了生产关系一定要适合生产力状况的规律。生产关系是政治经济学的研究对象，生产资料所有制是生产关系的核心，社会主义公有制则是社会主义生产关系的核心，是中国特色社会主义经济的制度基础。社会生产目的决定着经济过程的各种宏观与微观经济行为，是政治经济学分析的行为基础。劳动价值理论是政治经济学的基础范畴，为科学阐明政治经济学的一系列经济范畴和经济规律提供了理念基础。以生产力、生产关系、生产目的和劳动价值理论等为基础，马克思构建了宏大的政治经济学体系。而"人民中心论"则构建了这些基础范畴的逻辑起点。本章，首先探讨了"人民中心论"的历史唯物主义哲学基础；然后，从生产力、生产资料公有制、社会主义生产目的和劳动价值理论等角度探讨了"人民中心论"的学术基础。

第一节 历史唯物主义是"人民中心论"的哲学基础

"人民群众是历史创造者"是历史唯物主义的核心内容，"人民中心论"以此为哲学基础，强调了人民是历史的创造者，是中国改革开放事业的主体，是建设中国特色社会主义、实现"中国梦"的主力军。这是对历史唯物主义的丰富和发展，也凸显了中国特色社会主义政治经济学的本质特征。

一、"人民群众是历史创造者"是历史唯物主义的一个主要核心内容

历史唯物主义是马克思主义哲学的重要组成部分,是关于人类社会发展一般规律的理论,"人民群众是历史创造者"是其核心内容之一,历史唯物主义认为:"人民,只有人民,才是创造世界历史的动力。"[①]

首先,人民群众是社会物质财富的创造者。人类要生存,需要有维持生存的吃、穿、住、行、用等物质生活资料,而这一切都是劳动人民在生产实践中通过辛勤劳动创造出来的。没有劳动者的劳动,就不会有劳动产品的产生。

其次,人民群众是社会精神财富的创造者。人民群众的物质生产活动是自然科学、社会科学和文学艺术等精神财富创造的源泉,只有以人民群众的生产和社会实践为基础,将人民群众的智慧加以总结、提炼、升华,才能创造出有价值的自然科学、社会科学和文学艺术等成果。

最后,人民群众是社会变革的决定力量。人民群众通过物质生产劳动,积累着生产经验和技术,积累着对自然规律的认识,在此基础上改进生产工具,推动生产力的发展,从而改变生产关系。"历史活动是群众的事业"。[②]生产力突破生产关系的社会变革,是由人民群众作为基本的、决定性的力量来实现的。

二、"人民中心论"是历史唯物主义的新发展

党的十八大以来,以习近平同志为主要代表的中国共产党人,在坚持历史唯物主义的基础上,提出了"人民中心论",强调人民是历史的创造者,是真正的英雄,是中国改革开放事业的主体,是建设中国特色社会主义、实现"中国梦"的主力军,是实现现代化的力量源泉和胜利之本。这是党中央在新的历史时期对历史唯物主义的丰富和发展。

人民就是人民群众,主体就是强调人民的主体地位和主体利益。"坚持人民中心地位",就是坚持工人、农民、知识分子和新的社会阶层等的主体

[①] 《毛泽东选集》(第3卷),人民出版社1991年版。
[②] 《马克思恩格斯全集》(第2卷),人民出版社1957年版,第104页。

地位，就是坚持他们在中国特色社会主义总布局中的中心地位。

党的十八大以来，习近平总书记站在新的历史起点，多次指出："人民是历史的创造者，群众是真正的英雄。人民群众是我们力量的源泉。……我们一定要始终与人民心心相印、与人民同甘共苦、与人民团结奋斗。"①"人民创造历史，劳动开创未来""我们要用13亿中国人的智慧和力量，一代又一代中国人不懈努力，把我们的国家建设好，把我们的民族发展好"②，"历史反复证明，人民群众是历史发展和社会进步的主体力量"③。改革开放积累的宝贵经验中很重要的一条就是"坚持以人为本，尊重人民主体地位，发挥群众首创精神，紧紧依靠人民推动改革"④。

习近平总书记明确表明："我们追求的发展是造福人民的发展，我们追求的富裕是全体人民共同富裕。改革发展搞得成功不成功，最终的判断标准是人民是不是共同享受到了改革发展成果。"⑤

习近平总书记反复强调："尊重人民主体地位，保证人民当家作主，是我们党的一贯主张。"⑥"坚持人民主体地位，充分调动人民积极性，始终是我们党立于不败之地的强大根基""党的根基在人民、血脉在人民、力量在人民"⑦，"人民立场是中国共产党的根本政治立场"⑧。

"要坚持以人民为中心的发展思想，这是马克思主义政治经济学的根本立场。要坚持把增进人民福祉、促进人的全面发展、朝着共同富裕方向稳步前进作为经济发展的出发点和落脚点，部署经济工作、制定经济政策、推动经济发展都要牢牢坚持这个根本立场"⑨。

习近平总书记和党中央站在广大人民群众立场上，对坚持人民中心地位的重要论述，体现了新一届中央领导集体始终与人民同甘苦共命运；坚持人民中心地位，肯定了人民群众是社会历史发展的决定力量，人民是物质财富和精神财富的创造者，是中国特色社会主义建设和改革的主体推动力，是党

---

① 习近平：《人民对美好生活的向往就是我们的奋斗目标》，载《人民日报》2012年11月16日。
② 《习近平谈治国理政》，外文出版社2014年版，第44、57页。
③ 习近平：《在纪念毛泽东同志诞辰120周年座谈会上的讲话》，载《人民日报海外版》2013年12月27日。
④ 《中共中央关于全面深化改革若干重大问题的决定》，载《人民日报》2013年11月16日。
⑤ 《中共中央召开党外人士座谈会 习近平主持并发表重要讲话》，载《人民日报》2015年10月31日。
⑥⑧ 习近平：《在庆祝中国共产党成立95周年大会上的讲话》，载《人民日报》2016年7月2日。
⑦ 社论：《始终保持与人民的血肉联系》，载《人民日报》2013年6月19日。
⑨ 习近平：《立足我国国情和我国发展实践 发展当代中国马克思主义政治经济学》，载《人民日报》2015年11月25日。

中央在新的历史时期对历史唯物主义的丰富和发展；坚持人民中心地位，把实现好、维护好、发展好最广大人民的根本利益作为推进改革的出发点和落脚点，使发展成果更多更公平惠及全体人民，高度概括了马克思主义政治经济学无产阶级和人民群众的根本立场，也凸显了中国特色社会主义政治经济学的本质特征。

第二节 "人民中心论"明确了生产力中最活跃最根本的因素

生产力是政治经济学的出发点，马克思主义政治经济学说明了生产力的三个要素和决定生产力的五个因素，"人民中心论"进一步揭示和明确了生产力及其决定因素中的人民（劳动者）是最活跃最根本的因素，推进了马克思主义政治经济学的发展。

一、生产力是政治经济学研究的出发点

马克思主义政治经济学的研究对象是生产关系，而生产关系是由生产力所决定的，生产力是人类本身的存在和发展、人类社会生活的物质基础，是推动整个社会发展的最终决定力量，因此，生产力是马克思主义政治经济学的出发点。

政治经济学要揭示生产关系的运动规律，必须研究生产力对生产关系的决定作用，必须研究生产关系要适合生产力发展状况的基本规律。作为人们改造自然、改造社会的能力，生产力是社会生产中最活跃的因素。所有的生产要素通过市场机制进行经济运行（生产、分配、交换、消费）的结果，都建立在生产力基础之上。生产力的水平和性质、生产力的组织和管理、生产力规律、生产力与生产关系的关系、劳动协作与分工等生产力问题，都与生产关系的发展运动有密切的联系，政治经济学揭示生产关系的运动规律，必须以生产力为出发点。

二、"人民中心论"明确了生产力中最活跃最根本的因素是劳动者

马克思主义政治经济学认为，生产力是人们改造自然、改造社会的能力，

包括三个基本要素：第一，有一定生产经验和劳动技能的从事物质生产的劳动者；第二，在劳动过程中用以改变和影响劳动对象的劳动资料；第三，劳动者在劳动过程中使用劳动工具所加工的一切对象，即劳动对象。其中，劳动资料和劳动对象结合起来构成生产资料，这是生产力中"物"的要素，而劳动者则是生产力中"人"的要素。马克思在《资本论》中指出了决定劳动生产力的五个因素："劳动生产力是由多种情况决定的，其中包括：工人的平均熟练程度，科学的发展水平和它在工艺上应用的程度，生产过程的社会结合，生产资料的规模和效能，以及自然条件。"①

"人民中心论"明确了生产力中最活跃、最根本的因素是劳动者。劳动者就是人民的主体，习近平总书记指出："人民是历史的创造者，是推动改革的力量源泉。"② 因此，"我们要实现党的十八大确定的奋斗目标和中国梦，必须紧紧依靠人民，充分调动最广大人民的积极性、主动性、创造性""中国梦归根到底是人民的梦，必须紧紧依靠人民来实现""中国要飞得高、跑得快，就得依靠13亿人民的力量"。③习近平总书记的论述明确地指出了生产力中起决定性作用的要素是人民，生产力中最活跃最根本的因素是人民，也就是劳动者，劳动者是生产力的主体；指出了发展生产力的核心在于充分调动最广大人民的积极性、主动性和创造性。

劳动者和生产资料在生产过程中互相结合起来进行生产，构成了现实的生产力。离开劳动者，生产力就失去了内涵。劳动工具需要劳动者去创造和使用，劳动对象也需要劳动者去作用。离开了劳动者（人），劳动工具和劳动对象都没有任何用处和意义。劳动者的创造性是生产力发展的动力和源泉。人类要生存就必须用自己的双手和智慧创造更多的社会财富，以满足自身以及其他社会成员的需要。没有劳动者的创造性，人类社会就不可能发展和进步。决定生产力的各个因素的有机组合和合理配置，对生产力作用过程和劳动生产率的提高起着基本的也是决定性的作用。而生产力的主体是人，是劳动者。以劳动者为主体的社会生产力是社会存在与发展的决定性力量。作为生产力中最活跃、最革命的因素，人民群众（劳动者）既是社会物质生产活动的主体、物质财富的创造者，又是社会精神生产活动的主体、精神财富的创造者。

在此基础上，党中央指出，中国特色社会主义经济建设和改革，要充分

---

① 马克思：《资本论》（第1卷），人民出版社1975年版，第53页。
② 中共中央宣传部：《习近平总书记系列重要讲话读本》，人民出版社2016年版，第79页。
③ 《习近平谈治国理政》，外文出版社2014年版，第367、40、98页。

依靠和调动劳动者也就是人民的主体力量。习近平总书记指出:"实现中国梦必须凝聚中国力量,这就是中国各族人民大团结的力量。"① 要"突破利益固化的藩篱,必须依靠人民,从群众中汲取无穷的智慧和力量"②。习近平总书记还强调了科学技术人员的重要作用,他在2016年全国科技创新大会上指出:"两院院士和广大科技工作者是国家的财富、人民的骄傲、民族的光荣。""要大兴识才爱才敬才用才之风,在创新实践中发现人才、在创新活动中培育人才、在创新事业中凝聚人才,聚天下英才而用之,让更多千里马竞相奔腾,努力造就一大批能够把握世界科技大势、研判科技发展方向的战略科技人才,培养一大批善于凝聚力量、统筹协调的科技领军人才,培养一大批勇于创新、善于创新的企业家和高技能人才"。③

习近平总书记的论述,紧紧抓住了劳动者(人民)这一生产力中最活跃且最具有能动性的因素,阐明了实现党的奋斗目标和中国梦的主体力量是人民;抓住了人民的创造性是生产力发展的动力和源泉,阐明了人民是实现中国梦的力量源泉;抓住了人民是生产力的主体,强调必须依靠人民、发挥人民的智慧、让人民享有劳动成果;抓住了科学技术是先进生产力的集中体现,强调重视科技创新、培育科技人才、发挥科技优势,为发展生产力提供强大的科技支撑。"人民中心论"全方位地揭示和明确了劳动者是生产力中最活跃、最根本的因素,推进了马克思主义政治经济学的发展。

第三节 "人民中心论"进一步揭示了生产资料公有制的社会基础和历史必然性

政治经济学的研究对象是生产关系,而生产关系的核心则是生产资料所有制。"人民中心论"揭示了生产资料公有制的社会基础和历史必然性,为中国特色社会主义政治经济学奠定了制度分析基础。

---

① 中共中央文献研究室:《习近平关于实现中华民族伟大复兴的中国梦论述摘编》,中央文献出版社2014年版,第48页。

② 中共中央文献研究室:《习近平关于全面深化改革论述摘编》,中央文献出版社2014年版,第147页。

③ 《全国科技创新大会两院院士大会中国科协第九次全国代表大会在京召开》,载《人民日报》2016年5月31日。

一、政治经济学的研究对象是生产关系，生产关系的核心是生产资料所有制

马克思主义政治经济学的研究对象是社会生产关系。社会生产关系是人们在一定生产资料所有制基础上所形成的，在社会生产总过程中发生的生产、分配、交换和消费关系的总和。其中，生产是决定性因素。生产决定分配：有什么样性质的生产资料所有制，就有与其相适应的分配形式。生产决定交换：生产的方式和性质决定了交换的方式和性质，生产发展的水平和结构决定交换的深度和广度。生产决定消费：生产为消费提供对象，并决定消费的方式和性质。因此，生产资料所有制是整个生产关系的基础，决定了生产关系的根本性质。作为马克思主义政治经济学研究对象的生产关系，体现着劳动者同生产资料的结合方式，其中最基本的、起决定作用的是生产资料所有制形式。生产资料所有制是马克思主义政治经济学分析的制度基础。

社会主义生产资料公有制是社会主义生产关系的具体实现，也是社会主义生产关系的核心和基础。社会主义公有制，是生产资料属于全体人民或劳动者集体所有的所有制形式。在此基础上实现按劳分配、共同富裕、共同占有生产成果，则是社会主义经济制度的基本特征。中国特色社会主义所有制结构是以公有制为主体、多种所有制经济共同发展。社会主义生产资料公有制是中国特色社会主义的主体所有制。因此，生产资料公有制是中国特色社会主义政治经济学分析的制度基础，对生产资料公有制的研究是中国特色社会主义政治经济学的核心。

二、"人民中心论"进一步揭示了生产资料公有制的社会基础和历史必然性

马克思主义政治经济学阐明了随着生产力高度发展导致生产资料公有制现实的历史必然性。"人民中心论"则进一步揭示了生产资料公有制的社会基础和历史必然性。

"人民中心论"强调：人民是历史发展的动力，是生产力中最活跃、最根本的因素；人民是社会的主体，是社会的主人。因此，人民应该是生产资料的主人，只有成为生产资料的主人，人民才能成为社会的主人。人民是一

个整体范畴，只有作为整体，人民才能成为社会的主人。生产资料应该为人民所共同占有，也就是说，应该实行以生产资料公有制为主体、多种所有制经济共同发展的基本经济制度。

"人民中心论"强调：人民的共同富裕是社会生产的目的，是社会发展的目标。而要实现人民共同富裕，必须实行以生产资料公有制为主体、多种所有制经济共同发展的基本经济制度。

因此，"人民中心论"充分论证了生产资料社会主义公有制的社会基础和历史必然性，说明：社会主义公有制的主体地位，是劳动人民当家作主的经济基础和社会化大生产的客观要求，是体现人民主体地位的根本制度；是促进生产力发展、维护社会公平正义、让人民共享发展成果、提高人民生活水平、增强综合国力的制度保障，充分体现了社会主义制度的优越性。

习近平总书记强调，"公有制主体地位不能动摇，国有经济主导作用不能动摇，这是保证我国各族人民共享发展成果的制度性保证"①。党的十八届三中全会强调"必须毫不动摇巩固和发展公有制经济，坚持公有制主体地位，发挥国有经济主导作用，不断增强国有经济活力、控制力、影响力。必须毫不动摇鼓励、支持、引导非公有制经济发展，激发非公有制经济活力和创造力"②。"两个不能动摇"和"两个毫不动摇"，深刻阐明了完善社会主义市场经济体制必须坚持公有制主体地位和国有经济主导作用，这是多种所有制经济共同发展的基本前提条件，是我国社会主义社会先进生产力的主要载体和物质技术基础，也是实现广大人民群众共同利益和共同理想的制度保证；要把经济社会发展搞上去，还要激发非公有制的活力，这是社会主义初级阶段生产力发展的客观要求和必然结果，也是坚持公有制主体地位，增强国有经济活力、控制力、影响力的一个有效途径和必然选择。

第四节 "人民中心论"进一步确立了社会主义生产目的

社会生产目的构成一个社会的基本经济规律，决定了经济过程中的各种宏观行为和微观行为，是政治经济学体系中的行为分析基础；"人民中心论"

---

① 习近平：《公有制主体地位不能动摇》，载《京华时报》2015年11月25日。
② 《中共中央关于全面深化改革若干重大问题的决定》，载《人民日报》2013年11月16日。

进一步确立了社会主义生产目的是满足广大人民群众的美好生活需要，确立了中国特色社会主义政治经济学行为分析的逻辑起点。

一、社会生产目的是政治经济学体系中的行为分析基础

社会生产目的构成一个社会的基本经济规律，决定着这个社会系统中的各种经济规律的性质和特征，决定着政府、企业和个人等各个经济主体在生产、分配、交换和消费等各个环节中的决策取向和行为方式，决定着经济过程中的各种宏观行为和微观行为的特征。因此，社会生产目的构成政治经济学体系中的行为分析基础。

马克思主义政治经济学揭示了一个社会的生产目的是由这个社会的生产资料所有制决定的，在不同的社会制度中，社会生产目的是不同的，每个社会形态都有自己特有的生产目的。例如，在资本主义社会中，社会生产目的是"最大限度地追求剩余价值"，表现为"利润最大化原则"。这个生产目的形成了资本主义的基本经济规律，决定了资本主义经济中生产、分配、交换和消费等各个环节的各种宏观行为和微观行为特征。

二、"人民中心论"确立了社会主义生产目的

社会主义生产资料公有制决定了社会主义的生产目的，中国特色社会主义的基本经济制度决定了中国特色社会主义经济中的社会生产目的。以习近平同志为主要代表的中国共产党人提出的"人民中心论"，进一步确立了社会主义生产目的是满足广大人民群众的美好生活需要，这就确立了中国特色社会主义政治经济学行为分析的逻辑起点。

习近平总书记一再强调："人民对美好生活的向往，就是我们的奋斗目标"[1]，"我们党领导人民进行革命建设改革，就是要让中国人民富裕起来"[2]；我们的责任，就是要"努力解决群众的生产生活困难，坚定不移走共同富裕的道路"[3]，"实现好、维护好、发展好最广大人民根本利益是发展的根本目的，必须坚持以人民为中心的发展思想，把增进人民福祉、促进人的全面发

---

[1][3] 《习近平谈治国理政》，外文出版社2014年版，第4页。
[2] 中共中央文献研究室：《习近平总书记重要讲话文章选编》，中央文献出版社2016年版，第12页。

展作为发展的出发点和落脚点"①,"带领人民创造幸福生活,是我们党始终不渝的奋斗目标"②。

要"努力让13亿人民享有更好更公平的教育,获得发展自身、奉献社会、造福人民的能力"③,"把改革方案的含金量充分展示出来,让人民群众有更多获得感"④,"做到发展为了人民、发展依靠人民、发展成果由人民共享"。⑤ 我们的责任,就是"不断解放和发展社会生产力,努力解决群众的生产生活困难,坚定不移走共同富裕的道路"⑥,"但愿苍生俱饱暖,不辞辛苦出山林"是习近平总书记多次讲话和政文中引用过的句子,抒发了心系人民、让人民过上好日子的真实情怀。

"人民中心论"决定着政府、企业和个人等各个经济主体在生产、分配、交换和消费各个环节中的决策取向和行为方式,决定着经济过程中的各种宏观行为和微观行为的取向;决定了必须从人民群众的根本利益出发谋划改革思路和举措,把改革和改善民生放在突出位置,真正做到改革为了人民、改革依靠人民、改革成果由人民共享;决定了要大力发展生产,努力生产出更多更好的、能够满足广大人民美好生活需要的产品,为最广大的人民群众谋利益。

"人民中心论"进一步确立了社会主义生产目的,形成了中国特色社会主义经济的基本规律,决定了各个经济环节中的宏观和微观经济行为,是中国特色社会主义政治经济学的行为分析基础。

第五节 "人民中心论"夯实了劳动价值理论的理念基础

劳动价值理论是马克思主义政治经济学最基础的理论,是其理念基础。在这个理论基础上,马克思构建了宏大的政治经济学理论体系。"人民中心

---

① 《中共中央关于制定国民经济和社会发展第十三个五年规划的建议》,载《人民日报》2015年11月4日。
② 《不忘初心、继续前进!》,载《人民日报》2016年7月2日。
③ 《习近平谈治国理政》,外文出版社2014年版,第191页。
④ 《科学统筹突出重点对准焦距让人民对改革有更多获得感》,载《人民日报》2015年2月28日。
⑤ 中共中央文献研究室:《习近平总书记重要讲话文章选编》,中央文献出版社2016年版,第401页。
⑥ 《习近平谈治国理政》,外文出版社2014年版,第4页。

论"充分说明了劳动者的主体地位,夯实了劳动创造价值的理论分析和学术基础。

一、劳动价值理论是政治经济学的理念基础

马克思主义政治经济学指出,商品的价值是凝结在商品中的无差别的人类抽象劳动,价值的实体是物化的抽象劳动,劳动是价值的唯一源泉;商品价值量由生产商品的社会必要劳动时间决定。

劳动价值理论,说明了社会财富及其分配的实体和内容,说明了商品交换的本质、规律与量的关系,为科学阐明货币理论、剩余价值理论和一系列经济范畴和经济规律提供了理念基础。以劳动价值理论为基础,马克思分析了劳动力商品的价值与使用价值,构建了科学的剩余价值理论,并揭示出雇佣工人的剩余劳动是剩余价值产生的唯一源泉;建立了资本有机构成理论、资本积累理论、社会资本再生产理论、平均利润理论、商业利润理论、地租理论等一系列重要理论。劳动价值理论是理解马克思主义政治经济学的基础,是贯穿政治经济学的一条红线。

二、"人民中心论"夯实了劳动价值理论的理论分析和学术基础

"人民中心论"充分说明了劳动者的主体地位,夯实了劳动创造价值的理论分析和学术基础。

习近平总书记一再指出"人民创造历史,劳动开创未来"[①],"坚持以人为本,尊重人民主体地位,发挥群众首创精神,紧紧依靠人民推动改革"[②],"幸福不会从天而降,一切美好都要靠辛勤劳动来创造;梦想不会自动成真,宏伟目标要靠人民的历史创造活动来实现"[③];要"始终坚持人民主体地位,充分调动工人阶级和广大劳动群众的积极性、主动性、创造性"[④],"实现中华民族伟大复兴中国梦,需要我们坚守人民主体地位的根本立场,焕发人民群众的无穷创造活力,凝聚亿万人民的智慧和力量,以劳动创造铺就梦想之路"[⑤]。

习近平总书记强调,人民群众不仅是社会物质财富的创造者,也是社会

[①]《习近平谈治国理政》,外文出版社2014年版,第44页。
[②]《中共中央关于全面深化改革若干重大问题的决定》,载《人民日报》2013年11月16日。
[③④⑤]《坚守人民主体地位的根本立场——二论学习贯彻习近平全国劳模表彰大会重要讲话精神》,载《人民日报》2015年5月2日。

精神财富的创造者。"改革开放在认识和实践上的每一次突破和发展，改革开放中每一个新生事物的产生和发展，改革开放每一个方面经验的创造和积累，无不来自亿万人民的实践和智慧"①，"我们的人民是伟大的人民。在漫长的历史进程中，中国人民依靠自己的勤劳、勇敢、智慧，开创了民族和睦共处的美好家园，培育了历久弥新的优秀文化"②。

习近平总书记的论述，充分阐明了在财富生产中劳动人民的主体地位、劳动者的创造作用。正是因为劳动人民是财富生产中的主体，所以政治经济学的研究要以劳动人民为"本位"；正是因为以劳动人民为"本位"，正是因为劳动在财富生产中的创造作用，所以，政治经济学要以劳动来度量社会财富。这就充分论证了商品的价值是由劳动创造的理论，为劳动价值理论夯实了学术基础。

"人民中心论"以"人民"为"本"，强调了人民在创造社会财富方面的巨大的、不可替代的作用，揭示了人民的劳动是人类存在、发展的条件和动力，阐明了劳动是价值的唯一人类源泉。政治经济学研究的是人类的经济活动，政治经济学中的世界是"人本位"世界，也就是"人民本位"世界，也就是"劳动人民本位"。"人民中心论""人民本位"是政治经济学的基本立场。在这个基本立场上，劳动价值理论就成为了无可辩驳的公理。

综上所述，生产力是整个政治经济学的起点，生产关系是政治经济学的研究对象，生产目的是政治经济学的行为分析基础，劳动价值理论是政治经济学的理念基础。而"人民中心论"则构建了这些基础范畴的逻辑起点。"人民中心论"以历史唯物主义为哲学基础，明确了劳动者是生产力中最活跃最根本的因素，揭示了生产资料公有制的社会基础和历史必然性，进一步确立了社会主义生产目的，夯实了劳动价值理论的学术基础。党的十八大以来，党中央所提出的"人民中心论"是对马克思主义政治经济学的丰富与发展，构成了习近平中国特色社会主义经济思想体系的逻辑起点。

---

① 《以更大的政治勇气和智慧深化改革　朝着十八大指引的改革开放方向前进》，载《人民日报》2013年1月2日。

② 习近平：《人民对美好生活的向往就是我们的奋斗目标》，载《人民日报》2012年11月16日。

第四章

习近平新时代中国特色社会主义经济发展理论

——新发展理念

我国经济发展进入高质量发展阶段,经济发展的显著特征是进入新常态,认识把握引领经济发展新常态是发展的大逻辑。经济新常态下,我们要坚持"创新发展、协调发展、绿色发展、开放发展、共享发展"的新时代发展新理念。新发展理念深刻揭示了当前和今后一个时期我国的发展思路、发展方向和发展着力点,指明了建设现代化经济体系实现更高质量、更有效率、更加公平、更可持续发展的路径。本章,首先系统介绍新发展理念的理论体系。然后,在第二、三、四节中重点阐明了经济新常态判断对马克思主义经济理论的丰富和发展,以及新时代中国特色社会主义发展的总目标和总任务等问题。

第一节 新发展理念的理论体系

新时代中国特色社会主义经济发展进入高质量发展阶段;发展总目标是实现中华民族伟大复兴的中国梦;总任务是建成社会主义现代化强国,基本方略是"十四个坚持"①,发展理念是创新、协调、绿色、开放和共享。

一、经济发展进入高质量发展阶段

(一)我国经济的显著特征是进入新常态

经济新常态是对我国经济发展阶段性特征的准确判断,是对马克思主义

---

① 习近平:《决胜全面建成小康社会 夺取新时代中国特色社会主义伟大胜利——在中国共产党第十九次全国代表大会上的报告》,人民出版社2017年版,第20~26页。

经济周期性理论认识的升华和发展。社会主义公有制虽然在某种程度上消除了资本主义经济周期波动的可能性，但我国的公有制还不完善，发展还不平衡不充分，特别是结构性产能过剩比较严重。因此，我国经济在发展不同阶段也会存在周期性变化，但主要不是周期性波动，而是社会主要矛盾发生转化引起的发展阶段转变，经济新常态正是我国经济不同发展阶段更替变化的结果。"'十三五'时期，我国经济的显著特征就是进入新常态"①，以"中高速"新阶段取代"高速增长"旧阶段，以"质量效率型发展"新方式取代"规模速度型发展"旧方式，以"调整存量、做优增量并举"的经济新结构取代"增量扩能"的旧结构，这已成为一个相对稳定的状态，即成为常态。新常态是我国经济发展客观规律决定的加快经济发展方式转变的主动选择，是化解不平衡不充分深层次矛盾、走向更高级经济形态更合理结构的必经阶段。

（二）经济增长动力从投资驱动向创新驱动转换

经济新常态的实质是要实现经济增长动力的转换，这一定位深化和发展了马克思主义经济增长要素理论。随着人力资源、自然资源、环境资源和技术变革创新等成本要素的增加，必然引起产品价格上升、通货膨胀出现、竞争力下降和经济发展乏力。只有推动经济发展质量、效率和动力变革，提高全要素生产率，才能化解成本上升的矛盾和动力不足问题，实现从投资驱动向创新驱动转换；只有破除体制机制障碍，最大限度激发科技所蕴藏的第一生产力的潜能，培育贸易新业态新模式，打造国际合作新平台，增添共同发展新动力，才能更好发挥消费和出口促进经济增长的作用。从增长不是简单增加生产总值，而是有效益、有质量、可持续的增长，到确定符合经济规律的增长速度、增长动力和增长潜力，彰显了发展的智慧和对我国经济社会发展阶段性特征和经济增长规律的深刻把握，深化和发展了马克思主义经济增长要素理论。

（三）经济发展方式从数量扩张向质量提升转变

经济新常态下实现经济发展方式从数量扩张向追求质量转变，进而推动增长动力转换的思想，深化和发展了马克思主义经济发展方式理论。"十三五"时期是转方式调结构的重要窗口期，如果只为短期经济增长实行刺激政策，而不注重转方式调结构，必然会透支未来增长。从以速度为中心的外延式经济增长方式转向以质量和效益为中心注重内涵的经济增长方式，体现了扩大再生产方式由外延扩大向内涵扩大转化的历史趋势，贯穿着马克思主义经济发展方式理论的核心理念，是新常态下创新经济发展方式唯一正确的选

---

① 中共中央宣传部：《习近平总书记系列重要讲话读本》，人民出版社2016年版，第141页。

择。推进以科技创新为核心的全面创新，实现从注重速度、数量向往注重长期质量、速度和效益并行的可持续发展转变，促进生产规模、速度、效益、质量、品种、环保的有机统一，有利于中国制造向中国创造、中国速度向中国质量、制造业大国向制造业强国的转变。

（四）坚持稳中求进、质量第一、效益优先

坚持"稳中求进"工作总基调。适应新常态关键在全面深化改革的力度、在宏观调控措施的到位、在经济提质增效的升级，为稳增长、调结构、促改革创造有利环境。坚持稳中求进工作总基调，"不能简单以国内生产总值增长率论英雄"[1]，发展必须保持一定的速度，但又不能单纯追求增长速度；我们不唯 GDP，但也不能不要 GDP。我们要追求稳中有进遵循经济增长规律的有质量有效益的科学发展，遵循自然规律的绿色低碳循环的可持续发展和遵循社会规律的开放共享协调包容的发展。"稳中求进"是宏观调控方式和思路的重大创新，也是建立现代化经济体系的方法论。

坚持供给侧"结构性改革"总方向。在全面建设现代化经济体系的总体战略目标指引下，供给侧结构性改革是主攻方向和工作主线。经济新常态的一个显著特征是结构性减速。只有深化改革，加快产业结构调整，切实提高供给质量，将需求管理与供给管理结合起来，实行积极的财政政策和稳健的货币政策，保持国民经济在合理均衡水平上的基本稳定，才能形成稳增长调结构合力，实现宏观调控任务。坚持供给侧结构性改革，深化了宏观调控的目标内涵和方式手段。

坚持质量第一、效益优先基本要求。我们的经济"增长必须是实实在在的和没有水分的增长，是有效益、有质量、可持续的增长"[2]，宏观调控的着力点是提质增效、转方式调结构，坚持质量第一、效益优先，进一步变革经济发展质量、效率和动力，不断扩充发展的内涵，使全要素生产率得以提高。主动放缓经济增速，把发展质量放在第一位，优先注重效益，在客观上突破了只专注短期经济运行的传统框架，适应了既要利当前、更要惠长远的发展思路，丰富和发展了马克思宏观经济调控理论。

二、新时代中国特色社会主义发展总目标

为中国人民谋幸福和为中华民族谋复兴，是新时代中国特色社会主义的

---

[1] 中共中央宣传部：《习近平总书记系列重要讲话读本》，人民出版社 2016 年版，第 146 页。
[2] 《习近平谈治国理政》，外文出版社 2014 年版，第 112 页。

总目标。

党的十八大以来的五年，我国经济对世界经济增长贡献率超过30%，总量稳居世界第二；一批重大科技成果相继问世，国家创新指数排名升至第17位；城镇化率年均提高1.2个百分点，对全球减贫事业贡献率超过70%……中国人民在习近平新时代中国特色社会主义思想的指导和共产党领导下，在持续探索中国特色社会主义道路和改革开放的伟大实践中，在强大的民族精神和时代精神激励下砥砺奋进，走出了一条繁荣发展、稳定前行的强国之路。我们有信心和能力实现中华民族伟大复兴的总目标，也比历史上任何时期都更接近这一总目标。

三、新时代中国特色社会主义发展的总任务

为实现新时代中国特色社会主义总目标，我们要完成建设社会主义现代化国家的总任务。

（一）全面建成小康社会

全面建成小康社会将为开启全面建设社会主义现代化国家新征程奠定坚实的基础。

全面建成小康社会，必须坚定实施科教兴国、人才强国和创新驱动发展战略，推动我国科技创新水平向跟跑、并跑、领跑"三跑"并存的历史性转变，科技创新能力向质的飞跃、系统能力提升转变，科技创新与经济社会发展关系向"融合、支撑、引领"的历史性转变，全球创新竞争格局向挺进世界舞台中心的历史性转变，提升科技进步贡献率，为从科技大国迈向科技强国奠定重要基础。全面建成小康社会，必须坚定实施乡村振兴、区域协调发展战略，大力发展农村生产力，着力解决农业农村短腿短板，理顺工农城乡关系，缩小城乡差距，推进城乡融合发展和各地区现代化建设。全面建成小康社会，必须坚定实施可持续发展、军民融合发展战略，实现国家发展和安全兼顾、富国和强军统一，经济建设和国防建设融合发展，经济实力和国防实力同步提升，形成军民融合全要素在多领域深度高效的发展格局。

（二）分两步走全面建设社会主义现代化国家

全面建设社会主义现代化国家的目标，从2020年到21世纪中叶的30年分两个阶段进行。

第一阶段，从2020年到2035年的第一个15年，在全面建成小康社会的基础上再奋斗15年，基本实现社会主义现代化。这个目标提前了15年时间

完成我们党原来提出的"三步走"战略目标的"基本实现现代化"的第三步目标。经济建设上跻身创新型国家前列，政治建设上基本实现国家治理体系、治理能力现代化，文化建设上国家文化软实力和中华文化影响力显著增强，民生和社会建设上基本实现公共服务均等化和全体人民共同富裕，生态建设上基本实现"美丽中国"的目标。

第二阶段，从2035年到2050年的第二个15年，在基本实现现代化的基础上再奋斗15年，把我国建成富强民主文明和谐美丽的社会主义现代化强国。那时的中国，将拥有高度的物质文明，建成富强的社会主义现代化强国；将拥有高度的政治文明，建成民主的社会主义现代化强国；将拥有高度的精神文明，建成文明的社会主义现代化强国；将拥有高度的社会文明，建成和谐的社会主义现代化强国；将拥有高度的生态文明，建成美丽的社会主义现代化强国。

四、新时代中国特色社会主义新发展理念

（一）关系我国发展全局的发展理念创新

习近平同志指出，新发展理念不是凭空得来的，而是我们党深刻总结了国内外发展的经验教训、深刻分析了国内外发展的大势、深化认识了经济社会发展规律的基础上，针对我国发展中的突出矛盾和问题提出来的发展新理念。针对新时代社会主要矛盾的转化，提出要解决好社会、民生、法治、生态环境等方面存在的发展不平衡不充分问题，大力提升发展质量和效益。针对发展中的突出问题，创新发展、协调发展、绿色发展、开放发展、共享发展，分别注重解决发展动力问题、发展不平衡问题、人与自然和谐问题、发展内外联动问题和社会公平正义问题。新发展理念深刻阐释了发展的目标、动力、布局、保障等关系发展全局的问题，既体现了对新时代社会主要矛盾的深刻洞悉，又体现了对社会主义本质要求和发展方向的科学把握，是习近平新时代中国特色社会主义思想对实现什么样的发展、怎样实现发展问题的科学回答，是中国共产党对经济社会发展规律认识的新高度，实现了中国特色社会主义政治经济学的重大创新。

（二）新发展理念的科学内涵和精神实质

着力实施创新驱动发展战略，准确把握创新是引领发展的第一动力，是积极把握发展主动权、积极应对发展环境变化、增强内生发展动力的根本之策。着力增强发展的整体性协调性、准确把握协调是持续健康平衡发展的内在要求，是发展手段、发展目标、发展评价标准和尺度，统一着发展的平衡

与不平衡、发展的短板与潜力。着力推进人与自然和谐共生,准确把握绿色是永续发展的必要条件,保护环境就是保护生产力、改善环境就是发展生产力,协同推进人民富裕、国家强盛和中国美丽的进程。着力形成对外开放新体制,准确把握开放是国家繁荣发展的必由之路,要坚持对外开放,坚持"引进来"和"走出去"并重、引资和引技引智并举,质量和水平不断提高。着力践行"以人民为中心"的发展思想,准确把握共享是逐步实现共同富裕的要求,其实质是坚持"以人民为中心"的发展思想,坚持全民、全面、共建和渐进共享,让人民群众有更多获得感。新发展理念是掌管全局、根本和长远的,从战略的高度引领着我国的发展。因此,必须从整体上、从五大发展理念的内在联系中系统把握新发展理念,才能不断开拓发展新境界。

(三)贯彻新发展理念,建设现代化经济体系

建设现代化经济体系是我国发展的战略目标,也是我国经济发展到了更为关键的跨越关口时期的紧迫要求,只有在新发展理念引领下努力建设现代化经济体系,才能从根本上改变粗放的经济发展模式,实现更高质量、更有效率、更加公平、更可持续的发展;才能使市场机制实现预期目的,宏观调控张弛有度,微观主体充满活力,经济创新能力和国际竞争力不断增强。要深化供给侧改革,为建设现代化经济体系提供着力点和主攻方向;加快建设创新型国家,为建设现代化经济体系提供战略支撑;实施乡村振兴战略,为建设现代化经济体系提供重要基础;实施区域协调发展战略,为建设现代化经济体系提供布局路径;加快完善社会主义市场经济体制,为建设现代化经济体系提供制度保障;推动形成全面开放新格局,为建设现代化经济体系提供必要条件。建设现代化经济体系的科学布局充分体现了新发展理念的科学内涵和精神实质。

新发展理念深刻揭示了当前和今后一个时期我国发展的方向思路和关键点,指明了建设现代化经济体系的路径,对破解发展难题、增强发展动力、厚植发展优势更具针对性、指导性和可操作性,开拓了马克思主义政治经济学的新境界,为人类发展贡献了中国智慧和中国方案。

第二节 经济新常态判断对马克思主义经济理论的丰富和发展

习近平总书记指出,"'十三五'时期,我国经济发展的显著特征就是进入新常态""要把适应新常态、把握新常态、引领新常态作为贯穿发展全局

和全过程的大逻辑"①。经济发展进入新常态是习近平新时代中国特色社会主义经济发展的国内大环境，其主要特征是"增长动力实现转换""经济结构实现再平衡"，经济发展进入高质量发展阶段。我国经济发展进入新常态，是经济发展速度变化、结构优化、动力转换等阶段性特征的必然反映，是不以人的意志为转移的谋划经济社会发展的重要依据和必然趋势。

经济新常态的一系列思想，是党中央在深刻认识中国特色社会主义发展实践基础上，对马克思主义经济周期理论、经济增长要素理论、经济发展方式理论、供求关系理论、市场配置资源理论的丰富与发展，是中国特色社会主义政治经济学理论的重大创新。

一、经济新常态判断丰富和发展了马克思主义经济周期理论

马克思主义经济周期理论是对经济发展不同阶段变化特征的总结，经济新常态是对我国经济发展阶段性特征的准确判断，是对马克思主义经济周期性理论认识的升华和发展。

（一）经济新常态——基于马克思主义经济周期理论的判断

马克思、恩格斯认为"市场的扩张赶不上生产的扩张。冲突成为不可避免的了，而且，因为它在把资本主义生产方式炸毁以前不能使矛盾得到解决，所以它就成为周期性的了"②。马克思揭示了生产的社会性与资本主义私人占有间的矛盾是经济周期波动，进而经济危机的根源所在。经济危机的实质是无限扩大的生产能力超过了市场有支付能力的需求而造成的生产过剩危机，危机、萧条、复苏和高涨四个阶段交替进行，上个经济周期的结束又是下个周期的开始。市场经济周期性波动的过程实际上就是商品供求双方在市场经济大背景下对立统一的运动过程。社会主义公有制消除了资本主义基本矛盾，在某种程度上消除了经济周期波动的可能性。改革开放以来，我国生产力显著发展，经济总量稳居世界第二，创造了世界经济发展奇迹。但我国还处在社会主义初级阶段，发展还不平衡不充分，发展质量和效益还不高，创新能力不够强，民生领域还有不少短板，经济发展还面临较大下行压力，特别是结构性产能过剩比较严重。因此，基于马克思的经济周期理论，我国经济在发展不同阶段也会存在周期性的变化，但主要不是周期性波动，而是社会主要矛盾转化为"人民日益增长的美好生活需要和不平衡不充分的发展之间的矛盾"引起的

---

① 李义平：《理解和把握贯穿发展全局和全过程的大逻辑》，载《人民日报》2016年8月19日。
② 《马克思恩格斯选集》（第3卷），人民出版社1995年版，第626页。

发展阶段的转变。经济新常态是我国经济不同发展阶段更替变化的结果。

（二）经济新常态的判断对马克思主义经济周期理论的丰富和发展

党中央综合世界经济长周期和我国发展阶段性特征及其相互作用，做出了我国经济发展正处于"经济增长速度换挡期、结构调整阵痛期和前期刺激政策消化期"①三期叠加阶段的重大战略判断，指出了我国经济正呈现出"从高速增长转为中高速增长"②的"新常态"。"新"首先表现在运行形态上的一种变化和阶段性的转变，即以"中高速"的新阶段取代原来两位数高速增长状态的旧阶段，以质量效率型发展新方式取代规模速度型旧发展方式，以调整存量、做优增量并举的经济新结构取代增量扩能的经济旧结构。而"新"字后面的"常"是中高速、质量效率、做优增量在"新"之后如何成为一个相对稳定的状态，即成为常态。新常态是由我国经济发展客观规律决定的加快经济发展方式转变的主动选择，是化解不平衡不充分深层次矛盾、走向更高级经济形态更合理结构的必经阶段。科学认识我国经济形势及其未来发展趋势，必须历史地辩证地看待我国经济发展的阶段性特征，切实准确把握我国经济发展的大逻辑。

经济新常态是我国经济高速增长后出现的增长速度换挡现象，不是周期性的外部冲击所致，而是在钢铁、水泥等产业迅猛发展周期逐渐结束后，相关产业出现产能过剩的结果。我国步入工业化中后期后，劳动力、土地、市场等资源禀赋条件发生了重大变化，已难以支撑经济继续高速奔跑；曾经释放出巨大红利的劳动力成本不断攀升，成本优势已逐渐消失，潜在增长能力下降；传统的低成本、低价格竞争优势也在逐渐削弱，出口呈现回落态势……这些结构性因素造成的增长速度的放缓是长期趋势，是我国经济进入新阶段的必然结果。由粗放高增长转向集约高效率，由注重数量到注重质量，由增加投资规模到提升"周转"速度，由要素驱动到高新技术驱动，新常态的这些基本特征是在对马克思经济周期理论深刻认识的基础上，对我国经济运行的理性认知和正确判断，丰富和发展了马克思主义经济周期理论。

二、经济增长动力从投资驱动向创新驱动转换理论丰富和发展了马克思主义经济增长要素理论

经济增长要素影响着经济增长，而经济新常态的实质是要实现经济增长

---

① 中共中央宣传部：《习近平总书记系列重要讲话读本》，人民出版社2016年版，第141页。
② 习近平：《谋求持久发展 共筑亚太梦想》，载《人民日报海外版》2014年11月10日。

动力的转换,这一定位丰富和发展了马克思主义经济增长要素理论。

(一) 实现增长动力转换——基于马克思经济增长要素理论的思想

马克思着重从生产关系角度分析了影响经济增长的资本、劳动(人力资源)、土地(自然资源)、科学技术、制度等因素。资本是企业生产的第一推动力,商品生产的整个过程都"要求货币形式的资本或货币资本作为每一个新开办的企业的第一推动力和持续的动力"①,持续稳定的经济增长必须以充足的资本供给为前提。劳动是社会生产的前提条件,"劳动作为使用价值的创造者,作为有用劳动,是不以一切社会形式为转移的人类生存条件"②,社会物质财富、再生产、消费的增长都需要一定数量的人口增长。良好的自然资源是剩余劳动和超额利润赖以产生的自然基础,新的自然资源的发现和利用对生产的发展起着巨大的推动作用。科学技术是推动生产力发展的强大动力,"第一次使自然力,即风、水、蒸汽、电大规模地从属于直接的生产过程,使自然力变成社会劳动的因素"③,引起劳动资料、劳动对象质的升华和劳动者素质的提高,进而改进其他生产要素,推动经济增长。制度作用于经济增长,符合生产力发展的制度会使生产关系更适合生产力的性质和发展要求,促进经济增长,反之,不合理的制度会牺牲效率,阻碍经济增长。

经济增长要素变化要求必须转换增长动力。新常态下我国经济增长要素发生了变化,成本提高。在决定经济增长的要素成本中,人力资源中的劳动者工资报酬、社会保障、社会福利水平等提高了;自然资源中土地、矿山、能源、原材料等价格上涨了;环境资源中污染治理成本上升了;企业生产成本、技术变革和创新中的自主技术研发和创新成本也越来越高了。随着成本要素的增加,必然引起产品价格的上升、通货膨胀的出现、竞争力的下降和经济发展动力的缺乏。而随着产业结构的调整,我国经济依靠出口、投资要素投入为核心的增长动力在削弱,消费为主的推动力也不足。因此,依据马克思主义经济增长要素理论,必须依靠提高质量和效率来化解成本上升的矛盾和动力不足问题,由过去靠"四大要素""三驾马车"带动经济增长,转变为依靠技术进步提高质量和效率的创新驱动上。

(二) 新常态下增长动力转换理论对经济增长要素理论的深化与发展

保持经济持续增长必须从投资驱动向创新驱动转换。社会生产力发展和劳动生产率的提高是决定一个国家发展命运的主导因素,只有"推动经济发

---

① 马克思:《资本论》(第2卷),人民出版社1975年版,第393页。
② 马克思:《资本论》(第1卷),人民出版社1975年版。
③ 《马克思恩格斯全集》(第47卷),人民出版社1979年版,第569页。

展质量变革、效率变革、动力变革,提高全要素生产率"①,才能促进经济持续发展。随着我国民间投资、制造业投资增速持续下降,市场内生投资增长动力疲弱,投资对经济增长的贡献率明显降低,"全球现有资源都给我们也不够用!老路走不通,新路在哪里?就在科技创新上"②,投资是经济增长的基本推动力,是经济增长的必要前提,要保持我国经济的持续增长,必须增强自主创新能力,努力实现从大规模、持续性的固定资产投资,转到依靠创新降低成本、提升资本使用效率上,从而推动经济发展走上科学发展、内生增长的轨道,实现投资驱动向创新驱动转换。

保持经济持续增长必须由要素驱动向创新驱动转变。制度和资本、技术是经济增长动力系统转换和新增长点培育的三大关键要素,制度可激励、约束资本投资和技术偏好,导引资本投资倾向和技术革新;反过来,资本投资倾向和技术创新又影响、驱动制度变革。习近平总书记强调,实施创新驱动"最根本的是要增强自主创新能力,最紧迫的是要破除体制机制障碍,最大限度解放和激发科技作为第一生产力所蕴藏的巨大潜能"③。党的十九大报告指出,要发挥投资对增长、对优化供给结构的关键性作用,在中高端消费、创新引领、绿色低碳、共享经济、现代供应链、人力资本服务等领域培育新增长点、形成新动能;发挥消费对增长的基础作用,以扩大服务消费为重点带动消费结构升级;发挥出口对经济增长的促进作用,拓展对外贸易,培育贸易新业态新模式,创新对外投资方式,发挥以技术、标准、品牌、质量、服务为核心的对外经济新优势,增添共同发展新动力。

经济新常态丰富和发展了马克思主义经济增长要素理论。习近平总书记指出,"要把握新工业革命的机遇,以创新促增长、促转型,积极投身智能制造、互联网+、数字经济、共享经济等带来的创新发展浪潮,努力领风气之先,加快新旧动能转换"④。只有增加产品的科技含量,提升全要素生产率,提高创新者的存活率和创新产品的转化率,才会有创新引领、绿色低碳、高端高质的产品供给消费者;只有"破除一切制约科技创新的思想障碍和制度藩篱,处理好政府和市场的关系,推动科技和经济社会发展深度融合"⑤,才能加快

---

① 习近平:《决胜全面建成小康社会 夺取新时代中国特色社会主义伟大胜利》,人民出版社2017年版,第30页。
② 《习近平谈治国理政》,外文出版社2014年版,第120页。
③ 《习近平谈治国理政》,外文出版社2014年版,第121页。
④ 习近平:《共同开创金砖合作第二个"金色十年"》,载《人民日报》2017年9月4日。
⑤ 《习近平谈治国理政》,外文出版社2014年版,第125页。

资本循环与周转，处理好社会资本再生产中的各种比例关系，实现资本结构优化配置，激发市场和社会活力，创造一个新的更长的经济增长周期，在中高端消费、共享经济、现代供应链、人力资本服务等领域培育新增长点，从而更好地释放"三驾马车"的新动能，实现发展动力向依靠制度变革、结构优化和要素升级转换。从增长不是简单增加生产总值，而是有效益、有质量、可持续的增长，到确定符合经济规律的增长速度、增长动力和增长潜力，深刻把握了我国经济社会发展阶段性特征和经济增长规律，推动着新时代中国特色社会主义发展实现新的跨越，丰富和发展了马克思主义经济增长要素理论。

三、经济发展方式从数量扩张向追求质量转变理论丰富和发展了马克思主义经济发展方式理论

经济新常态下实现经济发展方式从数量扩张向追求质量转变，进而推动增长动力转换的思想，丰富和发展了马克思主义经济发展方式理论。

（一）经济发展方式从数量扩张转向追求质量
——基于马克思主义经济发展方式的理论

经济发展方式一般是指通过数量增加、结构变化、质量改善等生产要素变化实现经济增长的方法和模式。马克思主义经济发展方式理论是在社会资本扩大再生产的基础上扩展而来的。马克思把资本主义扩大再生产方式分为单纯依靠增加生产资料、劳动力扩大生产规模的外延扩大再生产和依靠提高劳动生产率扩大生产规模的内涵扩大再生产两种方式。随着科技的发展，扩大再生产方式具有由外延向内涵扩大再生产转化的历史趋向。马克思发现，科学技术在生产中的应用不仅能促进经济发展，而且还能推动经济发展方式由外延式向内涵式转化，市场调节和竞争规律也能促进生产方式向内涵式方向发展，实现生产资料和消费资料两大部类内部及其之间的平衡，实现自然环境与劳动力的有机结合，有效调节国内市场发展与国际市场开拓，优化生产要素配置，促进生产内涵式发展。

经济新常态始终贯穿着马克思主义经济发展方式理论。习近平总书记指出，推动中国经济保持中高速增长、迈向中高端水平，必须"转方式，着力解决好发展质量和效益问题"[①]。我们要"坚定不移贯彻新发展理念，坚决端

---

① 中共中央文献研究室：《习近平总书记重要讲话文章选编》，中央文献出版社2016年版，第269页。

正发展观念、转变发展方式,发展质量和效益不断提升"①。明确"'十三五'时期是转方式调结构的重要窗口期。如果不注重转方式调结构,只是为了短期经济增长实行刺激政策,必然会透支未来增长"②。从以速度为中心的外延式经济增长方式转向以质量和效益为中心注重内涵的经济增长方式,体现了扩大再生产方式由外延扩大向内涵扩大转化的历史趋势,贯穿着马克思主义经济发展方式理论的核心理念,并在继续转方式的基础上,适时提出了创新、协调、绿色、开放、共享五大发展新理念,创新了从转变经济增长方式到转变经济发展方式再到经济发展新理念的历程,是马克思主义经济发展方式理论在当代中国的新发展。

(二)"转方式"理论对马克思主义经济发展方式理论的丰富与发展

创新经济发展方式是新常态的必然要求。在全球新技术替代旧技术、智能型技术替代劳动密集型技术发展趋势下,在我国新常态经济下行压力的严重态势下,仅仅依靠要素成本优势驱动、大量投入资源和消耗环境的经济发展方式已经难以为继,要解决经济发展下行压力,防止经济发展失速,关键在于创新和发展马克思主义经济发展方式理论,形成加快转变经济发展方式的新路径,从以速度为中心转向以质量和效益为中心,以等量资本投入带来更多资本回报,以等量资源投入带来更多效用、享受、福利和社会进步。习近平总书记强调,"加快转变经济发展方式、调整经济结构,采取果断措施化解产能过剩,这是唯一正确的选择"。③

"转方式"理论丰富和发展了马克思主义经济发展方式理论。习近平总书记强调,新常态下必须"大力推进经济发展方式转变和经济结构调整"④以形成新的增长动力,推动经济健康发展;必须大力推进以科技创新为核心的全面创新,以实现从注重速度、数量向注重长期质量、速度和效益并行的可持续发展转变;必须把需求侧结构改革和供给侧结构改革结合起来,坚持需求导向和产业化方向,以转变经济发展方式,推动经济稳定发展;必须充分"发挥市场在资源配置中的决定性作用和社会主义制度优势,增强科技进

---

① 习近平:《决胜全面建成小康社会 夺取新时代中国特色社会主义伟大胜利》,人民出版社2017年版,第3页。

②③ 中共中央文献研究室:《习近平总书记重要讲话文章选编》,中央文献出版社2016年版,第270页。

④ 习近平:《加快实施创新驱动发展战略 加快推动经济发展方式转变》,载《人民日报》2014年8月19日。

步对经济增长的贡献度"①，促进经济从数量扩张向追求质量发展；必须尽快解决严重威胁人民群众健康安全的环境污染问题，"更加自觉地推动绿色发展、循环发展、低碳发展，决不以牺牲环境为代价去换取一时的经济增长"②；必须全面调整投资结构、产业结构、产品结构，建设现代化经济体系，尽快促进生产规模、速度、效益、质量、品种、环保的有机统一。这些发展新理念为新常态下转变经济发展方式提供了切实可行的转变路径，丰富和发展了在马克思主义经济发展方式理论指导下的、适合中国国情的中国特色社会主义经济发展方式新理论。

四、供给侧结构性改革理论丰富和发展了马克思主义供求关系理论

商品的供给和需求之间保持一定的比例关系是商品经济顺利发展的必然要求，加强供给侧结构性改革的决定丰富和发展了马克思主义供求关系理论。

（一）供给侧结构性改革——基于马克思主义供需关系理论的思想

马克思指出：市场上只有"买者和卖者，需求和供给"③ 两个互相对立的范畴，在商品的供求关系上再现了使用价值和交换价值、商品和货币、买者和卖者、生产者和消费者的关系，商品的供给和需求之间保持一定的比例关系再生产才能顺利进行。由于主客观因素的影响，商品市场的供给和需求往往难以达到绝对平衡，有时甚至会出现较大偏差。当生产某种商品的社会劳动量大于社会需求量时，部门内部生产商品所耗费的劳动超过社会分配的劳动量，在市场上就表现为商品的供给大于需求。反之，供给则小于需求。只有各生产部门按商品需求量的比例分配社会总劳动量，商品的供给和需求才能平衡，而供需趋于平衡的动力是商品价格。当供小于求时，商品价格上涨，反之价格就会下跌，而低价又抑制供给，进而促使生产者技术改造、产品更新、降低成本以打开销路刺激需求，使供需逐渐趋于平衡。因此，由供求关系作用所反映的商品价格的上涨和下跌，是价值规律在流通领域的反映，也是供求关系变化的基本法则。

供给侧结构性改革是对马克思主义供求关系理论的遵循。中国特色社会

---

① 习近平：《加快实施创新驱动发展战略　加快推动经济发展方式转变》，载《人民日报》2014年8月19日。

② 《习近平谈治国理政》，外文出版社2014年版，第209页。

③ 《马克思恩格斯全集》（第26卷下），人民出版社1985年版。

主义建设进入新时代，我国社会主要矛盾已经转化为人民日益增长的美好生活需要和不平衡不充分发展之间的矛盾。随着经济的发展，经济结构的优化，老百姓收入水平的提高和产品、服务供给的增加，居民生活消费伴随着生活方式的改变正在发生前所未有的深刻转变。习近平总书记说，我们"既要创造更多物质财富和精神财富以满足人民日益增长的美好生活需要，也要提供更多优质生态产品以满足人民日益增长的优美生态环境需要"①。从温饱型需求向美好生活需求、从数量向质量型需求、从低端向中高端产品需求转变，我国居民的消费正在从对物质产品需求比重的下降转变到对各种服务需求增加的过程中。中央经济工作会议认为，过去"有没有"的模仿型排浪式消费阶段基本结束，好不好的"个性化、多样化"消费渐成主流；人们更加注重产品的质量安全、绿色健康、舒适感、成就感、归属感和身份地位的认同感。我国已进入品质化消费阶段，社会主要矛盾的变化对发展提出了许多新要求。只有通过创新供给激活市场需求，创新投融资方式，更多地将资金投入新技术、新产品、新业态、新商业模式上，才能大力提升发展质量和效益，更好满足人民在经济、政治、文化、社会、生态等方面日益增长的需要。在马克思主义供求关系理论基础上作出供给侧结构性改革的部署，准确地把握了我国经济运行中供求关系变化的新特点，为认识新时代我国供求关系发展规律奠定了基础。

（二）供给侧结构性改革丰富和发展了马克思主义供求关系理论

改革供给侧结构以适应需求结构变化。当前和今后一个时期，我国经济发展面临的供需问题都有，但低端供给、无效供给过多，有效供给不足，供给侧是矛盾的主要方面。从生产资料供给结构看，一方面是煤炭、钢铁、水泥等初级产品产能普遍过剩，另一方面是我国制造业自主创新能力弱，核心技术、关键装备与高端产品对外依存度高，依赖进口才能满足市场需求。从消费资料供给结构看，一方面是消费者对产品和服务多样化、个性化、精致化、品牌化的需求在增长，另一方面是相关产业发展还未及时适应市场变化，致使一些有购买力的消费需求在国内得不到有效供给，而把人民币花在海外扫货、跨境出游上。要解决这些结构性问题，必须建设现代化经济体系，在适度扩大总需求的同时，把发展经济的着力点放在实体经济上，把提高供给体系质量作为主攻方向，通过"三去一补"，优化存量资源配置，从生产领

---

① 习近平：《决胜全面建成小康社会　夺取新时代中国特色社会主义伟大胜利》，人民出版社2017年版，第50页。

域扩大优质增量供给以减少无效供给，提高供给体系质量，实现供需动态平衡。

供给侧结构性改革丰富和发展了供求关系理论。在产品丰富的今天，网购、定制消费等广泛发生，服务、健康、绿色、时尚、养老、安全等领域的消费需求升级逐步展开。但供给还未能跟上需求的变化，导致了结构性过剩与结构性短缺并存，影响了经济发展的有效性和可持续性。新常态下，党中央把提质增效升级作为供给结构调整的主题词，强调加强供给侧结构性改革，化解过剩产能，加快发展现代服务业，瞄准国际标准提高水平，使金融、教育、文化、旅游、医疗、养老等第三产业消费逐步成为消费主体，这是调整生产与消费、供给与需求的重心，使之形成良性互动，使生产手段服从于美好生活需求的生产目的，形成高品质消费主导的新需求结构升级，从而拉动供给创新，使新需求与新供给有效匹配，真正协调好供给与需求的关系，实现由低水平供需平衡向高水平供需平衡跃升。加强供给侧结构性改革是适应新常态、引领新常态的一项重大决策，是对马克思主义供求关系理论认识的深化与升华，也是把马克思主义政治经济学基本原理同中国特色社会主义经济建设实际相结合的积极探索。

五、市场决定资源配置理论丰富和发展了马克思主义市场配置资源理论

价值规律通过市场价格波动优化资源配置，经济新常态理论突出了市场是决定资源配置最有效的形式，遵循和升华了马克思主义市场配置资源理论。

（一）市场决定资源配置——基于马克思主义市场配置资源的理论

马克思在《1857—1858年经济学手稿》中指出，"每个个人行使支配别人的活动或支配社会财富的权力，就在于他是交换价值的或货币的所有者"[①]。在资本主义社会，市场力量主要外化为资本，而资本则接受市场"看不见的手"配置。马克思认为，资本为了增殖必须不断运动，通过内在的价值规律以及外在的价格、供求、竞争三大机制，将资本化的资源配置到最有能力进行经济扩张的生产者手中，从而实现资源的优化配置，最大限度地发挥资源对经济增长的促进作用。价值规律通过市场价格波动刺激生产者改进技术、提高经营管理水平和劳动生产率，使资源在企业内部实现优化配置；

[①] 《马克思恩格斯全集》（第30卷），人民出版社1995年版，第106页。

通过面向市场组织生产，优化资产结构，形成合理的创新机制，使资源在企业之间实现优化配置；通过市场竞争，使土地等基本生产资料和劳动力资源向优势部门或生产者集中，引导追求利益最大化的经济主体调整其生产与消费行为，从而实现供给与需求在数量与结构上的平衡，最后合理地实现资源在社会生产的各部门优化配置。

习近平总书记指出，"市场配置资源是最有效率的形式。市场决定资源配置是市场经济的一般规律，市场经济本质上就是市场决定资源配置的经济"①。在党的十九大报告中重申，必须"毫不动摇巩固和发展公有制经济，毫不动摇鼓励、支持、引导非公有制经济发展，使市场在资源配置中起决定性作用"②；市场在资源配置中的决定作用是激发各类市场主体活力最有效率的形式，这一基本规律无论在资本主义还是社会主义都发挥着不可替代的作用。任何违背市场经济基本规律的行为都会受到市场的惩罚，都会使资源错配、使社会生产力发展受阻。遵循市场决定资源配置的基本规律，依据市场规则、市场价格、市场竞争实现效益最大化和效率最优化，有利于优化配置和充分利用各种资源，让企业和个人有更大空间和更多活力，真正使经济发展成果惠及全体人民。

（二）市场决定资源配置理论对马克思主义市场配置资源理论的丰富和发展

党中央作出"使市场在资源配置中起决定性作用"③的决定，是遵循市场经济基本规律、深刻总结我国经济建设经验、适应完善社会主义市场经济体制和建设现代化经济体系新要求的创新和发展，也是经济新常态的机制保障。习近平总书记指出，"新常态下，中国政府大力简政放权，市场活力进一步释放。简言之，就是要放开政府这只看得见的手，用好市场这只看不见的手"④，从行政手段配置资源，到市场起基础性作用，再到市场起决定性作用，市场的作用逐渐增大、政府也逐渐更好地发挥作用，这是由我国现时期经济发展状况和社会主要矛盾变化决定的、符合市场经济基本规律和中国国情的动态改革。

新常态下市场决定资源配置，意味着市场与政府在资源配置中发挥的作

---

① 《习近平谈治国理政》，外文出版社2014年版，第77页。
② 习近平：《决胜全面建成小康社会　夺取新时代中国特色社会主义伟大胜利》，人民出版社2017年版，第21页。
③ 《中共中央关于全面深化改革若干重大问题的决定》，载《人民日报》2013年11月16日。
④ 习近平：《谋求持久发展　共筑亚太梦想》，载《人民日报》2014年11月10日。

用力发生了变化,政府主导转向了市场决定,市场中的生产要素流动更加顺畅,人、财、物等资源要素直接自发调节市场运行;政府不再直接用权力涉足,而是在经济结构和经济要素间发挥更有效的统筹作用,在经济运行中发挥服务和监管的职能,推进体制机制创新。习近平总书记说,新常态下市场决定资源配置"有利于在全党全社会树立关于政府和市场关系的正确观念,有利于转变经济发展方式,有利于转变政府职能,有利于抑制消极腐败现象"[1],有利于开放市场促进"新常态"下经济发展,有利于维护经济新常态下的体制机制建设,真正"把市场机制能有效调节的经济活动交给市场,把政府不该管的事交给市场,让市场在所有发挥作用的领域都充分发挥作用,推动资源配置实现效益最大化和效率最优化"[2],这是对马克思主义市场配置资源理论的认识达到的新高度,是在新常态下基于问题导向动态调整发展政策的一大飞跃,必将对新常态下全面深化改革产生深远影响。

综上所述,习近平总书记关于经济新常态方面的重要论述是新时代中国特色社会主义经济发展速度、方式、结构、动力转变的论述,是社会经济合理化要求在经济运行和发展各方面、各领域、各部门的投射和反映,丰富和发展了马克思主义经济周期理论、经济增长要素理论、经济发展方式理论、供求关系理论、市场配置资源理论,是新时代中国特色社会主义宏观调控和政策取向的理论依据,是在实践中对中国特色社会主义政治经济学的丰富与发展。

第三节 推动经济高质量发展

中国特色社会主义进入了新时代,我国经济发展也进入了新时代。围绕社会新的主要矛盾,党的十九大报告和中央经济工作会议提出了贯彻新发展理念、加快形成推动高质量发展的新举措。

一、坚持"稳中求进"工作总基调

适应新常态,关键在全面深化改革的力度、在宏观调控措施的到位、在

---

[1] 《习近平谈治国理政》,外文出版社2014年版,第77页。
[2] 《习近平谈治国理政》,外文出版社2014年版,第117页。

经济提质增效的升级，为稳增长、调结构、促改革创造有利环境。稳中求进工作总基调是党中央治国理政的重要原则，也是做好经济工作的方法论。我们必须坚持稳中求进的工作总基调，把握好时机、把握好平衡、把握好度，正确地处理好"稳"和"进"的关系。

（一）准确把握"稳"与"进"的内涵及其关系

习近平总书记对于"稳"与"进"的内涵及其关系作出过详细的阐述，他指出："稳是主基调，稳是大局，在稳的前提下要在关键领域有所进取，在把握好度的前提下奋发有为。"他反复强调，"稳的重点要放在稳住经济运行上，进的重点是深化改革开放和调整结构。稳和进有机统一、相互促进。经济社会平稳才能为深化改革开放和经济结构调整创造稳定的宏观环境。要继续推进改革开放，为经济社会发展创造良好预期和新的动力""要更好把握稳和进的关系，稳是主基调，要在保持大局稳定的前提下谋进。稳中求进不是无所作为，不是强力维稳、机械求稳，而是要在把握好度的前提下有所作为，恰到好处，把握好平衡，把握好时机，把握好度"。

（二）准确理解"稳中求进"

"稳的重点要放在稳住经济运行上"。"稳住经济运行"就是避免经济指标适度向下波动，要根据形势变化调整经济增速预期目标，避免机械式思维方式和思想认识上的误区，明确经济指标在合理区间内向下波动和增速目标适时适度下调并不冲突，我们要在经济社会不发生大的波动情况下，主动放缓经济增长速度而追求更高质量、更优效益的稳中求进，而不是机械地求稳、强制地求稳。

"进的重点是深化改革开放和调整结构"。2016年中央经济工作会议指出，"我国经济运行面临的突出矛盾和问题，虽然有周期性、总量性因素，但根源是重大结构性失衡，导致经济循环不畅"[1]。调整结构是转变经济发展方式的重要内容，只有从宏观上、从经济运行机制上努力调整金融与实体经济、金融与房地产以及实体经济内部供需结构的失衡问题，才能优化产业结构，促进第一、第二、第三次产业健康协调发展，推进经济长期平衡快速发展。

（三）坚持稳中求进，推动经济持续健康发展

坚持稳中求进工作总基调，"不能简单以国内生产总值增长率论英雄"[2]，

---

[1] 《中央经济工作会议在北京举行》，载《人民日报》2016年12月17日。
[2] 中共中央宣传部：《习近平总书记系列重要讲话读本》，人民出版社2016年版，第146页。

发展必须保持一定的速度，但又不能单纯追求增长速度；我们不唯 GDP，但也不能不要 GDP。我们要追求稳中有进、遵循经济增长规律的、有质量有效益的科学发展，遵循自然规律的绿色低碳循环的可持续发展和遵循社会规律的开放共享协调包容的发展。

坚持稳中求进工作总基调，必须解决好金融与实体经济、金融与房地产以及实体经济内部供需结构的失衡问题，不断化解产业风险、金融风险、房地产风险、贸易风险、债务风险等内外风险，促进经济内生动力的增长。

坚持稳中求进工作总基调，必须克服急躁心理和冒进思想，不能在经济指标上一味求进求快，而是要把实施创新驱动发展战略、提高经济发展质量和核心竞争力作为一项中长期任务，努力推进企业、金融、环境、教育、住房、养老、社会服务等领域的各项改革，实现经济的稳定运行。

坚持稳中求进工作总基调，必须树立积极的战略思维，努力应对去全球化思潮、投资和贸易保护主义、地缘政治冲突，以及金融、债务、房地产风险等国内外一些影响我国经济发展的不确定性因素，深化金融监管体制机制改革，切实提高防范各种风险的能力。

"稳中求进"是宏观调控方式和思路的重大创新，也是建立现代化经济体系的方法论。

二、坚持供给侧"结构性改革"总方向

在全面建设现代化经济体系的总体战略目标指引下，供给侧结构性改革是主攻方向和工作主线。供给侧结构性改革，最终目的是满足需求，主攻方向是减少无效供给、扩大有效供给，着力提升整个供给体系质量，提高供给结构对需求结构的适应性。

提高供给体系质量的核心是加快实施创新驱动发展战略，根本动力是全面深化改革。只有不断地进行科技创新，在全社会倡导大众创业、万众创新的理念，深入推动智能化与产业的结合，才会有新的动能出现、新的产业成长、新的产品供应和基础产业的转型升级、传统产业的提质增效，才能不断满足人民日益增长的美好生活需要。只有不断地进行制度创新，才能进一步深化土地制度、产权制度、户籍制度、商事制度等改革，放宽服务业等准入限制，创造有利于新技术、新产业、新业态、新模式发展的制度环境和市场环境，促进生产要素市场化，倒逼企业下功夫提高产品质量，提升服务质量。

三、坚持质量第一、效益优先

我们的经济"增长必须是实实在在的和没有水分的增长,是有效益、有质量、可持续的增长"①,宏观调控的着力点是提质增效、转方式调结构,坚持质量第一、效益优先,"推动经济发展质量变革、效率变革、动力变革,提高全要素生产率"②,不断扩充发展内涵。

主动放缓经济增速,把发展质量放在第一位,优先注重效益,在客观上突破了只专注短期经济运行的传统框架,适应了既要利当前、更要惠长远的发展思路,丰富和发展了马克思主义宏观经济调控理论。

第四节　新时代中国特色社会主义发展总目标和总任务

习近平总书记在党的十九大报告中指出:"实现中华民族伟大复兴是近代以来中华民族最伟大的梦想。中国共产党一经成立,就把实现共产主义作为党的最高理想和最终目标,义无反顾肩负起实现中华民族伟大复兴的历史使命,团结带领人民进行了艰苦卓绝的斗争,谱写了气吞山河的壮丽史诗。"③ 这一论断明确了新时代中国特色社会主义的总目标是实现中华民族伟大复兴。

一、新时代中国特色社会主义发展总目标

(一)实现中华民族伟大复兴是中国人民的长久期盼

实现中华民族伟大复兴是中华民族近代以来最伟大的梦想,这个梦想凝聚了几代中国人的夙愿,是每一个中华儿女的共同期盼。

具有五千多年文明史的中国,曾经创造了悠久灿烂的闻名世界的中华文明。中国古代的造纸术、指南针、火药、印刷术四大发明造福世界,为人类

---

① 《习近平谈治国理政》,外文出版社2014年版,第112页。
② 习近平:《决胜全面建成小康社会　夺取新时代中国特色社会主义伟大胜利》,载《人民日报》2017年10月19日。
③ 习近平:《决胜全面建成小康社会　夺取新时代中国特色社会主义伟大胜利》,人民出版社2017年版,第1页。

文明进步作出了巨大贡献；从西汉的文景之治到唐太宗的贞观之治，再到元世祖的至元盛世，直至清朝的康雍乾盛世，都彰显了中国经济文化发展的繁荣景象和社会治理的博大智慧。只是到了近代以后，由于西方列强的入侵和封建统治的腐败而落伍了。但我们有无数的仁人志士，为了民族复兴不屈不挠、前仆后继，特别是中国共产党带领劳苦大众为国家、为民族、为人民创造了一个又一个彪炳史册的人间奇迹，使中华民族巍然屹立于东方。

（二）中华民族伟大复兴是中国共产党的历史使命

习近平总书记在党的十九大报告中指出，"我们党团结带领人民找到了一条以农村包围城市、武装夺取政权的正确革命道路，进行了二十八年浴血奋战，完成了新民主主义革命，一九四九年建立了中华人民共和国，实现了中国从几千年封建专制政治向人民民主的伟大飞跃。"[①]"我们党团结带领人民完成社会主义革命，确立社会主义基本制度，推进社会主义建设，完成了中华民族有史以来最为广泛而深刻的社会变革，为当代中国一切发展进步奠定了根本政治前提和制度基础，实现了中华民族由近代不断衰落到根本扭转命运、持续走向繁荣富强的伟大飞跃。"[②]"我们党团结带领人民进行改革开放新的伟大革命，破除阻碍国家和民族发展的一切思想和体制障碍，开辟了中国特色社会主义道路，使中国大踏步赶上时代。"[③] 总之，中国共产党"为了实现中华民族伟大复兴的历史使命，无论是弱小还是强大，无论是顺境还是逆境""都初心不改、矢志不渝，团结带领人民历经千难万险，付出巨大牺牲，敢于面对曲折，勇于修正错误，攻克了一个又一个看似不可攻克的难关，创造了一个又一个彪炳史册的人间奇迹"。[④] 实现了中国人民从站起来、富起来到强起来的伟大飞跃。习近平总书记得出结论："现在，我们比历史上任何时期都更接近中华民族伟大复兴的目标，比历史上任何时期都更有信心、有能力实现这个目标。"[⑤] 中华民族已经日益走近世界舞台的中央，满怀信心地迎接民族复兴的光明前景。

（三）中华民族伟大复兴是新时代社会主义的中国梦

习近平总书记指出，实现中华民族伟大复兴的中国梦，就是要实现国家富强、民族振兴、人民幸福。

中国梦就是强国梦，实现强国梦是实现中华民族伟大复兴中国梦的基本目标之一。我们要努力建设社会主义现代化强国，提升国家的经济、科技、

[①②③④⑤] 习近平：《决胜全面建成小康社会 夺取新时代中国特色社会主义伟大胜利》，人民出版社2017年版，第14~第15页。

军事国防、创新、文化、价值观、社会制度等综合实力和国际竞争力,使经济繁荣,国泰民安,日益进入创新型国家的行列和前列,繁荣发展中国特色社会主义文化,成为引领世界发展的主导力量。

中国梦就是民族复兴梦,是炎黄子孙心中共同的梦。只有实现民族振兴,中华民族才不会再像近代那样任人宰割和受人欺凌,复兴的宏伟大业才能落到实处,中华民族才能不断增强民族凝聚力,才能对人类发展作出更大、更多、更重要的贡献,真正实现民族崛起,振兴中华。

中国梦是每个中国人的梦,只有实现中国梦,每个中国人才会拥有更满意的收入、更稳定的工作、更好的教育资源、更舒适的生活环境、更高水平的医疗服务、更可靠的社会保障,每一个中国人才能"共同享有人生出彩的机会、共同享有梦想成真的机会、共同享有同时代一起成长与进步的机会"。① 实现中国梦,是每一个中国人责无旁贷的责任,需要每一个中国人的不懈努力奋斗。

实现中华民族伟大复兴的总目标,中国共产党的领导是根本保证,中国道路是必由之路,中国力量是力量源泉,中国精神是强大动力。我们要在中国共产党的领导下,以习近平新时代中国特色社会主义思想为指导,高举中国特色社会主义的伟大旗帜,夺取新时代中国特色社会主义的伟大胜利,为实现中华民族伟大复兴的中国梦而奋斗。

二、新时代中国特色社会主义发展总任务

为实现新时代中国特色社会主义总目标,我们要完成建设社会主义现代化国家的总任务。

(一) 全面建成小康社会

党的十九大报告指出,在全面建成小康社会的基础上,分两步走在本世纪中叶建成富强民主文明和谐美丽的社会主义现代化强国。全面建成小康社会,将为开启全面建设社会主义现代化国家新征程奠定坚实的基础。

1987年10月,党的十三大提出了中国经济建设分三步走的战略目标:第一步从1981年到1990年,实现国民生产总值比1980年翻一番,解决人民的温饱问题,这在20世纪80年代末已基本实现;第二步从1991年到20世

---

① 新华社:《习近平在十二届全国人大一次会议闭幕会上发表重要讲话》,http://www.xinhuanet.com/2013lh/2013-03/17/c_115052635.html.2013-03-17。

纪末，国民生产总值再增长一倍，人民生活达到小康水平，这在20世纪末也已经实现；第三步到21世纪中叶，人民生活比较富裕，基本实现现代化，人均国民生产总值达到中等发达国家水平，人民过上比较富裕的生活。2002年党的十六大提出，21世纪头20年，要全面建设惠及十几亿人口的更高水平的小康社会，经过这个阶段的建设，再继续奋斗几十年，到本世纪中叶基本实现现代化。由此可见，全面建设小康社会是实现现代化第三步战略目标必经的承上启下的发展阶段，它们之间紧密衔接、全面对接、承前启后、继往开来。

（二）全面建成小康社会的重大进展

党的十八大以来，在党中央坚强领导下，党和国家事业发生历史性变革，全面建成小康社会取得重大进展。习近平总书记在党的十九大报告中，从经济、政治、文化、社会、生态、强军、港澳台工作、外交、党建等方面全面总结了五年来我们工作取得的历史性变革。

习近平总书记在党的十九大报告中明确指出[①]：经济建设方面。我国经济保持中高速增长，在世界主要国家中名列前茅，国内生产总值从54万亿元增长到80亿元，稳居世界第二，对世界经济增长贡献率超过30%。高铁、公路、桥梁、港口、机场等基础设施建设快速推进，粮食生产能力达到12000亿斤，城镇化率年均提高1.2%，8000多万农业转移人口成为城镇居民，"一带一路"建设、京津冀协同发展、长江经济带发展成效显著，天宫、蛟龙、天眼、悟空、墨子、大飞机等重大科技成果相继问世，开放型经济新体制逐步健全，对外贸易、对外投资、外汇储备稳居世界前列。

民主法治建设方面。党的领导、人民当家作主、依法治国有机统一的制度建设全面加强，党的领导体制机制不断完善，社会主义民主不断发展，党内民主更加广泛，社会主义协商民主全面展开，爱国统一战线巩固发展，民族宗教工作创新推进。科学立法、严格执法、公正司法、全民守法深入推进，法治国家、法治政府、法治社会建设相互促进，中国特色社会主义法治体系日益完善，全社会法治观念明显增强。国家监察体制改革试点取得实效，行政体制改革、司法体制改革、权力运行制约和监督体系建设有效实施。

思想文化建设方面。党的理论创新全面推进，马克思主义在意识形态领域的指导地位更加鲜明，中国特色社会主义和中国梦深入人心，社会主义核心价值观和中华优秀传统文化广泛弘扬，群众性精神文明创建活动扎实开展。

[①] 习近平：《决胜全面建成小康社会 夺取新时代中国特色社会主义伟大胜利》，人民出版社2017年版，第9页。

公共文化服务水平不断提高，文艺创作持续繁荣，文化事业和文化产业蓬勃发展，互联网建设管理运用不断完善，全民健身和竞技体育全面发展。主旋律更加响亮，正能量更加强劲，文化自信得到彰显，国家文化软实力和中华文化影响力大幅提升，全党全社会思想上的团结统一更加巩固。

改善人民生活方面。一大批惠民举措落地实施，人民获得感显著增强。脱贫攻坚战取得决定性进展，6000多万贫困人口稳定脱贫，贫困发生率从10.2%下降到4%以下。教育事业全面发展，中西部和农村教育明显加强。就业状况持续改善，城镇新增就业年均1300万人以上。城乡居民收入增速超过经济增速，中等收入群体持续扩大。覆盖城乡居民的社会保障体系基本建立，人民健康和医疗卫生水平大幅提高，保障性住房建设稳步推进。社会治理体系更加完善，社会大局保持稳定，国家安全全面加强。

生态文明建设方面。全党全国贯彻绿色发展理念的自觉性和主动性显著增强，忽视生态环境保护的状况明显改变。生态文明制度体系加快形成，主体功能区制度逐步健全，国家公园体制试点积极推进。全面节约资源有效推进，能源资源消耗强度大幅下降。重大生态保护和修复工程进展顺利，森林覆盖率持续提高。生态环境治理明显加强，环境状况得到改善。引导应对气候变化国际合作，成为全球生态文明建设的重要参与者、贡献者、引领者。

同时我们必须清醒地看到，"发展不平衡不充分的一些突出问题尚未解决，发展质量和效益还不高，创新能力不够强，实体经济水平有待提高，生态环境保护任重道远；民生领域还有不少短板，脱贫攻坚任务艰巨，城乡区域发展和收入分配差距依然较大，群众在就业、教育、医疗、居住、养老等方面面临不少难题；社会文明水平尚需提高；社会矛盾和问题交织叠加，全面依法治国任务依然繁重，国家治理体系和治理能力有待加强；意识形态领域斗争依然复杂，国家安全面临新情况；一些改革部署和重大政策措施需要进一步落实；党的建设方面还存在不少薄弱环节"。① 建设社会主义现代化强国的蓝图已经绘就，我们要紧密团结在以习近平同志为主要代表的中国共产党人周围，高举中国特色社会主义伟大旗帜，锐意进取，埋头苦干，为决胜全面建成小康社会、夺取新时代中国特色社会主义伟大胜利、实现中华民族伟大复兴的中国梦、实现人民对美好生活的向往而努力奋斗。

---

① 习近平：《决胜全面建成小康社会　夺取新时代中国特色社会主义伟大胜利》，人民出版社2017年版，第9页。

第五章

经济高质量发展理论

改革开放40余年来，我国经济实力不断增强，经济总量日益攀升，取得了令人瞩目的成就，中国特色社会主义进入了新时代，中国经济进入了高质量发展阶段。高质量发展理论，是习近平新时代中国特色社会主义经济思想的重要理论组成部分，是中国特色社会主义理论的最新成果，丰富与发展了马克思主义经济理论。高质量发展是新时代中国特色社会主义发展的必然道路。

第一节 供给质量与数量双提升的经济发展

习近平总书记指出：要"重视量的发展，但更要重视解决质的问题，在质的提升中实现量的有效增长"。[1]高质量发展成为我国经济进入新时代的重要特征。新时代经济发展的主题是解决人民日益增长的美好生活需要与不平衡不充分发展之间的矛盾。这就要求高质量发展要从供给侧结构性改革入手，牢牢把握既要增加供给数量更要提升供给质量的理念。

马克思主义生产力发展理论认为，物质资料生产数量与效率的全面升级和劳动者素质技能的全面提升都是社会生产力发展的重要表现。马克思主义资本积累理论指出，在社会生产发展初期，社会生产主要表现为资本有机构成不变的扩大再生产，即外延型扩大再生产，也就是单纯数量扩大的再生产；而"在积累过程中就一定会出现一个时刻，那时社会劳动生产率的发展成为积累的最强有力的杠杆"[2]，社会生产也就转化为资本有机构成提高的扩大再

---

[1] 《习近平谈治国理政》（第三卷），外文出版社2020年版，第238页。
[2] 《马克思恩格斯文集》（第5卷），人民出版社2010年版，第717页。

生产，即外延型扩大再生产，也就是质量提高的扩大再生产。高质量发展理论，紧密结合中国特色社会主义建设实际，丰富和发展了马克思主义生产力发展理论和资本积累理论。

提升供给质量。高质量发展在注重提升供给数量的同时，最终还是要落脚到供给质量的改善上。新时代中国特色社会主义主要矛盾发生转变，经济发展进入以满足人民日益增长的美好生活需要为目标的高质量发展阶段。这就决定了高质量发展必须以提升供给质量为使命，通过"放管服""三去一降一补"等供给侧结构性改革措施减少低端供给无效供给，增加高端供给和有效供给；通过深化产业结构升级、实施创新驱动等各项措施，提高全要素生产效率，实现生产力的高质量持久发展。习近平总书记指出，要"扭住扩大内需这个战略基点，使生产、分配、流通、消费更多依托国内市场，提升供给体系对国内需求的适配性"①。提升供给质量包含了更优良的产品质量、更深厚的科技含量、更大比例的自主创新、更合理的供给结构等内容，是一个具有广泛内涵的范畴。

优化供给结构。高质量发展强调不断优化供给结构。习近平总书记指出："我国经济发展处于增长速度换挡期、结构调整阵痛期、前期刺激政策消化期'三期叠加'的阶段"②，高质量发展通过供给侧结构性改革理顺经济发展过程中累积的问题与矛盾，实现中国特色社会主义的新发展。高质量发展"支持传统产业优化升级，加快发展现代服务业，瞄准国际标准提高水平。促进我国产业迈向全球价值链中高端，培育若干世界级先进制造业集群。坚持去产能、去库存、去杠杆、降成本、补短板，优化存量资源配置，扩大优质增量供给，实现供需动态平衡"③，通过供给侧结构性改革，转变经济增长方式，将传统的更多依赖要素投入为主的外延式经济增长方式转变为以科技为主要支撑的内涵集约的经济增长方式。高质量发展坚持增强资源利用的效率；通过产业结构的转移，实现区域内现有经济资源和生产要素最大限度发挥作用；通过创新驱动，增强国内生产力的发展动力与活力，从而实现国内生产力的充分、平衡发展，解决新的社会主要矛盾，实现新时代中国特色社会主义生产力的合理布局和经济的高质量、动态协调发展。

提高供给数量。物质资料的生产是人类社会存在和发展的前提，生产力的进步是社会发展的终极动力。生产力的进步首先表现在生产成果的丰富上。

---

① 《习近平主持召开经济社会领域专家座谈会 强调"着眼长远把握大势开门问策集思广益 研究新情况作出新规划"》，载《人民日报》2020年8月25日。

②③ 《习近平谈治国理政》（第三卷），外文出版社2020年版，第24页。

高质量发展从供给侧入手,不断提升供给数量。我国经济处于新常态,经济由高速增长阶段转变为高质量发展阶段。这一转变并不意味着供给数量不重要了,"稳中求进"是高质量发展的总基调。高质量发展仍旧注重生产力水平的提高、经济增长点的培育、供给数量的增加和生产力的充分发展。习近平总书记指出:"加快建设制造强国,加快发展先进制造业,推动互联网、大数据、人工智能和实体经济深度融合,在中高端消费、创新引领、绿色低碳、共享经济、现代供应链、人力资本服务等领域培育新增长点、形成新动能。加强水利、铁路、公路、水运、航空、管道、电网、信息、物流等基础设施网络建设。"①

第二节　布局合理优化的经济发展

习近平总书记指出:"高质量发展应该实现生产、流通、分配、消费循环通畅,国民经济重大比例关系和空间布局比较合理"②的生产力布局。高质量发展是布局合理优化的经济发展,实现国民经济结构的优化,保证社会经济的健康持续发展。

马克思主义社会资本再生产理论认为,社会再生产的合理状态具体表现为社会经济总量的平衡和宏观经济结构的均衡。马克思主义产业资本循环理论指出,社会经济发展是一个动态的循环系统,产业结构的合理布局是系统循环畅通的重要条件。布局合理优化的经济发展思想则在此基础上进一步深入论述了中国特色社会主义经济建设中城乡发展、区域平衡、社会生态和社会生产的全面均衡发展等一系列重大社会经济合理优化布局问题。高质量发展理论中的布局合理优化思想丰富和发展了马克思主义社会资本再生产理论和产业资本循环理论。

优化升级的产业结构布局。改革开放40余年来,我国已经建立起了相当全面的产业结构,但高端供给不足、经济资源浪费、创新动力不足等问题日益凸显,成为新时代经济高质量发展面临的重要问题。经济高质量发展就是要积极推进产业结构的优化升级,引导市场经济资源流向效率更高的部门,提升资源高效流动和优化配置;加快新旧产业动能的转换,增强市场竞争力;

---

① 《习近平谈治国理政》(第三卷),外文出版社2020年版,第24页。
② 《习近平谈治国理政》(第三卷),外文出版社2020年版,第239页。

淘汰落后产能，推动市场出清，化解过剩产能；坚持创新驱动发展战略，推动产业链再造和价值链升值。高质量发展除注重单个生产部门的经济循环畅通外，还注重全产业体系的循环畅通。习近平总书记指出："高质量发展应该实现生产、流通、分配、消费循环畅通，国民经济重大比例关系和空间布局比较合理，经济发展比较平稳，不出现大起大落。"①高质量发展就是要通过市场机制更好地理顺第一、二、三产业之间的比例关系，推进产业有序升级；推动社会供给与需求的匹配，通过合理化社会收入分配以及税收政策，扩大并引导市场需求；通过不断完善产业政策与宏观政策，优化供给结构和供给质量，以实现社会生产的供给与需求均衡。

优势互补的区域经济布局。我国幅员辽阔，不同区域要素禀赋差异巨大，经济发展水平悬殊，协调区域经济平衡始终是我国经济发展的重要课题。习近平总书记指出："新形势下促进区域协调发展，总的思路是：按照客观经济规律调整完善区域政策体系，发挥各地区比较优势，促进各类要素合理流动和高效集聚，增强创新发展动力，加快构建高质量发展的动力系统……形成优势互补、高质量发展的区域经济布局。"② 我国改革开放路径和历史原因形成了长期的二元经济结构，过于悬殊的城乡经济差距会阻碍社会主义市场经济的进一步发展。实现城乡均衡发展是经济高质量发展的重要内容之一。通过乡村振兴战略与脱贫攻坚战的有机结合，构建科学合理的农业产供销体系，实现农业现代化、补齐农业发展短板，增加农民收入，缩小城乡差距，也是高质量发展的应有之义。

国内、国际双循环市场布局。改革开放以来，我国国内经济建设取得了丰硕成果的同时，国际经济交往日益深入，在国际经济中所占比重越来越大，已经迅速成为世界第二大经济体和全球制造业中心。新时代下，经济发展更应充分利用国内、国际两大市场，"充分发挥我国超大规模市场优势和内需潜力，构建国内国际双循环相互促进的发展新格局"③。国内循环与国际循环相互协调、相互促进，更好的国内循环有助于世界市场的稳定和国际循环的发展，更好的国际循环有助于国内企业取得更广阔的外部动力，实现更大发展。

坚持在"五位一体"布局观的指导下，充分发挥经济、政治、文化、社会和生态这五方面的力量，全面深化改革，积极构建优化升级的产业结构、

---

① 《习近平谈治国理政》（第三卷），外文出版社 2020 年版，第 239 页。
② 习近平：《推动形成优势互补高质量发展的区域经济布局》，载《求是》2019 年第 24 期。
③ 《中共中央政治局常务委员会召开会议分析国内外新冠肺炎疫情防控形势 研究部署抓好常态化疫情防控措施落地见效 研究提升产业链供应链稳定性和竞争力》，载《人民日报》2020 年 5 月 15 日。

优势互补的区域经济、开放有序的市场,以实现国内生产力的充分提升和经济的高质量发展。

第三节 绿色的经济发展

习近平总书记指出:"绿水青山就是金山银山,阐述了经济发展和生态环境保护的关系,揭示了保护生态环境就是保护生产力、改善生态环境就是发展生产力……绿水青山既是自然财富、生态财富,又是社会财富、经济财富。"① 高质量发展理论强调人与自然的和谐发展的原则,也就是绿色的经济发展的原则。

马克思和恩格斯关于"人—自然—社会"关系的系统研究中蕴含着丰富的生态经济思想,例如,恩格斯的著名论述:"我们不要过分陶醉于我们人类对自然界的胜利。对于每一次这样的胜利,自然界都对我们进行报复。……我们每走一步都要记住:我们决不像征服者统治异族人那样支配自然界,决不像站在自然界之外的人似的去支配自然界——相反,我们连同我们的肉、血和头脑都是属于自然界和存在于自然界之中的;我们对自然界的整个支配作用,就在于我们比其他一切生物强,能够认识和正确运用自然规律。"② 马克思主义关于生态经济的思想主要包括人与自然关系思想、自然生产力理论、物质变换理论、可持续性发展思想、对资本主义社会的生态批判及生态共产主义思想等一系列重要理论。高质量发展理论中的绿色发展思想,紧密结合中国特色社会主义经济建设实践,丰富和发展了马克思主义的生态经济理论。

山水林田湖草是生命共同体。习近平总书记指出:"山水林田湖草是生命共同体。生态是统一的自然系统,是相互依存、紧密联系的有机链条。人的命脉在田,田的命脉在水,水的命脉在山,山的命脉在土,土的命脉在林和草,这个生命共同体是人类生存发展的物质基础。一定要算大账、算长远账、算整体账、算综合账,如果因小失大、顾此失彼,最终必然对生态环境造成系统性、长期性破坏。"③ 构成生态环境的各种要素,诸如山、水、林、田、湖等是彼此联系、相互影响的有机大系统。人类在这一有机系统中也是重要的一环。这就决定了人类在从事社会经济活动的过程中要具有长远眼光

---

① 《习近平谈治国理政》(第三卷),外文出版社2020年版,第361页。
② 《马克思恩格斯全集》(第26卷),人民出版社2014年版,第769页。
③ 《习近平谈治国理政》(第三卷),外文出版社2020年版,第363页。

和系统化思维，充分考虑到引发的生态后果，绝不能走漠视自然生态系统的老路。

绿水青山就是金山银山。高质量发展阶段，生态文明成为社会经济发展的重要组成部分。经济的发展过程就是人与自然和谐共生的过程，物质文明与生态文明不是对立的，而是统一的。"绿水青山就是金山银山"，经济发展不应以损害生态环境为代价，应在发展中保护、在保护中发展。绿水青山本身就是金山银山，我们种的常青树就是摇钱树，生态优势就是经济优势，形成了一种浑然一体、和谐统一的关系。这是经济发展观念不断进步的结果，也是人与自然关系不断调整、趋向和谐的进步。高质量发展理论中生态文明建设与经济建设有机结合在一起，实现生态文明与物质文明的有机统一。

美丽中国是最普惠的民生福祉。"青山就是美丽，蓝天也是幸福。发展经济是为了民生，保护生态环境同样也是为了民生"。[①] 人民对美好生活的需求不仅仅是更丰富的物质产品，更是美好的生活环境。通过绿色发展恢复蓝天白云、清新空气；通过绿色发展实现国土绿化、资源保护；通过绿色发展转变经济增长方式，实现可持续发展。创建美丽中国，不断改善生态环境质量，更多提供优质生态产品，实现人与自然的和谐发展，关系人民福祉，关乎民族未来。

只有积极推进生态文明建设、构建美丽中国，才能实现我国经济的高质量和可持续发展，才能不断满足人民日益增长的优美生态环境需要，才能保持社会主义制度的蓬勃生机。

第四节　中国特色社会主义生产关系再生产的发展

高质量发展是社会主义制度自我完善的发展，是中国特色社会主义生产关系再生产的发展。马克思主义资本积累理论指出："资本主义的再生产同时是资本主义关系的再生产。"[②] 同理，任何社会的再生产同时都是社会生产关系的再生产。高质量发展理论，紧密结合中国特色社会主义经济建设实践，

[①] 《习近平谈治国理政》（第三卷），外文出版社2020年版，第362页。
[②] 《马克思恩格斯文集》（第5卷），人民出版社2010年版，第4页。

强调中国特色社会主义基本经济制度的巩固和发展，丰富和发展了马克思主义关于社会再生产同时也是社会生产关系再生产的理论。

在发展中巩固和发展社会主义公有制。习近平总书记指出"要坚持有利于国有资产保值增值、有利于提高国有经济竞争力、有利于放大国有资本功能的方针，推动国有企业深化改革、提高经营管理水平，加强国有资产监管，坚定不移把国有企业做强做优做大"。①国有企业是公有制经济的重要实现形式、是国民经济的重要支柱、是人民利益之所在，在经济高质量发展进程中，要"深化国资国企改革，做强做优做大国有资本和国有企业。加快国有经济布局优化和结构调整，发挥国有经济战略支撑作用"，②经济高质量发展就是要坚持公有制主体地位不动摇，坚持国有经济主导作用不动摇。高质量发展是社会主义制度的自我完善和发展，是社会主义生产关系的再生产。

在发展中鼓励、支持、引导非公有制经济的发展。习近平总书记指出，要"促进非公有制经济健康发展和非公有制经济人士健康成长"。③在社会主义初级阶段，非公有制经济是社会主义基本经济制度的重要内容，"民营经济是我国经济制度的内在要素，民营企业和民营企业家是我们自己人"。④要为非公有制经济营造良好的市场环境，充分调动起一切经济资源活力，注重引导非公有制经济健康发展、切实保障职工合法权益、规范市场经济秩序，鼓励非公有制经济的创新发展，为中国特色社会主义夯实经济基础。

在发展中促进按劳分配为主体，多种分配形式并存的分配制度。党的十九届五中全会指出，应"坚持按劳分配为主体、多种分配方式并存，提高劳动报酬在初次分配中的比重，完善工资制度，健全工资合理增长机制，着力提高低收入群体收入，扩大中等收入群体。完善按要素分配政策制度，健全各类生产要素由市场决定报酬的机制"。⑤高质量发展坚持按劳分配为主体，多种分配形式并存，是社会主义制度的要求、是以人民为中心的要求、是共同富裕的要求。

---

① 《坚持党对国有企业的领导不动摇》，载《学习时报》2016年10月10日。
②③⑤ 《中共中央关于制定国民经济和社会发展第十四个五年规划和二〇三五年远景目标的建议》，载《人民日报》2010年11月4日。
④ 《毫不动摇鼓励支持引导非公有制经济发展 支持民营企业发展并走向更加广阔舞台》，载《人民日报》2018年11月2日。

第五节 自主自强的经济发展

高质量发展理论强调经济发展的自主性和自强性。毛泽东同志指出："中国无论何时也应以自力更生为基本立脚点。"①"中国的事情必须由中国人民做主张，自己来处理。"②高质量发展理论的自主自强经济发展思想，密切结合新时代中国特色社会主义经济建设实践，丰富与发展了马克思列宁主义和毛泽东思想。

国内循环是主体。习近平总书记指出：要"构建以国内大循环为主体、国内国际双循环相互促进的新发展格局"。③高质量发展要坚持立足国内市场，以国内循环为基础，以国内市场和国内消费为依托，坚定实施扩大内需政策，以供给侧结构性改革为主线，不断优化供给结构，提升供给质量，完善国内循环。坚持国内大循环为主体就是在改革提升政府治理效能和完善社会主义市场经济的基础上，在国内形成涵盖社会生产各个环节的有机系统循环，即供给与需求的有机循环；生产与消费的有机循环；收入与分配的有机循环；财政、税收和金融的有机循环；生产与物流的有机循环等等。习近平总书记指出："要牢牢把握扩大内需这一战略基点，使生产、分配、流通、消费各环节更多依托国内市场实现良性循环，明确供给侧结构性改革的战略方向，促进总供给和总需求在更高水平上实现动态平衡。"④

实体经济是根基。习近平总书记指出："必须把发展经济的着力点放在实体经济上"⑤，"实体经济是基础，各种制造业不能丢，作为14亿人口的大国，粮食和实体产业要以自己为主，这一条绝对不能丢"。⑥实体经济既是国家的经济根基又是创造就业的主体，还是一国抵御国际冲击的保障，"是一国经济的立身之本，是财富创造的根本源泉，是国家强盛的重要支柱"。⑦这既是经济发展规律的需要，也是人民美好生活的需要。因此，经济高质量发展必须以先进制造业、现代农业、现代服务业为依托，打造真正意义上的中国制造，才能全面实现小康社会，真正实现中国梦。做实做强做优实体经济，

---

① 《毛泽东选集》（第2卷），人民出版社1991年版，第191页。
② 《毛泽东选集》（第4卷），人民出版社1991年版，第146页。
③④⑥ 习近平：《国家中长期经济社会发展战略若干重大问题》，载《求是》2020年第21期。
⑤ 《习近平谈治国理政》（第三卷），外文出版社2020年版，第24页。
⑦ 《习近平谈治国理政》（第三卷），外文出版社2020年版，第242页。

要依靠自主创新，培育新的经济增长点，开发新兴产业，拉长板、补短板，全面建设社会主义现代化经济体系。做实做强做优实体经济还要依靠传统产业升级。经过多年的社会主义建设，我们已经有了相当完备和具备一定竞争力的国民经济体系。但仍旧存在产业结构落后、产业链较低端、产能过剩与不足并存等问题，这些问题都需要依靠供给侧结构性改革加快产业结构升级和再造来实现。

自主创新是途径。习近平总书记指出："坚持创新发展，是我们分析近代以来世界发展历程特别是总结我国改革开放成功实践得出的结论，是我们应对发展环境变化、增强发展动力、把握发展主动权，更好引领新常态的根本之策。"①高质量发展要坚持科技创新和制度创新"双驱动"，既要加大科研创新的投入力度，打造高标准科研创新中心，不断增强全国上下的科研创新能力；又要深化科技体制改革，破除阻碍创新的障碍，构建充满创新激情和活力的制度安排，营造激励创新的科研氛围，鼓励自主创新，不断提升市场竞争力和抵御风险能力，满足人民对美好生活的需求。习近平总书记指出："坚持自主创新在我国现代化建设全局中的核心地位，把科技自立自强作为国家发展的战略支撑。"②

高质量发展的目标就是满足人民日益增长的美好生活需要，就是让全体中国人都过上好日子。这一目标的实现必须通过提升自己的经济实力、完善自己的经济体系和经济体制、增强自身的市场竞争能力来实现。

第六节　国家安全的经济发展

高质量发展是充分保障国家安全的发展。习近平总书记指出："国家安全是安邦定国的重要基石，维护国家安全是全国各族人民根本利益所在。"③

在《共产党宣言》中，马克思指出：资产阶级"迫使一切民族……按照自己的面貌为自己创造出一个世界"。④资本在世界市场上不仅仅输出商品获

---

① 《习近平在省部级主要领导干部学习贯彻党的十八届五中全会精神专题研讨班上的讲话》，载《人民日报》2016年5月10日。
② 《十九届五中全会在京举行》，载《人民日报》2020年10月30日。
③ 《习近平谈治国理政》（第三卷），外文出版社2020年版，第39页。
④ 《马克思恩格斯选集》（第1卷），人民出版社1995年版，第276页。

取利润，还会输出资本制度。列宁指出："战争对资本主义是不可避免的。"①垄断资本主义就是帝国主义，帝国主义就是战争。只要垄断资本主义还存在，战争的风险就始终存在。因此，在当前世界，保障国家安全乃是一个国家经济发展的重要前提。高质量发展理论，紧密结合当前世界所面临的"百年未有之大变局"，强调中国的高质量发展必须坚持国家安全的经济发展思想，丰富和发展了马克思主义理论。

国土安全是底线。高质量发展要建设强大的现代化国防工业体系。近代的中国历史不仅让我们深刻地感受到领土丧失、被动挨打的痛苦，也告诉了我们领土完整和强大国防的重要意义。只有建设强大的现代化国防工业体系，才能为维护国家主权和领土完整，为经济建设和人民美好生活提供坚实的保障。习近平总书记指出："坚持和发展中国特色社会主义，实现中华民族伟大复兴，必须统筹发展和安全、富国和强军，确保国防和军队现代化进程同国家现代化进程相适应，军事能力同国家战略需求相适应。"②

粮食安全是保障。"民以食为天"，对于人口大国的我国来说，粮食安全问题历来都是至关重要的问题。习近平总书记指出："农业基础地位任何时候都不能忽视和削弱，手中有粮、心中不慌在任何时候都是真理。"③"越是面对风险挑战，越要稳住农业，越要确保粮食和重要副食品安全。"④农业生产首先要解决全体中国人吃饭的问题，"中国人的饭碗任何时候都要牢牢端在自己手上，我们的饭碗应该主要装中国粮"。党的十八大以来，习总书记树立了"确保谷物基本自给、口粮绝对安全"的新粮食安全观，确立了"以我为主、立足国内、确保产能、适度进口、科技支撑"的国家粮食安全战略。粮食安全，必须依靠农业现代化，通过农业供给侧结构性改革，积极推进农业科技创新，守住耕地红线，不断提升农业劳动生产力，增强粮食生产能力和粮食安全水平。此外，保障粮食安全还体现在粮食需求方面，应鼓励勤俭节约、反对铺张浪费，践行"光盘"行动。农业基础打得牢，对国民经济发展以及应对多种危机来说是最强有力的支撑。

平安中国是目标。高质量发展理论坚持总体安全观，以构建平安中国为

---

① 《列宁全集》（第 26 卷），人民出版社 1959 年版，第 147 页。
② 《十九届中央政治局第二十二次集体学习时的讲话》，载《人民日报》2020 年 7 月 31 日。
③ 《坚持用全面辩证长远眼光分析经济形势 努力在危机中育新机于变局中开新局》，载《人民日报》2020 年 5 月 24 日。
④ 《把农业基础打得更牢 把"三农"领域短板补得更实 为打赢疫情防控阻击战 实现全年经济社会发展目标任务提供有力支撑》，载《人民日报》2020 年 2 月 26 日。

目标。习近平总书记指出："越是前景光明，越是要增强忧患意识，做到居安思危，全面认识和有力应对一些重大风险挑战。要聚焦重点，抓纲带目，着力防范各类风险挑战内外联动、累积叠加，不断提高国家安全能力。"①平安中国是个系统概念，涵盖社会发展的多层次和多角度，包括强化忧患意识、危机意识，加强国防和军队现代化建设，实现国家领土安全；坚定社会主义方向，坚持两个维护，实现政治安全；完善创新体系建设，增强自主创新能力，实现科技领域安全；规范数据资源利用，提升技术能力和水平，实现网络安全；立足国内循环，提升防控能力，防范和化解金融风险，实现经济安全；打击社会黑恶势力，规范社会经济秩序，实现社会安全；加强社会主义核心价值观教育和中华传统文化传承，实现文化安全等，把安全发展贯穿国家发展各领域和全过程，筑牢国家安全屏障，保障人民生命安全，维护社会稳定和安全，构建平安中国。

高质量发展通过供给侧结构性改革，不断夯实国民经济基础，理顺产业结构。经济发展重心由高增长速度转变为高质量发展，"从'有没有'转向'好不好'"。②高质量发展的使命是提高社会主义生产力发展水平、满足人民对美好生活的需要。习总书记指出，"我们追求的发展应该是高质量的发展，衡量标准就是以人民为中心"。③高质量发展理论，是习近平新时代中国特色社会主义经济思想的重要理论组成部分，丰富与发展了马克思主义经济理论。在习近平新时代中国特色社会主义思想的指引下，沿着高质量发展的道路前进，中国特色社会主义建设一定能够取得更加辉煌的伟大成就。

---

① 《习近平谈治国理政》（第三卷），外文出版社 2020 年版，第 217 页。
② 《习近平谈治国理政》（第三卷），外文出版社 2020 年版，第 239 页。
③ 《习近平会见联合国秘书长古特雷斯》，载《人民日报》2018 年 4 月 9 日。

第六章

习近平新时代中国特色社会主义经济布局理论

中国特色社会主义事业总体布局是经济、政治、文化、社会、生态文明"五位一体";战略布局是全面建成小康社会、全面深化改革、全面依法治国、全面从严治党"四个全面"。以"京津冀协同发展"为代表的区域布局理论,坚定不移疏解北京非首都功能,着力优化京津冀城市群空间格局,统筹推动重点工作持续突破,高起点规划、高标准建设雄安新区。本章,第一、二节介绍新时代中国特色社会主义"五位一体"总体布局和"四个全面"战略布局,然后,探讨了以"京津冀协同发展"战略为主要内容的区域布局理论。

第一节 "五位一体"总体布局理论

在中国特色社会主义新时代,党的十九大对我国社会主义现代化建设做出新的战略部署,明确提出以"五位一体"总体布局推进中国特色社会主义事业,并从经济、政治、文化、社会、生态文明五个方面制定了统筹推进"五位一体"总体布局的战略目标,指出了实现人的全面发展和社会全面进步、推进新时代中国特色社会主义事业向前发展的路径。

一、"五位一体"总体布局的形成

"五位一体"总体布局的形成是中国特色社会主义实践不断丰富发展的结果,是我们党对中国特色社会主义认识不断深化的结果。中国特色社会主义是一项前无古人的伟大创造性实践,需要在实践中不断探索、不断发展。

"五位一体"总体布局的形成,是一个循序渐进的过程。从党的十二大到十五大，提出了建设社会主义物质文明、精神文明；党的十六大提出了社会主义政治文明；党的十七大提出了生态文明；党的十八大提出了推进中国特色社会主义事业"五位一体"的总体布局。

党的十八大报告指出，社会主义初级阶段是建设中国特色社会主义的总依据，经济建设、政治建设、文化建设、社会建设、生态文明建设"五位一体"是总布局，实现社会主义现代化和中华民族伟大复兴是总任务。经过改革开放40多年的伟大实践，我国已经形成了经济建设、政治建设、文化建设、社会建设、生态文明建设"五位一体"的中国特色社会主义事业总体布局。"五位一体"总体布局的形成，标志着中国共产党对中国特色社会主义的认识达到了新境界，中国社会主义现代化建设进入了新的历史发展阶段。

"五位一体"总体布局的形成，表明我们党对中国特色社会主义建设规律、对共产党执政规律、人类社会发展规律认识的深化。"五位一体"总体布局更加注重社会主义市场经济、民主政治、先进文化、和谐社会、生态文明建设的一致性、融合性和协同性，更加注重人口再生产、物质再生产和生态再生产的整体性、系统性和全局性，这是我们党在总结中国特色社会主义事业发展的经验教训基础上作出的正确选择，也是遵循可持续发展规律、自然演化规律和生态环境治理规律的科学决策和对中国特色社会主义发展战略的深刻认识和全面把握，明确了中国特色社会主义是全面发展的社会主义，社会的发展进步不仅包括经济的发展，还包括民主法制的健全、文化艺术的繁荣、社会的和谐稳定、生态环境的优美等方面，经济与政治、文化、社会、生态文明是相辅相成的。"五位一体"总体布局对于推进生态文明建设，实现经济高质量发展，全面建成小康社会和建设社会主义现代化国家都具有重要的现实意义和深远的历史意义。

二、"五位一体"总体布局的内涵

"五位一体"总体布局将经济建设、政治建设、文化建设、社会建设、生态文明建设作为一个相互联系、相互促进的有机整体，共同推动中国特色社会主义事业发展。

科学把握新时代"五位一体"总体布局，是贯彻落实习近平新时代中国特色社会主义理论的战略部署。按照党的十九大部署，只有贯彻新发展理念，建设现代化经济体系，才能推动经济发展质量变革、效率变革、动力变革，提高全要素生产率，实现更高质量、更有效率、更加公平、更可持续的发展。

只有"健全人民当家作主制度体系,发展社会主义民主政治"①,才能"体现人民意志、保障人民权益、激发人民创造活力,用制度体系保证人民当家作主"②,真正实现党的领导、人民当家作主和依法治国高度有机统一。只有坚定文化自信,推动社会主义文化繁荣兴盛,才能激发全民族文化创新创造活力,推动文化事业和文化产业发展,建设社会主义文化强国。只有提高保障和改善民生水平,加强和创新社会治理,才能让改革发展成果更多更公平惠及全体人民,朝着实现全体人民共同富裕不断迈进,"使人民获得感、幸福感、安全感更加充实、更有保障、更可持续"③;只有"加快生态文明体制改革,建设美丽中国"④,才能提供更多优质生态产品以满足人民日益增长的优美生态环境需要,建成人与自然和谐共生的现代化。

围绕新时代"五位一体"总体布局,党的十九大提出了一系列具体要求。满足人民日益增长的美好生活需要,解决不平衡不充分的发展难题,需要落实到一项项具体任务上来。经济建设上,必须坚定不移贯彻创新、协调、绿色、开放、共享的发展理念,不断壮大我国经济实力和综合国力。政治建设上,坚持党的领导、人民当家作主、依法治国有机统一,保证人民当家作主落实到国家政治生活和社会生活之中。文化建设上,必须坚持马克思主义,培育和践行社会主义核心价值观,为人民提供精神指引。社会建设上,加强和创新社会治理,坚持在发展中保障和改善民生,在发展中补齐民生短板,保证全体人民在共建共享发展中有更多获得感,不断促进人的全面发展、全体人民共同富裕。生态文明建设上,坚持人与自然和谐共生,坚持节约资源和保护环境的基本国策,坚定走生产发展、生活富裕、生态良好的文明发展道路。

"五位一体"总体布局是一个相互联系、相互促进的有机整体,将物质文明、政治文明、精神文明、社会文明和生态文明统一于我国建成富强民主文明和谐美丽的社会主义现代化强国的新目标中。

三、"五位一体"是中国特色社会主义事业发展的内在要求

"五位一体"战略是经济发展新范式,是中国共产党人领导中国人民进

---

①② 习近平:《决胜全面建成小康社会 夺取新时代中国特色社会主义伟大胜利》,人民出版社2017年版,第31页。

③ 习近平:《决胜全面建成小康社会 夺取新时代中国特色社会主义伟大胜利》,人民出版社2017年版,第45页。

④ 习近平:《决胜全面建成小康社会 夺取新时代中国特色社会主义伟大胜利》,人民出版社2017年版,第50页。

行中国特色社会主义事业的内在要求，也是对中国特色社会主义政治经济学理论的重大贡献。

（一）"五位一体"总体布局是中国特色社会主义实践的历史选择

党的十八大报告明确提出了建设中国特色社会主义事业的"五位一体"总体布局，这一总体布局是中国共产党人领导人民推进中国特色社会主义事业的历史选择，也是我国经济社会发展实践对马克思主义经济发展理论的创新性贡献。

发展经济、提高人民生活水平一直是中国共产党人追寻的社会发展目标。如何发展经济？如何解决四万万同胞的生存、发展问题？是中国共产党人从成立之时就开始探索的发展道路问题，特别是中华人民共和国成立之后，早在1962年1月，毛泽东同志在扩大的中央工作会议上提出要探索社会主义建设规律。"社会主义建设，从我们全党来说，知识都非常不够。我们应当在今后一段时间内，积累经验、努力学习，在实践中逐步加深对它的认识，弄清它的规律"[①]。这一讲话标志着我党探索发展社会主义事业在经济发展理论视域下的认知起点。1963年1月29日，周恩来同志在上海科学技术工作会议上的讲话中指出："我们要实现农业现代化、工业现代化、国防现代化、科学技术现代化，简称'四个现代化'。"1964年12月，由毛泽东同志建议，周恩来同志在第三届全国人大一次会议上正式提出要在20世纪末，实现"四个现代化"的国家发展战略，并给出"两步走"设想：第一步，用15年时间，建立一个独立的、比较完整的工业体系，使中国工业大体接近世界先进水平；第二步，力争在二十世纪末，使中国工业走在世界前列，全面实现农业、工业、国防和科学技术的现代化。经过长期中国特色社会主义建设的实践和探索，2012年11月，党的十八大提出了全面建成小康社会的奋斗目标，明确建设中国特色社会主义的目标是：富强、民主、文明、和谐、美丽，这是全面推进总体布局的发展目标，也是全面实现社会主义现代化的目标。对应形成了经济建设、政治建设、社会建设、文化建设和生态文明建设的"五位一体"总体布局。构建"24字"的社会主义核心价值观，形成了国家之德，反映了国家层面价值追求：富强、民主、文明、和谐；社会之德，概括了社会层面价值追求：自由、平等、公正、法制；公民之德，倡导公民个人层面价值追求：爱国、敬业、诚信、友善。党的十八届三中、四中、五中、

---

① 张启华：《毛泽东：中国社会主义建设事业的伟大开创者和奠基者》，载《党的文献》2008年第5期。

六中全会就全面深化改革、全面依法治国、"十三五"规划和全面从严治党进行战略部署推进。中国特色社会主义事业在中华大地上已经得到了系统性、协同性、整体性推进,是经济发展理论在中华大地的创新发展成果,是中国共产党人领导中国人民进行中国特色社会主义事业的科学的、历史的选择。

(二)中国特色社会主义事业的经济建设维度是人的全面发展下经济发展理论的范式再造

中国特色社会主义事业的经济建设维度,本质上是一种经济发展理论的范式再造。

从社会发展的哲学层面和经济学发展理论层面来看,中国特色社会主义事业是马克思主义活的灵魂在推动中国现代社会发展实践中的具体应用。就现代经济学发展历程看,古典经济学派、凯恩斯学派、庸俗政治经济学派、马克思主义学派都对如何发展社会经济给出了自己的解析。对于中国特色社会主义事业的社会实践来讲,党的十八大提出的创新、协调、绿色、开放、共享的"五大发展理念"全方位拓展了马克思主义的社会系统结构;丰富了马克思主义的社会发展动力学说;深化了马克思主义的人与自然关系的认识;明确了马克思主义社会协同的内涵与价值追求①。在这一理念下形成的"五位一体"战略布局,是以人为本的发展理念下中国特色社会主义经济发展理论的范式再造。

从人的全面发展看,马克思认为,人的全面发展是人的需要、人的活动及其能力、人的社会关系和人的自由个性由片面到全面、由畸形到完整、由贫乏到丰富、从潜在到现实的发展②。所以说人的全面发展是从生存需要、发展需要、自由价值实现需要的逻辑递进关系逐步形成的一个由基础、本体、到终极归宿构建的系统性、结构性、整体性架构范式。因此,发展经济以满足人的全面发展范式中基础性生存需要是经济发展理论首要的任务和目标。这里的生存需要,不仅仅表现为吃、住、行的简单满足,还包括实现这一目标的政治、经济、社会、文化和生态环境条件,从经济发展理论的视域看,这一认知过程形成的是一个系统性、结构性和整体性的范式创新。从毛泽东同志提出中国社会主义建设的认知探索要求开始,到邓小平"发展是硬道理""两手抓"战略、再到"三位一体""四位一体"和"五位一体"的国家发展战略的规划布局,无一不强调经济建设维度。而且这种经济建设已经

---

① 王明安、沈其新:《"五位一体"总体布局是马克思主义社会协同思想的与时俱进》,载《理论与现代化》2016年第2期。

② 牟文谦、路聪:《马克思人的全面发展内涵的逻辑理路》,载《湖北社会科学》2010年第7期。

不再是单纯的经济增长问题，而是在人的全面发展理念下，包含了经济人、社会人、人文人和生态环境人的系统人的生存、发展和自由价值的经济建设理念，体现的是全面发展的人的自在逻辑、价值发展逻辑和科学技术理性的经济发展理性、模式和实践下的经济建设，是对经典经济发展理论和经济建设的范式创造，体现了当代中国理论自信、道路自信、制度自信和文化自信的经济建设新境界。

（三）中国特色社会主义事业的政治建设维度是人的全面发展下的经济发展理论的政治文明升华

人的全面发展是马克思主义的根本命题和最高价值①。社会主义中国的国体和政体充分体现了政治建设的人民主体地位。中国共产党人将"为人民服务"定位为自己政治生活的根本准则，党的十八届四中全会《决议》将"必须坚持人民主体地位"确立为不可动摇的原则，这是中国特色社会主义事业政治建设维度最为重要的政治文明成果。在中国特色社会主义事业进程中，不断演化的价值体系、"为人民服务"和党的十八大确立的"24字"社会主义核心价值观无不充分体现了人民主体的政治宣言，是对人类政治文明建设的创新性贡献。

人的全面发展是指人的需求、能力和价值追寻的全面推进。价值追寻是文化和文明活的灵魂，中国特色社会主义事业的核心价值观是中国特色社会主义事业中政治文明建设的精华和灵魂。文明是民族文化的升华，人类政治文明是政治文化的发展与提升，也是人的全面发展的价值追求。因此，在政治建设的社会实践中，必须先有政治文明的价值理想构建，才会有政治实践中政治文明的建设②。党的十六大报告中提出，政治文明就是指社会主义民主政治，最根本的就是要把中国共产党的领导、人民当家作主和依法治国有机统一起来。当前明确中国特色社会主义政治建设的核心就是处理这三者的统一问题，具体表现为：如何实施宪法赋予人民当家作主的政治权力，保障党的统一领导，依宪法和法律的民主制度，营造规范国家政治体制运行和保障人的全面发展的政治生态环境。十八届五中全会开启的全面依法治国方略、六中全会的全面从严治党国策，深度推进了中国特色社会主义事业的政治文明进程，是一次政治价值与政治文明建设、人的价值追寻与人的全面发展、经济建设与政治建设的结构性协同性和系

---

① 万资姿：《"人的全面发展"的逻辑理路》，载《中共中央党校学报》2012年第3期。
② 周树智：《论政治文化建设——从自发盲目自信到价值自觉和文化自立》，载《文化学刊》2016年第2期。

统性的全面创新发展。

（四）中国特色社会主义事业的文化建设维度是人的全面发展下经济发展理论的人文价值再造

"价值"就是"文化"与"文明"的精华和活的灵魂①。中国特色社会主义文化建设就是以中国特色社会主义核心价值理念为灵魂，以人的全面发展为目标。

中国古人认为"文化"就是"人文化成"，也就是"关乎人文，以化天下"。人类以文教化指导自己的全部生产生活历史实践活动，以改造人与自然、人与人、人与自我的关系，以实现人的全面发展的目的②。可以说"文化"是文明人的全部活动，是人类精神生活的精神家园，"文明"是民族"文化"的精神精髓精华外化，"价值"就是"文化"与"文明"的精华和活的灵魂③。中国特色社会主义事业的文化建设就是以中国特色社会主义事业的核心价值理念为灵魂，以人的全面发展为目标，构建中国特色社会主义经济发展理论的人文价值再造过程。

中国共产党人历来重视发展中华民族的文化建设事业。毛泽东同志1956年4月提出"双百方针"，以开放的心态广纳古今中外的一切文化遗产，采取了"取其精华、去其糟粕"，极大地丰富和发展了社会主义事业的文化建设。"文艺要为人民大众服务"，建设社会主义新文化要坚持"从群众中来到群众中去"的文艺创作理念，将人的全面发展与社会主义文化建设统一起来。以邓小平同志为核心的党的第二代中央领导集体，强调"解放思想""实事求是"，高度关注社会主义精神文明建设，为改革开放事业荡涤文化精神家园的污浊空气，在中国特色社会主义文化建设上留下了浓彩重墨的一笔财富。"三个代表"重要思想和"八荣八耻"荣辱观，到党的十八大中国特色社会主义核心价值观的确立，预示着中国特色社会主义文化建设的历史演化过程是以人的全面发展和经济发展理论的逐步完善而提升文化建设的目标、内容和手段的。

加强中国特色社会主义文化建设是在马克思主义有关人的全面发展理念下，在创新经济发展理论过程中，社会主义核心价值的重构与再造过程。政治思想教育和群众路线是党的事业推进的法宝，中国特色社会主义事业的发展进程是以思想文化上的觉醒和觉悟来把握前进方向、凝聚奋斗力量，推动

---

①②③ 周树智：《论政治文化建设——从自发盲目自信到价值自觉和文化自立》，载《文化学刊》2016年第2期。

事业发展①。因此,文化建设发展历史证明,文化建设必须以人的全面发展为宗旨,与时代发展和历史任务相适应,以经济发展为驱动力和协动系统,形成自我激励的正反馈系统,不断再造中国特色社会主义文化建设的人文价值。从1950年到2016年,中国是这段时间内人类社会发展史上人类发展指数HDI增长最快的国家②(2015年排名世界29,2016年排名25),其中,文化建设的引领作用不容忽视。中国特色社会主义事业的经济建设、政治建设进程,在经济结构战略调整期都需要由时代进化的新思想、新文化构建的价值重构来引领社会实践,中国特色社会主义核心价值观,及其指引下的文化建设维度和"五大发展理念"正是在人的全面发展观指引下,经济发展理论领域人文价值理性的历史性再造,为世界发展中国家的经济社会发展和文化建设树立了一个光辉的典范。

(五)中国特色社会主义事业的社会建设维度是人的全面发展下经济发展理论的伦理价值再造

国家治理的本意是政府、市场、社会在现代治理文化的系统中如何实现有效运行。探索中国特色社会主义社会建设维度的治理能力,是实现"两个一百年"奋斗目标的内在要求和必要条件。从政治学角度看,一个国家实体内部存在着两种力量或倾向:一种是离心力量或倾向;另一种是整合力量或倾向。整合力量或倾向表现为国家统一的军事、政治、法制、行政、经济、意识形态力量的存在和强化,增加了国家整合力③。

十八届三中全会提出的推进国家治理能力现代化,根本上说就是要实现党的十八大提出的富强、民主、文明、和谐、美丽的中国特色社会主义建设目标。这些建设目标和创新、协调、绿色、开放、共享的"五大发展理念"一脉相承,都蕴含了社会建设的目标、内容和路径。这就是要以创新,以知识创新、技术创新、管理创新来推动国家法制化进程。国家治理水平与治理能力法制化建设,可以提升治理制度的供给能力,提高制度执行效力,从而降低国家治理成本。法制化建设提升国家治理公权力的公信力,对冲国家政治结构中的离心力,强化国家统一性,推进社会建设中的自治能力。国家治

---

① 陈东辉:《中国共产党文化建设思想的历史嬗变与经验启示》,载《当代世界与社会主义》2011年第5期。

② 胡鞍钢、王洪川:《中国人类发展奇迹(1950-2030)》,载《清华大学学报(哲学社会科学版)》2017年第2期。

③ 燕继荣:《中国国家治理现代化:理论建构与实践创新方向》,载《国家治理》2017年第3期。

理现代化的另外一条相依路径，就是社会伦理建设的现代化。

在人的全面发展进程中，人的社会性能力发展与价值实现是人的全面发展的高级形态，党的十八大提出的中国特色社会主义核心价值观正是以人的全面发展在新的经济发展理论框架下的伦理价值再造。在"五大发展理念"下，社会建设努力的方向是在国家层面、社会层面、公民自身层面就人的全面发展系统结构中有关人与社会、人与人、人与自我和人与自然的伦理规范进行与时俱进的价值再造，形成新的社会建设理念、路径和手段。社会建设将经济发展与人的发展统一在同构过程之中，以法制和核心价值追求为手段，以人的全面发展为目标，通过国家伦理价值系统的再造实现新的社会治理能力的现代化。

（六）中国特色社会主义事业的生态文明建设维度是人的全面发展下经济发展理论的生态价值再造

马克思1842年5月在《集权问题》中阐述抓住时代提出的迫切问题的重要性，指出"问题是时代的格言，是表现时代自己内心状态的最实际的呼声"。中国特色社会主义事业本质上是以人的全面发展为活的灵魂来指导中国社会现代化进程的。如何落实14亿人口大国的人民的全面发展，是人类历史上从未有过的大挑战。人类文明发展经历了原始文明、农业文明、工业文明，现如今进入了知识经济时代。人类文明进程，特别是工业文明以来，对人与自然、人与社会关系的资本主义利用，导致了资本对人和自然生态的双重掠夺，现代性思维方式和发展模式的生态危机成为这个时代的哲学性主题[①]。1972年瑞典斯德哥尔摩召开联合国人类环境会议，是人类历史上环境保护运动史上的一个里程碑，标志着人类环境文明建设的觉醒；1991年，斯德哥尔摩召开国际人口、自然资源和发展会议，进一步从发展的角度考察分析人口、自然资源和环境关系问题，强调了国家和国际组织在促进可持续增长过程中的作用。1992年，里约热内卢召开全球政府首脑会议，158个国家和地区的118位首脑与国际性、地区性组织的1500名代表参会，《里约热内卢环境与发展宣言》《21世纪议程》将可持续发展思想由理论变为行动。党的十八大报告将生态文明建设纳入"五位一体"总布局，贯彻了将人的全面发展中的"人与自然"的自组织系统理念，将人与自然的和谐机制建设纳入人的生态价值观念体系。实际上，生态问题是社会问题在自然界的体现，生态危机本质是人的全面发展的价值系统重建危机。必须通过经济发展理论中

---

① 董彪、张茂钰：《生态危机的人学反思——兼论"绿色发展观"》，载《求实》2017年第4期。

有关人的全面发展的价值生态建设来重构生态伦理的价值体系，以构建人与社会、人与人和人与自然的有机大系统，最终实现人的全面发展。

推进中国特色社会主义生态文明建设，必须突破工业文明时期构建的"经济发展代价论"和"生态治理包袱论"误区①，将人与自然关系的经济理性和生态理性耦合在新的生态伦理的价值评价体系中，构建具有包容性、可持续的绿色发展新型经济发展范式，再造人类生态文明的伦理价值体系。

综上所述，"五位一体"总体布局是当前中国特色社会主义事业发展的内在要求，人的全面发展始终是马克思主义的根本命题和最高价值，也是中国共产党人推进中国特色社会主义事业、实现中华民族伟大复兴的归宿点。人民主体地位在我国已经通过宪法从法理上得以明确；"人民民主"通过中国共产党的党性原则和宗旨全面得以落实；面对后工业文明的知识经济时代，落实人的全面发展中的各种能力发展需求，必须通过经济、政治、文化、社会、自然生态文明的结构性、系统性、协同构建发展来加以落实；人的全面发展的价值实现需求，是人的全面发展的最高形态，只有通过创新经济发展范式，破除资本理性和市场外部效应的局限，才能最大限度完善人类对生产力和自身的自由解放，构建起高度文明的经济建设、政治建设、文化建设、社会建设和生态文明建设的多维度、动态、自组织的价值同构空间和系统，从而创新耦合经济发展新范式，为中国特色社会主义理论和实践贡献新智慧。

第二节 "四个全面"战略布局理论

"全面建成小康社会、全面深化改革、全面依法治国、全面从严治党"，这"四个全面"是党中央对中国特色社会主义的战略规划，是针对新形势下的机遇、挑战和历史任务而提出来的重要战略思想和战略布局。

一、"四个全面"战略布局的形成

（一）全面建成小康社会

我国经济保持中高速增长，全面建设小康社会取得了新进展。五年来，

---

① 方世南、徐雪闪：《正视生态治理与经济发展的辩证关系》，载《国家治理》2017年第4、5期。

我国国内生产总值从 54 万亿元增长到 80 万亿元，已经稳居世界第二，对世界经济增长贡献率超过 30%。与此同时，全面深化改革取得重大突破，民主法治建设迈出重大步伐，思想文化建设取得重大进展，人民生活不断改善，生态文明建设成效显著，强军兴军开创新局面，港澳台工作取得新进展，全方位外交布局深入展开，全面从严治党成效卓著，党和国家事业发生历史性变革。党的十八大根据经济社会发展的实际进程，从中国特色社会主义总体布局出发，将全会主题定为"为全面建成小康社会而奋斗"，提出了到 2020 年全面建成小康社会的新要求和新愿景。在全面建成小康社会决胜阶段、中国特色社会主义进入新时代的关键时期召开的党的十九大，综合分析国际国内形势和我国发展条件，将大会主题定为"不忘初心，牢记使命，高举中国特色社会主义伟大旗帜，决胜全面建成小康社会，夺取新时代中国特色社会主义伟大胜利，为实现中华民族伟大复兴的中国梦不懈奋斗"[①]，从 2020 年到 21 世纪中叶分两个阶段安排了决胜全面建成小康社会，开启全面建设社会主义现代化国家新征程的目标任务。

（二）全面深化改革

2012 年党的十八大首次使用"全面建成小康社会和全面深化改革开放的目标"的提法，同时一起并列提出了改革的目标与发展的目标。在阐述了"全面建成小康社会"的目标后，又从政治、经济、文化、社会和生态文明五个方面阐述了"全面深化改革开放"的目标，并拓展和丰富了改革的领域，逐步形成了经济、政治、社会、文化、生态的"五位一体"改革布局。

2013 年党的十八届三中全会的主题为"全面深化改革"，通过了《中共中央关于全面深化改革若干重大问题的决定》，确定了全面深化改革的总目标是完善和发展中国特色社会主义制度，推进国家治理体系和治理能力现代化。进一步明确了改革必须更加注重系统性、整体性和协同性，提出了要紧紧围绕使市场在资源配置中起决定性作用的经济体制改革，紧紧围绕坚持党的领导、人民当家作主、依法治国有机统一的政治体制改革，紧紧围绕建设社会主义核心价值体系、社会主义文化强国的文化体制改革，紧紧围绕更好地保障和改善民生、促进社会公平正义的社会体制改革，紧紧围绕建设美丽中国的生态文明体制改革，紧紧围绕提高科学执政、民主执政、依法执政水

---

① 习近平：《决胜全面建成小康社会　夺取新时代中国特色社会主义伟大胜利》，人民出版社 2017 年版。

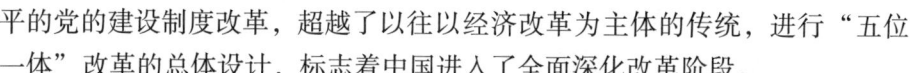

平的党的建设制度改革,超越了以往以经济改革为主体的传统,进行"五位一体"改革的总体设计,标志着中国进入了全面深化改革阶段。

(三) 全面推进依法治国

2012年,党的十八大根据全面建成小康社会的新形势、新要求,作出了"全面推进依法治国"的重大决策和战略部署,提出要完善中国特色社会主义法律体系,推进科学立法、严格执法、公正司法、全民守法,将法治上升为治国理政的基本方式,重申了法律面前人人平等,要保证有法必依、执法必严、违法必究。

2014年,党的十八届四中全会将"全面推进依法治国"确定为主题,通过了《关于全面推进依法治国若干重大问题的决定》,明确了全面推进依法治国的任务是:在中国共产党的领导下,坚持中国特色社会主义制度,贯彻中国特色社会主义法治理论,形成完备的法律规范体系、高效的法治实施体系、严密的法治监督体系、有力的法治保障体系,形成完善的党内法规体系,坚持依法治国、依法执政、依法行政共同推进,坚持法治国家、法治政府、法治社会一体建设,实现科学立法、严格执法、公正司法、全面守法,促进国家治理体系和治理能力现代化。全面依法治国的总目标是:建设中国特色社会主义法治体系,建设社会主义法治国家。十八届四中全会的部署是对依法治国的全面部署、系统部署,而且着眼于长远,着眼于建立一整套制度体系。

(四) 全面从严治党

2012年3月1日,习近平总书记在中央党校春季学期开学典礼上的讲话中指出,保持党的先进性和纯洁性,是我们党在改革开放和社会主义现代化建设进程中经受住各种经验、化解和战胜各种危险的重要法宝,要坚持党要管党、从严治党,不断增强自我净化、自我完善、自我革命、自我提高能力。

2014年10月8日,习近平在开展群众路线教育实践活动总结大会上,明确提出了从严治党的八点要求,将纯洁性建设提高到党的建设"主线"地位。2014年12月,习近平在江苏调研时明确提出了"协调推进全面建成小康社会、全面深化改革、全面推进依法治国,全面从严治党",不仅明确提出"全面从严治党"命题,而且第一次将"四个全面"有机结合到一起,提出了"四个全面"的战略思想和战略布局。

总之,"四个全面"战略思想立足于治国理政全局,是统领中国发展的总纲,是新形势下党和国家各项工作的战略方向、重要领域和主攻目标。

二、"四个全面"的逻辑关系

作为新时代中国特色社会主义建设的治国方略,"四个全面"围绕全面建成小康社会的战略目标,构建全面深化改革、全面依法治国、全面从严治党三大战略举措,形成一个既统揽全局又突出重点的完整的战略布局。

(一)全面建成小康社会是战略目标

"四个全面"战略布局,既有战略目标又有战略举措,每一个"全面"之间都密切联系、有机统一。

在"四个全面"战略布局中,全面建成小康社会是战略目标,起着方向引领的重要作用,影响着中国现代化的进程和中国梦的实现。党的十九大报告中明确指出:"从现在到二〇二〇年,是全面建成小康社会决胜期。要按照十六大、十七大、十八大提出的全面建成小康社会各项要求,紧扣我国社会主要矛盾变化,统筹推进经济建设、政治建设、文化建设、社会建设、生态文明建设,坚定实施科教兴国战略、人才强国战略、创新驱动发展战略、乡村振兴战略、区域协调发展战略、可持续发展战略、军民融合发展战略,突出抓重点、补短板、强弱项,特别是要坚决打好防范化解重大风险、精准脱贫、污染防治的攻坚战,使全面建成小康社会得到人民认可、经得起历史检验。"[①] 从党的十九大到二十大,是"两个一百年"奋斗目标的历史交汇期。我们既要全面建成小康社会、实现第一个百年奋斗目标,又要乘势而上开启全面建设社会主义现代化国家新征程,向第二个百年奋斗目标进军。从全面建成小康社会到基本实现现代化,再到全面建成社会主义现代化强国,是新时代中国特色社会主义发展的战略安排。

(二)全面深化改革、全面依法治国、全面从严治党是三大战略举措

为顺利实现全面建成小康社会的战略目标,我们党推出三大战略举措,为目标的实现提供动力源泉、法治保障和政治保证。通过全面深化改革打破利益的藩篱,实现社会经济的发展;通过全面推进依法治国构建完善的法律体系,增强执法、司法环节的公正性。二者相辅相成为战略目标的实现提供了经济和法治保障。中国共产党作为执政党,必须以身作则,全心全意为人民服务。党作为国家的执政者,掌握着国家的发展方向,要想治国有方,必

---

① 习近平:《决胜全面建成小康社会 夺取新时代中国特色社会主义伟大胜利》,人民出版社2017年版,第27~28页。

须严格管理。全面建成小康社会，党的建设是关键。全面从严治党，为全面建成小康社会提供组织保障。

全面深化改革，进一步释放和发展生产力，突破一切妨碍科学发展的思想观念和传统体制机制障碍，既为全面建成小康社会提供不竭的动力，也是全面依法治国、全面从严治党的需要。习近平总书记多次强调指出，全面深化改革是决定当代中国命运的关键一招，也是决定实现"两个一百年"奋斗目标、实现中华民族伟大复兴的关键一招。全面深化改革使"中国特色社会主义制度更加完善，国家治理体系和治理能力现代化水平明显提高，全社会发展活力和创新活力明显增强"①。不全面深化改革，全面建成小康社会的目标就难以实现。

全面依法治国，构建完善的法律体系，规范人们的行为准则和社会秩序，实现管理的公平正义，本身就是全面建成小康社会的重要内容，同时又为全面建成小康社会提供法治保障。无论全面深化改革，还是全面从严治党，都需要在法治的轨道上、法律的框架下进行。全面推进依法治国，是深刻总结我国社会主义法治建设成功经验和深刻教训作出的重大抉择。如果把治国当成一本大书，那么法治就是大纲。以法治为引领和保障，才能确保经济社会在深刻变革中既生机勃勃又井然有序。习近平总书记指出，党的十八届四中全会有一条贯穿全篇的红线，就是坚持和拓展中国特色社会主义法治道路。全面依法治国明确了正确航向，统一了全党全国各族人民的认识和行动，具有正本清源、固本培元的重大意义。建立法治国家，使一切有法可依、有规可循，为全面建成小康社会目标的实现提供制度保障。全面推进依法治国是贯彻落实中共十八大和十八届三中全会精神的重要内容，是顺利完成各项目标任务、全面建成小康社会、加快推进社会主义现代化的重要保证。全面建成小康社会、全面深化改革，都离不开全面推进依法治国。

全面从严治党，是推进"四个全面"战略布局的关键，全面建成小康社会、全面深化改革、全面依法治国，都必须坚持党的领导。习近平总书记在纪念马克思诞辰200周年大会上的重要讲话中指出，中国共产党要在全世界面前树立起可供人们用来衡量党的运动水平的里程碑；始终同人民在一起，为人民利益而奋斗，是马克思主义政党同其他政党的根本区别。加强党的示范领导作用，进而巩固党的执政基础和群众基础，增加党与群众的血肉联系，

---

① 习近平：《决胜全面建成小康社会 夺取新时代中国特色社会主义伟大胜利》，人民出版社2017年版，第4页。

为中国梦的实现提供政治保证。什么时候我们党自身坚强有力，什么时候党和人民事业就能无往而不胜。"党政军民学，东西南北中，党是领导一切的。"习近平总书记强调，全面从严治党，必须坚持和加强党的全面领导。通过《关于新形势下党内政治生活的若干准则》等制度强化党组织的规范管理和党员自我净化，通过《中国共产党党内监督条例》等制度严明党的政治纪律和监督约束，为决胜全面建成小康社会、实现中华民族伟大复兴注入强大的精神力量，提供坚强的组织保障和政治保证。

党的十八届三中全会开启了全面深化改革的闸门，十八届四中全会高高举起全面推进依法治国的大旗，十八届六中全会研究全面从严治党重大问题，认为办好中国事情的关键在党，关键在党要管党、从严治党。三次全会、三大主题，全面深化改革、全面依法治国、全面从严治党作为三大战略举措，都为全面建成小康社会服务，也体现在全面建成小康社会的进程中。密切联系的三大战略举措如果实施得不好，全面建成小康社会的进程就会受到影响，目标就不能实现。三大战略举措相互配合、相互协调、相互作用、螺旋递进，贯穿于全面建成小康社会的全过程，是我们党治国理政方略与时俱进的新创造，是马克思主义与中国实践相结合的新飞跃。

（三）"四个全面"战略布局的意义

"四个全面"战略布局蕴含了深刻的战略思想。坚持"四个全面"战略布局，对于解决现实问题，推进中国特色社会主义事业更好、更快的发展，具有重要的现实意义。

"四个全面"战略布局，更加完整地展现了习近平总书记治国理政的总体思路和框架，是对我们党治国理政实践经验的科学总结和丰富发展。"四个全面"战略布局，突出了当前和今后一个时期党和国家各项工作的关键环节、重点领域、主攻方向，集中体现了时代和实践发展对党和国家工作的新要求。"四个全面"战略布局，确立了续写中国特色社会主义新篇章的行动纲领，为推动改革开放和社会主义现代化建设迈上新台阶、开创新局面，提供了顶层设计和战略导引。

"四个全面"科学统筹了全面建成小康社会的奋斗目标、全面深化改革的发展动力、全面依法治国的重要保障和全面从严治党的根本保证。

全面深化改革，以促进社会公平正义、增进人民福祉为出发点和落脚点，完善和发展中国特色社会主义制度，为人民幸福安康、社会和谐稳定、国家长治久安提供一整套更科学、更完备、更稳定、更有效的制度体系，推进国家治理体系和治理能力现代化。

全面依法治国，完善以宪法为核心的中国特色社会主义法治体系，推进科学立法、严格执法、公正司法、全民守法，建设社会主义法治国家，是中国特色社会主义的本质要求和重要保障。

全面从严治党是全面建成小康社会、全面深化改革、全面依法治国顺利推进的根本保证，核心是加强党的领导，保证正确方向，以零容忍态度惩治腐败，不断增强党自我净化、自我完善、自我革新、自我提高的能力。

"十四条坚持"中"坚持党对一切工作的领导、坚持以人民为中心、坚持全面深化改革、坚持全面依法治国、坚持党对人民军队的绝对领导、坚持全面从严治党"是对"四个全面"战略布局的具体阐述。

三、"五位一体"总体布局与"四个全面"战略布局的关系

在庆祝建党 95 周年大会上，习近平总书记指出："坚持不忘初心、继续前进，就要统筹推进'五位一体'总体布局，协调推进'四个全面'战略布局，全力推进全面建成小康社会进程，不断把实现'两个一百年'奋斗目标推向前进。"[①] 强调了"五位一体"总体布局与"四个全面"战略布局相互促进、统筹联动的关系和对于全面建成小康社会、不断实现"两个一百年"奋斗目标的意义。

"五位一体"是中国特色社会主义事业的总体布局，是我们党根据社会主义现代化建设的战略构想作出的总体部署。中国特色社会主义是全面发展的社会主义，包括多个组成部分、方面和领域，需要在深刻把握它的各种矛盾关系和内部联系基础上确定总体布局，从总揽和统摄全局的高度作出最重大、最根本的战略部署和顶层设计。

"四个全面"是我们党确立的治国理政的总方略，是指导当前一切工作的总纲领，是凸显全局性特质的一种重大战略布局。"四个全面"战略布局深刻体现了中国共产党对党的执政规律、社会主义建设规律、人类社会发展规律认识的深化，表明了我们党在政治上进一步成熟、在执政能力和领导水平上进一步提高。

经济建设、政治建设、文化建设、社会建设、生态文明建设"五位一体"的总体布局和全面建成小康社会、全面深化改革、全面依法治国、全面从严治党的"四个全面"战略布局的关系，需要从不同的维度上来理解和把握。

---

① 习近平：《在庆祝中国共产党成立 95 周年大会上的讲话》，载《党建》2016 年第 7 期。

虽然在全面建成小康社会奋斗目标上，"五位一体"总体布局和"四个全面"战略布局具有一致性，但它们所处的层次维度不同。"五位一体"是建设中国特色社会主义的总体布局，属于最高层次，而"四个全面"战略布局都是在"五位一体"总布局框架内的、层次稍低的布局。尽管经济、政治、文化、社会、生态文明五大建设都有自己的总体布局，却是与"五位一体"总布局处于不同层次又与"五位一体"总布局这个最高层次不可分割；"四个全面"战略布局也可以看作是对当前党和国家工作的总体布局，它与"五位一体"总布局在层次上的关系，是上一层次统领和指导下一层次，下一层次体现和服务于上一层次的关系。

"五位一体"总布局中的经济、政治、文化、社会、生态文明五大建设，将贯穿于建设中国特色社会主义整个历史时代。不仅全面建成小康社会和建成富强民主文明和谐美丽的社会主义现代化国家需要进行这五大建设，在实现中华民族伟大复兴的中国梦后直至最后向共产主义过渡仍要进行这五大建设。而"四个全面"战略布局的核心全面建成小康社会的战略目标却有着2020年的明确时限，相对于"五位一体"总布局来说，"四个全面"是在一个较为短暂的历史时段中的战略布局。但当全面建成小康社会战略目标完成之后，全面深化改革、全面依法治国、全面从严治党的任务还没有完成时，在新的形势和条件下必将会有新的任务和新的要求，也具有长期性和永恒性。

"五位一体"总体布局和"四个全面"战略布局在坚持和发展中国特色社会主义历史任务中，分属不同领域的范畴定位，具有不同的内涵。"五位一体"是"总体"，包含社会主义建设事业的全部，实现社会主义初级阶段经济、政治、文化、社会、生态文明建设目标之日，就是向更高阶段的社会主义过渡之时。"五位一体"的方向性质和目标任务涵盖着"四个全面"。"四个全面"是"战略"，是以全面建成小康为中心的战略体系，包括目标、动力、保证和保障等，全面建成小康社会、全面深化改革、全面依法治国、全面从严治党的社会主义伟大实践，都为实现"五位一体"总目标奠定基础和条件。"四个全面"是战略抓手，做到"四个全面"协调推进是实现"五位一体"的内在要求。"五位一体"更侧重于"解决做什么的问题"，是现代化建设各领域的横向规划；"四个全面"有针对性地"解决怎么做的问题"，侧重于现代化建设任务的纵向展开。因此，我们要联系地、辩证地把握"四个全面"战略布局与"五位一体"总体布局的关系，揭示两者间的内在逻辑，深刻认识"四个全面"在整个中国特色社会主义事业中的战略意义和历史地位。

坚持和发展中国特色社会主义，必须统筹推进"五位一体"总体布局和协调推进"四个全面"战略布局，更加自觉地增强中国特色社会主义道路自信、理论自信、制度自信和文化自信。

第三节 以"京津冀协同发展"为代表的区域布局理论

习近平总书记站在党和国家事业发展全局高度，以大历史观谋划区域未来发展，创新性地提出了以"京津冀协同发展"战略为主要内容的区域布局理论。

一、京津冀协同发展是重大国家战略

2014年2月26日，习近平总书记视察北京并发表重要讲话，强调京津冀协同发展是一个重大国家战略，指出，"实现京津冀协同发展，是面向未来打造新的首都经济圈、推进区域发展体制机制创新的需要，是探索完善城市群布局和形态、为优化开发区域发展提供示范和样板的需要，是探索生态文明建设有效路径、促进人口经济资源环境相协调的需要，是实现京津冀优势互补、促进环渤海经济区发展、带动北方腹地发展的需要"①。2015年2月和4月，习近平总书记先后主持召开中央财经领导小组会议、中央政治局常委会会议和中央政治局会议，研究审议通过了《京津冀协同发展规划纲要》（以下简称《规划纲要》），进一步明确了有序疏解北京非首都功能、推动京津冀协同发展的目标、思路和方法。2017年2月23日至24日，习近平总书记视察河北、北京并发表重要讲话，分别就河北雄安新区规划建设和北京城市规划建设、北京冬奥会筹办等作出重要指示。党的十九大上，习近平总书记指出，要以疏解北京非首都功能为"牛鼻子"推动京津冀协同发展，高起点规划、高标准建设雄安新区。由此可见，京津冀协同发展战略，从最初构想到基本思路，再到这一战略实施的方式方法和重大举措，都是由习近平总书记亲自进行决策设计的。京津冀协同发展战略是立足国家战略全局的理论创新，是习近平新时代中国特色社会主义思想的重要组成部分。

---

① 《优势互补互利共赢扎实推进，努力实现京津冀一体化发展》，载《人民日报》2014年2月28日。

2014年2月26日，习近平总书记在北京主持召开京津冀协同发展座谈会上指出，"北京、天津、河北人口加起来有1亿多，土地面积有21.6万平方公里，同属京畿重地，地缘相接、人缘相亲、地域一体、文化一脉，历史渊源深厚、交往半径相宜，完全能够相互融合、协同发展。"①"推进京津冀协同发展，要立足各自比较优势、立足现代产业分工要求、立足区域优势互补原则、立足合作共赢理念，以京津冀城市群建设为载体、以优化区域分工和产业布局为重点、以资源要素空间统筹规划利用为主线、以构建长效体制机制为抓手，从广度和深度上加快发展。推进京津双城联动发展，要加快破解双城联动发展存在的体制机制障碍，按照优势互补、互利共赢、区域一体原则，以区域基础设施一体化和大气污染联防联控作为优先领域，以产业结构优化升级和实现创新驱动发展作为合作重点，把合作发展的功夫主要下在联动上，努力实现优势互补、良性互动、共赢发展"。②京津冀协同发展战略，是党中央对于我国区域经济协同发展的重要举措，对于完善中国特色首都治理体系和区域治理体系具有重要的理论创新价值和实践指导意义。既是社会主义初级阶段发展的客观要求，又丰富与发展了马克思主义政治经济学。

二、京津冀协同发展的目标要求

从2014年2月习近平总书记听取专题汇报到中央政治局会议审议规划纲要，实施京津冀协同发展战略的主要着力点已清晰明确，总书记概括为七点要求：一要着力加强顶层设计，抓紧编制首都经济圈一体化发展的相关规划，明确三地功能定位、产业分工、城市布局、设施配套、综合交通体系等重大问题，并从财政政策、投资政策、项目安排等方面形成具体措施。二要着力加大对协同发展的推动，自觉打破自家"一亩三分地"的思维定式，抱成团朝着顶层设计的目标一起做，充分发挥环渤海地区经济合作发展协调机制的作用。三要着力加快推进产业对接协作，理顺三地产业发展链条，形成区域间产业合理分布和上下游联动机制，对接产业规划，不搞同构性、同质化发展。四要着力调整优化城市布局和空间结构，促进城市分工协作，提高城市群一体化水平，提高其综合承载能力和内涵发展水平。五要着力扩大环境容量生态空间，加强生态环境保护合作，在已经启动大气污染防治协作机制的

---

① 《优势互补互利共赢扎实推进，努力实现京津冀一体化发展》，载《人民日报》2014年2月28日。
② 习近平：《京津冀抱团发展交通一体化先行》，载《新京报》2014年2月28日。

基础上，完善防护林建设、水资源保护、水环境治理、清洁能源使用等领域的合作机制。六要着力构建现代化交通网络系统，把交通一体化作为先行领域，加快构建快速、便捷、高效、安全、大容量、低成本的互联互通综合交通网络。七要着力加快推进市场一体化进程，下决心破除限制资本、技术、产权、人才、劳动力等生产要素自由流动和优化配置的各种体制机制障碍，推动各种要素按照市场规律在区域内自由流动和优化配置。这"七方面着力"进一步明确了京津冀协同发展的目标任务。

（一）疏解北京非首都功能

《规划纲要》指出，推动京津冀协同发展是一个重大国家战略，核心是有序疏解北京非首都功能。2015 年 2 月 25 日，习近平总书记在北京考察时指出，要明确城市战略定位，坚持和强化首都作为全国政治中心、文化中心、国际交往中心、科技创新中心的核心功能，深入实施人文北京、科技北京、绿色北京战略，努力把北京建设成为国际一流的和谐宜居之都。为此，要结合改善环境、控制人口、提升功能，重点疏解一般性产业特别是高消耗产业、区域性物流基地、区域性专业市场等部分第三产业，推动部分教育、医疗、培训机构等社会公共服务功能，将部分行政性、事业性服务机构等有序迁出北京，将北京打造为国际一流的和谐宜居之都示范区、新型城镇化示范区和京津冀区域协同发展示范区。

（二）优化京津冀城市群空间格局

《规划纲要》使京津冀地区政策互动、资源共享、市场开放被纳入体系化、全局性的设计中。按照《规划纲要》确定的"一核、双城、三轴、四区、多节点"框架，重点是打造以首都为核心（"一核"）的世界级城市群，调整疏解北京非首都功能、优化提升首都核心功能，解决好协同发展中北京大城市病。北京和天津（"双城"）是京津冀协同发展的主要引擎，强化京津"双城"联动和同城化发展，以京津产业发展带、城镇聚集区为载体，坚持错位融合、优势互补、共赢发展，共同发挥高端引领和辐射带动作用。沿京津、京雄（保）石、京唐秦（"三轴"）等主要交通廊道建设产业发展带和城镇聚集轴，以轴率点、以点带面，推动产业要素沿轴向聚集，形成区域发展主体框架。结合三地的自然资源环境、产业发展特点和疏解北京非首都功能的需要，形成中部核心功能区、东部滨海发展区、南部功能拓展区、西北部生态涵养区四个功能区（"四区"），强化张家口、承德、廊坊、秦皇岛、沧州、邢台和衡水等节点城市（"多节点"）的支撑作用，进一步提高区域性中心城市和节点城市综合承载能力，有序推动产业和人口聚集，形成定位清晰、分工合理、功能完善、生态宜居的现代城镇体系，打造中国经济发展新的支撑带。

（三）集中力量突破重点领域

2014年6月18日，京津冀协同发展领导小组第一次会议要求，在交通、生态环保、产业三个重点领域集中力量推进，力争率先取得突破。在交通一体化方面，按照网络化布局、智能化管理和一体化服务的要求，共建高效密集的"轨道上的京津冀"，完善便捷畅通公路交通网，打造"一小时通勤圈"，打造国际一流的航空枢纽，提升区域一体化运输服务水平。在生态环境保护方面，按照"统一规划、严格标准、联合管理、改革创新、协同互助"的原则，打破行政区域限制，建立一体化环境准入和退出机制，强化大气、水等环境污染联防联控联治，推动能源生产和消费革命，促进绿色循环低碳发展，谋划建设一批环首都国家公园和森林公园，扩大区域环境容量和生态空间。在推动产业升级转移方面，按照建设现代化经济体系的要求，深入推进供给侧结构性改革，明确三地产业发展定位和方向，加快产业转型升级，建设曹妃甸协同发展示范区、新机场临空经济区、张承生态功能区、滨海新区等战略合作和功能承接平台，打造立足区域、服务全国、辐射全球的优势产业集聚区。

（四）高起点规划、高标准建设雄安新区

2017年3月，党中央、国务院印发通知，决定设立河北雄安新区，规划范围涉及河北省雄县、容城、安新3个县及周边部分区域。

2017年10月18日，习近平在党的十九大上指出，"推动京津冀协同发展，高起点规划、高标准建设雄安新区"。①

2018年2月22日，中共中央政治局常务委员会召开会议，听取河北雄安新区规划编制情况的汇报，会议强调：雄安新区规划和建设，要全面贯彻党的十九大精神，以习近平新时代中国特色社会主义思想为指导，坚持世界眼光、国际标准、中国特色、高点定位。要贯彻高质量发展要求，创造"雄安质量"，在推动高质量发展方面成为全国的一个样板。

2018年2月28日，北京到雄安新区的城际铁路开工建设，不仅意味着雄安新区的重大基础设施项目建设拉开了序幕，更意味着创造"雄安质量"的征程已然启动。

---

① 习近平：《决胜全面建成小康社会　夺取新时代中国特色社会主义伟大胜利》，人民出版社2017年版，第33页。

"高起点规划、高标准建设",这是雄安新区的发展标签,也是贯穿新区建设各项重大举措的牵引线。要围绕打造北京非首都功能集中承载地,顺应自然、尊重规律,构建合理城市空间布局。要结合区域文化、自然景观、时代要求,形成中华风范、淀泊风光、创新风尚的城市风貌。要同步规划建设数字城市,努力打造智能新区。要坚持生态优先、绿色发展,努力建设绿色低碳新区。要按照国家部署建设一批国家级创新平台,努力打造创新驱动发展新区。要布局高效交通网络,落实职住平衡要求,形成多层次、全覆盖、人性化的基本公共服务网络。①

三、"京津冀协同发展"区域布局理论对马克思主义理论的丰富与发展

(一)京津冀协同发展理论丰富和发展了马克思主义生产力理论

生产力理论是马克思政治经济学中的重要内容,京津冀协同发展充分体现了马克思主义生产力理论的内涵,并结合新常态下我国经济发展的实际情况,注重三地生产力的合理布局和协同发展,丰富和发展了马克思主义生产力理论。

1. 京津冀协同发展理论植根于马克思主义生产力理论

马克思主义认为,生产力是人类"全部历史的基础"。马克思和恩格斯在《德意志意识形态》中写道"人们所达到的生产力的总和决定着社会状况"。② 列宁说:"人类社会的发展也是由物质力量即生产力的发展所决定的,人们在生产人类必需的产品时彼此所发生的关系,是以生产力的发展为转移的。所以,社会生活的一切现象,人类的意向、观念和法律,都是由这种关系来解释的。"③ 生产力作为人的劳动能力的表现,其发展的方向是始终向前的,与人本质发展是一致的,这是一个连续的、不可逆的过程。生产力水平的高低标志着社会的进步程度以及人类解放的程度。社会主义的本质就是解放和发展生产力。这决定了社会主义制度的优越性在于能最大限度地调动劳动者的积极性。在改革开放中,我们始终把是否有利于解放和发展生产力作为判断发展路线、方针、政策正确与否的根本标准,作为判断我们工作是非

---

① 《中共中央政治局常务委员会召开会议听取河北雄安新区规划编制情况的汇报》,载《人民日报》2018年2月23日。
② 《马克思恩格斯全集》(第3卷),人民出版社1960年版,第33页。
③ 《列宁选集》(第1卷),人民出版社1995年版,第88页。

得失的根本标准，作为判断社会制度是否优越和进步的根本标准。

京津冀协同发展是经济新常态下党中央经济改革的重要举措，以进一步解放和发展生产力为使命。在京津冀协同发展进程中，"以京津冀城市群建设为载体、以优化区域分工和产业布局为重点、以资源要素空间统筹规划利用为主线、以构建长效体制机制为抓手，从广度和深度上加快发展。推进京津双城联动发展，要加快破解双城联动发展存在的体制机制障碍，按照优势互补、互利共赢、区域一体原则，以区域基础设施一体化和大气污染联防联控作为优先领域，以产业结构优化升级和实现创新驱动发展作为合作重点，把合作发展的功夫主要下在联动上，努力实现优势互补、良性互动、共赢发展"。① 京津冀协同发展战略着力加快推进产业对接协作、优化三地社会分工发展链条，以形成区域间生产资源的合理分布和有效配置，对于京津冀区域进一步解放和发展社会生产力势必起到积极的推动作用。可见，京津冀协同发展战略的实施，可以全方位地、有效地推动社会生产力的发展，符合解放和发展生产力这一标准，是马克思主义生产力理论的具体化。

2. 京津冀协同发展理论丰富和发展了马克思主义生产力理论

京津冀协同发展以马克思主义生产力理论为基础，但未拘泥于理论的要求，而是充分发挥创造性，探索出一条新型的生产力发展之路。

（1）以内涵集约发展为导向。京津冀协同发展明确提出要以内涵集约发展为主要方向。"疏解北京非首都功能、推进京津冀协同发展，是一个巨大的系统工程。目标要明确，通过疏解北京非首都功能，调整经济结构和空间结构，走出一条内涵集约发展的新路子，探索出一种人口经济密集地区优化开发的模式，促进区域协调发展，形成新增长极"。②

京津冀协同发展追求内涵集约式发展，通过转变经济增长方式，增强资源利用的效率；通过产业结构的转移，实现区域内现有经济资源和生产要素最大限度发挥作用；通过深入改革，实现资源的最佳配置，减少生产要素的重叠与浪费。内涵集约式发展不是靠铺摊子，不是靠追加投资，而是充分发挥创造性，积极培育新的增长极，实现区域内资源的最有效配置和最有效使用，实现区域经济发展的良好局面。习近平总书记认为，"过去，我国生产能力滞后，因而把工作重点放在扩大投资、提高生产能力上。现在，产能总

---

① 习近平：《优势互补互利共赢扎实推进，努力实现京津冀一体化发展》，载《人民日报》2014年2月28日。
② 习近平：《真抓实干主动作为形成合力　确保中央重大经济决策落地见效》，载《人民日报》2015年2月11日。

体过剩,仍一味靠扩大规模投资抬高速度,作用有限且边际效用递减。虽然短期内投资可以成为拉动经济增长的重要动力,但最终消费才是经济增长的持久动力。在扩大有效投资、发挥投资关键作用的同时,必须更加有效地发挥消费对增长的基础作用。'一带一路'建设、京津冀协同发展、长江经济带建设三大战略,是今后一个时期要重点拓展的发展新空间,要有力有序推进"。①

(2)以创新驱动为依托。"京津冀一体化以产业结构优化升级和实现创新驱动发展作为合作重点,把合作发展的功夫主要下在联动上,努力实现优势互补、良性互动、共赢发展。"② 实施创新驱动,最主要的是培养和增强自主创新的能力。"最紧迫的是要破除体制机制障碍,最大限度解放和激发科技作为第一生产力所蕴藏的巨大潜能。面向未来,增强自主创新能力,最重要的就是要坚定不移走中国特色自主创新道路,坚持自主创新、重点跨越、支撑发展、引领未来的方针,加快创新型国家建设步伐"。③ 在京津冀协同发展进程中,应积极培育科技创新制度,"要让市场在资源配置中起决定性作用,同时要更好发挥政府作用,加强统筹协调,大力开展协调创新,集中力量办大事,抓重大、抓尖端、抓基本,形成推进自主创新的强大合力"。④

(3)绿色生态低碳发展理念为导引。"绿色发展注重的是解决人与自然和谐问题。绿色循环低碳发展,是当今时代科技革命和产业变革的方向,是最有前途的发展领域,我国在这方面的潜力相当大,可以形成很多新的经济增长点。我国资源约束趋紧、环境污染严重、生态系统退化的问题十分严峻,人民群众对清新空气、干净饮水、安全食品、优美环境的要求越来越强烈。为此,我们必须坚持节约资源和保护环境的基本国策,坚定走生产发展、生活富裕、生态良好的文明发展道路,加快建设资源节约型、环境友好型社会,推进美丽中国建设,为全球生态安全作出新贡献。"⑤ 京津冀协同发展强调绿色发展理念,"加强生态环境保护和治理,扩大区域生态空间。重点是联防联控环境污染,建立一体化的环境准入和退出机制,加强环境污染治理,实

---

① 中共中央文献研究室:《习近平总书记重要讲话文章选编》,中央文献出版社、党建读物出版社2016年版,第270~271页。
② 习近平:《优势互补互利共赢扎实推进,努力实现京津冀一体化发展》,载《人民日报》2014年2月28日。
③ 《习近平谈治国理政》,外文出版社2014年版,第121页。
④ 《习近平谈治国理政》,外文出版社2014年版,第126页。
⑤ 习近平:《在党的十八届五中全会第二次全体会议上的讲话》(节选),载《求是》2016年第1期。

施清洁水行动,大力发展循环经济,推进生态保护与建设,谋划建设一批环首都国家公园和森林公园,积极应对气候变化"。①

(4) 以开放、共享为原则为指导。京津冀协同发展在促进生产力发展方面,除了以市场资源、生产要素等传统经济因素进行开放、共享外,还对很多非经济因素实行开放和共享。

数据共享。信息时代,数据已经成为新型的经济因素,对经济增长、生产力发展起到极其重要的作用。区域内数据资源开放,打破以往的数据壁垒和信息孤岛,实现数据的互联互通。京津冀大数据平台有助于区域内三地更好地实现资源共享和创新发展。

民生资源共享。"让广大人民群众共享改革发展成果,是社会主义的本质要求,是社会主义优越性的集中体现,是我们党坚持全心全意为人民服务宗旨的重要体现。这方面问题解决好了,全体人民推动发展的积极性、主动性、创造性就能充分调动起来,国家发展也才能具有最深厚的伟力"。② 此外,民生资源共享还可以平衡区域内的社会公共服务水平,为劳动力资源的流动提供前提和保障,对于京津冀协同发展还具有特殊的意义。通过医疗资源、养老资源的共享,缩小区域内部的社会公共服务水平的差距,有利于人员从北京这样的大城市中疏解出来,进而推动京津冀协同发展全面开展。

人才共享。人才是最重要的生产力因素。积极促进人才的交流与共享,实现人才一体化,才能从本质上实现京津冀协同发展目标的实现。为此,应加强人才交流的顶层设计、搭建人才合作的交流平台,建立健全人才引进和培养机制,真正实现人才共享。

京津冀协同发展将内涵集约式发展作为生产力发展的方向,并突出科技是第一生产力的理念,以创新驱动为发展动力,以开放、共享为生产力发展的原则,极大地丰富和发展了马克思主义生产力理论。

(二) 京津冀协同发展理论是马克思主义社会分工理论的丰富与发展

京津冀协同发展以马克思主义社会分工理论为基础,在注重京、津、冀三地协同发展的基础上,充分尊重各地的地缘优势互补和资源共享,着力发挥三地各自特长,开创基于各地特色与特长的区域协同发展新模式,是对马克思主义社会分工理论的丰富与发展。

---

① 《京津冀协同发展纲要获通过》,载《新京报》2015年5月1日。
② 习近平:《在党的十八届五中全会第二次全体会议上的讲话》(节选),载《求是》2016年第1期。

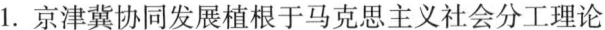

1. 京津冀协同发展植根于马克思主义社会分工理论

马克思认为:"各种使用价值或商品体的总和,表现了同样多种的,按照属、种、科、亚种、变种分类的有用劳动的总和,即表现了社会分工。……在商品生产者的社会里,作为独立生产者的私事而各自独立进行的各种有用劳动的这种质的区别,发展成为一个多支的体系,发展成社会分工。"① 马克思在对社会分工的深入研究中,分析了交换分工的必然性,并解释了地域分工的原因与动力。京津冀协同发展充分体现了马克思主义社会分工理论。

(1) 京津冀协同发展植根于马克思主义交换分工理论。马克思认为,由于社会分工和商品交换的出现,导致了生产劳动中包含了私人劳动与社会劳动的矛盾。这对儿矛盾推动商品交换不断向前发展,不断完成从私人劳动向社会劳动的转化。"使有用物品成为商品,只是因为它们是彼此独立进行的私人劳动的产品。这种私人劳动的总和形成社会总劳动。由于生产者只有通过交换他们的劳动产品才发生社会接触,因此,他们的私人劳动的特殊的社会性质也只有在这种交换中才表现出来。"② 可以说,正是由于商品交换的存在,有用物品才能成为商品,私人劳动才能真正转化成为社会劳动。私人劳动通过交换实现向社会劳动转换的前提是,"生产者的私人劳动必须作为一定的有用劳动来满足一定的社会需求,从而证明它们是总劳动的一部分,是自然形成的社会分工体系的一部分。"③ 马克思在论述商品的使用价值时,也曾明确地指出:"要生产商品,他不仅要生产使用价值,而且要为别人生产使用价值,即生产社会的使用价值。"④

京、津、冀三地在地理区位上的特殊性决定了三地的生产必然会发生诸多联系。随着生产社会化程度逐步加深,京津冀协同发展,三地间的经济交往日益密切,经济合作是发展的必然趋势,这是马克思主义交换分工理论的具体化应用。京津冀协同发展通过优化区域分工、重新调整产业布局、实现协同发展,推进三地的市场一体化进程。京津冀协同发展有利于三地的商品交换和资源共享,是马克思主义交换分工理论的具体应用。

(2) 京津冀协同发展植根于马克思主义地域分工理论。马克思主义地域分工理论以劳动为切入点。马克思认为"在家庭内部,随后在氏族内部,由

---

① 《马克思恩格斯文集》(第5卷),人民出版社2009年版,第55~56页。
② 马克思:《资本论》(第1卷),人民出版社1975年版,第89页。
③ 马克思:《资本论》(第1卷),人民出版社1975年版,第90页。
④ 马克思:《资本论》(第1卷),人民出版社1975年版,第54页。

于性别和年龄的差别，也就是在纯生理的基础上产生了一种自然的分工。随着公社的扩大，人口的增长，特别是各氏族间的冲突，一个氏族之征服另一个氏族，这种分工的材料也扩大了。……不同的公社在各自的自然环境中，找到不同的生产资料和不同的生活资料。因此，它们的生产方式、生活方式和产品，也就各不相同。这种自然的差别，在公社互相接触时引起了产品的互相交换，从而使这些产品逐渐变成商品。交换没有造成生产领域之间的差别，而是使不同的生产领域发生关系，并把它们变成社会总生产的多少互相依赖的部门。在这里，社会分工是由原来不同而又互不依赖的生产领域之间的交换产生的"。① 换句话说，马克思认为，不同地域的自然差别促进了交换和分工的发展。随着交换和分工的发展，原本"不同而又互不依赖"的地域间存在了日益紧密的"互相依赖"。这既是马克思对于社会地域分工原因的解读，也是京津冀协同发展的理论基础。

京、津、冀三地共处于华北平原，在地域上联结在一起，由于区位以及历史和政治原因，导致三地在经济发展、福利水平、分工定位等方面存在诸多差异。北京是祖国的首都，被誉为"首善之区"，在经济发展、科技创新、人才培养等方面拥有绝对优势；天津是北方重要的海港城市，拥有丰厚的工业基础以及便利的交通条件；河北省幅员辽阔，具有环京津的独特地理优势，虽然经济实力较京津差距较大，但市场容量巨大，发展潜力无限。京、津、冀三地在社会分工方面各具优势，这些差异的存在恰好是进行社会分工协作的基础。"推进京津冀协同发展，要立足各自比较优势、立足现代产业分工要求、立足区域优势互补原则、立足合作共赢理念。"②

2. 京津冀协同发展丰富了马克思主义社会分工理论

京津冀协同发展以马克思主义社会分工理论为基础，并结合中国现阶段的现实情况，丰富和发展了马克思主义社会分工理论。

（1）京津冀协同发展是系统化思维下的分工合作。京津冀协同发展注重的是系统化思维。"改革开放是一个系统工程，必须坚持全面改革，在各项改革协同配合中推进。改革开放是一场深刻而全面的社会变革，每一项改革都会对其他改革产生重要影响，每一项改革又都需要其他改革协同配合。要更加注重各项改革的相互促进、良性互动，整体推进，重点突破，形成推进

---

① 马克思：《资本论》（第1卷），人民出版社1975年版，第390页。
② 习近平：《优势互补互利共赢扎实推进，努力实现京津冀一体化发展》，载《人民日报》2014年2月28日。

改革开放的强大合力。"① 在京津冀协同发展进程中,始终贯彻系统化思维方式,具体表现为:

第一,注重区域间的共同发展。京津冀协同发展是三个地区的共同发展,"解决好北京发展问题,必须纳入京津冀和环渤海经济区的战略空间加以考量,以打通发展的大动脉,更有力地彰显北京优势,更广泛地激活北京要素资源,同时天津、河北要实现更好发展也需要连同北京发展一起来考虑"。②"着力加大对协同发展的推动,自觉打破自家'一亩三分地'的思维定式,抱成团朝着顶层设计的目标一起做,充分发挥环渤海地区经济合作发展协调机制的作用"。③

第二,注重立体化发展。京津冀协同发展战略除了注重以往社会分工领域中的经济上的互通有无、产业梯度的有机转移对接、生产要素的有效流动等经济因素外,还特别强调,京、津、冀三地协同发展要以立体化方式展开,具体表现为交通一体化、人口流动一体化、社会公共服务共享等方面。

第三,注重经济增长与生态环境的和谐发展。由于地理位置的原因,京、津、冀共同面临着空气污染、环境恶化等社会生态问题。为此,京津冀协同发展战略强调注重三地间的生态环境保护、积极推进生态环境的联防联治,将经济增长与生态环境治理有机统一在京津冀协同发展战略中。

(2) 京津冀协同发展是更深层次的分工合作。京津冀协同发展追求京、津、冀三地的经济、社会同步发展,是更深层次的社会分工合作模式。

第一,京津冀协同发展注重功能互补。京、津、冀在全国一盘棋中所扮演的角色是不同的。北京作为首都,承担了很多非首都的经济功能,这些非首都经济功能使得北京"大城市病"问题突出。为此,京津冀整体定位是"以首都为核心的世界级城市群、区域整体协同发展改革引领区、全国创新驱动经济增长新引擎、生态修复环境改善示范区"④,三地的功能地位是"北京市:全国政治中心、文化中心、国际交往中心、科技创新中心;天津市:全国先进制造研发基地、北方国际航运核心区、金融创新运营示范区、改革开放先行区;河北省:全国现代商贸物流重要基地、产业转型升级试验区、新型城镇化与城乡统筹示范区、京津冀生态环境支撑区"。⑤

第二,京津冀协同发展注重错位发展。京、津、冀三地由于历史、区位

---

① 《习近平谈治国理政》,外文出版社 2014 年版,第 68 页。
②③ 习近平:《优势互补互利共赢扎实推进,努力实现京津冀一体化发展》,载《人民日报》2014 年 2 月 28 日。
④⑤ 《京津冀协同发展纲要获通过》,载《新京报》2015 年 5 月 1 日。

等原因,在生产力发展水平、优势产业及优势资源等方面存在着诸多差异。各地的经济发展阶段以及产业分工中所处的地位不尽相同。京、津两地,特别是北京相对河北而言,经济发展较好,居于产业结构的上游位置。河北经济相对落后,科技水平、资金储备等方面都显薄弱。在京津冀协同发展中,顺利推进产业转移对接,将北京的一般性产业向河北转移,积极打造立足区域、服务全国的优势产业聚集区。在疏解北京非首都经济功能的基础上,打造河北的坚实经济基础和新的经济增长极。

(3) 京津冀协同发展是更广范围的分工合作。京津冀协同发展将社会分工的范畴由传统的经济合作、产业分工拓展到更广阔的领域。京津冀协同发展注重全要素流通。所谓的全要素流通包括环保、交通、生产要素的一体化。也就是说,在京津冀协同发展开创的新型社会分工中,除了注重生产要素的有效配置外,还强调生态环保以及交通网络等方面。在生态环保方面,"要着力扩大环境容量生态空间,加强生态环境保护合作,在已经启动大气污染防治协作机制的基础上,完善防护林建设、水资源保护、水环境治理、清洁能源使用等领域合作机制"。① 在交通网络建设方面,《京津冀城际铁路网规划修编方案(2015~2030年)》(于2016年11月获国家发展改革委批复)明确,以"京津、京保石、京唐秦"三大通道为主轴,到2020年,基本实现京津保唐相邻城市"1小时交通圈",有效支撑和引导区域空间布局调整和产业转型升级。到2030年,基本形成以"四纵四横一环"为骨架的城际铁路网络,总里程超过3000公里,满足京津冀协同发展和区域一体化发展的需要。②

京津冀协同发展以马克思主义社会分工理论为基础,并结合三地的具体情况以及我国经济新常态的特殊要求,丰富和发展了社会分工理论,开拓了一条新型社会分工之路。

(三) 京津冀协同发展理论丰富和发展了马克思主义社会再生产理论

京津冀协同发展以马克思主义社会再生产理论为基础,坚持有计划、按比例的经济发展模式,并在马克思主义中国化的进程中对马克思主义社会再生产理论进行了丰富与发展。

1. 京津冀协同发展理论植根于马克思主义社会资本再生产理论

马克思在《资本论》第二卷第三篇"社会总资本的再生产和流通"中,

---

① 习近平:《优势互补互利共赢扎实推进,努力实现京津冀一体化发展》,载《人民日报》2014年2月28日。

② 《站在时代的潮头筑造历史性工程——以习近平同志为核心的党中央谋划指导京津冀协调发展三周年纪实》,载《人民日报》2017年2月27日。

提出了社会资本再生产理论。社会资本再生产理论的核心内容是社会总产品的实现。一个经济社会正常运转的前提就是能够完成社会总产品的实现。社会总产品的实现"不仅是价值补偿,而且是物质补偿,因而既要受社会产品的价值组成部分相互之间的比例的制约,又要受它们的使用价值,它们的物质形态的制约"。①

马克思从简单再生产和扩大再生产两种情况入手,分析了社会总产品的实现条件,并得出结论:社会生产需要均衡、按比例发展。理想的社会再生产状态具体表现为:(1)总量均衡。社会生产中的总供给与总需求在价值量上和使用价值量上处于均衡状态,包括:生产资料供给与需求的总量均衡;消费资料的总量均衡;第Ⅰ部类为第Ⅱ部类生产的生产资料与第Ⅱ部类为第Ⅰ部类生产的消费资料的总量均衡。(2)结构均衡。社会生产的顺利进行有赖于生产的结构均衡,包括两大部类之间结构均衡;同一部类内部不变资本、可变资本以及剩余价值三部分的结构均衡;第Ⅰ部类中为第Ⅱ部类生产的生产资料与第Ⅱ部类为第Ⅰ部类生产的消费资料间的结构均衡。换言之,社会再生产得以继续的实现条件就是社会生产的有计划、按比例发展。社会资本再生产理论阐明了社会化大生产按比例发展的客观规律。

根据马克思主义社会再生产理论,京、津、冀虽然是三个不同的区域,但在社会再生产大范畴内,都应属于其中的组成部分,三地有必要也有能力通过协调合作机制实现区域性社会生产的按比例、有计划发展。马克思主义社会资本再生产理论构成了京津冀协同发展的理论基础。

2. 京津冀协同发展理论充实了马克思主义社会资本再生产理论

京津冀协同发展十分注重有计划、按比例发展,尽量做到三地经济、社会、生态的协同发展,是对马克思主义社会资本再生产理论的丰富与发展。

(1)规划在前。京津冀协同发展十分注重有计划、按比例发展,强调科学合理进行规划。"京津冀一体化要着力加强顶层设计"②,各地应与中央政府积极配合按照生产力发展的需要以及京津冀一体化目标要求制定发展规划,"抓紧编制首都经济圈一体化发展的相关规划,明确三地功能地位、产业分工、城市布局、设施配套、综合交通体系等重大问题,并从财政政策、投资政策、项目安排等方面形成具体措施。着力加大对协同发展的推动,自觉打

---

① 《马克思恩格斯文集》(第6卷),人民出版社2009年版,第438页。
② 习近平:《优势互补互利共赢扎实推进,努力实现京津冀一体化发展》,载《人民日报》2014年2月28日。

破自家'一亩三分地'的思维定势，抱成团朝着顶层设计的目标一起做，充分发挥环渤海地区经济合作发展协调机制的作用。着力调整优化城市布局和空间结构，促进城市分工协作，提高城市群一体化水平，提高其综合承载能力和内涵发展水平。着力加快推进产业对接协作，理顺三地产业发展链条，形成区域间产业合理分布和上下游联动机制，对接产业规划，不搞同构性、同质化发展"。① 先规划后发展，从而保证了京津冀协同发展的有计划、按比例发展，避免盲目发展造成的资源浪费和福利损失。

（2）有序推进。京津冀协同发展是一个系统工程，不能一股脑地将所有工作齐头并进来开展，而是需要分步骤、分阶段有序推进实施。

京津冀协同发展是一项十分浩大的工程，涉及的领域和问题十分繁杂。解决问题应该抓事物的主要矛盾的主要方面，因此应将京津冀协同发展的问题进行分解，按照需要分阶段落实和解决最亟须解决的关键问题。当前发展的重点就是"环保、交通、要素市场的一体化"②。产业梯度转移、优化分工结构、人口疏解等问题也随之逐渐展开。

此外，有序推进还表现为京津冀协同发展工作的逐级目标落实上。"领导小组还给出了京津冀协同发展的近、中、远三期目标。根据目标，到2017年，在符合协同发展目标且现实急需、具备条件、取得共识的交通一体化、生态环境保护、产业升级转移等重点领域率先取得突破；到2020年，北京'大城市病'等突出问题将得到缓解；到2030年，京津冀区域一体化格局基本形成。"③

不论是规划在前，还是逐步推进，都有助于京津冀协同发展战略的有计划、按比例发展，是对马克思主义社会资本再生产理论的具体应用和发展。

（四）京津冀协同发展理论丰富和发展了社会主义市场经济理论

京津冀协同发展战略是我国经济进入新常态下的一个重要发展理念，既是解放和发展生产力的内在需要，也是进一步发展、壮大中国特色社会主义市场经济的有益探索。

1. 京津冀协同发展推动社会主义市场体系的完善

京津冀协同发展注重的是共同进步，而不是一致化发展。京津冀协同发展不是要消除竞争，而是要建立统一的市场，鼓励竞争，以市场竞争的原则来使经济资源得到最有效配置。市场竞争仍是资源配置的决定性因素。而市

---

①② 习近平：《优势互补互利共赢扎实推进，努力实现京津冀一体化发展》，载《人民日报》2014年2月28日。

③ 《京津冀协同发展线路图明晰》，载《经济参考报》2015年8月24日。

场竞争的有效开展,依托于优质的市场环境。因此京津冀协同发展战略,"着力加快推进市场一体化进程,下决心破除限制资本、技术、产权、人才、劳动力等生产要素自由流动和优化配置的各种体制机制障碍,推动各种要素按照市场规律在区域内自由流动和优化配置"。[①]

京津冀协同发展强调全要素一体化发展,其中包括环保、交通、要素市场的一体化。"在交通一体化方面,构建以轨道交通为骨干的多节点、网格状、全覆盖的交通网络。大力发展公交优先的城市交通,提升交通智能化管理水平,提升区域一体化运输服务水平,发展安全绿色可持续交通"。[②] "在生态环境保护方面,打破行政区域限制,推动能源生产和消费革命,促进绿色循环低碳发展,加强生态环境保护和治理,扩大区域生态空间。重点是联防联控环境污染,建立一体化的环境准入和退出机制,加强环境污染治理,实施清洁水行动,大力发展循环经济,推进生态保护与建设"。[③]

2. 京津冀协同发展革新了政府与市场关系

在京津冀协同发展进程中,充分发挥市场在资源配置中的决定性作用,更好发挥政府作用。

(1) 更好发挥政府作用。政府应在京津冀协同发展进程中更好地发挥引导和协调作用。一方面京津冀协同发展是有计划、有设计的一体化发展。习近平总书记在京津冀协同发展工作座谈会上指出,"京津冀一体化要着力加强顶层设计",[④] 从宏观层次对三地的协同发展制定科学规划,必须摆脱一切地方保护主义和本位主义,这就需要中央政府以引导者的身份进行京津冀协同发展的顶层设计,才能真正做到协同发展,实现公平、共享的发展模式。此外,"三地功能定位、产业分工、城市布局、设施配套、综合交通体系等重大问题"的解决,除了中央政府通过顶层设计进行科学的系统规划外,还需要地方政府的积极配合。另一方面要"破解地区经济发展差距、公共资源配置不均衡、资源环境制约等难题"[⑤] 必须由中央政府引导,由地方政府进行及时沟通、疏解,通过制定相应的财政政策、投资政策、项目安排等具体措施才能真正得以解决。

(2) 市场在资源配置中的决定性作用。京津冀协同发展中涉及的产业转移、生产要素流动、人才交往等问题的解决必须通过市场来实现。在中国特色社会主义市场经济下,市场是经济资源配置最有效的方式,市场"决定

---

①②③④⑤ 习近平:《优势互补互利共赢扎实推进,努力实现京津冀一体化发展》,载《人民日报》2014年2月28日。

性"作用可以"让一切劳动、知识、技术、管理、资本等要素的活力竞相迸发,让一切创造社会财富的源泉充分涌流"。① 在京津冀协同发展进程中积极发挥市场作用,可以激发经济发展活力、增强经济实力,有效增进社会财富、推进京津冀协同发展进程顺利开展。

京津冀协同发展是政府与市场崭新关系的有益探索。充分发挥市场在资源配置方面的决定性作用的同时更好发挥政府作用,能推动京津冀协同发展在有计划、按比例发展的同时保持旺盛的活力和积极性、创造性。

3. 京津冀协同发展创新了区域协同发展模式

2017年4月1日,中共中央、国务院印发通知,决定设立河北雄安新区,这是"千年大计、国家大事"。"设立雄安新区,是以习近平同志为核心的党中央深入推进京津冀协同发展作出的一项重大决策部署,对于集中疏解北京非首都功能,探索人口经济密集地区优化开发新模式,调整优化京津冀城市布局和空间结构,培育创新驱动发展新引擎,具有重大现实意义和深远历史意义。"② 雄安新区肩负七大使命:"一是建设绿色智慧新城,建成国际一流、绿色、现代、智慧城市。二是打造优美生态环境,构建蓝绿交织、清新明亮、水城共融的生态城市。三是发展高端高新产业,积极吸纳和集聚创新要素资源,培育新动能。四是提供优质公共服务,建设优质公共设施,创建城市管理新样板。五是构建快捷高效交通网,打造绿色交通体系。六是推进体制机制改革,发挥市场在资源配置中的决定性作用和更好发挥政府作用,激发市场活力。七是扩大全方位对外开放,打造扩大开放新高地和对外合作新平台。"③ "雄安新区绝非传统工业和房地产主导的集聚区,创新驱动将是雄安新区发展基点,进行制度、科技、创业环境的改革创新,吸引高端高新技术企业集聚,建设集技术研发和转移交易、成果孵化转化、产城融合的创新发展示范区。"④ 雄安新区的设立是探索人口密集地区优化开发的新模式,是打造经济社会发展新增长极的新道路,是推进京津冀协同发展的历史性工程。

我国幅员辽阔,区域经济发展不平衡现象严重,京津冀协同发展战略是我国和谐发展、实现经济公平、可持续发展的有益探索。"实现京津冀协同

---

① 习近平:《切实把思想统一到党的十八届三中全会精神上来》,载《习近平谈治国理政》,外文出版社2014年版,第93页。

②③ 《河北雄安新区设立》,载《人民日报》2017年4月2日。

④ 《千年大计、国家大事——以习近平同志为核心的党中央决策河北雄安新区规划建设纪实》,载《人民日报》2017年4月14日。

发展，是面向未来打造新的首都经济圈、推进区域发展体制机制创新的需要，是探索完善城市群布局和形态、为优化开发区域发展提供示范和样板的需要，是探索生态文明建设有效路径、促进人口经济资源环境相协调的需要，是实现京津冀优势互补、促进环渤海经济区发展、带动北方腹地发展的需要，是一个重大国家战略，要坚持优势互补、互利共赢、扎实推进，加快走出一条科学持续的协同发展路子来。"① 京津冀协同发展战略有助于优化城市空间布局和产业结构，是对人口经济密集地区优化开发的有益探索，也是我国推动区域协调发展的有益探索，对于西部大开发、东北老工业基地改造、长江经济带等区域的经济发展提供了宝贵经验。

总之，京津冀协同发展战略是党中央提出的一项重大举措，符合我国当前生产力布局的需要，是建设中国特色社会主义的必然要求；京津冀协同发展战略以我国经济新常态为背景，充分尊重三地的具体实际，以增进人民福祉为目标，丰富和发展了马克思主义的社会生产力理论、地域分工理论、社会再生产理论，更是对社会主义市场经济理论的新发展，丰富与发展了马克思主义政治经济学。

---

① 习近平：《优势互补互利共赢扎实推进，努力实现京津冀一体化发展》，载《人民日报》2014年2月28日。

第七章

习近平新时代中国特色社会主义生产关系和经济制度理论

以习近平同志为主要代表的中国共产党人提出的一系列重要理论观点和战略部署,构建了中国特色社会主义生产关系和经济制度理论:新时代中国特色社会主义生产关系更加完善,但仍存在不平衡不协调问题,需要全面深化改革;强调党的领导是社会主义市场经济体制的重要特征;坚持社会主义基本经济制度,毫不动摇巩固和发展公有制,毫不动摇鼓励、支持、引导非公有制经济发展;坚持社会主义分配制度,强调收入分配理论的核心是人民共享;通过运用"两手合力"加快完善社会主义市场经济体制。本章,首先探讨新时代中国特色社会主义生产关系的特征,然后,重点阐述以党的领导为根本制度的中国特色社会主义经济制度体系。

第一节 新时代中国特色社会主义生产关系的特征
——科学社会主义理论的丰富与发展

中国特色社会主义进入新时代,党中央从理论和实践结合上系统回答新时代坚持和发展什么样的中国特色社会主义,全面阐述了新时代中国特色社会主义生产关系的特征。指出,经过深层次的、根本性的改革,"中国特色社会主义制度更加完善"[①],但是"我国仍处于并将长期处于社会主义初级阶

---

① 习近平:《决胜全面建成小康社会 夺取新时代中国特色社会主义伟大胜利》,人民出版社2017年版,第4页。

段的基本国情没有变"①,当前我国"发展中不平衡、不协调"问题依然突出,生产关系也存在着不平衡不协调,这会反作用于生产力,造成生产力发展不平衡不充分。因此,要全面深化改革,"构建系统完备、科学规范、运行有效的制度体系"②。习近平新时代中国特色社会主义生产关系理论,是习近平新时代中国特色社会主义思想的重要内容,丰富和发展了科学社会主义理论。

一、新时代中国特色社会主义生产关系更加完善

科学社会主义理论认为,社会主义生产关系是生产资料公有制决定的生产、分配、交换和消费关系及其相互关系。党中央坚持以科学社会主义理论为基础,贯彻以人民为中心的发展思想,全面深化改革,使"中国特色社会主义制度更加完善",特别是使中国特色社会主义基本经济制度更加完善,这是新时代中国特色社会主义生产关系的基本特征,它具体表现在新时代中国特色社会主义生产资料所有制结构以及生产、分配、交换和消费关系及其相互关系上。

(一)新时代中国特色社会主义所有制结构更加完善

新时代中国特色社会主义坚持"毫不动摇巩固和发展公有制经济,毫不动摇鼓励、支持、引导非公有制经济发展"③,坚持公有制经济和非公有制经济相辅相成、相得益彰的共同发展。"我们党在坚持基本经济制度上的观点是明确的、一贯的,而且是不断深化的"④,只要坚持公有制为主体、多种所有制共同发展,社会主义制度的优越性不但不会削弱,而且会不断增强。事实证明,正是因为我们党不断深化改革,中国特色社会主义所有制结构更加完善,从而推动"公有制经济和非公有制经济共同发展,是我们党推动解放和发展生产力的伟大创举"⑤,因此,公有制经济和非公有制经济共同发展是新时代中国特色社会主义实现"以人民为中心"理念的经济基础。当然,"以人民为中心的发展思想,不是一个抽象的、玄奥的概念,不能只停留在

---

① 习近平:《决胜全面建成小康社会 夺取新时代中国特色社会主义伟大胜利》,人民出版社2017年版,第12页。
② 《中共中央关于全面深化改革若干重大问题的决定》,载《人民日报》2013年11月16日。
③ 习近平:《决胜全面建成小康社会 夺取新时代中国特色社会主义伟大胜利》,人民出版社2017年版,第21页。
④ 习近平:《毫不动摇坚持我国基本经济制度推动各种所有制经济健康发展》,载《人民日报》2016年3月9日。
⑤ 习近平:《十八大以来重要文献选编》,中央文献出版社2016年版,第559页。

口头上、止步于思想环节,而是体现在经济社会发展的各个环节"①,体现在社会再生产的生产、分配、交换和消费等各个环节。正是再生产过程各环节及其之间的关系更加完善,使得以人民为中心的理念在各个环节得到更加充分的体现。

(二) 新时代中国特色社会主义直接生产关系更加完善

首先,新时代中国特色社会主义劳动关系更加完善。党的十八大以来,"各级党委和政府认真贯彻落实党中央和国务院的决策部署,取得了积极成效,总体保持了全国劳动关系和谐稳定。"② 具体地说,随着国有经济组织不断深化改革,"全国国有企业公司制改制面达到 90% 以上,中央企业各级子企业公司制改制面达 92%"③。在进行混合所有制改革的国有企业中,国有控股企业虽然有私有资本参加,但因国有资本处于控股地位,企业和劳动者的根本利益是一致的,他们之间是互助合作关系。在实行员工持股试点的混合所有制企业中,入股员工与企业共享改革发展成果,共担市场竞争风险,生产中的和谐劳动关系更为直观。非公有制经济组织也通过打造企业与职工利益共同体,构建和谐劳动关系,促进非公有制经济健康发展。其次,新时代中国特色社会主义各种资本的产业分布更加优化。这一方面表现在同类资本产业分布方面。从推动供给侧结构性改革以来,通过"三去一降一补",一些国有投资的过剩产业压缩了产能,五年中"退出钢铁产能 1.7 亿吨以上、煤炭产能 8 亿吨"④。同时,一些战略性新兴产业获得蓬勃发展,这使同类资本产业间的竞争矛盾缓解,产业结构更趋优化。另一方面表现在不同类资本产业分布方面。近年来,我国"放开电力、石油、天然气、盐业等行业竞争性环节和公用基础设施、公共服务市场准入,民间资本进入更多领域",⑤ 因此,通过推进供给侧结构性改革,我国经济结构出现重大变革,供求关系更趋平衡,各类资本关系更趋优化。

(三) 新时代中国特色社会主义分配关系更加完善

新时代中国特色社会主义分配坚持"以人民为中心"理念,人民共享发展成果,分配关系更加完善。对此,习近平总书记指出,党的十八大以来,

---

① 《习近平谈治国理政》(第二卷),外文出版社 2017 年版。
② 《中共中央国务院关于构建和谐劳动关系的意见》,中央政府门户网站,2015 - 04 - 18。
③ 国资委:《十八大以来国有企业改革全面推进成效显著》,http://finance.people.com.cn/n1/2017/0928/c1004 - 29565045.html,2017 - 09 - 28。
④ 《2018 年政府工作报告》,http://www.gov.cn/zhuanti/2018lh/2018zfgzbg/zfgzbg.htm,2018 - 03 - 05。
⑤ 穆虹:《全面深化改革取得重大成就》,载《人民日报》2017 年 9 月 21 日。

我国"深入贯彻以人民为中心的发展思想,一大批惠民举措落地实施,人民获得感显著增强"①。首先,城乡居民收入增速高于经济增速,农民人均纯收入增速提高。党的十八大以来,全国居民人均可支配收入总体均高于GDP增长率,农村居民人均纯收入实际同比增长也总体超过了GDP的增速。Wind资讯数据库数据显示,2012~2017年全国居民人均可支配收入实际同比增长分别为9.6%、8.1%、8.0%、7.4%、6.3%和7.3%,农村居民家庭人均纯收入实际同比增长分别为10.7%、9.31%、9.2%、7.5%、6.2%和7.3%,而此间每年GDP不变价增长率分别为7.9%、7.8%、7.3%、6.9%、6.7%和6.9%。城乡居民人均可支配收入实际增长率的这种变化体现了分配的共享理念。其次,基尼系数有所下降,中等收入群体持续扩大。近年来,随着初次分配政策的完善,基尼系数有所下降。据国家统计局公布数据,2011年居民收入基尼系数为0.477,2012年为0.474,2013年为0.473,2014年为0.469,2015年为0.462,2016年为0.465②;在基尼系数下降的同时,随着产业结构的优化和升级,更多的工人进入了白领阶层,中等收入群体持续扩大。最后,政府再分配作用发挥明显。近年来,通过政府完善再分配政策,参加基本养老保险、基本医疗保险和参加失业保险职工人数等逐年增加。目前我国"社会养老保险覆盖9亿多人,基本医疗保险覆盖13.5亿人,织就了世界上最大的社会保障网"③,覆盖城乡居民的社会保障体系基本建立,社会保障体系的建设取得了巨大的成就。

(四)新时代中国特色社会主义交换关系更加完善

党的十八大以来,我国持续深化市场体制改革,交换关系更加完善。首先,市场主体活力不断提升。随着改革的不断深入,企业运行质量、效率和活力不断提升,以中央企业为例,"截至2016年底,中央企业资产总额达到50.5万亿元,和前一个五年相比增加了80%;从效益来看,这五年效益是6.4万亿元,增加了30.6%,也是增加幅度比较高的"④。同时,新的市场主体也不断涌现,到2017年底,"各类市场主体达到9800多万户,五年增加

---

① 习近平:《决胜全面建成小康社会 夺取新时代中国特色社会主义伟大胜利》,人民出版社2017年版,第5页。

② 统计局:《2016年基尼系数为0.465,较2015年有所上升》,http://www.chinanews.com/cj/2017/01-20/8130559.html,2017-01-20。

③ 《2018年政府工作报告》,http://www.gov.cn/zhuanti/2018lh/2018zfgzbg/zfgzbg.html,2018-03-05。

④ 国资委:《十八大以来国有企业改革全面推进成效显著》,http://finance.people.com.cn/n1/2017/0928/c1004-29565045.html,2017-09-28。

70%以上"①。其次，市场体系更加完善。我国加快形成统一开放、竞争有序的市场体系，着力清除市场壁垒，提高资源配置效率，市场体系改革取得长足进步，要素市场发展更加完善。以资本市场为例，我国加快形成融资功能完备、基础制度扎实、市场监管有效、投资者权益得到充分保护的股票市场，并构建起多层次的资本市场体系。同时，劳动力市场实现跨越式发展，通过劳动力市场获得工作的劳动力逐年增加，劳动力市场体系也逐步建立。再其次，价格改革纵深推进。党的十八大以来，我国积极推进各类产品和要素价格改革，取得了突出成就。在电力改革方面，建立健全清洁能源发电价格机制、完善煤电价格联动机制、推动竞争性环节价格市场化改革。"2016年电力市场交易电量8000亿千瓦时，平均降幅6.4分，每年减轻企业用电支出约500亿元。2017年交易规模预计同比增长50%，平均降价约5分，新增降价金额200亿元"②。最后，政府职能转变加快。我国深化"放管服"改革，加快转变政府职能，注重加强宏观调控、市场监管和公共服务取得了明显成效。"五年来，国务院部门行政审批事项削减44%，非行政许可审批彻底终结"③。同时，深化商事制度改革，"营商环境持续改善，市场活力明显增强，群众办事更加便利"。这些"放管服"措施推动了政府履职理念、方式和体制的变革，从不同方面厘清了政府与市场的边界，扭转了诸多政府职能的越位、缺位、错位现象，使政府职能有了重大转变。

（五）新时代中国特色社会主义消费关系更加完善

新时代中国特色社会主义生产关系以人民利益为中心，最终要通过消费表现出来。进入新时代以来，居民的"消费拉开档次、个性化、多样化消费渐成主流，保证产品质量安全、通过创新供给激活需求的重要性显著上升"④，我国通过持续深化改革，消费关系更加完善。首先，消费水平持续提高。党的十八大以来，我国城镇居民、农村居民从而全体居民消费水平均持续提高。Wind资讯数据库数据显示，2012年全体居民消费水平是14699元/人，到了2016年为21227.88元/人。2012年城镇居民消费水平是21861元/人，到了2016年为29219.46元/人。2012年农村居民消费水平是6964元/人，到了2016年为10751.79元/人。同时，城镇居民消费水平是农村消费水平的倍数由

---

①③ 《2018年政府工作报告》，http://www.gov.cn/zhuanti/2018lh/2018zfgzbg/zfgzbg.html，2018-03-05。

② 《党的十八大以来电价改革助力供给侧结构性改革纪实》，http://news.china.com/finance/11155042/20171021/31592302_4.html，2017-10-21。

④ 李靖之：《购买力严重外流　国货当自强》，载《人民日报》2016年8月8日。

2012年的3.14倍下降到2016年的2.72倍,这反映了农村居民消费水平的速度提高更快。其次,消费结构逐步优化。这不仅表现在生产消费和生活消费之间结构方面,而且表现在生活消费内部结构方面。在生产消费和生活消费之间结构方面,最终消费率逐年增加,投资率逐年下降,生产和生活消费结构逐步优化。Wind资讯数据库的数据显示,2012~2016年最终消费率分别为50.11%、50.31%、50.73%、51.82%和53.62%。2012~2016年资本形成率分别为47.20%、47.30%、46.80%、44.70%和44.2%。因此,最终消费对于GDP贡献率不断上升,投资对于GDP贡献率不断下降。在生活消费结构方面加快升级,这表现在食品消费支出下降、高档生活消费品支出不断提高、城镇农村恩格尔系数在不断下降。Wind资讯数据库的数据显示,2012年城镇居民家庭恩格尔系数为36.23,农村居民家庭恩格尔系数为39.33,到了2017年分别为28.60和31.20。

(六)新时代中国特色社会主义再生产过程的协调性增强

党的十八大以来,我们坚定不移地贯彻新发展理念,"改革全面发力、多点突破、纵深推进,着力增强改革系统性、整体性、协同性"[①],使得再生产过程中的生产、分配、交换和消费的协调性增强。这种协调性根本上是由生产环节决定的,在生产环节,"供给侧结构性改革深入推进,经济结构不断优化"[②]。正是在生产环节的结构优化,使得分配领域"城乡居民收入增速超过经济增速,中等收入群体持续扩大"[③],市场交换关系不断完善,消费水平和消费层次不断提高,整个社会再生产协调性不断增强。

整体上说,在新时代中国特色社会主义条件下,生产力水平总体显著提高决定了新时代生产关系更加完善,这是新时代中国特色社会主义经济关系的基本特征。因此,从这个意义上说,新时代中国特色社会主义生产力决定了生产关系的特征,生产关系与生产力整体上说是相适应的。

二、当前我国生产关系中存在着不平衡和不协调

在中国共产党的领导下,经过全面的、根本性改革,中国特色社会主义生产关系更加完善,使得我国社会生产力水平总体上显著提高,中国特色社会主

---

①② 习近平:《决胜全面建成小康社会 夺取新时代中国特色社会主义伟大胜利》,人民出版社2017年版,第3页。

③ 习近平:《决胜全面建成小康社会 夺取新时代中国特色社会主义伟大胜利》,人民出版社2017年版,第5页。

义发展进入了新时代。但是,"我国仍处于并将长期处于社会主义初级阶段的基本国情没有变"①,当前我国"发展中不平衡、不协调"依然突出,生产关系也存在着不平衡不协调,这会反作用于生产力,造成生产力发展不平衡不充分。

(一) 当前直接生产过程的生产关系存在不协调问题

直接生产过程的生产关系不协调主要表现为劳动关系不协调和各类资本关系不协调。首先,劳动关系不协调。这是因为"我国正处于经济社会转型时期,劳动关系的主体及其利益诉求越来越多元化,劳动关系矛盾已进入凸显期和多发期,劳动争议案件居高不下,有的地方拖欠农民工工资等损害职工利益的现象仍较突出,集体停工和群体性事件时有发生"②,更重要的是,随着我国经济由高速增长阶段转为高质量发展阶段,技术水平提高会导致出现失业问题,使劳动关系更为复杂。为此,习近平总书记指出:"要依法保障职工基本权益,健全劳动关系协调机制,及时正确处理劳动关系矛盾纠纷。"③ 其次,各类资本之间的不协调。第一,各种经济成分资本之间不协调。在中国特色社会主义条件下,各种经济成分在满足人民美好生活需要的根本目标上是统一的,但在实现这一根本目标过程中存在各自利益目标的不协调,这不仅表现在宏观层次上,而且表现在中观层次的产业分布上,还表现在实行混合所有制改革的微观企业资本股权的矛盾关系上。第二,职能资本、借贷资本等各类资本之间的不协调。这不仅表现在职能资本之间不协调上,比如部分产业产品严重过剩,但公共服务行业资本投入不足,公共产品和服务难以得到满足,而且表现在职能资本和借贷资本、虚拟资本之间发展不平衡。因为职能资本的平均利润率降低,因此,"大量资金流向虚拟经济,使资产泡沫膨胀,金融风险逐渐显现",④ 这突出地表现在房地产泡沫膨胀,其结果不仅使职能资本投入减少,也使虚拟经济处于风险之中。

(二) 当前我国分配关系存在不平衡问题

当前分配关系不平衡表现在居民初次分配不平衡和宏观分配结构不平衡。首先,初次分配中居民收入分配不平衡。第一,全国居民收入分配不平衡。近年来,基尼系数都在0.4以上,收入差距较大;第二,城乡居民收入分配

---

① 习近平:《决胜全面建成小康社会 夺取新时代中国特色社会主义伟大胜利》,人民出版社2017年版,第12页。
②③ 《中共中央国务院关于构建和谐劳动关系的意见》,中央政府门户网站,http://www.gov.cn/guowuyuan/2015-04/08/content_2843938.html,2015-04-18。
④ 《中央经济工作会议在北京举行 习近平李克强作重要讲话》,载《人民日报》2015年12月22日。

不平衡。据统计，城乡居民人均收入倍差2013年为3.03，2014年为2.75，2015年为2.73，2016年为2.72，2017年为2.71。因此，习近平总书记指出："我国经济发展的'蛋糕'不断做大，但分配不公问题比较突出，收入差距、城乡区域公共服务水平差距较大"①。其次，宏观分配结构不平衡。在国民收入结构中，劳动报酬在初次分配中的比重偏低。据统计，劳动报酬在2000年初次分配中所占的比重为65.7%，但是到了2008年为57.60%，即使后来不断增加，在2014年为60.09%，也未达到2000年的水平。

（三）当前我国市场体制不健全

习近平总书记指出："虽然我国社会主义市场经济体制已经初步建立，但市场体系还不健全，市场发育还不充分，特别是政府和市场还没有理顺，市场在资源配置中的作用有效发挥受到了诸多制约"②。首先，市场经济体系不健全。这种不健全主要表现在以下方面：第一，市场主体准入不平等。因部分领域存在不当准入限制，特别是还存在行政性垄断，"政策执行中的'玻璃门''弹簧门''旋转门'现象大量存在"③，致使一些市场主体往往难以获得同等便利的市场准入。第二，资源空间流动受限制。一些市场分割和地方保护现象仍会发生，限制了资源的自由流动。第三，市场竞争规则不统一。习近平总书记指出："市场规则不统一，部门保护主义和地方保护主义大量存在。"④ 第四，要素市场不成熟。技术、信息、土地、资金、劳动力等要素市场受到多方面因素影响，发展滞后。其次，政府干预过多和监管不到位。市场经济体制初步建立，市场和政府间关系没有完全理顺，出现了政府干预过多和监管不到位的问题。对此，习近平总书记指出："现在政府职能转变还不到位，政府对微观经济运行干预过多过细，宏观经济调节还不完善，市场监管问题较多，社会管理亟待加强，公共服务比较薄弱。"⑤

（四）当前我国消费关系存在不平衡问题

消费关系不平衡表现在两个方面：首先，生产消费和生活消费不平衡。一方面，生活消费所占的比例较低。2000年以来，最终消费率在不断下降，到了2010年为48.45%，即使后面有所提高，2016年达到53.62%，但与目

---

① 《习近平谈治国理政》（第二卷），外文出版社2017年版。
② 《习近平谈治国理政》，外文出版社2014年版，第95页。
③ 《毫不动摇坚持我国基本经济制度　推动各种所有制经济健康发展》，载《人民日报》2016年3月10日。
④ 《习近平谈治国理政》，外文出版社2014年版。
⑤ 《习近平在庆祝"五一"国际劳动节大会上的讲话》，http：//www.xinhuanet.com/politics/2015-04/28/c_1115120734.html，2015-04-28。

前发达国家大约80%的消费率相比,当前我国消费仍不充分,总体消费水平还不高。另一方面,资本形成率在不断增加,造成需求结构不平衡,产能过剩,投资效益不断下降。不仅如此,投资结构也存在不平衡,基本建设投资和房地产投资扩大,刺激了对钢铁水泥等的投资,造成钢铁、水泥、电解铝等高消耗、高排放行业产能过剩尤为突出。其次,居民消费不平衡。这不仅体现在城镇居民家庭人均年消费支出和农村居民人均年度消费支出方面存在较大不平衡,而且表现在城镇和农村居民教育文化娱乐、医疗保健以及家庭设备用品及服务的支出也存在较大的不平衡。据国家统计局公布数据,2016年城镇居民人均年消费性支出为23078.9元,而农村居民人均年消费支出为10129.80元。在医疗保健消费支出方面,2016年城镇居民人均年消费支出为1630.80元,而农村居民人均年消费支出为929.20元。

(五) 当前我国社会再生产环节存在不协调问题

当前我国生产关系不协调还表现在再生产过程的生产和消费、供给和需求不协调方面,这个问题的根本在于投资到传统产业的资本多、投资于新技术产业不足;投资于虚拟经济的过多、投资于实体经济不足;盈利性资本投入多、公益性资本投入少,造成我国创新能力不够强,实体经济发展不足,发展质量和效益不高,导致投资品和低档消费品产能过剩,中高档消费品不足,致使"群众在就业、教育、医疗、居住、养老等方面面临不少难题"。①

总之,由于当前我国仍然存在着不平衡不协调,其反作用造成生产力发展的不平衡不充分。因此,为了促进生产力的发展,我国需要全面深化改革,不断完善中国特色社会主义生产关系。

三、构建新时代中国特色社会主义系统完备、科学规范的生产关系

新时代中国特色社会主义生产力水平总体显著提高决定了生产关系更加完善的发展状况,但是我国当前的生产关系仍然是不平衡不协调的,其反作用造成生产力发展不平衡不充分,难以满足人民日益增长的美好生活需要,形成了人民日益增长的美好生活需要和生产力发展不平衡不充分的主要矛盾,因此,为了解决新时代中国特色社会主义面对的主要矛盾,习近平总书记指出,我们要全面深化改革,"坚决破除一切不合时宜的思想观念和体制机制

---

① 习近平:《决胜全面建成小康社会　夺取新时代中国特色社会主义伟大胜利》,人民出版社2017年版,第12页。

第七章　习近平新时代中国特色社会主义生产关系和经济制度理论

弊端，突破利益固化的藩篱，吸收人类文明有益成果，构建系统完备、科学规范、运行有效的制度体系，充分发挥我国社会主义制度优越性"。① 为此，在经济领域，我们要全面深化中国特色社会主义经济制度改革，构建系统完备、科学规范的新时代生产关系，实现人的全面发展和共同富裕。这里，系统完备的生产关系体现在再生产各环节生产关系建设的全面性、系统性和整体性，科学规范的生产关系体现在协调的直接生产关系、共享的分配关系、平等的市场关系和全面升级的消费关系。实际上，新时代解决生产关系不平衡不充分问题的同时也是构建系统完备、科学规范生产关系的过程，解决生产关系的不平衡不充分与实现系统完备、科学规范发展同时并存，正是这一矛盾的辩证运动推动着新时代中国特色社会主义经济高质量发展。

（一）新时代中国特色社会主义直接生产过程的协调发展

直接生产过程的生产关系是中国特色社会主义生产关系的根本和关键，因此，新时代中国特色社会主义生产关系要以新发展理念为指导，实现协调发展。首先，劳动关系和谐发展。我们要以新发展理念为指导，"要最大限度增加和谐因素、最大限度减少不和谐因素，构建和发展和谐劳动关系"②，要通过"完善政府、工会、企业共同参与的协商协调机制，构建和谐劳动关系"③。其次，各类资本关系要协调发展。新时代我们要坚持以高质量发展为目标，深入推进供给侧结构性改革，协调发展各类资本的关系，建立现代经济体系。为此，我们要增加实体经济各类资本投资，"把提高供给体系质量作为主攻方向，显著增强我国经济质量优势"④，要通过"优化存量资源配置，扩大优质增量供给，实现供需动态平衡"⑤，从而推动各种经济成分资本的协调发展。

（二）新时代中国特色社会主义共享的分配关系

新时代中国特色社会主义逐步建立共享的分配关系，这是新时代中国特色社会主义的目标，也是分配环节遵循的基本原则。首先，共享分配关系体现在全体人民共同富裕的目标上。在2035年我国将实现"人民生活更为宽裕，中等收入群体比例明显提高，城乡区域发展差距和居民生活水平差距显著缩小，基

---

① 习近平：《决胜全面建成小康社会　夺取新时代中国特色社会主义伟大胜利》，人民出版社2017年版，第21页。
② 《中共中央国务院关于构建和谐劳动关系的意见》，载《人民日报》2015年4月9日。
③ 《中共中央国务院关于构建和谐劳动关系的意见》，载《光明日报》2015年4月23日。
④ 习近平：《决胜全面建成小康社会　夺取新时代中国特色社会主义伟大胜利》，人民出版社2017年版，第30页。
⑤ 习近平：《决胜全面建成小康社会　夺取新时代中国特色社会主义伟大胜利》，人民出版社2017年版，第31页。

本公共服务均等化基本实现，全体人民共同富裕迈出坚实步伐"①。到本世纪中叶，"全体人民共同富裕基本实现，我国人民将享有更加幸福安康的生活"②。其次，共享分配体现在初次分配层次。第一，体现在初次分配的要素依据方面。党的十九大报告指出："坚持按劳分配原则，完善按要素分配的体制机制，促进收入分配更合理、更有序。"③ 这一方面要求我们坚持按劳分配和按生产要素分配相结合，共同分享产品价值；另一方面需要完善按要素分配的体制机制，促进新时代中国特色社会主义收入分配更合理、更有序。第二，体现在初次分配的收入增长方面。在初次分配中增长收入上强调共享，"坚持在经济增长的同时实现居民收入同步增长、在劳动生产率提高的同时实现劳动报酬同步提高"④。最后，政府通过再分配职能实现共同富裕。党的十九大报告指出，新时代条件下要"履行好政府再分配调节职能，加快推进基本公共服务均等化，缩小收入分配差距"⑤。在全面建成小康社会阶段，尤其要"坚决打赢农村贫困人口脱贫攻坚战"，只有"深入开展脱贫攻坚，保证全体人民在共建共享发展中有更多获得感，不断促进人的全面发展、全体人民共同富裕"⑥。

（三）新时代中国特色社会主义平等的交换关系

新时代中国特色社会主义"要以完善产权制度改革和要素市场配置为重点"深化市场经济体制改革，以"使市场在资源配置中起决定性作用，更好地发挥政府的作用"。为此，首先，要完善产权制度使市场主体有明晰的、平等的产权。党的十八届三中全会提出，公有制经济财产权不可侵犯，非公有制经济财产权同样不可侵犯。新时代要切实完善产权制度，实现各类经济主体产权平等，为建立平等的交换关系提供根本制度保证。其次，建立统一开放、竞争公平有序和要素自由流动的市场。市场的统一开放、竞争公平有序和要素自由

---

① 习近平：《决胜全面建成小康社会 夺取新时代中国特色社会主义伟大胜利》，人民出版社2017年版，第28页。

② 习近平：《决胜全面建成小康社会 夺取新时代中国特色社会主义伟大胜利》，人民出版社2017年版，第29页。

③ 习近平：《决胜全面建成小康社会 夺取新时代中国特色社会主义伟大胜利》，人民出版社2017年版，第46页。

④ 习近平：《决胜全面建成小康社会 夺取新时代中国特色社会主义伟大胜利》，人民出版社2017年版，第46~47页。

⑤ 习近平：《决胜全面建成小康社会 夺取新时代中国特色社会主义伟大胜利》，人民出版社2017年版，第47页。

⑥ 习近平：《决胜全面建成小康社会 夺取新时代中国特色社会主义伟大胜利》，人民出版社2017年版，第23页。

流动是市场机制发挥作用的必要前提。为此,我国要"全面实施市场准入负面清单制度,清理废除妨碍统一市场和公平竞争的各种规定和做法"①"要深化商事制度改革,打破行政性垄断,防止市场垄断,加快要素价格市场化改革,放宽服务业准入限制"②,最大限度减少政府对企业经营的干预,推动要素自由流动,从而"破除妨碍劳动力、人才社会性流动的体制机制弊端,使人人都有通过辛勤劳动实现自身发展的机会"。③ 最后,创新和完善宏观调控。为了"更好发挥政府作用",要"创新和完善宏观调控,发挥国家发展规划的战略导向作用,健全财政、货币、产业、区域等经济政策协调机制"④,保持宏观经济稳定,推动经济社会可持续发展,实现全体人民共同富裕。

(四)新时代中国特色社会主义全面升级的消费关系

党的十九大报告明确将满足人民日益增长的美好生活需要作为新时代中国特色社会主义生产的目的。当然,新时代美好生活需要是全方位的、多层次和多样化的,但满足人民日益增长的物质文化生活需要是最基本、最主要的目的。这突出反映了新时代中国特色社会主义消费关系是以人民利益为中心的全面、升级的消费关系。首先,新时代中国特色社会主义获得全面发展的消费。新时代中国特色社会主义将增进民生福祉作为发展的根本目的,为此,"完善促进消费的体制机制"⑤,深入推进文化、体育、养老、电信等方面服务体制改革,使得全体人民获得全面发展的消费品和服务。其次,新时代中国特色社会主义获得升级的消费。新时代条件下,为了实现消费者日益增长的美好物质文化生活需要,我们要在高质量发展阶段,坚持以人民为中心的发展思想,不断创新消费品生产,满足人民不断升级的消费需要,促进人的全面发展。

四、全面认识新时代中国特色社会主义生产关系特征的意义

全面认识新时代中国特色社会主义生产关系特征,对深入学习、领会和贯彻习近平新时代中国特色社会主义经济思想具有重要的理论和现实意义。

---

① 习近平:《决胜全面建成小康社会 夺取新时代中国特色社会主义伟大胜利》,人民出版社2017年版,第33~34页。
② 习近平:《决胜全面建成小康社会 夺取新时代中国特色社会主义伟大胜利》,人民出版社2017年版,第34页。
③ 习近平:《决胜全面建成小康社会 夺取新时代中国特色社会主义伟大胜利》,人民出版社2017年版,第46页。
④⑤ 习近平:《决胜全面建成小康社会 夺取新时代中国特色社会主义伟大胜利》,人民出版社2017年版,第34页。

新时代中国特色社会主义生产关系已经更加完善，但当前仍然存在不协调不平衡问题，因此，要通过全面深化生产关系改革构建系统完备、科学规范的新时代中国特色社会主义生产关系，这是新时代中国特色社会主义生产关系的特征。全面正确地把握新时代中国特色社会主义生产关系的特征具有重要的理论意义。首先，全面正确地把握新时代中国特色社会主义生产关系特征是准确把握新时代中国特色社会主义生产关系理论及其科学性的基础；其次，全面正确地把握新时代中国特色社会主义生产关系特征是全面理解习近平新时代中国特色社会主义思想的根本理论基础；最后，全面正确地把握新时代中国特色社会主义生产关系特征是我们准确理解习近平新时代中国特色社会主义思想是马克思主义中国化的最新理论成果，是对科学社会主义理论丰富和发展的基础。

全面正确地把握新时代中国特色社会主义生产关系特征具有重要的现实意义。首先，只有正确地把握新时代中国特色社会主义生产关系特征，才能从理论和实践方面正确认识新时代中国特色社会主义是"什么样的中国特色社会主义"。其次，只有正确把握新时代中国特色社会主义特征，才能理解生产力发展不平衡不充分的原因，找出解决主要矛盾的着眼点在于生产关系的全面深化改革。最后，只有正确地理解新时代中国特色社会主义生产关系特征，才能高度重视全面深化改革的重要意义，才能自觉地贯彻落实新时代中国特色社会主义的基本路线、基本方略，不断增强工作的自觉性、创造性，并在新时代中国特色社会主义新发展理念的指导下，更好地推动新时代中国特色社会主义生产关系的科学发展。

第二节　党的领导的根本制度和经济制度体系

习近平总书记指出："中国特色社会主义制度是一个严密完整的科学制度体系，起四梁八柱作用的是根本制度、基本制度、重要制度，其中具有统领地位的是党的领导制度。党的领导制度是我国的根本领导制度。"[①] 习近平总书记的重要论述是构建中国经济制度学术体系的指导思想，为中国经济制度的学术体系和理论体系确定了基本架构。

---

① 习近平：《坚持和完善中国特色社会主义制度　推进国家治理体系和治理能力现代化》，载《求是》2020年1期。

第七章　习近平新时代中国特色社会主义生产关系和经济制度理论

一、中国特色社会主义经济的根本领导制度：党的领导

中国共产党领导中国人民以马克思主义为指导，坚持把马克思主义普遍原理与中国实际相结合，不断探寻中国革命和建设的规律，特别是探索中国特色社会主义经济制度建立、发展并走向成熟的规律，取得了中国举世瞩目的伟大成就。中国革命和建设的伟大实践已经证明，党的领导制度是中国特色社会主义经济的根本制度，这是中国特色社会主义的实现规律。

（一）人类社会发展的客观规律与客观规律的实现过程

人类社会运动与自然界物质运动有所不同。自然界物质运动的客观规律与人类主观行为无关，而人类社会发展的客观规律则是要通过人类社会的主观行为来实现的。这种人类社会发展的客观规律的实现过程，也有着自身的实现规律。

马克思主义认为，就人类社会发展的客观规律而言，经济是决定因素，经济基础决定上层建筑；另外，经济基础的变革、巩固和发展，不可能自发地实现，往往需要通过上层建筑的主导来实现和完成。这是人类社会发展的实现规律。

例如，经济基础的变革往往需要在"领导阶级"的带领下通过"暴力"革命的方式来实现。恩格斯指出："暴力在历史中还起着另外一种作用，革命的作用；暴力，用马克思的话说，是每一个孕育着新社会的旧社会的助产婆；它是社会运动借以为自己开辟道路并摧毁僵化的垂死的政治形式的工具。"① 资本主义生产方式的建立过程，正是"利用国家权力，也就是利用集中的、有组织的社会暴力，来大力促进从封建生产方式向资本主义生产方式的转化过程"②。同样，资本主义社会向社会主义社会过渡，也要通过无产阶级的斗争来实现，要通过暴力革命的方式来实现。在中国共产党领导的中国新民主主义革命中，众所周知"枪杆子里面出政权"③，"政权是由枪杆子中取得的"④。正是中国共产党领导中国人民进行武装斗争，才取得了新民主主义革命的胜利。这就是中国革命过程的实现规律，只有遵循这个规律，革命才能取得胜利。

---

① 《马克思恩格斯选集》（第3卷），人民出版社1995年版，第527页。
② 《马克思恩格斯选集》（第2卷），人民出版社1995年版，第226页。
③ 《毛泽东军事文集》（第2卷），军事科学出版社、中央文献出版社1993年版，第421页。
④ 《建党以来重要文献选编（1921~1949）》（第四册），中央文献出版社2011年版，第393页。

同样，当新的经济基础建立后，其发展和巩固也需要通过上层建筑发挥主导作用来实现和完成。斯大林指出："上层建筑一出现，就成为极大的积极力量，积极促进自己基础的形成和巩固，采取一切办法帮助新制度去根除，去消灭旧基础和旧阶级。不这样是不可能的。基础创立上层建筑，就是要上层建筑为它服务，要上层建筑积极帮助它形成和巩固，要上层建筑为消灭已经过时的旧基础及其旧上层建筑而积极斗争。"①

中国共产党领导中国人民取得新民主主义革命胜利后，发挥了上层建筑对于经济基础的反作用，建立和发展了社会主义经济制度。正是中国共产党领导中国人民，经过对农业、手工业和资本主义工商业进行社会主义改造，建立了社会主义经济制度；也正是在中国共产党的领导下制定了一系列推进社会主义建设和改革的政策，不断巩固和发展了社会主义经济制度。中国共产党领导下建立、巩固和发展社会主义经济制度，是中国社会主义革命和建设的实现规律，只有遵循这个规律，中国社会主义建设才能不断取得胜利。

（二）党的领导是中国特色社会主义经济的根本领导制度

我国建设社会主义现代化强国的伟大事业，只有在中国共产党的领导下才能胜利实现，只有遵循这个规律，中国特色社会主义建设的伟大事业才能取得胜利。党的领导制度是我国的根本领导制度，也是中国特色社会主义经济制度体系的根本领导制度。

党的领导保证社会主义制度。习近平总书记指出："中国共产党领导是中国特色社会主义最本质的特征。"② 这深刻地指明了中国共产党的领导和中国特色社会主义制度是不可分割的统一整体。只有坚持中国共产党的领导，才能建立和发展中国特色社会主义制度。没有中国共产党的领导，就没有中国特色社会主义制度。历史实践已经证明，正是在中国共产党的领导下，我国建立了中国特色社会主义制度，不断推进中国特色社会主义建设事业从胜利走向胜利。站在新的历史起点，党的领导是坚持和发展中国特色社会主义制度的根本政治保证。只有坚持党的领导，才能不断彰显中国特色社会主义制度的优势，开辟中国特色社会主义事业发展新境界。

党的领导保证人民利益。中国共产党代表中国最广大人民的根本利益，因此，中国共产党始终为人民利益而努力奋斗。纵观中国共产党领导中国人民进行新民主主义革命、社会主义建设以及推进社会主义改革的各个发展阶

---

① 斯大林：《马克思主义与语言学问题》，人民出版社1971年版，第4页。
② 《习近平谈治国理政》（第二卷），外文出版社2017年版，第18页。

段，都始终将人民的利益放在首位。进入新时代，广大人民对美好生活的追求更加强烈，"人民对美好生活的向往，就是我们的奋斗目标"。①中国共产党将人民利益摆在至高无上的地位，为切实满足人民群众对美好生活的向往提供了坚实的保证。

党的领导保证改革开放。中国特色社会主义改革开放的实践证明，坚持中国共产党的领导是改革开放成功的根本保证。习近平总书记指出："正是因为始终坚持党的集中统一领导，我们才能实现伟大历史转折、开启改革开放新时期和中华民族伟大复兴新征程。"② 这是因为，在中国共产党的领导下，我国始终坚持社会主义制度的"四梁八柱"，保证改革开放的社会主义方向。中国共产党根据中国社会主义建设和改革实践不断进行理论创新，为我国改革开放提供了科学的理论指导。在中国共产党的领导下，我国不断改革制约社会主义发展的体制和机制，构建解放和发展生产力的制度和体制。在新时代条件下，我国面临着更多的深层次矛盾和问题，因此，"必须坚持党对一切工作的领导，不断加强和改善党的领导"③，才能全面深化改革，扩大开放，在新时代的伟大斗争中取得新的更大的胜利。

党的领导保证全国一盘棋，资源的高效配置。首先，中国共产党的初心和使命是为中国人民谋幸福，为中华民族谋复兴，这与广大人民群众的根本利益是一致的，获得人民群众的广泛支持，因此，党中央政令畅通，各级组织步调一致、相互协调，实现全国一盘棋。其次，"党的领导必须是全面的、系统的、整体的"④，体现在政治、经济、文化建设等各个方面。在党中央统一指挥、统一协调、统一调度下，能把各个方面力量凝聚起来，充分发挥各个方面的积极性，有效组织各项工作，成功应对一系列重大风险挑战。正是在党中央的集中统一领导下，坚持全国一盘棋，集合人力物力财力各类资源，凝聚各方面智慧和力量，实现资源的高效优质配置，突出集中力量办大事的显著优势，推动中国特色社会主义现代化建设不断取得新的"奇迹"。

党的领导制度是我国的根本领导制度，也是中国特色社会主义经济制度体系的根本领导制度。我国建设社会主义现代化强国的伟大事业，只有在中国共产党的领导下才能胜利实现。

---

① 《习近平谈治国理政》，外文出版社2014年版，第424页。
②③ 习近平：《在庆祝改革开放40周年大会上的讲话》，载《人民日报》2018年12月19日。
④ 《习近平关于"不忘初心、牢记使命"论述摘编》，中央文献出版社、党建读物出版社2019年版，第119页。

二、中国特色社会主义的基本经济制度

中共十九届四中全会《中共中央关于坚持和完善中国特色社会主义制度 推进国家治理体系和治理能力现代化若干重大问题的决定》明确指出：中国特色社会主义的基本经济制度包含"公有制为主体、多种所有制经济共同发展，按劳分配为主体、多种分配方式并存，社会主义市场经济体制等"。[①]基本经济制度是中国特色社会主义经济制度体系的基础。

（一）公有制为主体、多种所有制经济共同发展的所有制结构

中国特色社会主义坚持公有制为主体、多种所有制经济共同发展的所有制结构，这既坚持了马克思科学社会主义的基本原则，又适应了我国生产力发展的基本状况。特别是中国特色社会主义进入新时代，我国生产力状况呈现出总体上显著提升基础上的多层次发展。这样的生产力状况决定了公有制为主体、多种所有制经济更加稳定、更趋成熟。首先，生产力总体显著提高使得我国生产技术条件和生产社会条件都有了质的提升，这为以公有制经济为主体稳定发展奠定了坚实的基础。其次，我国生产力水平发展还呈现的不平衡、不充分状况要求发展多种所有制。这种不平衡、不充分体现在高新技术与大量的手工工具并存，这就要求建立与之相适应的多种所有制形式，即以手工工具为基础的生产需要建立个体劳动的生产方式和个人所有制，以机器为基础的生产需要建立分工和协作的劳动生产方式和私人所有制或合作制，而对于那些以高新技术为基础的行业以及关系国民经济命脉的重要行业和关键领域则需要发展国有制，从而形成适应我国生产力多层次状况的多种所有制结构。因此，坚持和完善公有制为主体、多种所有制经济共同发展的所有制结构，是我国以马克思主义为指导，立足中国基本国情进行的创新性探索，是对马克思社会主义所有制理论的丰富和发展。

坚持和完善公有制经济为主体，就要求我们坚持公有制经济"质"和"量"的主体地位，坚持国有经济对关系国民经济命脉的重要行业和关键领域的有效控制力，发挥国有经济的主导作用。以工业领域为例，2017年全国国有及国有控股工业企业的实收资本为109865.30亿元，占当年全国规模以上工业企业实收资本251175.32亿元的43%。2018年全国国有及国有控股工

[①] 《中共中央关于坚持和完善中国特色社会主义制度　推进国家治理体系和治理能力现代化若干重大问题的决定》，人民出版社2019年版，第18页。

业企业的资产为43.99万亿元，约占规模以上工业企业资产113.44万亿元比重为39%。不仅如此，国有及国有控股经济在工业中的石油和天然气开采业、黑色金属矿采选业、石油加工炼焦和核燃料加工业、黑色金属冶炼和压延加工业、铁路船舶航空航天和其他运输设备制造业、电力热力生产和供应业、燃气生产和供应业以及水的生产和供应业等关系国民经济命脉的重要行业和关键领域仍然占有支配地位。

同时，我们要鼓励、支持、引导非公有制经济发展。改革开放以来，我国非公有制经济获得了长足的发展。据统计，到了2017年，规模以上工业企业实收资本为251175.32亿元，其中法人资本为82115.33亿元，个人资本为49482.81亿元，港澳台资本为13230.44亿元，外商资本为22624.50亿元，非公有资本占全部规模以上工业企业实收资本的比重（除去法人资本169060亿元）为50%，同时，"2018年，非公私营单位吸纳就业人口数量达2.44亿人"①。可见，非公有制经济不仅在实收资本有了很大的增加，而且在推动我国经济增长、增加就业等方面发挥了重要的作用。

在我国社会主义初级阶段，公有制经济和非公有制经济相得益彰、相辅相成，是适合我国的基本经济制度。

（二）按劳分配为主体、多种分配方式并存的分配制度

按劳分配为主体、多种分配方式并存的分配制度，根本上说是由公有制为主体、多种所有制经济共同发展的所有制结构决定的。首先，按劳分配是由社会主义公有制经济决定的。社会主义是以公有制经济为基础的社会形态，生产资料公有制决定了劳动者只能凭借自己的劳动获取报酬。由于社会分工的存在，生产资料公有制下的分配方式表现为按劳分配，即按照劳动的数量与质量进行分配。其次，多种分配方式并存是由多种所有制共同发展的所有制结构决定的。社会主义初级阶段，非公有制经济对应的分配方式是按要素分配，即按照要素所有权进行分配。马克思认为，劳动、劳动对象和劳动资料共同构成生产的三要素。"正是由于生产的三要素构成使用价值（物质财富）的源泉，而使用价值是价值的物质载体，正是由于非劳动生产要素是生产过程不可缺少的条件，因此，在有生产要素所有权存在的经济制度中，各种生产要素的所有者都有权参与社会财富的分配。"② 按要素分配有利于调动

---

① 谢华育：《中国特色社会主义基本经济制度的科学制度体系特征》，载《上海经济研究》2020年第1期。

② 白暴力：《"按要素分配"的自然基础、社会原因和量的边界》，载《福建论坛（人文社会科学版）》2004年第9期。

生产要素主体的积极性，促进生产力的发展。

当前，我国收入分配制度坚持按劳分配为主体，遵循按劳分配、多劳多得的原则，同时允许和鼓励其他生产要素参与分配，极大地调动了各方面积极性，使得收入水平不断提高，收入结构持续优化。据统计，2019年，全国居民人均可支配收入为30733元，其中，全国居民人均工资性收入为17186元，增长8.6%，占可支配收入的比重为55.9%；人均经营净收入为5247元，增长8.1%，占可支配收入的比重为17.1%；人均财产净收入为2619元，增长10.1%，占可支配收入的比重为8.5%。① 工资性收入是我国主体性收入来源，按劳分配是我国主导性分配方式，其他收入来源在可支配收入中的比重不断增加。按劳分配为主体、多种分配方式并存的制度是适合我国国情的、有利于实现公平与效率有机统一的分配制度。

（三）社会主义市场经济体制

坚持和完善社会主义市场经济体制是由我国基本国情决定的。首先，社会主义市场经济"将社会主义基本制度的优越性与市场经济体制的优越性有机融合起来，使之在发展社会生产力方面发挥出巨大的'合力'作用"。② 社会主义初级阶段生产力状况决定了我国要建立社会主义制度和市场经济有机结合的社会主义市场经济体制。社会主义初级阶段的生产力状况决定了我国要坚持公有制为主体、多种所有制经济共同发展的所有制结构，这样的生产资料所有制结构决定了不同的经济主体在进行劳动交换时，要通过发展市场经济来实现。只有坚持和完善社会主义市场经济体制，才能发挥社会主义制度的优越性，最大限度发挥市场经济资源配置的效率，解放和发展生产力。

其次，中国特色社会主义基本国情决定了既要"充分发挥市场在资源配置中的决定性作用，又要更好发挥政府作用"③。市场经济是实现资源有效配置的重要形式，中国特色社会主义市场经济建设实践证明了市场经济极大地促进了社会生产力发展。但由于市场经济"也存在着自发性、盲目性、投机性、短期性、滞后性、不完全性和容易导致垄断行为等弱点"④，因此，需要政府更好地发挥作用，通过经济总量与经济结构的均衡发展推动社会经济健康运行。不仅如此，更好发挥政府作用也是中国特色社会主义发

---

① 统计局：《2019年居民人均可支配收入首超3万》，http://www.chinanews.com/cj/2020/01-17/9062368.html，2020-01-17。
②④ 习近平：《对发展社会主义市场经济的再认识》，载《东南学术》2001年第4期。
③ 《习近平关于全面深化改革论述摘编》，中央文献出版社2014年版，第136页。

展的内在需要。只有将市场经济和政府调控有机结合起来,才能极大地推动生产力发展。

我们要坚持社会主义市场经济的改革方向,以新发展理念为指导,更加尊重市场经济的一般规律,努力创新和健全宏观调控,构建更加系统完备、更加成熟定型的高水平社会主义市场经济体制。

三、中国特色社会主义的重要经济制度

中国特色社会主义重要经济制度是由党的领导制度和基本经济制度派生的,同时也是贯彻、执行和实现根本制度和基本经济制度的具体经济制度。这些重要制度主要包括:宏观经济管理的相关经济制度,如宏观调控制度、金融制度、财政制度、国民收入再分配制度、国有资产监管体制和政府科技管理制度等;社会经济微观主体的相关经济制度,如中国特色现代企业制度、现代产权制度、农村基本经营制度等;市场及其运行的相关经济制度,如要素市场制度、公平竞争制度、知识产权制度等;国际经济的相关经济制度,如国际宏观经济政策协调机制、外商投资管理制度等。这里,仅以下面几个重要制度为例给予说明。对重要制度的全面讨论,我们将另著论述。

宏观调控制度。党中央根据中国特色社会主义面临的新矛盾和宏观经济运行面临的新问题,提出要健全中国特色社会主义宏观调控制度。首先,中国特色社会主义宏观调控制度要坚持党的领导,"党的坚强有力领导是政府发挥作用的根本保证"。[①] 在新时代条件下,我们党需要不断创新领导我国经济改革和发展的方式方法,不断提高党把握改革方向、谋划经济发展大局,制定经济改革发展的长远战略和有效政策的能力,为新时代中国经济改革和发展的航船定好向、掌好舵。其次,要健全财政、货币、产业和区域等政策,准确把握财政、货币等政策拿捏的精度、力度和效度,推动各类政策相互协调发展。

现代产权制度。习近平总书记讲到:我国的"经济体制改革必须以完善产权制度和要素市场化配置为重点"[②],为此,我们"必须加强产权保护,健全现代产权制度"[③],特别要加强土地产权、自然资源产权和知识产权等制度

[①] 《习近平谈治国理政》,外文出版社2014年版,第118页。

[②] 习近平:《决胜全面建成小康社会 夺取新时代中国特色社会主义伟大胜利》,人民出版社2017年版,第33页。

[③] 《习近平谈治国理政》(第二卷),外文出版社2017年版,第369页。

建设。具体地说，要完善土地产权制度，"坚持农村土地农民集体所有""强化对土地承包经营权的物权保护，完善土地承包经营权权能"①。随着我国农业生产关系的发展，土地承包权同经营权发生分离，"要完善承包地'三权分置'制度"②；要完善自然资源产权制度，建立统一的自然资源所有权管理体制，"落实全民所有自然资源资产所有权"③；要完善知识产权制度，"完善知识产权运用和保护机制，激发科研人员创新活力"④，"依法惩治侵犯知识产权和科技成果的违法犯罪行为"⑤。

科技创新体制。加快建设创新型国家，是我国由发展中大国迈向现代化强国的内在要求。当前，我国科技进步有力推动了产品创新和产业转型升级。但是，"同建设世界科技强国的目标相比，我国发展还面临重大科技瓶颈，关键领域核心技术受制于人的格局没有从根本上改变"⑥。因此，党中央提出要完善科技创新体制机制。具体地说，要强化国家科技战略力量，构建社会主义市场经济条件下关键核心技术攻关新型举国体制⑦；逐步建立以市场为导向、企业为主体、实现产学研深度融合的科技创新体制，创新科技成果转化机制；完善科技人才发现、培养、引进、使用的激励机制，健全符合科研规律的科技管理体制，改进科技人才评价体系。

要素市场制度。提高要素资源的配置效率是推动经济发展的重要途径。因此，我国要"推进要素市场制度建设"。首先，要完善要素市场价格的决定和管理等制度。要完善地价、工资等决定制度，"引导市场主体依法合理行使要素定价自主权，推动政府定价机制由制定具体价格水平向制定定价规则转变"。其次，要健全要素市场运行的制度。要健全要素市场交易平台，"制定土地、技术市场交易管理制度""加强反垄断和反不正当竞争执法"⑧，加强信用体系建设，健全交易风险防范处置机制。最后，要根据土地、劳动

---

① 《论坚持全面深化改革》，中央文献出版社2018年版，第71页。
② 《论坚持全面深化改革》，中央文献出版社2018年版，第398页。
③ 《习近平谈治国理政》，外文出版社2014年版，第85页。
④ 中共中央文献研究室：《习近平关于社会主义经济建设论述摘编》，中央文献出版社2017年版，第131页。
⑤ 中共中央文献研究室：《习近平关于社会主义经济建设论述摘编》，中央文献出版社2017年版，第130页。
⑥ 《习近平谈治国理政》（第二卷），外文出版社2017年版，第268页。
⑦ 《中共中央关于坚持和完善中国特色社会主义制度 推进国家治理体系和治理能力现代化若干重大问题的决定》，载《人民日报》2019年11月6日。
⑧ 《中共中央国务院关于构建更加完善的要素市场化配置体制机制的意见》，载《人民日报》2020年4月10日。

力、资本、技术、数据等不同要素属性、市场化程度差异和经济社会发展需要，分类完善要素市场化配置制度。总之，要通过完善要素市场制度，为促进要素自主有序流动，提高要素配置效率，推动我国经济高质量发展奠定坚实的制度基础。

四、中国特色社会主义经济制度体系

中国特色社会主义经济制度体系由根本制度、基本经济制度和重要经济制度相互联系、相互作用、共同构成。根本制度在中国特色社会主义经济制度中起着顶层决定性、全域覆盖性和全局指导性作用，党的领导制度是中国特色社会主义经济的根本领导制度。基本经济制度，是我国经济基础的核心，体现国家经济生活的基本原则，对国家经济社会发展等发挥着重大作用。重要经济制度，是由党的领导制度和基本经济制度派生的，同时也贯彻、执行和推进着根本制度和基本经济制度，在国家经济治理领域中直接发挥着重要作用。健全和完善中国特色社会主义经济制度体系，是深入贯彻落实习近平新时代中国特色社会主义思想、把制度优势转化为国家治理效能的必然要求。因此，我国要"抓紧制定国家治理体系和治理能力现代化急需的制度、满足人民对美好生活新期待必备的制度"[1]，健全和完善中国特色社会主义经济制度体系。

第三节　中国特色社会主义所有制结构

"实行公有制为主体、多种所有制经济共同发展的基本经济制度，是中国共产党确立的一项大政方针，是中国特色社会主义制度的重要组成部分，也是完善社会主义市场经济体制的必然要求。"[2] 2016 年 3 月 4 日，习近平总书记在参加全国政协十二届四次会议民建、工商联界委员联组会时指出，公有制经济也好，非公有制经济也好，在发展过程中都有一些矛盾和问题，也面临着一些困难和挑战，需要我们一起来想办法解决。但是，不能一叶障目，不见泰山，攻其一点，不及其余。任何想把公有制经济否定掉或者想把非公有制经济否定掉的观点，都是不符合最广大人民根本利益的，都是不符合我国改革发

---

[1]《中共中央关于坚持和完善中国特色社会主义制度　推进国家治理体系和治理能力现代化若干重大问题的决定》，载《人民日报》2019 年 11 月 6 日。

[2]《习近平谈治国理政》（第二卷），外文出版社 2017 年版，第 258 页。

展要求的,因此也都是错误的。党的十九大报告再次重申"两个毫不动摇",表明了党和政府建设社会主义市场经济体制、全面深化经济体制改革的决心,也是建设社会主义市场经济体制的必然要求和对新中国成立以来经济发展经验教训的深刻总结。在坚持社会主义市场经济的征途上,既要毫不动摇巩固和发展公有制经济,又要毫不动摇鼓励、支持、引导非公有制经济发展。

一、毫不动摇巩固和发展公有制经济

《中共中央关于全面深化改革若干重大问题的决定》指出,"公有制主体地位不能动摇,国有经济主导作用不能动摇,这是保证我国各族人民共享发展成果的制度性保证,也是巩固党的执政地位、坚持我国社会主义制度的重要保证"。[1] 从马克思主义创始理论到毛泽东思想、邓小平理论、党中央文献和我国宪法一贯坚持和阐明的一个重要思想和原则就是:社会主义制度必须建立在生产资料公有制基础上。

(一) 社会主义必须实行生产资料公有制

生产资料公有制是指生产资料由联合劳动者共同所有、占有、支配和使用的所有制形式。社会主义初级阶段的公有制形式主要包括全民所有制、集体所有制、混合所有制经济和股份合作制中的国有成分和集体成分等。生产资料公有制是社会主义的根本经济特征,是社会主义经济制度的基础。

所有制是社会经济制度的基础。生产资料公有制是相对于生产资料私有制而言的。资本主义经济制度以资本主义私有制为基础,而社会主义经济制度则必须且只能建立在公有制的根基上。否则,就不会有社会主义经济,就不能彻底消灭剥削和两极分化,也就不会建立起社会主义经济制度。而有了社会主义制度,如果公有制这个根基被动摇了、挖空了,社会主义大厦也就会随之动摇和倒塌。因此,公有制对社会主义来说,不是可有可无、可要可不要。

马克思和恩格斯在《共产党宣言》和《论土地国有化》以及其他的论著中,论述了资产阶级私有制是资本主义经济制度的基础,而生产资料公有制是社会主义经济制度的基础问题。他们强调指出:资产阶级生存和统治的根本条件,是财富在私人手里的积累,是资本的形成和增殖。资产阶级私有制和雇佣劳动制是"资产阶级赖以生产和占有产品的基础"。马克思在《论土地国有化》中指出,土地国有化将彻底消灭雇佣劳动和资本的关系,并最终

---

[1] 《中共中央关于全面深化改革若干重大问题的决定》,载《人民日报》2013年11月16日。

完全消灭工业和农业中的资本主义生产。只有到那时，阶级差别和各种特权才会随着它们赖以存在的经济基础一同消失。即只有实行公有制才能挖掉剥削制度和剥削阶级赖以存在的经济基础。社会主义制度与资本主义制度最根本的、决定性的差别为：社会主义以公有制为基础，资本主义以私有制为基础。因此，发展和完善社会主义制度，必须首先发展和完善社会主义公有制。

我国宪法明确规定："中华人民共和国的社会主义经济制度的基础是生产资料的社会主义公有制，即全民所有制和劳动群众集体所有制。"党的十五大指出："我国是社会主义国家，必须坚持公有制作为社会主义经济制度的基础。"党的十六大再次强调指出："必须毫不动摇地巩固和发展公有制经济。"党的十九大更进一步指出，"必须坚持和完善我国社会主义基本经济制度和分配制度，毫不动摇巩固和发展公有制经济"①。由于我国还处于社会主义初级阶段，公有制只能是主体，而不能是全体，需要实行公有制为主体、多种所有制经济共同发展的初级阶段的基本经济制度。

实行生产资料公有制，是社会主义的本质要求。马克思、恩格斯认为，生产社会化不能不导致生产资料变为社会所有，导致"剥夺剥夺者"。随着社会生产力的发展，社会分工越来越细，生产专业化程度越来越高，各个生产部门的依赖性日益加强，分散的个体生产日益向大规模的社会分工和协作转变。这就必然要求社会化的生产资料占有、生产活动管理和产品分配。要解放生产力，发展生产力，就必须以生产资料公有制取代生产资料私有制。这是生产社会化发展的必然结果。社会主义本质，是解放生产力，发展生产力，消灭剥削，消除两极分化，最终达到共同富裕。要消灭剥削压迫和两极分化，就必须消灭私有制。而要真正彻底消灭私有制，就必须消灭私有制存在的客观依据。社会主义生产的目的是要实现全体人民的共同富裕，只有全体社会成员共同占有生产资料，没有剥削、没有压迫，彻底消灭了私有制，实行生产资料社会主义公有制，才能真正促进生产社会化的发展，真正体现社会主义的本质要求。

实行生产资料公有制，是实现社会主义国家整体利益、社会利益、长远利益的保证。在社会主义市场经济条件下，要实现多种利益关系的结合，需要处理好必要劳动和剩余劳动、必要产品和剩余产品的利益格局关系。目前我国仍然处在社会主义初级阶段，这是实行社会主义基本经济制度的理论和

---

① 习近平：《决胜全面建成小康社会 夺取新时代中国特色社会主义伟大胜利》，人民出版社2017年版，第21页。

现实依据。实行公有制为主体，国有经济为主导，多种所有制经济共同发展的基本经济制度，首先要巩固公有制的主体地位，而且要求国有经济对国民经济起主导作用，国家应控制国民经济命脉。我国是社会主义大国，社会主义公有制是社会主义制度的基础。

（二）巩固和发展公有制经济关系着中国特色社会主义的前途和命运

习近平总书记在中共中央政治局就马克思主义政治经济学基本原理和方法论进行第 28 次集体学习时强调，要坚持公有制主体地位不能动摇，国有经济主导作用不能动摇，这是保证我国各族人民共享发展成果的制度性保证，也是巩固党的执政地位、坚持我国社会主义制度的重要保证。社会主义经济制度，是以社会主义公有制为基础的社会主义生产关系的总和。在社会主义初级阶段，社会主义经济制度的各个方面，无论在制度上、体制上和运行机制上，还有许多方面不成熟和不完善，还处在探索完善的阶段。只有到了高级阶段，社会主义经济制度才能达到成熟阶段。

社会主义初级阶段的基本经济制度，在所有制结构上，是公有制为主体、多种所有制经济共同发展。在分配制度上，是以按劳分配为主体、多种分配方式并存。

我国宪法虽几经修订，但对社会主义经济制度的规定、对社会主义初级阶段基本经济制度的界定，始终都是清晰明确的："中华人民共和国社会主义经济制度的基础是生产资料的社会主义公有制，即全民所有制和劳动群众集体所有制。""在社会主义初级阶段，坚持公有制为主体、多种所有制经济共同发展的基本经济制度"。我国宪法表明，非公有制经济在公有制为主体的前提下属于"社会主义初级阶段的基本经济制度"范畴，而不属于"社会主义经济制度"范畴。这是由我国"初级阶段"国情决定的。

（三）正确理解公有制为主体和国有经济为主导

公有制为主体，包括国有经济、集体经济和混合所有制经济中的国有经济。从"量"的角度来看，公有制的主体地位首先表现为公有资产在全社会总资产中占优势，即国有经济、集体经济和混合所有制经济中的国有经济所构成的公有制经济在全国经济总量中要占优势。

国有经济为"主导"，主要体现在控制力上。国有经济起主导作用，不是体现在国有经济的总产值、就业人数、资本规模等"数"的方面，而是要看其"质"，看其对重要行业和关键领域的控制力上，看其能否影响行业的发展、能否带动整个产业链的发展和更新升级上。国有经济不仅要在关系国民经济命脉的重要行业和关键领域占支配地位，而且要引导、带动其他所有制经济健康发展，成为促进国民经济健康可持续发展的主导力量。

国有企业是国民经济的主导力量，是社会主义经济的重要支柱。无论是中央企业还是地方国有企业，在国民经济和地方经济中都占有绝对优势，国有企业是维护和巩固社会主义公有制性质、引领国家经济发展的主导力量。习近平总书记在2016年11月召开的全国国有企业党的建设工作会议上强调："要使国有企业成为党和国家最可信赖的依靠力量，成为坚决贯彻执行党中央决策部署的重要力量，成为贯彻新发展理念、全面深化改革的重要力量，成为实施'走出去'战略、'一带一路'建设等重大战略的重要力量，成为壮大综合国力、促进经济社会发展、保障和改善民生的重要力量，成为我们党赢得具有许多新的历史特点的伟大斗争胜利的重要力量。"① 国有企业是推动改革开放的主要力量，在改革开放过程中起过并继续起着重要作用，为我国经济建设、国防建设、社会建设和精神文明、生态文明建设作出了巨大贡献。国有企业还是改革成本的主要承担者、是社会责任的主要履行者，在调节国民经济运行、保持改革开放有序进行、建设重大工程项目、推动国家技术创新、支持公益事业、对外援助等方面起了重要作用。目前，我国的大型国有企业主要分布在关系国家安全和国民经济命脉的重要行业和关键领域，大多是电信、机械、石油开采、海运、航运、建筑、金融等支柱产业、基础行业和高新技术产业，在高铁、航天、载人深潜等领域具有较强的国际竞争力，是中国特色社会主义建设和改革开放的主力军、生力军。

社会主义国家的改革，必须坚持生产资料公有制，坚守社会主义方向，在"更好的政府作用"前提下，巩固和发展公有制经济，更好地坚持发展社会主义制度优越性、发挥党和政府的积极作用，推进理论、制度、科技、文化等各方面创新，防止两极分化，维护社会公平正义，构建有利于发展的市场环境、产权制度、投融资体制、人才培养制度等体制机制，发挥市场配置资源的决定性作用，真正为人民带来福祉，促进生产关系适合生产力发展。

二、毫不动摇鼓励、支持、引导非公有制经济发展

2016年3月4日，习近平总书记在看望全国政协民建、工商联界委员时指出，"我国是中国共产党领导的社会主义国家，公有制经济是长期以来在

---

① 《坚持党对国有企业的领导不动摇　开创国有企业党的建设新局面》，载《人民日报》2016年10月12日。

国家发展历程中形成的，为国家建设、国防安全、人民生活改善作出了突出贡献，是全体人民的宝贵财富，当然要让它发展好，继续为改革开放和现代化建设作出贡献"。① 我们强调把公有制经济巩固好、发展好，同鼓励、支持、引导非公有制经济发展不是对立的，而是有机统一的。公有制经济、非公有制经济应该相辅相成、相得益彰，而不是相互排斥、相互抵消。习近平总书记指出，我们党在坚持基本经济制度上的观点是明确的、一贯的，而且是不断深化的，从来没有动摇。"非公有制经济在我国经济社会发展中的地位和作用没有变，我们鼓励、支持、引导非公有制经济发展的方针政策没有变，我们致力于为非公有制经济发展营造良好环境和提供更多机会的方针政策没有变。"② 总书记强调的"三个没有变"是党和国家的大政方针。公有制经济和非公有制经济都是社会主义市场经济的重要组成部分，都是我国经济社会发展的重要基础。

生产力决定生产关系，生产关系一定要适合生产力的发展。社会主义性质决定公有制为主体，而我国社会主义初级阶段生产力水平发展呈现多层次、不平衡、不充分的特点，客观上要求多种生产资料的所有制形式与之相适应，才能促进生产力发展。单一的公有制不适合我国生产力发展，这是生产关系一定要适合生产力性质的普遍规律与我国社会主义初级阶段基本国情相结合、科学社会主义的基本原则与我国基本国情相结合的经济制度。

实行社会主义市场经济体制，是同社会主义基本经济制度结合在一起的。1981年中共中央《关于建国以来党的若干历史问题的决议》指出："国营和集体经济是我国基本的经济形式，一定范围的劳动者个体经济是公有制经济的必要的补充。"1984年《中共中央关于经济体制改革的决定》第一次系统阐述了"坚持多种经济形式和经营方式的共同发展，是我们长期的方针"。党的十三大明确提出鼓励发展个体经济、私营经济的方针。党的十四大提出，建立"以公有制包括全民所有制和集体所有制经济为主体，个体经济、私营经济、外资经济为补充、多种经济成分长期共同发展"的社会主义市场经济体制的方针。1993年《中共中央关于建立社会主义市场经济体制若干问题的决定》指出："在积极促进国有经济和集体经济发展的同时，鼓励个体、私营、外资经济发展。"第一次提出了鼓励非公有制经济发展的政策，为发展非公有制经济奠定了理论基础。党的十五大提出，一切符合"三个有利于"

---

① 习近平：《毫不动摇坚持我国基本经济制度 推动各种所有制经济健康发展》，载《人民日报》2016年3月9日。

② 《习近平谈治国理政》（第二卷），外文出版社2017年版，第259页。

的所有制形式都可以而且应该用来为社会主义服务，多种所有制经济共同发展是我国社会主义初级阶段的一项基本经济制度。党的十六大提出了必须"毫不动摇地巩固和发展公有制经济，毫不动摇地鼓励、支持和引导非公有制经济发展"。将坚持公有制为主导，促进非公有制经济发展，统一于社会主义现代化建设的进程中。2007年实施的《物权法》规定了国家、集体、私人的物权受法律的平等保护，使非公有制经济真正可以放心、放手、大胆地去发展。党的十七大提出"坚持平等保护物权，形成各种所有制经济平等竞争、相互促进新格局"。2005年1月《国务院关于鼓励支持和引导个体私营等非公有制经济发展的若干意见》出台，强调了个体私营等非公有制经济的平等市场主体和公平竞争的地位，从七个方面放宽市场准入，加大和完善对个体私营等非公有制经济的支持和服务。以上情况表明，党和国家关于个体私营等非公有制经济发展的基本理论、方针、政策已经基本形成。党的十八大提出，要毫不动摇鼓励、支持、引导非公有制经济发展，保证各种所有制经济依法平等使用生产要素、公平参与市场竞争、同等受到法律保护。党的十九大进一步肯定，要"毫不动摇巩固和发展公有制经济，毫不动摇鼓励、支持、引导非公有制经济发展，使市场在资源配置中起决定性作用，更好发挥政府作用"[①]。

在鼓励发展非公有制经济政策的推动下，非公企业数量和规模不断增长，我国许多新技术、新发明、新专利、新产品均来自民营企业和中小企业。民营经济已成为我国经济发展、技术创新、增加财政收入、扩大出口、吸纳就业的重要力量，为中国特色社会主义建设作出了重大贡献。毫不动摇地鼓励、支持、引导非公有制经济发展，体现了执政党与时俱进的经济主张。

三、正确认识和处理"两个毫不动摇"的关系

公有制经济和非公有制经济都是社会主义市场经济的重要组成部分，是我国经济社会发展的重要基础；国家保护各种所有制经济产权和合法利益，坚持权利平等、机会平等、规则平等，激发非公有制经济活力和创造力。要健全以公平为核心原则的产权保护制度，加强对各种所有制经济组织和自然人财产权的保护。正确认识和处理好"两个毫不动摇"的关系。

我国是社会主义国家，必须坚持公有制为主体。同时，我国处于社会主

---

① 习近平：《决胜全面建成小康社会 夺取新时代中国特色社会主义伟大胜利》，人民出版社2017年版，第21页。

义初级阶段，必须坚持多种所有制经济共同发展，积极鼓励和引导非公有制经济健康发展。不能只强调前者而不讲后者，也不能只强调后者而不讲前者，否则都会脱离社会主义初级阶段的实际，都不利于生产力的发展。我国社会主义初级阶段的所有制结构分为公有制经济与非公有制经济，明确公有制经济的主体地位，非公有制经济是社会主义市场经济的重要组成部分，是我国社会主义初级阶段生产力发展要求的必然反映，也是中国特色社会主义发展方向的体现。

我国在社会主义初级阶段建设中国特色社会主义，必须坚持社会主义基本经济制度，坚持公有制为主体、多种所有制经济共同发展。公有制经济包括国有经济、集体经济，以及在股份制、混合所有制经济中的国有和集体成分，公有制经济实现形式可以多种多样，其中也有民营的经营方式。坚持和完善基本经济制度、巩固和完善社会主义市场经济体制，加快发展社会主义市场经济，解放和发展生产力，推动经济更高质量更高效的发展，实现全体人民共同富裕的目标，必须坚持走中国特色社会主义道路。

处理"两个毫不动摇"关系，既要发展壮大公有制经济，包括国有经济、新型集体经济，又要发展非公有制经济。党的十八届三中全会指出，"公有制经济和非公有制经济都是社会主义市场经济的重要组成部分，都是我国经济社会发展的重要基础"①"我们强调把公有制经济巩固好、发展好，同鼓励、支持、引导非公有制经济发展不是对立的，而是有机统一的"。②发展公有制经济，对集体经济不要"淡化"或"边缘化"；发展非公有制经济不要走"国有、集体企业转制成为民营企业"的途径，应该按照党和国家关于发展非公有制经济的基本理论、方针、政策，名正言顺地大力发展非公有制经济，"公有制经济、非公有制经济应该相辅相成、相得益彰，而不是相互排斥、相互抵消"③。只有既毫不动摇巩固和发展公有制经济，又毫不动摇鼓励、支持、引导非公有制经济发展，才能真正坚持和完善社会主义初级阶段的基本经济制度。

四、深刻领会"两个毫不动摇"的重大意义

习近平总书记在党的十九大报告中指出，"必须坚持和完善我国社会主

---

① 《中共中央关于全面深化改革若干重大问题的决定》，载《人民日报》2013 年 11 月 16 日。
②③ 人民日报评论员：《鼓励支持引导非公经济发展从来没有动摇》，载《人民日报》2016 年 3 月 5 日。

义基本经济制度和分配制度，毫不动摇巩固和发展公有制经济，毫不动摇鼓励、支持、引导非公有制经济发展"①。这是我党对"两个毫不动摇"方针的再次重申。坚持"两个毫不动摇"，对于坚持和完善基本经济制度、促进公有制经济和非公有制经济共同发展、实现全面小康社会和建设现代化强国具有重要的历史和现实意义。

（一）"两个毫不动摇"为促进公有制经济与非公有制经济共同发展指明了方向

中国改革开放40多年，公有制经济与非公有制经济共同发展，在公有制经济主体地位进一步巩固的同时，非公有制经济已成为社会主义现代化建设的重要力量。只有坚持"两个毫不动摇"，才能巩固作为中国特色社会主义制度重要支柱的社会主义基本经济制度，才能夯实社会主义市场经济体制的根基。公有制经济与非公有制经济目标一致，各具优势，兼具竞争，相辅相成，共同服务于中国特色社会主义制度。

党的十九大指出，要"深化国有企业改革，发展混合所有制经济，培育具有全球竞争力的世界一流企业"②。我国国有企业经过改革、改组和加强管理，呈现出前所未有的活力和竞争力，国有经济的整体素质和竞争力进一步增强，国有资产保值增值、经济效益明显，为国民经济发展作出了重要贡献。在世界500强排名中，中国上榜企业大多数为国有和国有控股企业。非公有制经济也从无到有、从小到大发展起来了，非公企业产值比重、劳动力比重等已经占到了半壁江山，涌现出了华为、腾讯、阿里、百度、京东等一大批在国内外有影响的民营企业，在2017年全国制造业投资完成约19.4万亿元中，民间投资就贡献了约87%的份额。在被人们誉为中国"新四大发明"的高铁、移动支付、共享单车和网购中，除高铁外，其他三项都是由民营企业创新发展起来的。实践证明，有了"两个毫不动摇"的方针，我国民营经济才发展成为今天的强国经济、富民经济、创新经济、活力经济和开放经济，成为我国社会主义市场经济的重要组成部分和经济社会发展的重要基础。

在坚持毫不动摇巩固和发展公有制经济的同时，鼓励、支持、引导非公有制经济发展，不仅是我国经济社会发展的内在要求，也是当前解决中国种种经济问题的关键所在。

---

① 习近平：《决胜全面建成小康社会 夺取新时代中国特色社会主义伟大胜利》，人民出版社2017年版，第21页。

② 习近平：《决胜全面建成小康社会 夺取新时代中国特色社会主义伟大胜利》，人民出版社2017年版，第33页。

(二)"两个毫不动摇"是我国民营企业坚定发展的信心

《中共中央关于全面深化改革若干重大问题的决定》中关于"公有制财产不可侵犯,非公有制财产同样不可侵犯"的提出,以及中共中央、国务院《关于完善产权保护制度 依法保护产权的意见》和《关于营造企业家健康成长环境 弘扬优秀企业家精神 更好发挥企业家作用的意见》两个文件的出台,明确了平等保护、全面保护、依法保护、共同参与、标本兼治等原则,为民营经济营造公平竞争的市场环境,建立诚信经营的竞争氛围,鼓励创新、鼓励试错,激发企业家的积极性和主动性,创造了更加有利的制度环境。实践证明,只有坚持"两个毫不动摇",我国民营企业家面对任何风浪才有"主心骨",才能做到不动摇、不放弃、不懈怠,才能把企业做优做强做大。

"非公有制经济在我国经济社会发展中的地位和作用没有变,我们鼓励、支持、引导非公有制经济发展的方针政策没有变,我们致力于为非公有制经济发展营造良好环境和提供更多机会的方针政策没有变"[①]。从降成本、减负担到缩短行政审批时间、流程;从优化营商环境,到降低准入门槛;从注入金融活水,到促进创新发展,扶持民营经济发展的各种利好政策不断为企业注入活力、增强信心。

第四节 中国特色社会主义分配制度

以按劳分配为主体、多种分配方式并存的分配制度是由我国公有制为主体、多种所有制经济并存的所有制结构决定的。经过长期的努力,中国特色社会主义事业呈现出勃勃生机,社会发展步入新时代,习近平新时代中国特色社会主义经济思想形成和发展起来。收入分配既是生产资料所有制的直接反映,又是决定社会经济发展效率的终极因素。社会主义收入分配是民生之本、民生之源,是社会主义优越性的集中体现。习近平新时代中国特色社会主义收入分配理论认为,"坚持按劳分配原则,完善按要素分配的体制机制,促进收入分配更合理、更有序。鼓励勤劳守法致富,扩大中等收入群体,增加低收入者收入,调节过高收入,取缔非法收入。坚持在经济增长的同时实

---

① 人民日报评论员:《鼓励支持引导非公经济发展从来没有动摇》,载《人民日报》2016年3月5日。

现居民收入同步增长、在劳动生产率提高的同时实现劳动报酬同步提高。拓宽居民劳动收入和财产性收入渠道。履行好政府再分配调节职能，加快推进基本公共服务均等化，缩小收入分配差距"。① 习近平新时代中国特色社会主义收入分配理论是马克思主义中国化的最新成果，是对马克思主义的坚持与发展，也是中国共产党领导中国人民走出的一条崭新的发展之路。

党的十八大对收入分配问题科学的论述，将共享理念引入到收入分配理论之中，提出"实现发展成果由人民共享"。党的十九大进一步提出，要坚持按劳分配原则，完善按要素分配的体制机制，促进收入分配更合理、更有序。党在分配问题上的新探索中所取得的一系列理论突破，大多具体化为改革实践中相应分配机制和手段的健全，从而推动了中国特色社会主义收入分配制度的发展。

一、收入分配理论的核心是人民共享

人民主体是习近平新时代中国特色社会主义经济思想的核心要义。习近平总书记指出，"坚持以人民为中心的发展思想，这是马克思主义政治经济学的根本立场。要坚持把增进人民福祉、促进人的全面发展、朝着共同富裕方向稳步前进作为经济发展的出发点和落脚点，部署经济工作、制定经济政策、推动经济发展都要牢牢坚持这个根本立场"。② 习近平新时代中国特色社会主义收入分配理论始终贯穿人民主体。"全心全意为人民服务，是我们党一切行动的根本出发点和落脚点，是我们党区别于其他一切政党的根本标志。党的一切工作，必须以最广大人民根本利益为最高标准"③，也是社会主义收入分配理论的唯一准则。

（一）人民共享是人民主体在收入分配上的具体化

"以人民为中心的发展思想，不是一个抽象的、玄奥的概念，不能只停留在口头上、止步于思想环节，而要体现在经济社会发展各个环节。要坚持人民主体地位，顺应人民群众对美好生活的向往，不断实现好、维护好、发展好最广大人民根本利益，做到发展为了人民、发展依靠人民、发展成果由

---

① 习近平：《决胜全面建成小康社会　夺取新时代中国特色社会主义伟大胜利》，人民出版社2007年版，第46~47页。

② 习近平：《立足我国国情和我国发展实践发展当代中国马克思主义政治经济学》，载《人民日报》2015年11月25日。

③ 《习近平谈治国理政》，外文出版社2014年版，第28页。

人民共享。"① 坚持人民主体、全心全意为人民服务，在收入分配领域具体表现为人民共享。人民共享是习近平新时代中国特色社会主义收入分配理论的核心，统领收入分配的各个环节和全部内容。

人民共享是一个系统化的范畴，党的十八届五中全会对共享进行了全方位的解读，"共享是中国特色社会主义的本质要求。共享发展理念，其内涵主要有四个方面。一是全民共享，即共享发展是人人享有、各得其所，不是少数人共享、一部分人共享。二是全面共享，即共享发展就要共享国家经济、政治、文化、社会、生态文明各方面建设成果，全面保障人民在各方面的合法权益。三是共建共享，即只有共建才能共享，共建的过程也是共享的过程。四是渐进共享，即共享发展必将有一个从低级到高级、从不均衡到均衡的过程，即使达到很高的水平也会有差别"。②

1. 全体的人民共享

习近平新时代中国特色社会主义收入分配理论包含的主体是全体人民，既包括各种类型的市场主体，又包括广大的农民、妇女儿童、优抚安置对象、残疾人、老年人等各类群体，是最广泛意义上的全体人民的共享。"促进社会公平正义，就要从最广大人民根本利益出发，多从社会发展水平、从社会大局、从全体人民的角度看待和处理这个问题"。③ 新时代中国特色社会主义收入分配以人民共享为灵魂，要做到"幼有所育、学有所教、劳有所得、病有所医、老有所养、住有所居、弱有所扶"④，以促进劳动者的全面发展、全体人民的共同富裕为目标追求。

2. 全面的人民共享

习近平总书记指出，"我们的人民热爱生活，期盼有更好的教育、更稳定的工作、更满意的收入、更可靠的社会保障、更高水平的医疗服务、更舒适的居住条件、更优美的环境、期盼孩子们能成长得更好、工作得更好、生活得更好。人民对美好生活的向往，就是我们的奋斗目标"。⑤ 可见，新时代中国特色社会主义收入分配理论不仅关注企业分配问题、个人消费品的

---

① 习近平：《习近平在省部级主要领导干部学习贯彻党的十八届五中全会精神专题研讨班上的讲话》，载《人民日报》2016年5月10日。

② 习近平：《习近平总书记系列重要讲话读本（2016年版）八、以新发展理念引领发展》，载《人民日报》2016年4月29日。

③ 《习近平谈治国理政》，外文出版社2016年版，第96页。

④ 习近平：《决胜全面建成小康社会 夺取新时代中国特色社会主义伟大胜利》，人民出版社2007年版，第23页。

⑤ 习近平：《人民对美好生活的向往就是我们的奋斗目标》，载《人民日报》2012年11月16日。

分配问题，更加关注社会公共服务提供问题；不仅关注货币分配的问题，还关注住房、医疗、教育、养老等更广阔范围的问题；不仅关注人民生活水平、福利公平等问题，还关注地区均衡、自然生态等问题，是真正全面的人民共享。

3. 共建的人民共享

一方面，中国特色社会主义的发展依靠人民，人民是社会财富的创造者和所有者。收入分配是社会生产的重要一环，分配的对象是全体人民共同创造的物质财富。"共建才能共享，共建的过程也是共享的过程。要充分发扬民主，广泛汇聚民智，最大激发民力，形成人人参与、人人尽力、人人都有成就感的生动局面"。① 这就决定了收入分配理论在重视分配的社会公平公正外，还十分重视全体人民在社会生产中的合作，注重营造和谐、高效的共建氛围，实现更高层次的共享。另一方面，统领收入分配理论的共享重视效率的共享。人民共享不是平均分配，不是"大锅饭"，而是按照效率原则，贡献的多，分配的多，是以效率催动的共建的共享。

4. 渐进的人民共享

习近平新时代中国特色社会主义收入分配理论认为，实现人民共享不能一蹴而就，而是一个漫长的历史进程。现在中国特色社会主义取得的伟大成就是几十年来全国人民在中国共产党的领导下一点一滴的积累。我们必须清醒认识到，我国仍将长期处于社会主义初级阶段，距离实现真正的共同富裕还有很长的路要走，要不断朝着共同富裕的目标努力奋进。党的十九大报告指出，"解决人民温饱、人民生活总体上达到小康水平这两个目标已经提前实现。在这个基础上，我们党提出，到建党一百年时建成经济更加发展、民主更加健全、科教更加进步、文化更加繁荣、社会更加和谐、人民生活更加殷实的小康社会，然后再奋斗三十年，到新中国成立一百年时，基本实现现代化，把我国建成社会主义现代化国家"。②可见，统领收入分配的人民共享是渐进的共享，是一个不断追求共同富裕的进程。

（二）人民共享的制度基础

习近平新时代中国特色社会主义收入分配的核心是人民共享，这是由社会主义制度决定的，是由社会主义市场经济决定的。

---

① 习近平：《习近平总书记系列重要讲话读本（2016年版）八、以新发展理念引领发展》，载《人民日报》2016年4月29日。

② 习近平：《决胜全面建成小康社会　夺取新时代中国特色社会主义伟大胜利》，人民出版社2017年版，第27页。

1. 人民共享是社会主义制度的必然要求

习近平新时代中国特色社会主义分配理论的制度基础是社会主义制度。只有社会主义才能救中国,"中国特色社会主义是社会主义而不是其他什么主义,科学社会主义基本原则不能丢,丢了就不是社会主义"。① 马克思主义认为,社会主义是"自由人的联合体",社会主义制度代表的是广大劳动者利益,代表人本质发展的方向。代表最广大人民根本利益,是社会主义的终极属性,这就决定了新时代社会主义收入分配理论以人民共享为核心。

社会主义制度决定了收入分配的终极目标是实现共同富裕,是实现真正人民共享。"公平正义是中国特色社会主义的内在要求,所以必须在全体人民共同奋斗、经济社会发展的基础上,加紧建设对保障社会公平正义具有重大作用的制度,逐步建立社会公平保障体系。共同富裕是中国特色社会主义的根本原则,所以必须使发展成果更多更公平惠及全体人民,朝着共同富裕方向稳步前进"。② 这就要求初次分配更加合理、有序,再分配更加公平、公正。政府应在再分配环节发挥更大的作用,积极开展工作,缩小收入差距,更好保障和改善民生,提高人民的生活水平和生活质量,促进社会公平正义。

2. 人民共享是社会主义市场经济的必然要求

马克思在《〈政治经济学批判〉序言》中提出,"人们在自己生活的社会生产中发生一定的、必然的、不以他们的意志为转移的关系,即同他们的物质生产力的一定发展阶段相适合的生产关系。这些生产关系的总和构成社会的经济结构,既有法律的和政治的上层建筑竖立其上,并有一定的社会意识形态与之相适应的现实基础。物质生活的生产方式制约着整个社会生活、政治生活和精神生活的过程。不是人们的意识决定人们的存在,相反,是人们的社会存在决定人们的意识"。③ 生产力发展水平决定了生产关系形态,决定了具体的生产资料所有制结构和分配制度。现在我国的社会主义市场经济体制已经初步建立,经济实力日益增强,但生产力发展水平仍旧不高,仍然处于并将长期处于社会主义初级阶段,当前的社会生产方式还远远没有达到马克思所设想的社会主义标准。这一社会存在决定了我国现阶段的社会主义市场经济发展道路,决定了以公有制为主体、多种所有制经济共同发展的基本经济制度,进而也决定了新时代中国特色社会主义收入分配理论。

习近平新时代中国特色社会主义收入分配理论——初次分配应坚持按劳

---

① 《习近平谈治国理政》,外文出版社2016年版,第22页。
② 《习近平谈治国理政》,外文出版社2016年版,第13页。
③ 《马克思恩格斯文集》(第2卷),人民出版社2010年版,第591页。

分配原则，完善按要素分配的体制机制；政府主导的更加公平公正的再分配，既是社会主义基本经济制度的内在要求，也是社会主义市场经济的活力之源，是实现"产权有效激励、要素自由流动、价格反应灵活、竞争公平有序、企业优胜劣汰"①的前提保障。在当前生产力水平下，只有充分发挥公有制经济和非公有制经济各自的优势，不断完善按劳分配和要素分配制度，提升公共服务水平，积极构建人民共享社会，才能更好地推动生产力的发展和中国特色社会主义市场经济建设，推进决胜全面建成小康社会顺利进行。

（三）人民共享的现实基础

改革开放以来，全国人民在中国共产党的领导下，经济建设取得巨大成就，全面深化改革取得重大突破。"我国稳定解决了十几亿人的温饱问题，总体上实现小康，不久将全面建成小康社会，人民美好生活需要日益广泛，不仅对物质文化生活提出了更高要求，而且在民主、法治、公平、正义、安全、环境等方面的要求日益增长。"②我国经济已经进入新时代，社会发展呈现了新的主要矛盾——人民日益增长的美好生活需要与不平衡不充分的发展间的矛盾。新的矛盾要求新时代中国特色社会主义收入分配在人民共享精神的统领下，合理有序安排初次分配，积极推进公共服务建设，缩小收入差距，完善再分配，实现社会公平和共同富裕。

新时代出现的新矛盾决定了收入分配工作的目标——满足日益增长的人民美好生活需要，具体表现为：初次分配中坚持按劳分配原则，完善按要素分配的体制机制，更加有效调动全要素的积极性、主动性、创造性，增强社会主义市场经济活力，提升经济发展质量，生产出更多更好的物质、精神产品，以满足人民对美好生活的追求；再分配中，要积极发挥政府的主导作用，"调整收入分配格局，完善以税收、社会保障、转移支付等为主要手段的再分配调节机制，维护社会公平正义，解决好收入差距问题，使发展成果更多更公平惠及全体人民"。③习近平新时代中国特色社会主义收入分配理论顺应当前社会发展需要，有助于人民日益增长的美好生活需要的满足，有利于解决当前社会主要矛盾。

---

① 习近平：《决胜全面建成小康社会　夺取新时代中国特色社会主义伟大胜利》，人民出版社2007年版，第33页。
② 习近平：《决胜全面建成小康社会　夺取新时代中国特色社会主义伟大胜利》，人民出版社2007年版，第11页。
③ 习近平：《习近平在省部级主要领导干部学习贯彻党的十八届五中全会精神专题研讨班上的讲话》，载《人民日报》2016年5月10日。

"增进民生福祉是发展的根本目的"。① 新时代中国特色社会主义收入分配理论强调,"必须始终把人民利益摆在至高无上的地位,让改革发展成果更多更公平惠及全体人民,朝着实现全体人民共同富裕不断迈进"。② 新时代中国特色社会主义收入分配理论以人民共享为核心,以满足人民日益增长的美好生活需要为目标。

二、初次分配:坚持按劳分配原则,完善按要素分配体制机制

习近平新时代中国特色社会主义收入分配理论在共享思想的统领下,结合新时代我国社会主义初级阶段的发展特点,提出在社会初次分配环节"坚持按劳分配原则,完善按要素分配的体制机制,促进收入分配更合理、更有序"。③

(一)坚持按劳分配原则

按劳分配原则是习近平新时代中国特色社会主义收入初次分配的重要组成部分,是马克思劳动价值理论的坚持与发展,是社会主义基本经济制度的坚持,是社会主义公有制个人消费品分配的基本原则。

1. 按劳分配原则是对马克思劳动价值理论的坚持与发展

马克思的劳动价值理论认为,物质资料的生产必须进行劳动,一切劳动过程必须具有"有目的的活动或劳动本身,劳动对象和劳动资料"。④ 劳动作为生产力中活的因素,在生产过程中发挥着巨大的能动作用。"劳动首先是人和自然之间的过程,是人以自身的活动来引起、调整和控制人和自然之间的物质变换过程"。⑤ 劳动者"不仅使自然物发生形式变化,同时他还在自然物中实现自己的目的,这个目的是他所知道的,是作为规律决定着他的活动的方式和方法的,他必须使他的意志服从这个目的"。⑥ 物质资料的生产过程自始至终都在劳动者目的的指导下进行,按照劳动者的需要而展开。生产过程中,劳动是唯一能动的因素,除劳动之外的生产要素处于被动地位,被劳动消费掉成为新的使用价值。它们的价值被活劳动转移到新产品中去,而劳动却能创造出大于劳动者的自身价值的新价值。因此,商品价值的唯一源泉

---

① 习近平:《决胜全面建成小康社会 夺取新时代中国特色社会主义伟大胜利》,人民出版社2007年版,第21页。
② 习近平:《决胜全面建成小康社会 夺取新时代中国特色社会主义伟大胜利》,人民出版社2007年版,第45页。
③ 习近平:《决胜全面建成小康社会 夺取新时代中国特色社会主义伟大胜利》,人民出版社2007年版,第46页。
④⑤⑥ 马克思:《资本论》(第1卷),人民出版社1975年版,第202页。

是劳动。劳动者按照劳动量的多少进行价值的分配。劳动价值理论决定了新时代中国特色社会主义收入分配要坚持按劳分配原则。

2. 按劳分配原则是社会主义基本经济制度的坚持

马克思主义政治经济学认为,"所谓分配关系,是同生产过程中历史规定的特殊社会形式以及人们在生产过程中所处的相互关系相适应的,并且是由这些形式和关系产生的。因此,产品的分配关系不是独立于生产过程之外的,而是生产资料所有制关系的一个重要内容或表现形式"。① 换言之,收入分配是生产资料所有制关系的反映或结果,生产资料所有制关系构成了收入分配的制度基础。

当前我国社会主义的基本经济制度就是以公有制为主体,多种所有制经济共同发展。在社会主义公有制条件下,一方面,生产资料由全体人民共同占有,人们在生产资料的占有上处于平等地位,任何人都不能凭借生产资料的垄断占有获得特殊的经济利益,劳动成了人民获取社会产品的唯一根据;另一方面,由于社会分工的存在,劳动还是很多人的一种谋生手段,脑力与体力、简单劳动和复杂劳动还存在着显著区别。劳动的能力还是一种个人"天赋"的权利,具有某种程度的"私人"性质,因此,劳动者所创造的产品在做了各项社会扣除外,还必须以各自付出的劳动量为基础分配个人消费品。所以,社会主义基本经济制度中的公有制主体地位决定了收入分配中要坚持按劳分配原则。坚持按劳分配原则能充分体现出社会主义制度的优越性,有助于劳动者积极性、创造性的发挥,提高社会生产效率。

(二) 完善按要素分配的体制机制

习近平新时代中国特色社会主义收入分配理论首次提到了完善按要素分配的体制机制。这一崭新的呈现表明,收入分配理论除了强调按要素分配外,还将对于市场机制和要素市场的完善作为收入分配的重要组成内容,丰富和发展了社会主义收入分配理论。

1. 按要素分配的制度基础是社会主义基本经济制度

按要素分配是指在当前生产力水平相对落后的社会主义初级阶段,与多种所有制形式相适应的收入分配方式。社会主义初级阶段,生产力的现实基础决定了社会主义基本经济制度是以公有制为主体、多种所有制经济共同发展。新时代中国特色社会主义在毫不动摇巩固和发展公有制经济的同时,要毫不动摇鼓励、支持、引导非公有制经济发展。现阶段,"社会主义基本制

---

① 杨瑞龙、陈秀山、张宇:《社会主义经济理论》,中国人民大学出版社2001年版,第163页。

度和市场经济有机结合、公有制经济和非公有制经济共同发展,是我们党推动解放和发展社会生产力的伟大创举。目前,非公有制经济组织数量已经占到市场主体的百分之九十左右,创造的国内生产总值超过百分之六十"。① 非公有制经济丰富了生产资料的供给,繁荣了社会主义生产要素市场,增强了社会主义市场经济活力,为社会主义发展作出了巨大贡献。

非公有制经济对应的分配方式是按要素分配,即按照要素所有权进行分配。按生产要素分配是生产要素私人所有权在经济上的实现。马克思认为,劳动、劳动对象和劳动资料共同构成生产的三要素。"正是由于生产的三要素构成使用价值(物质财富)的源泉,而使用价值是价值的物质载体,正是由于非劳动生产要素是生产过程不可缺少的条件,因此,在有生产要素所有权存在的经济制度中,各种生产要素的所有者都有权参与社会财富的分配;也就是有权参与生产中人类活动即劳动凝结的分配,即有权参与价值的分配。其分配的形式由生产要素的所有权形式决定。因此,生产要素所有权是价值分配的决定因素。"② 我国当前的社会主义基本经济制度是以公有制为主体,多种所有制经济并存。非公有制经济具有存在的必要性和必然性,这就决定了按要素分配是社会主义初级阶段的一种分配方式。

按要素分配是中国特色社会主义的必然产物,是具有社会主义属性的分配方式。一方面,按要素分配是以社会主义生产方式为基础的分配方式,这决定了它与资本主义私有制下的分配方式有本质区别。资本主义私有制下的分配方式中生产资料要素占据主导地位,劳动者处于被压迫、被剥削的地位。社会主义按要素分配则坚持社会主义方向的分配,劳动者居于主导地位,劳动者与非要素所有者共同进行财富的分配。另一方面,社会主义制度下的按要素分配更注重对非公有制经济的引导,规避非公有制引发两极分化的天生缺陷,有利于社会的公平、公正;按要素分配更加注重协调企业与工人之间的关系,注重完善政府、工会、企业间的协商协调机制,积极构建和谐的劳动关系,有利于调和社会利益冲突,有效配置生产要素,调动各方面的积极性;按要素分配鼓励增加合法收入,规范合法经营,严厉打击非法收入。新时代中国特色社会主义收入分配理论中的按要素分配以社会主义基本经济制度为基础,具有社会主义属性,有利于实现人民利益和满足日益增长的美好生活需要,发挥社会主义制度优越性。

---

① 习近平:《十八大以来重要文献选编》,中央文献出版社2016年版,第559页。
② 白暴力、胡红安:《"按要素分配"的自然基础、社会原因和量的边界》,载《福建论坛(人文社会科学版)》2004年第9期。

2. 完善要素市场，健全市场机制

党的十九大报告创新性地将"完善按要素分配的体制机制"作为收入分配的内容，表明新时代中国特色社会主义收入分配理论在坚持按要素分配的同时，还将完善市场体系、健全市场机制问题纳入其中。"完善要素分配的体制机制"具体表现为完善要素市场、健全市场机制两方面。

完善要素市场。按要素分配，首先就要求生产要素能够在市场上进行自由流动、交换。因此应尊重要素所有者的权利，"保证各种所有制经济依法平等使用生产要素、公平参与市场竞争、同等受到法律保护……国家保护各种所有制经济产权和合法利益，坚持权利平等、机会平等、规则平等，废除对非公有制经济各种形式的不合理规定，消除各种隐性壁垒，激发非公有制经济活力和创造力"。[①] 在社会主义市场经济中，各种生产要素在价格机制的引导下实现所有权的转移，进而弥补社会主义初级阶段生产要素的相对不足，增强市场活力，推动生产力水平提升。

健全市场机制。健全的市场机制对于按要素分配的积极作用毋庸置疑。按要素分配的实现机制是市场机制，市场机制借助价格机制、竞争机制和供求机制传递市场信号，进行生产要素的合理有效配置。优质的市场信号能准确反映供求关系和生产关系，进而能最有效配置资源，发挥社会主义市场经济的优势。真实有效的市场价格才能将劳动及其他生产要素进行最佳配置，推动社会主义生产力的不断发展。社会主义市场经济最大的活力就在于生产要素可以借助市场机制进行最有效配置。健全市场机制不仅是社会主义生产的重要内容，也是收入分配的重要内容。健全的市场机制是收入分配公平、合理、有序的制度前提。

（三）按要素分配是对马克思劳动价值理论的坚持与发展

习近平总书记在党的十九大报告中指出："坚持按劳分配原则，完善按要素分配的体制机制"，阐明了新时代中国特色社会主义的基本分配制度。按要素分配的理论依据是马克思劳动价值理论。

劳动价值理论说明的是：劳动所形成的社会价值构成社会分配的实体和内容，"按要素分配"则说明劳动所形成的社会价值这个实体和内容如何分配。劳动价值理论说明分配的"是什么"；"按要素分配"说明"怎么分"。劳动价值理论说明的是"价值源泉"；按要素分配说明的则是"价值分配的

[①] 习近平：《毫不动摇坚持我国基本经济制度 推动各种所有制经济健康发展》，载《人民日报》2016年3月9日。

方式和标准"。价值源泉和分配标准是由不同的因素决定的。

1. 劳动是价值的唯一源泉：价值构成社会财富及其分配的实体、内容和对象

劳动是价值的唯一源泉，这是劳动价值学说的根本命题。马克思在《资本论》中从商品交换的表面现象出发导出这个命题，然后，以此为基础阐明了资本主义的社会生产关系。价值是一个表达在商品生产中人类所从事活动，即劳动的范畴。价值范畴是这样一个抽象的范畴：在这个范畴上，商品仅仅被看作劳动的凝结，即生产商品的人类活动的凝结。因此，这个范畴为研究商品生产中人类活动的交换和分配建立理论基础，也就是为研究商品经济中人们的社会生产关系建立理论基础。

2. 社会财富或社会价值的"按要素分配"：生产要素作用及其所有权决定社会财富实体、内容的分配

非劳动生产要素是劳动形成价值的必要条件，社会财富或社会价值按要素分配的自然原因有以下几个方面：

一是使用价值是价值的物质承担者。商品的价值存在于使用价值之中，使用价值是价值的物质承担者，是价值存在的前提，马克思在《资本论》中指出："使用价值同时又是交换价值的物质承担者。"①

二是生产资料等非劳动生产要素是使用价值生产的必要条件，也就是劳动形成价值的必要条件。马克思指出："自然界和劳动一样也是使用价值（而物质财富本来就是由使用价值构成的）的源泉。"② 由使用价值构成的物质财富的生产过程有三要素：劳动、劳动资料和劳动对象。③后两者又称为生产资料，是非劳动生产要素（西方经济学中讲的三要素是劳动、资本和土地。其中的资本由劳动资料和经过劳动加工的劳动对象构成，土地是未经劳动加工的劳动对象）。劳动、劳动资料和劳动对象这三要素是由使用价值构成的物质财富的源泉。劳动对象的物质内容构成物质财富（使用价值）的物质内容，劳动使这个物质内容具备了对人类有用的形态，劳动资料使劳动能够有效的进行。自然界是所有劳动资料和劳动对象的第一源泉，所以，由使用价值构成的物质财富的源泉是劳动和自然界，而不仅仅是劳动。因此，马克思指出："劳动并不是他所生产的使用价值及物质财富的唯一源泉。正像

---

① 《马克思恩格斯全集》（第23卷），人民出版社1972年版，第48页。
② 马克思：《哥达纲领批判》，人民出版社1974年版，第7页。
③ 马克思："劳动过程的简单要素是：有目的的活动及劳动本身，劳动对象和劳动资料。"《马克思恩格斯全集》（第23卷），人民出版社1972年版，第202页。

威廉·配第所说,劳动是财富之父,土地是财富之母。"①"'劳动是一切财富和文化的源泉'……这句话只是在它包含着劳动具备了相应的对象和资料这层意思的时候才是正确的。"②所以,生产资料所有者要参与社会财富和价值的分配,也就是"按要素分配"。

生产要素所有权构成社会财富或价值分配的依据:"怎么分"?

(1)价值的分配是由生产要素所有权决定的。正是由于生产的三要素构成使用价值(物质财富)的源泉,而使用价值是价值的物质载体,正是由于非劳动生产要素是生产过程不可缺少的条件,因此,在有生产要素所有权存在的经济制度中,各种生产要素的所有者都有权参与社会财富的分配;也就是有权参与生产中人类活动即劳动凝结的分配,即有权参与价值的分配。其分配的形式由生产要素的所有权形式决定。因此,生产要素所有权是价值分配的决定因素。

(2)资本主义经济制度中的价值分配。在资本主义经济制度中,劳动资料和劳动对象为资本家和土地所有者所有,劳动力为劳动者所有。生产出的新产品是劳动者劳动的凝结,即一个价值量。在这个凝结的劳动量即价值量中,劳动者由于是劳动力的所有者,分到了等于劳动力价值的一部分;而资本家和土地所有者则由于具有劳动资料和劳动对象的所有权,占有劳动者凝结的另一部分劳动即价值,这就是剩余价值。

(3)社会主义初级阶段的价值分配:坚持按劳分配原则,完善"按要素分配"的体制机制。在社会主义初级阶段,实行以生产资料公有制为主体、多种所有制形式并存的所有制结构。在公有制范围内,实行按劳分配。在其他所有制形式中,一些人具有对劳动资料和劳动对象这两种生产要素的所有权,所以,要参与社会产品的分配,要参与价值的分配,这就是按生产要素分配。所以,在社会主义初级阶段,要"坚持按劳分配原则,完善按要素分配的体制机制"。

综上所述,劳动是价值的唯一源泉,使用价值是价值的物质承担者,由于各种生产要素共同是使用价值(物质财富)的源泉,所以,生产要素的所有者有权参与社会财富的分配,即有权参与价值的分配。生产要素所有权决定价值的分配形式。正是价值这一范畴使我们能够通过价值实体的分割,清楚地阐明社会财富的分配。社会主义市场经济条件下按要素分配是社会主义

---

① 《马克思恩格斯全集》(第23卷),人民出版社1972年版,第57页。
② 马克思:《哥达纲领批判》,人民出版社1974年版,第7页。

市场经济的必然产物,与劳动价值理论没有任何冲突。

公有制是主体,在公有制经济中实行按劳分配,但我国现阶段生产力发展不平衡不充分,与之相适应的生产关系就不可能实行单一的分配方式,必然存在其他多种分配方式。我们必须"坚持按劳分配原则,完善按要素分配的体制机制,促进收入分配更合理、更有序。鼓励勤劳守法致富,扩大中等收入群体,增加低收入者收入,调节过高收入,取缔非法收入"①。初次分配改善劳动力市场,创造更多岗位需求,提高就业质量,为劳动者创造同工同酬、没有歧视和提高工资收入均等化的机会。再分配充分发挥政府调节职能,运用调节手段,着力改变贫富的代际传递,创造公平竞争环境,加快推进基本公共服务均等化,缩小收入分配差距。"在经济增长的同时实现居民收入同步增长、在劳动生产率提高的同时实现劳动报酬同步提高"②。

在初次分配中坚持按劳分配原则,完善按要素分配体制机制,实现收入分配的合理有序。习近平新时代中国特色社会主义收入分配理论是对马克思主义的继承与发展,是社会主义市场经济发展的创新与探索。

三、再分配:缩小收入差距,加强公共服务

收入分配除了生产领域的初次分配外,还有一个更广的层次,就是再分配。再分配是政府主导的、是更加突出社会主义本质的环节。重视再分配环节的公平、公正是习近平新时代中国特色社会主义分配理论的重要特点。党的十八大以来,习近平总书记在讲话中多次提到民生和政府再分配调节问题,强调社会公共服务均等化问题,这些都是收入再分配问题。坚持人民主体是习近平新时代中国特色社会主义思想的核心,满足人民对美好生活的需要是所有工作的目标,具体到收入分配环节,表现为人民共享。为实现人民共享,政府在社会再分配环节具有多重使命。

(一)坚持新发展理念,全面深化改革

习近平新时代中国特色社会主义分配理论的一个突出特点就是更加重视政府在再分配领域中的主导作用,更加强调分配的公平、公正。政府在社会主义分配中应积极发挥主导作用,"一是充分调动人民群众的积极性、主动性、创造性,举全民之力推进中国特色社会主义事业,不断把'蛋糕'做

---

①② 习近平:《决胜全面建成小康社会 夺取新时代中国特色社会主义伟大胜利》,人民出版社2017年版,第46~47页。

大。二是把不断做大的'蛋糕'分好,让社会主义制度的优越性得到更充分体现,让人民群众有更多获得感"①,推动实现共同富裕,决胜全面建成小康社会。"发展是解决我国一切问题的基础和关键"。②发展对于收入分配来说就是"把蛋糕做大",是提升人民生活质量的前提,也是缩小收入差距的前提。"把蛋糕做大"需要政府坚持科学发展理念,全面深化改革。

"改革既要往有利于增添发展新动力方向前进,也要往有利于维护社会公平正义方向前进,注重从体制机制创新上推进供给侧结构性改革,着力解决制约经济社会发展的体制机制问题,把以人民为中心的发展思想体现在经济社会发展各个环节,做到老百姓关心什么、期盼什么,改革就要抓住什么、推进什么,通过改革给人民群众带来更多获得感"。③全面深化改革,不断提升发展质量和效益,增强经济社会发展活力,积累更多的物质财富;全面深化改革,提升国家治理能力,不断完善中国特色社会主义制度;全面深化改革,使社会主义收入分配更加有序合理。

(二) 缩小收入分配差距

习近平新时代中国特色社会主义收入分配坚持人民共享核心,注重再分配环节的公平、公正问题。"收入分配制度改革是一项十分艰巨复杂的系统工程,各地区各部门要充分认识深化收入分配制度改革的重大意义,把落实收入分配制度、增加城乡居民收入、缩小收入分配差距、规范收入分配秩序作为重要任务,着力解决人民群众反映突出的问题。"④

通过税收、财政政策促进形成橄榄型分配格局。习近平新时代中国特色社会主义收入分配理论认为,政府应针对社会存在较为突出的收入差距过大问题制定合理的税收、财政政策进行规范和矫正,"鼓励勤劳守法致富,扩大中等收入群体,增加低收入者收入,调节过高收入,取缔非法收入"⑤,形成较为合理的橄榄型分配格局。

实施精准扶贫,实现全面小康。"农村贫困人口脱贫是最突出的短板。虽

---

① 习近平:《习近平在省部级主要领导干部学习贯彻党的十八届五中全会精神专题研讨班上的讲话》,载《人民日报》2016年5月10日。
② 习近平:《决胜全面建成小康社会 夺取新时代中国特色社会主义伟大胜利》,人民出版社2007年版,第21页。
③ 习近平:《习近平主持召开中央全面深化改革领导小组第二十三次会议》,载《人民日报》2016年4月19日。
④ 习近平:《在党的十八届二中全会第二次全体会议上的讲话》,载《人民日报》2013年3月1日。
⑤ 习近平:《决胜全面建成小康社会 夺取新时代中国特色社会主义伟大胜利》,人民出版社2007年版,第46页。

然全面小康不是人人同样的小康，但如果现有的七千多万农村贫困人口生活水平没有明显提高，全面小康也不能让人信服……把农村贫困人口脱贫作为全面建成小康社会的基本标志，强调实施精准扶贫、精准脱贫，以更大决心、更精准思路、更有力措施，采取超常举措，实施脱贫攻坚工程，确保我国现行标准下农村贫困人口实现脱贫、贫困县全部摘帽、解决区域性整体贫困。"① 通过政府主导的精准扶贫，让贫困人口和贫困地区同全国一道进入全面小康社会。

推进乡村振兴政策，缩小城乡差距。政府引导下制定科学乡村振兴战略规划，健全城乡融合发展体制机制，清除阻碍要素下乡各种障碍。推进农业供给侧结构性改革，坚持质量兴农、绿色兴农，农业政策从增产导向转向提质导向。深化粮食收储制度改革，让收储价格更好地反映市场供求，扩大轮作休耕制度试点。通过乡村振兴政策，增加农民收入，缩小城乡差距，推进共同富裕。

推进区域协同发展，缩小地区差距。政府通过顶层设计，"深化改革加快东北等老工业基地振兴，发挥优势推动中部地区崛起，创新引领率先实现东部地区优化发展，建立更加有效的区域协调发展新机制。以城市群为主体构建大中小城市和小城镇协调发展城镇格局，加快农业转移人口市民化"。② 通过区域协调发展，加强地区间的经济合作与共赢，缩小地区差距，实现共同富裕。

新时代，政府通过多种措施积极推进现代经济体系建设，缩小收入差距，实现社会公平、公正，可以更有效展示社会主义制度的优越性，更有利于满足人民日益增长的美好生活需要。

（三）加强社会保障体系建设

新时代中国特色社会主义收入分配理论认为，政府履行好再分配调节职能的一个重要方面就是在公共服务方面下足功夫，"把促进社会公平正义作为核心价值追求，把保障人民安居乐业作为根本目标"③，积极推进基本公共服务均等化，加强社会保障体系建设，积极保障和发展民生，"坚持人人尽责、人人享有，坚守底线、突出重点、完善制度、引导预期，完善公共服务体系，保障群众基本生活，不断满足人民日益增长的美好生活需要，不断促进社会公平正义"④。

---

① 习近平：《十八大以来重要文献选编》，中央文献出版社2016年版，第832页。

② 习近平：《决胜全面建成小康社会　夺取新时代中国特色社会主义伟大胜利》，人民出版社2007年版，第32~33页。

③ 《习近平谈治国理政》，外文出版社2016年版，第147页。

④ 习近平：《决胜全面建成小康社会　夺取新时代中国特色社会主义伟大胜利》，人民出版社2007年版，第45页。

政府加强社会保障体系建设,应"按照兜底线、织密网、建机制的要求,全面建成覆盖全民、城乡统筹、权责清晰、保障适度、可持续的多层次社会保障体系"[①];全面实施全民参保计划,"完善城镇职工基本养老保险和城乡居民基本养老保险制度,尽快实现养老保险全国统筹"[②]"完善失业、工伤保险制度。建立全国统一的社会保险公共服务平台"[③]"统筹城乡救助体系,完善最低生活保障制度。完善社会救助、社会福利、慈善事业、优抚安置等制度"[④]。习近平新时代中国特色社会主义收入分配理论认为,政府有责任为广大人民提供全方面、立体化的社会保障,想人民之所想,为人民解除后顾之忧,满足人民对美好生活的需要。

习近平新时代中国特色社会主义收入分配理论顺应新时代新矛盾而产生,以人民共享为核心;坚持按劳分配原则,完善按要素分配的体制机制,为社会主义市场经济提供充足的发展动力和广阔空间;强调政府主导的再分配,倡导社会公平正义,完善以人民为中心的社会保障体系建设,致力于满足人民美好生活需要和共同富裕。新时代收入分配理论是对马克思主义的坚持与发展,是中国共产党人对社会主义市场经济的崭新探索,是新时代社会发展的理论结晶,是指引全国人民全面决胜小康社会的理论武器。

第五节 中国特色社会主义市场经济体制

在党的领导下,社会主义市场经济充分发挥市场在资源配置中的决定性作用,更好发挥政府作用,"两手合力"加快完善社会主义市场经济体制。党的十八届三中全会提出:"使市场在资源配置中起决定性作用、更好发挥政府作用。"[⑤] 市场作为"看不见的手",政府则作为"看得见的手",在经济新常态下共同发力,充分发挥各自优势,相互协同,推动中国特色社会主义经济健康持续发展。"两手合力论"是马克思主义中国化的最新成果,丰富和发展了马克思主义经济理论。习近平总书记指出:"使市场在资源配置中起决定性作用、更好发挥政府作用,既是一个重大理论命题,又是一个重大实践命题。"[⑥]

[①②③④] 习近平:《决胜全面建成小康社会 夺取新时代中国特色社会主义伟大胜利》,人民出版社2007年版,第47页。

[⑤] 《中共中央关于全面深化改革若干重大问题的决定》,人民出版社2013年版,第5页。

[⑥] 习近平:《"看不见的手"和"看得见的手"都要用好》,载《习近平谈治国理政》,外文出版社2014年版,第116页。

一、"市场在资源配置中决定性作用论"对马克思主义经济理论的丰富与发展

20多年来,我们围绕建立社会主义市场经济体制这个目标,推进各方面体制改革,极大地促进了社会生产力发展,增强了党和国家生机活力。社会主义市场经济理论的提出和不断完善,为建立社会主义市场经济体制提供了理论基础。党的十八届三中全会提出,"使市场在资源配置中起决定性作用和更好发挥政府作用"。①将市场的定位由"基础性"作用修改为"决定性"作用,是我们党对中国特色社会主义建设规律认识的一个新突破,是马克思主义中国化的一个新成果,标志着社会主义市场经济进入一个新阶段。市场"决定性"作用以马克思主义经济理论为支撑,结合中国改革实践,丰富和发展了马克思主义。

(一)"市场决定性作用论"的马克思主义理论基础

市场是商品经济的产物,伴随社会分工和商品交换的发展而发展。市场中蕴含了一切商品交换关系,进而包含了一切社会生产参与者之间的关系。马克思主义经济理论通过对社会生产、商品本质的剖析,论证了市场是迄今为止效率最高的一种资源配置方式。

1. 市场在资源配置中的"决定性"作用能最有效地实现私人劳动向社会劳动的转化

根据马克思的劳动价值论,生产商品的劳动具有二重性,即生产使用价值的具体劳动和创造价值的抽象劳动。"一切劳动,从一方面看,是人类劳动力在生理学意义上的耗费;作为相同的或抽象的人类劳动,它形成商品的价值。一切劳动,从另一方面看,是人类劳动力在特殊的有一定目的的形式上的耗费;作为具体的有用劳动,它生产使用价值"。②商品的使用价值和价值因生产劳动的二重性而产生。商品生产者为了实现商品的价值必须让渡商品的使用价值,商品的购买者为了获取商品的使用价值必须补偿生产者以价值。要想解决经济社会中使用价值与价值这对矛盾,就必须通过商品交换。

马克思认为,"劳动产品只是在它们的交换中,才取得一种社会等同的价值对象性,这种对象性是与它们的感觉上各不相同的使用对象性相分离的。

---

① 《中共中央关于全面深化改革若干重大问题的决定》,载《人民日报》2013年11月16日。
② 马克思:《资本论》(第1卷),人民出版社1975年版,第60页。

劳动产品分裂为有用物和价值物，实际上只是发生在交换已经十分广泛和十分重要的时候，那时有用物是为了交换而生产的，因而物的价值性质还在生产时就被注意到了。从那时起，生产者的私人劳动真正取得了二重的社会性质。一方面，生产者的私人劳动必须作为一定的有用劳动来满足一定的社会需求，从而证明它们是总劳动的一部分，是自然形成的社会分工体系的一部分。另一方面，只有在每一种特殊的有用的私人劳动可以同任何另一种有用的私人劳动相交换从而相等时，生产者的私人劳动才能满足生产者本人的多种需要。"[1] 由于私有制和社会分工的存在，任何一个生产者的劳动都首先是私人劳动，通过商品交换，且只有通过商品交换，私人劳动才能转变为社会劳动，被社会承认，才能实现价值，才能给生产者以补偿。随着社会生产方式的不断演进，商品交换的深度与广度日益发展，但无论商品交换发展到何种程度都会存在"私人劳动与社会劳动"这对矛盾。人类社会经济发展的历史实践证明，市场经济是迄今为止商品交换最发达的形式，因而最有利于私人劳动向社会劳动的转变。市场在资源配置中的"决定性"作用能最有效实现私人劳动向社会劳动的转变。

2. 市场在资源配置中的"决定性"作用能最有效地实现社会必要劳动时间

马克思在开展《资本论》研究时，把社会看作是"庞大的商品堆积"[2]。现在100多年过去了，商品仍旧是构成现代社会经济基础的基本细胞，商品生产仍旧是研究经济活动的起点和根本。马克思对于社会必要劳动时间的认识依旧正确并发挥着重要作用。马克思认为，"作为使用价值，商品首先有质的差别；作为交换价值，商品只能有量的差别，因为不包含任何一个价值的原子"[3] "形成价值实体的劳动是相同的人类劳动，是同一的人类劳动，只要它具有社会平均劳动力的性质，起着这种社会平均劳动力的作用，从而在商品的生产上只使用平均必要劳动时间或社会必要劳动时间。社会必要劳动时间是在现有的社会正常的生产条件下，在社会平均的劳动熟练程度和劳动强度下制造某种使用价值所需要的劳动时间"[4] 社会必要劳动时间决定商品的价值量，进而决定商品的市场价格。

首先，价格机制能最有效"外化"社会必要劳动时间。马克思认为，商

---

[1] 马克思：《资本论》（第1卷），人民出版社1975年版，第90页。
[2] 马克思：《资本论》（第1卷），人民出版社1975年版，第47页。
[3] 马克思：《资本论》（第1卷），人民出版社1975年版，第50页。
[4] 马克思：《资本论》（第1卷），人民出版社1975年版，第62页。

品的价值量，进而社会必要劳动时间是个"内在的尺度"，是无法直接进行度量的，只有借助于市场、借助于商品交换，才能发挥作用。社会必要劳动时间是一个总体概念，是外在于单个生产者的量。社会必要劳动时间仍像一股"无形的力量"在控制着市场交换，决定着商品的价值（价格）。商品交换成熟度越低，社会必要劳动时间越不准确；反之，则越准确。在市场经济下，商品交换已经发展到空前水平，价格机制日益完善，社会必要劳动时间可以更准确地反映生产劳动的情况，可以更准确地发挥"内在尺度"的作用，市场可以更有效地配置社会经济资源。

其次，竞争机制能有效"优化"社会必要劳动时间。马克思认为，商品的价值量，进而社会必要劳动时间强调的是"相对性"。社会必要劳动时间是生产某种使用价值的部门平均劳动耗费，单个生产者的利益直接取决于它在部门中所处的位置。如果处于上游水平，那么就会盈利；反之，则亏损。因此，对于生产者而言，"绝对好"并无意义，尽力做到"相对好"才真正有意义。生产者会不遗余力地争取在竞争中获取有利位置，而这恰恰是市场机制中最基本的竞争机制。竞争机制的日益完善有助于商品生产成本的节约、有助于经济资源的优化与重置。

（二）"市场决定性作用论"丰富和发展了马克思主义经济理论

市场"决定性"作用这一科学论断不仅是对马克思主义的继承，而且是对马克思主义中国化的创新发展。从党的十四大以来，我国社会主义市场经济体制已经初步建立，但仍存在不少问题。为了进一步全面深化改革，建设中国特色社会主义，党的十八届三中全会将市场在资源配置中起"基础性"作用修改为起"决定性"作用，虽然只有两字之差，但对市场作用是一个全新的定位。这一全新定位是我国改革实践的需要和马克思主义相结合的创新性成果。

1. "决定性作用"符合我国现阶段经济发展需要

人民日益增长的美好生活需要和不平衡不充分的发展之间的矛盾是当今社会的主要矛盾。这就决定了经济建设仍然是全党的中心工作。我国社会主义市场经济体制已经初步建立，市场化程度大幅度提高，对市场规律的认识和驾驭能力不断提高，宏观调控体系更为健全，主客观条件具备，有助于在完善社会主义市场经济体制上迈出新的步伐，充分发挥市场经济在资源配置方面的优势，提高我国生产力水平，增强经济实力。市场对资源配置的"决定性"作用，可以最大限度地发挥市场经济的价格机制、供求机制和竞争机制的优势，保证稀缺资源得到最有效配置，以尽可能少的资源投入获得尽可能多的产品、获得尽可能大的效益，增强经济实力和提升社会生产力，从而有助于当前社会主要矛盾的解决。

2. "决定性作用"符合中国特色社会主义发展需要

发挥市场在资源配置中的"决定性"作用，是建设中国特色社会主义市场经济的新举措，是现阶段增强中国经济实力、发展壮大社会主义的最有效方式。

首先，我国经济体制改革始终坚持社会主义方向。改革的目标就是不断解放和发展生产力，不断满足人民日益增长的物质文化需要，实现人民幸福和人的全面发展。邓小平同志曾指出，革命是解放生产力，改革也是解放生产力，"社会主义基本制度确立以后，还要从根本上改变束缚生产力发展的经济体制，建立起充满生机和活力的社会主义经济体制，促进生产力的发展"①。社会主义是符合劳动者利益的社会制度，更有利于生产力的发展。现阶段，充分发挥市场在资源配置中的"决定性"作用，将适合市场有效参与的经济活动交给市场，将政府不该管的事还给市场，让市场在所有能够发挥作用的领域都充分发挥作用，可以最大限度激发社会生产的活力，推动资源配置实现效益最大化和效率最优化，让企业和个人有更多活力和更大空间去发展经济、创造财富；促进经济发展，创造更多的物质财富，实现共同富裕和人的全面发展，充分体现社会主义制度的优越性。

其次，坚持社会主义市场经济改革方向，发挥市场的资源配置"决定性"作用，可以从深度和广度上推进市场化改革，减少政府对资源的直接配置，减少政府对微观经济活动的直接干预，有利于转变政府职能，有利于抑制消极腐败现象，进而增强政府的公信力，实现社会主义和谐社会目标。2017年1月《关于创新政府配置资源方式的指导意见》中讲到，"到2020年，公共资源产权制度进一步健全，形成合理的资源收益分配机制，资源所有者权益得到进一步保障；行政性配置范围进一步厘清，结构进一步优化，市场配置资源的决定性作用明显增强；以目录管理、统一平台、规范交易、全程监管为主要内容的新型资源配置体系基本建立，资源配置过程公开公平公正，公共资源配置的效益和效率显著提高。"②

最后，市场在资源配置中的"决定性"作用，可以有效加快建设统一开放、竞争有序的市场体系，建立公平开放透明的市场规则，有利于转变

---

① 邓小平：《在武昌、深圳、珠海、上海等地的谈话要点》，《邓小平文选》（第三卷），人民出版社1993年版，第370页。

② 中共中央办公厅国务院办公厅：《关于创新政府配置资源方式的指导意见》，http://news.xinhuanet.com/2017-01/11/c_1120292749.html 新华网，2017-1-11。

经济发展方式，实现我国经济的产业升级，增强我国的国际竞争力和国际影响力，有助于我国屹立于世界民族之林，成为社会主义国家经济发展的成功案例。

市场在资源配置中的"决定性"作用，是对马克思主义的继承，更是结合中国具体经济实践对马克思主义的发展。市场的"决定性"作用能更有效配置社会经济资源，能更有效发挥社会主义优越性，能更有效提高人民福祉，提升国家实力。

充分发挥市场在资源配置中的决定性作用体现在：完善产权制度，建立归属清晰、权责明确、保护严格、流转顺畅的现代产权制度，夯实社会主义市场经济体制的基石；完善要素市场化配置，深化要素价格市场、劳动力市场、土地市场和资本市场改革；完善公平竞争市场环境，全面实施市场准入负面清单制度和公平竞争审查制度；完善各类国有资产管理体制，健全公司治理结构，建立股权制衡机制；深化投融资、税收、金融、利率和汇率体制改革，健全金融监管体系。"使市场在资源配置中起决定性作用"是我们党对中国特色社会主义建设规律认识的一个新突破，是马克思主义原理与我国实际相结合完善社会主义生产关系的创新性成果，有利于经济体制机制的改革完善和优化资源配置，提高全要素生产率。

二、"更好发挥政府作用论"

十八届三中全会的《中共中央关于全面深化改革若干重大问题的决定》在强调市场对资源配置起决定性作用的同时，提出要"更好"发挥政府的作用。习近平总书记在对《〈中共中央关于全面深化改革若干重大问题的决定〉的说明》中特别指出："我们实行的是社会主义市场经济体制，我们仍然要坚持发挥我国社会主义制度的优越性、发挥党和政府的积极作用。"[1] 可见，政府在社会主义市场经济中的作用，不是可有可无，而是要积极发挥作用，要"更好"发挥作用。

（一）"更好发挥政府作用论"的马克思主义经济理论基础

建设中国特色社会主义市场经济很重要的一个问题就是处理好政府与市场的关系问题。市场机制虽然在资源配置和发展生产力方面有巨大优势，但由于其自身无法弥补的缺陷，必须在社会主义政府的正确引导和辅助下，

---

[1] 《中共中央关于全面深化改革若干重大问题的决定》，载《人民日报》2013年11月16日。

才能发挥作用。马克思在《资本论》中就曾对市场机制的缺陷进行深入剖析。

1. 市场机制缺陷的理论分析

马克思在《资本论》第2卷第3篇"社会总资本的再生产和流通"中,通过对社会总产品实现问题的分析,解读了市场机制的缺陷根源。在市场机制下,单个资本间互为条件、互相交错,共同构成社会资本。一个经济社会正常运转的前提就是能够完成社会总产品的实现。社会总产品的实现"不仅是价值补偿,而且是物质补偿,因而既要受社会产品的价值组成部分相互之间的比例的制约,又要受它们的使用价值,它们的物质形态的制约"①。

研究社会总产品实现问题,要从社会总产品的构成入手。社会总产品从其实物形式上看是由生产资料和消费资料构成的。由此,社会生产可以分为两大部类:生产生产资料的第Ⅰ部类和生产消费资料的第Ⅱ部类。从价值形式上看,社会总产品由不变资本 c、可变资本 v 和剩余价值 m 三部分组成。

简单再生产条件下,社会总产品的实现条件是:

$$Ⅰ(v+m) = Ⅱc$$

由这一基本实现条件可以引申出另外两个实现条件:

$$Ⅰ(c+v+m) = Ⅰc + Ⅱc$$
$$Ⅱ(c+v+m) = Ⅰ(v+m) + Ⅱ(v+m)$$

扩大再生产条件下,社会总产品的实现条件是:

$$Ⅰ\left(v+\Delta v+\frac{m}{x}\right) = Ⅱ(c+\Delta c)$$
$$Ⅰ(c+v+m) = Ⅰ(c+\Delta c) + Ⅱ(c+\Delta c)$$
$$Ⅱ(c+v+m) = Ⅰ\left(v+\Delta v+\frac{m}{x}\right) + Ⅱ\left(v+\Delta v+\frac{m}{x}\right)$$

通过对社会生产两大部类进行简单再生产和扩大再生产两种情况的分析,可以得出结论:社会生产需要均衡发展,亦即实现总需求与总供给的均衡,具体表现为:

总量均衡。社会生产中的总供给与总需求在总量上处于均衡状态。生产出来的产品与消费者的需求在数量上相互匹配,以及生产的使用价值与价值在量上相互匹配。

---

① 马克思:《资本论》(第1卷),人民出版社1975年版,第435页。

结构均衡。社会生产的顺利进行有赖于生产的结构均衡，也就是要做到两大部类之间比例均衡；同一部类内部比例均衡。如，生产资料生产与消费资料生产要按比例开展；消费部类内部"必要消费资料"和"奢侈消费资料"也要按比例开展。

总量与结构的均衡是单纯的市场机制无法实现的状态，因而构成市场机制的致命缺陷。单纯的市场经济难以满足社会总产品实现的总量均衡与结构均衡的条件，势必形成生产过剩的经济危机以及各种经济失衡问题，导致经济低效率，甚至会导致市场自身的灭亡。这是市场经济自身无法弥补的先天缺陷。只有在社会主义条件下，通过政府对于社会经济总量与结构进行科学合理调整，才能弥补市场经济的这一先天不足，才能充分发挥市场机制的各种巨大优势。

2. 市场机制缺陷的表现

马克思社会总产品实现理论认为，以私有制为基础的市场机制天生具有总量失衡、结构失衡等致命缺陷，这些问题在现实经济活动中可以具体表现为：

自发性。在市场经济中，市场主体以追求自身的利益为出发点，在接收到价格、供求等市场信号，并自行解读后自发作出经济决策。在信息不完备、信号失真、解读有误等情况下，往往会对市场作出错误判断，进而市场不能有效配置经济资源，造成资源浪费和低效益。

盲目性。在市场经济条件下，经济活动的参加者都是分散在各自的领域从事经营，单个生产者和经营者不可能掌握社会各方面的信息，也无法控制经济变化的趋势，因此，在进行经营决策时具有一定的盲目性。这种盲目性往往会使社会处于无政府状态，必然会造成经济波动和资源浪费。

滞后性。在市场经济中，市场调节是一种事后调节，需要一个过程，有一定的时间差。随着市场化程度的加深，市场状况瞬息万变，市场机制的滞后性会在很大程度阻碍配置资源的有效性。

"市场经济虽然有着自主经营、追逐利润最大化、优化资源配置、通过公平竞争激发经营主体发展社会生产力的积极性、运用灵敏的经济信号及时对生产和需求进行协调等显著优点，能够比计划经济体制更快更好地发展社会生产力，但同时也存在着自发性、盲目性、投机性、短期性、滞后性、不完全性和容易导致垄断行为等弱点，这些弱点不仅会对资本主义社会的发展产生不利影响，而且也同样会对社会主义的发展产生消极影响，并将引发一些新的矛盾，诸如市场经济的自主性、逐利性、投机性，会与社会主义的集体主义原则产生矛盾，市场的竞争性必然导致经济垄断并在一定程度和一定范围内造成贫富差距的扩大,等等。"① 由于市场机制自身缺陷的存在,单纯的市场配置资源是行不通的。市场配置资源的效率必须在"更好"发挥政府作用基础上才能发挥出来。

3."更好"发挥政府作用能有效弥补和预防市场低效率

根据马克思主义社会总产品实现理论,社会经济的健康顺利运行需要经济总量与经济结构的均衡发展。这一使命只有政府可以胜任,市场对此则无能为力。科学的宏观调控是发挥市场经济体制优越性的内在要求和前提条件。只有政府能够超脱出限制单个市场主体的局部利益和短期利益,进而可以从社会宏观的角度对经济发展的趋势、总量、结构进行整体把控。此外,政府作用还具有前瞻性、全局性的特点。政府作用的上述优势决定了"更好的政府作用"有利于实现宏观经济的稳定与发展,确保充分就业、物价稳定、供求平衡、国际收支平衡、共同富裕、可持续发展等目标的实现。

(二)"更好"发挥政府作用的社会主义属性

更好发挥政府作用不仅是马克思主义社会总产品实现理论的运用,而且是中国特色社会主义发展的内在需要。"要使市场经济能够像发展资本主义经济那样推动社会主义经济的发展,并不是一件自然而然就能发生作用的事情,决不像摆积木那样放在一起或用外力将之硬性绑在一起那样简单。这也就是说,只有当二者能够像资本主义与市场经济那样相互融为一体的时候,社会主义市场经济才能在发展社会生产力、推动社会主义经济和社会快速发展方面发挥出巨大作用。"② 这就需要政府在建设社会主义市场经济进程中,在现有政府宏观管理的基础上,发挥"更好"作用。

1."更好"发挥政府作用是社会主义性质的保证

经济基础决定上层建筑。马克思在《〈政治经济学批判〉序言》中说:"人们在自己生活的社会生产中发生一定的、必然的、不以他们的意志为转移的关系,即同他们的物质生产力的一定发展阶段相适应的生产关系。这些生产关系的总和构成社会的经济结构,即有法律的和政治的上层建筑竖立其上并有一定的社会意识形态与之相适应的现实基础。"③ 社会主义国家的改革势必坚守社会主义方向。市场机制作为资源配置的方式属于经济运行机制的层次,需要在特定的经济制度下发挥作用。我国实行的是社会主义市场经济体制,我们仍要坚持发展社会主义制度优越性、发挥党和政府的积极作用。

---

①② 习近平:《对发展社会主义市场经济的再认识》,载《东南学术》2001年第4期。
③ 《马克思恩格斯文集》(第2卷),人民出版社2009年版,第591页。

市场在资源配置中起决定性作用,并不是起全部作用。只有在"更好的政府作用"前提下,"市场的资源配置决定性"作用才有用武之地,才能真正为人民带来福祉。

"改革开放30多年来,我国经济社会发展之所以能够取得世所罕见的巨大成就,我国人民生活水平之所以能大幅度提升,同我们坚定不移地坚持党的领导、充分发挥各级党组织和全体党员作用分不开"①,同我们坚持社会主义道路分不开。资本主义必然灭亡,社会主义必然胜利,马克思、恩格斯关于资本主义社会基本矛盾的分析没有过时。只有社会主义才能救中国,只有中国特色社会主义才能发展中国。坚持社会主义方向的重要前提就是坚持党的领导。在深化改革的进程中,只有"更好"发挥政府作用,才能坚定不移坚持社会主义方向,才能不出现颠覆性错误。

2. "更好的政府作用"具体表现

"更好的政府作用"以马克思主义为理论指导,以发展壮大社会主义、增强中国经济实力、提高全体人民社会生活水平为目标,故应该从以下几个方面入手:

第一,保持宏观经济稳定。在深化改革进程中,"更好"发挥政府作用,首先表现为政府对宏观经济的总体把控以及顶层设计。

"更好"发挥政府作用要坚持创新发展。政府应积极推进理论创新、制度创新、科技创新、文化创新等各方面的创新,深入实施创新驱动发展战略,充分发挥科技创新在全面创新中的引领作用。积极推动政府职能从研发管理向创新服务转变;构建有利于创新发展的市场环境、产权制度、投融资体制、人才培养制度等;创新宏观调控方式,按照总量调节和定向施策并举、短期与中长期结合、国内与国际统筹、改革与发展协调的要求,完善宏观调控。

"更好"发挥政府作用要坚持协调发展。协调是持续健康发展的内在要求。由于各种历史与社会原因,不平衡、不协调是我国经济发展的一个重要难题。坚持平衡发展、协调发展理念,正确处理发展中的城乡协调问题、区域协调问题、物质文明和精神文明协调问题。"更好"发挥政府作用就是要在协调发展中实现全面建成小康社会的奋斗目标。

"更好"发挥政府作用要坚持绿色发展。"绿色"是永续发展的必要条件

---

① 习近平:《"看不见的手"和"看得见的手"都要用好》,载《习近平谈治国理政》,外文出版社2014年版,第118页。

和人民对美好生活追求的重要体现。节约资源、保护环境，坚持绿色富国、绿色惠民，为人民提供更多优质生态产品，推动绿色发展方式和生活方式，是政府进行宏观调控需要遵循的基本准则。

第二，加强和优化公共服务。社会主义国家是人民当家作主，政府的宗旨就是为人民服务。为人民提供公共服务和公共产品是政府义不容辞的职责所在。这一方面的工作，要"以促进社会公平正义，增进人民福祉为出发点和落脚点"①。党的十八届五中全会通过的《中共中央关于制定国民经济和社会发展第十三个五年规划的建议》指出：必须坚持发展为了人民、发展依靠人民、发展成果由人民共享。"更好"发挥政府作用，在公共服务方面要坚持普惠性、保基本、均等化、可持续方向，从解决人民最关心、最直接、最现实的利益问题入手，增强政府职责，提高公共服务共建能力和共享水平。要加强义务教育、就业服务、社会保障、基本医疗和公共卫生、公共文化、环境保护等基本公共服务，努力实现全覆盖。加大对革命老区、民族地区、边疆地区、贫困地区的转移支付。加强对特定人群特殊困难群众的帮扶。"更好"发挥政府作用，将改革成果惠及全体人民，实现共同富裕。

第三，保障公平竞争，加强市场监督，维护市场秩序，弥补市场失灵。一方面，市场资源配置的优势需要良好的市场环境。为此，需要政府健全市场体系，进一步规范商品市场以及要素市场；放开相关行业市场准入，放松价格管制，促进公平竞争；完善市场准入和退出机制、交易规则、公平竞争、特许经营等方面的配套制度，注重市场的培育和监管，规范市场秩序，促进市场体系实现统一开放、竞争有序。另一方面，政府需要总体设计、统筹协调、整体推进、督促落实，从宏观角度对市场配置资源加以引导和辅助，弥补市场失灵，提高资源配置效率。加大再分配调节力度，健全科学的工资水平决定机制，推行企业工资集体协商制度，实行有利于缩小收入差距的政策，规范收入分配秩序，保护合法收入，规范隐性收入，取缔非法收入。"更好"发挥政府作用可以在充分发挥市场活力的同时，充分体现社会主义的优越性。

"更好"发挥政府作用，能有效弥补市场作用的缺陷，能为市场"决定性"作用保驾护航，能保证社会主义方向，能保障人民根本利益。"更好"发挥政府作用既是对马克思主义的继承，也是对马克思主义的创新。

---

① 习近平：《切实把思想统一到党的十八届三中全会精神上来》，载《习近平谈治国理政》，外文出版社2014年版，第95页。

三、"两手合力"推进社会主义市场经济体制机制完善

发展社会主义市场经济,既要发挥市场作用,也要发挥政府作用。"使市场在资源配置中起决定性作用和更好发挥政府作用,二者是有机统一的,不是相互否定的,不能把二者割裂开来、对立起来,既不能用市场在资源配置中的决定性作用取代甚至否定政府作用,也不能用更好发挥政府作用取代甚至否定使市场在资源配置中起决定性作用。"①"看不见的手"和"看得见的手"都要用好,要使二者各司其职、各负其责,让"两只手"形成合力,努力形成市场作用与政府作用的有机统一、相互补充、相互协调、相互促进的格局,推动经济社会持续健康发展。"两手合力论"丰富和发展了马克思主义经济理论。

(一)市场"决定性"作用和"更好"政府作用的共同基础与目标

1. 社会主义基本经济制度是市场"决定性"作用和"更好"发挥政府作用的共同基础

我们党坚持走社会主义道路,并为之而不懈奋斗,是因为社会主义制度优于资本主义制度。坚持社会主义道路,就必须坚持和完善公有制为主体、多种所有制经济共同发展的基本经济制度,必须毫不动摇巩固和发展公有制经济,坚持公有制主体地位,发挥国有经济主导地位,不断增强国有经济活力、控制力、影响力。经济基础决定上层建筑,只有坚持和完善社会主义基本经济制度,才能保证改革的社会主义道路,才能真正代表人民的利益,代表先进生产力的发展方向。因此,如何看待市场这个问题也应持同样态度,不能将其优长与弊端不加区别地照单全收,搞"一锅烩"。社会主义市场经济就是"将社会主义基本制度的优越性与市场经济体制的优越性有机融合起来,使之在发展社会生产力方面发挥出巨大的'合力'作用"②。此外,政府是人民的政府,是社会主义性质的政府,也就必须坚持社会主义基本经济制度不动摇。

坚持和完善公有制为主体、多种所有制经济共同发展的基本经济制度,能最大限度发挥市场经济资源配置的效率,能最大限度地解放和发展生产力,解放和增强社会活力、促进人的全面发展,"更能激发全体人民的积极性、

---

① 习近平:《"看不见的手"和"看得见的手"都要用好》,载《习近平谈治国理政》,外文出版社2014年版,第117页。

② 习近平:《对发展社会主义市场经济的再认识》,载《东南学术》2001年第4期。

主动性、创造性，更能为社会发展提供有利条件，更能在竞争中赢得比较优势，把中国特色社会主义制度的优越性充分体现出来"①。改革别无他路，必须坚持中国特色社会主义道路的正确方向。"两手合力"是中国特色社会主义市场经济理论的新发展，是深化改革的重要举措。因此，必须坚持社会主义道路不能变，高举马克思主义旗帜不能变。坚持社会主义方向，要始终坚持和完善社会主义基本经济制度。社会主义基本经济制度是市场"决定性"作用和"更好"发挥政府作用的共同经济基础。

2. 追求人民利益是市场"决定"作用和"更好"发挥政府作用的共同目标

改革的动力来自人民，改革的目标也是人民——人民是历史的创造者，是我们的力量源泉。改革开放之所以得到广大人民群众的衷心拥护和积极参与，最根本的原因在于我们一开始就使改革开放事业深深扎根于人民群众之中。坚持以人为本，尊重人民的主体地位，发挥群众首创精神，紧紧依靠人民推动改革。不断改革创新，使中国特色社会主义解放和发展社会生产力，把社会主义制度的优越性充分体现出来。

不论是市场的"决定性"作用还是"更好"发挥政府作用，都必须全面贯彻群众路线，以人民利益为工作的终极目标，紧紧依靠人民群众推动改革，发挥人民的积极性、主动性、创造性，最大限度地调动人民群众的主人翁责任感。"推进任何一项重大改革，都要站在人民立场上把握和处理好涉及改革的重大问题，都要从人民利益出发谋划改革思路、制定改革举措。"②

市场的"决定性"作用和"更好"发挥政府作用具有共同的经济基础与目标追求，这就为二者的有机统一奠定了坚实的基础。

（二）"两手合力"是市场"决定性"作用与"更好"发挥政府作用的有机统一

市场的"决定性"作用和"更好"发挥政府作用，不仅有共同的经济基础，而且有共同的终极目标，这就决定了市场的"决定性"作用和"更好"发挥政府作用成为"两手合力"的"两只手"，这"两只手"要共同发力、协同一致、形成合力，共同为中国特色社会主义市场经济助力。

---

① 习近平：《切实把思想统一到党的十八届三中全会精神上来》，《习近平谈治国理政》，外文出版社2014年版，第93页。

② 习近平：《切实把思想统一到党的十八届三中全会精神上来》，《习近平谈治国理政》，外文出版社2014年版，第98页。

1. 只有"更好"发挥政府的作用，才能充分发挥市场的"决定性"作用

首先，"更好"发挥政府的作用有助于市场环境的培育。理论和实践都证明，市场配置资源是最有效率的形式。要想使市场在资源配置中的"决定性"作用充分发挥出来，前提就是良好的市场环境。良好的市场环境不是天生的，是需要在政府的引导下一步步建立起来的。市场"决定性"作用以价格机制、供求机制和竞争机制的有效运转为基础，为此，政府应该致力于培育公平公正市场环境、创造统一开放的市场、培育独立自主的市场主体、完善现代企业制度等，为市场在资源配置中发挥效率创造条件。

其次，"更好"发挥政府作用为市场的"决定性"作用把握方向。习近平总书记强调，"要处理好活力和有序的关系，社会发展需要充满活力，但这种活力又必须是有序活动的。死水一潭不行，暗流汹涌也不行"①。新常态下，我国面临着投资和消费需求增长放缓、产能过剩、资源生态环境约束加大、劳动力等要素成本上升等诸多问题。为此，需要按照"适应新常态、把握新常态、引领新常态"的总体要求进行战略谋划，这恰恰是政府的职责所在。"更好"发挥政府作用，积极推进经济发展方式从规模速度型向质量效益型转变、化解过剩产能、优化升级经济结构、推动产业从中低端向中高端迈进、从更多依靠要素投入向更多依靠创新驱动转变等工作。"更好"发挥政府作用克服了市场的盲目性，为市场的"决定性"作用把握了方向。

再其次，"更好"发挥政府作用有助于进一步提升市场效率。政府通过积极规划和引导基础设施建设，为市场"决定性"作用的发挥构筑坚实的物质保障；政府通过搭建公共服务平台和建立健全社会保障体系，既解决了市场机制的后顾之忧，充分调动起劳动者积极性，又有助于劳动力资源的优化配置，为市场机制增强了活力。

最后，"更好"发挥政府作用有助于纠正市场自身的弊端。市场机制源于生产资料私有制，天生就具有私有制的诸多弊端，体现为盲目性、滞后性、短期性等，这些问题如不能加以解决，不仅不能发挥市场资源配置方面的高效率，而且有可能毁灭市场经济本身。市场天生的这些问题不能通过市场经济的完善和发展得到解决，只能通过"更好"发挥政府作用，才能真正纠正市场自身的这些弊端，才能确保市场"决定性"作用的有效发挥，才能体现中国特色社会主义市场经济的先进性。

---

① 习近平：《切实把思想统一到党的十八届三中全会精神上来》，载《习近平谈治国理政》，外文出版社2014年版，第93页。

2. 只有发挥市场的"决定性"作用,才能"更好"发挥政府作用

首先,市场"决定性"作用为"更好"发挥政府作用提供活力与资源。市场的"决定性"作用可以"让一切劳动、知识、技术、管理、资本等要素的活力竞相迸发,让一切创造社会财富的源泉充分涌流"①。新常态下,经济发展要保持中高速增长、全面建成小康社会在很大程度上需要依靠市场的"决定性"作用。市场的"决定性"作用有助于全社会形成朝气蓬勃的局面;将市场特有的运行机制运用于政府管理中,有助于创新政府资源配置的方式和治理监管方法,增强政府的工作活力、提升工作效率;市场的"决定性"作用有助于增强我国经济实力,增加社会财富,提升综合国力,为全面建成小康社会奠定坚实的物质基础,也为政府发挥作用提供充足的物质资源。

其次,市场的"决定性"作用有助于政府集中精力"更好"发挥作用。充分发挥市场的"决定性"作用,有助于政府把该管的事管好、管到位、管彻底。2017 年 1 月中共中央办公厅、国务院办公厅联合下发的《关于创新政府配置资源方式的指导意见》中强调,"在社会主义市场经济条件下,政府配置的资源主要是政府代表国家和全民所拥有的自然资源、经济资源和社会事业资源等公共资源。为解决当前政府配置资源中存在的市场价格扭曲、配置效率较低、公共服务供给不足等突出问题,需要从广度和深度上推进市场化改革,大幅度减少政府对资源的直接配置,创新配置方式,更多引入市场机制和市场化手段,提高资源配置的效率和效益。"② 在资源配置方面充分发挥市场的"决定性"作用,积极推进市场化改革,让市场在微观层次充分展现活力,可以推进政府职能的转变,深化政治体制改革,让政府从"直接干预、过多干预、不当干预"的状态中摆脱出来。明确政府职责,切实履行职责,政府只负责该管的事,增强政府管理的效果与效率,"更好"发挥政府作用。

最后,市场的"决定性"作用有助于为政府提供有活力的主体保障。政府的各项政策措施必须依靠社会主体的贯彻执行才能发挥作用,社会主体的状态直接决定了政府政策措施的有效性。一方面,市场资源配置中的"决定性"作用可以激发经济发展活力、增强经济实力,有效增进社会财富、提高人民生活水平,进而提升社会主体对社会发展的满意度和认同感。另一方面,

---

① 习近平:《切实把思想统一到党的十八届三中全会精神上来》,载《习近平谈治国理政》,外文出版社 2014 年版,第 93 页。

② 中共中央办公厅国务院办公厅:《关于创新政府配置资源方式的指导意见》,http://news.xinhuanet.com/2017-01/11/c_1120292749.html 新华网,2017-1-11。

在政府管理中充分借助市场机制的各种优势，更好地服务人民群众。将市场的竞争机制引入政府日常管理、公共产品服务等方面，可以极大提高配置效率，提高基本公共服务的可及性、公平性，进而充分激发社会主体的积极性、主动性和创造性，调动起社会主体的活力，促进政府"更好"发挥作用。

"市场在资源配置中的决定性作用"和"更好的政府"，两者是互为前提、内在统一的关系。"使市场在资源配置中起决定性作用和更好发挥政府作用，二者是有机统一的，不是互相否定的，不能把二者割裂开来、对立起来，既不能用市场在资源配置中的决定性作用取代甚至否定政府作用，也不能用更好发挥政府作用取代甚至否定使市场在资源配置在起决定性作用"①。"两手合力"有利于进一步形成公平竞争的发展环境，进一步增强经济社会发展活力，进一步提高政府效率和效能，进一步实现社会公平正义，进一步促进社会和谐稳定，进一步提高党的领导水平和执政能力。"两手合力"是社会主义市场经济发展新阶段的必然要求，是全面建成小康社会，实现社会主义现代化、实现中华民族伟大复兴的重要途径。坚持"两手合力"，是经济新常态下建设中国特色社会主义市场经济的重要举措，"两手合力论"是对马克思主义经济理论的丰富与发展。

创新性提出市场的"决定性"作用，是对市场作用的全新定位。市场的"决定性"作用有利于转变经济发展方式，有利于转变政府职能，有利于社会主义市场经济的健康持续发展。

"更好发挥政府作用"是对政府角色的进一步认定。强调市场的"决定性"作用，不是否定政府的作用，而是要"更好发挥政府作用"，以更好发挥社会主义制度优越性，增进全体人民福祉。"两手合力论"是对市场与政府关系的崭新界定。政府和市场作为经济活动中的"两只手"，彼此间的关系不是非此即彼、互相排斥的，而是有机结合、互相促进、共同发展的新型关系。"两手合力论"是对中国改革实践的科学探讨，更是对马克思主义的继承与发展。

"两手合力论"是对市场与政府关系的崭新界定，是完善社会主义生产关系的科学探讨和创新。

---

① 习近平：《"看不见的手"和"看得见的手"都要用好》，载《习近平谈治国理政》，外文出版社2014年版，第117页。

第八章

习近平新时代中国特色社会主义宏观调控理论

"更好发挥政府作用,既是一个重大理论命题,又是一个重大实践命题"①。党中央以马克思主义宏观经济理论为基础,依据新时代中国特色社会主义出现的新矛盾、新形势,通过将宏观的调控与改革相结合,在改革中调控,在调控中改革,为新时代中国特色社会主义宏观调控注入新内涵,创新性提出了包括新时代宏观调控依据、目标、体系以及宏观调控制度体系理论的新时代中国特色社会主义宏观调控理论。本章主要阐述新时代宏观调控新依据、新目标以及宏观调控新体系理论。

第一节 新时代中国特色社会主义宏观调控新依据理论

新时代中国特色社会主义需要进一步完善市场经济体制。同时,我国仍处于社会主义初级阶段。我们不仅需要完善市场经济体制而进行宏观调控,而且需要为实现社会主义现代化而进行宏观调控。党中央以马克思主义理论为基础,根据新时代中国特色社会主义面临的新矛盾和宏观经济运行面临的新问题,提出了新时代中国特色社会主义宏观调控新依据理论。

一、新时代经济创新协调发展要求宏观调控

新时代中国特色社会主义供给侧结构改革要求经济创新协调发展。根

---

① 《习近平谈治国理政》,外文出版社 2014 年版,第 117 页。

据马克思两大部类学说,新常态条件下总供给方面结构性不足,我们必须把改善供给侧结构作为主攻方向。因此,需要政府形成"以供给侧结构性改革为主线的政策框架"①并进行调控引导,构建"以创新为主要引领和支撑的经济体系"②,以不断"增强发展的整体性和协调性"③。这就不仅要求在产业结构优化升级中按比例分配社会劳动和资源,而且要求在区域平衡发展中按比例分配社会劳动和资源,这都对新时代宏观调控提出了新要求。首先,供给侧改革中产业结构优化升级要求政府进行宏观调控。马克思认为,"社会必须合理地分配自己的时间,才能实现符合社会全部需要的生产"④。在未来生产社会化程度高的自由人联合体内,由一个"社会中心"来按比例分配社会劳动。在新时代中国特色社会主义条件下,适应创新引领的供给侧结构改革要求产业结构优化升级,要求劳动和资源在各个产业按比例分配,为此,需要政府对劳动和资源分配变动进行宏观调控。其次,生产力空间布局协调及优化要求宏观调控。马克思指出,人类社会早期"不同的共同体在各自的自然环境中,找到不同的生产资料和不同的生活资料"⑤,生产出不同的产品,并逐步形成基于不同产业的区域经济分工。当区域经济发展在一定阶段需要平衡发展,而这种平衡发展需要总计划推动。对此,恩格斯指出:"只有按照统一的大的计划协调地配置自己的生产力的那种社会,才能使工业在全国分布得最适合于它自身的发展和其他生产要素的保持或发展。"⑥在新时代中国特色社会主义条件下,地区经济发展的不平衡成为我国经济发展面临的主要矛盾的重要表现,因此,缩小地区经济差距,实现区域经济协调发展要求进行宏观调控。对此,习近平总书记指出:"要采取有力措施促进区域协调发展、城乡协调发展,加快欠发达地区发展。"⑦

---

① 《坚持稳中求进 深化供给侧结构性改革》,载《人民日报》2016年12月17日。
② 《习近平关于科技创新论述摘编》,中央文献出版社2016年,第76页。
③ 《习近平谈治国理政》(第二卷),外文出版社2017年版,第204页。
④ 《马克思恩格斯全集》(第46卷)(上),人民出版社1979年版,第120页。
⑤ 马克思:《资本论》(第1卷),人民出版社2004年版,第407页。
⑥ 《马克思恩格斯选集》(第1卷),人民出版社1995年版,第646页。
⑦ 《习近平在华东七省市党委主要负责同志座谈会上强调 抓住机遇立足优势积极作为 系统谋划"十三五"经济社会发展》,载《人民日报》2015年5月29日。

二、新时代以"人民为中心"的经济建设要求宏观调控

马克思认为,一定社会的生产目的决定着该社会政府在生产、分配、交换和消费等各个环节的政策取向,决定着政府在经济过程中的宏观行为。在资本主义私有制社会,生产的目的是维护资产阶级利益,而"现代的国家政权不过是管理整个资产阶级的共同事务的委员会"①。新时代中国特色社会主义以公有制为主体、多种所有制经济共同发展的基本经济制度,决定了生产的"以人民为中心"的目的,这就要求体现社会主义制度优越性,发挥社会主义国家宏观调控的作用。这是因为以人民为中心、"让广大人民群众共享改革发展成果,是社会主义的本质要求"②,同时,"公有制主体地位不能动摇,国有经济主导作用不能动摇,这是保证我国各族人民共享发展成果的制度性保证"③。因此,新时代中国特色社会主义坚持以"人民为中心"的经济建设目标,要求对新时代中国社会主义宏观运行过程进行有效的引导和调控。对此,习近平总书记指出:"我们仍然要坚持发挥我国社会主义制度的优越性、发挥党和政府的积极作用。"④ 我们党和政府必须坚持"以人民为中心"的发展思想,制定各项经济发展战略和政策,部署各项经济工作,推动宏观经济健康稳定发展。总之,在新时代中国特色社会主义推动"以人民为中心"经济建设要求进行宏观调控。

三、新时代完善市场经济体制要求宏观调控

中国特色社会主义进入新时代,党中央提出了"使市场在资源配置中起决定性作用"⑤ 重要论断,并且通过不断完善市场经济体制,使市场机制在促进资源配置方面发挥巨大作用,但市场机制自身仍然"存在着自发性、盲目性、投机性、短期性、滞后性、不完全性和容易导致垄断行为等弱点"⑥,这不仅直接导致宏观经济总量与结构的不平衡,甚至有一些领域市场机制无

---

① 《马克思恩格斯选集》(第1卷),人民出版社1995年版,第271页。
② 《习近平关于社会主义经济建设论述摘编》,中央文献出版社2017年版,第25页。
③ 习近平:《公有制主体地位不能动摇》,载《京华时报》,2015年11月25日。
④ 《习近平关于社会主义经济建设论述摘编》,中央文献出版社2017年版,第53页。
⑤ 《习近平关于社会主义经济建设论述摘编》,中央文献出版社2017年版,第58页。
⑥ 习近平:《对发展社会主义市场经济的再认识》,载《东南学术》,2001年第4期。

法有效发挥作用。因此,强调市场机制在我国资源配置中起决定性作用,并不代表其作用边界无限,还要求"更好地发挥政府作用"①。新时代中国特色社会主义市场经济条件下政府要根据宏观经济运行出现的新问题,发挥"保持宏观经济稳定、加强优化公共服务""促进可持续发展、促进共同富裕"②等重要作用,只有这样才能不断完善中国特色社会主义市场经济体制,更充分地发挥中国特色社会主义市场经济体制的优势,推动新时代中国特色社会主义市场经济持续健康发展。

四、适应新时代国际经济关系发展需要宏观调控

经济全球化发展中,世界各国经济发展不平衡出现新的特点,这必然要求世界各国特别是中国根据新的国际经济关系变化创新宏观调控。马克思认为,资本运动使得世界各国的产业、交换关系更为密切,逐步形成了分工协作紧密、深度融合的世界市场。但在世界市场发展中,资本主义占有主导地位。资本主义国家不仅输出商品、资本、技术,而且输出资本主义的生产关系,其结果使资本不仅在国内造成了不平等关系,而且"它按照自己的面貌为自己创造出一个世界"③,即造成了发达国家与发展中国家的产业、地区发展不平衡。在新技术革命推动下,发展中国家的高速发展打破了原有的不平衡,适应当前世界市场和国际经济发展出现的这种新特点,需要世界各国加强宏观经济政策协调,需要包括中国在内的每一个参与经济全球化国家创新宏观经济政策。特别是在目前世界经济受到疫情严重冲击,不稳定性不确定性较大的背景下,我们"必须从持久战的角度加以认识,加快形成以国内大循环为主体、国内国际双循环相互促进的新发展格局"④,为此,我们要"完善宏观调控跨周期设计和调节,实现稳增长和防风险长期均衡"⑤,并在保持本国宏观经济持续健康稳定发展的同时,推动世界经济长期、可持续发展。

总之,党中央正是根据新时代中国特色社会主义生产力和生产关系的新发展、市场经济体制改革和世界经济发展的新要求,提出了新时代宏观调控新依据理论。

---

① 《习近平关于社会主义经济建设论述摘编》,中央文献出版社 2017 年版,第 61 页。
② 《习近平关于社会主义经济建设论述摘编》,中央文献出版社 2017 年版,第 58 页。
③ 《马克思恩格斯选集》(第 1 卷),人民出版社 1995 年,第 114 页。
④⑤ 《决定召开十九届五中全会》,载《人民日报》2020 年 7 月 31 日。

第二节 新时代中国特色社会主义宏观调控新目标

以习近平同志为主要代表的中国共产党人，根据中国特色社会主义进入新时代的新矛盾、新阶段和新规律，提出了高质量发展的宏观调控新目标。对此，习近平总书记指出："推动高质量发展是当前和今后一个时期确定发展思路、制定经济政策、实施宏观调控的根本要求。"[1] 新时代高质量发展是以新发展理念为指导的宏观调控的长期性、总体性目标，包含着"更高质量，更有效率，更加公平，更可持续"[2] 等具体内容。这就意味着新时代宏观调控的目标较之过去经济高速增长阶段的目标，由注重经济数量增长转向注重经济发展质量，由注重经济规模转向注重经济效益，由效率优先兼顾公平转向更注重公平，由注重经济增长速度转向注重经济社会可持续发展，因此，这是具有新特征的宏观调控目标，是新时代中国特色社会主义宏观调控的新目标。

一、新发展理念引导的更高质量发展目标

新时代宏观调控以新发展理念为指导，将不再"简单以国内生产总值增长率论英雄"[3]，由追求数量高速增长转向通过科技进步、资源更有效配置实现产品品质不断提升的更高质量发展目标。由此，宏观调控短期目标由传统的"充分就业、价格稳定、经济增长和国际收支平衡"四大总量目标转变为包括这些数量目标和结构调整的"稳增长、促改革、调结构、防风险"等高质量经济运行目标。在实现路径上，由主要通过生产要素投入促进经济增长转向通过提高生产要素质量和配置效率、创新生产技术促进经济高质量发展。根本上说，就是把提高供给体系质量作为主攻方向，引导经济发展由数量增长向质量提升转变。

---

[1] 《中央经济工作会议在北京举行》，载《人民日报》2017年12月21日。
[2] 《李克强作的政府工作报告》（摘登），载《人民日报》2018年3月6日。
[3] 中共中央宣传部：《习近平总书记系列重要讲话读本》，人民出版社2016年版，第146页。

二、新发展理念引导的更有效率发展的目标

新时代宏观调控以新发展理念为指导,以实现更有效率发展为目标。所谓更有效率发展,就是以尽可能少的投入获得更多的产品和收益。对此,习近平总书记指出:"经济发展就是要提高资源尤其是稀缺资源的配置效率。"[1] 提高资源的配置效率,主要是通过资源合理流动和技术制度创新实现的。从宏观层次来说,一方面是通过推动生产要素合理流动,优化经济结构,提高宏观经济效率。另一方面是执行创新驱动发展战略,推动技术创新和制度创新,实现经济结构升级,提高全要素生产率。这是从长期的、结构性、供给侧来实现我国经济高效率发展,而不是从传统的、短期的、总量的和需求侧来推动经济增长。因此,这是基于结构优化升级以提高效率为目标的供给管理,是对传统的以经济总量和速度为目标的需求管理的创新。

三、以新发展理念引导的更加公平发展的目标

新时代宏观调控以新发展理念为指导,以更加公平发展为目标。更加公平是广大人民群众共同享有更加公平的教育、公平的就业创业、公平的收入分配、公平的社会保障、公平的基本公共服务,最终实现共同富裕的发展,使全体社会成员真正成为自由而全面发展的人。对此,习近平总书记指出:"保证人民平等参与、平等发展权利,维护社会公平正义,使发展成果更多更公平惠及全体人民,朝着共同富裕方向稳步前进。"[2] 这就需要通过缩小城乡、区域和行业收入差距,努力形成橄榄型分配格局,方可最终实现共同富裕的目标。当前尤其要注重实施精准扶贫,实现全面建成小康社会目标。

四、以新发展理念引导的更可持续发展目标

新时代宏观调控以新发展理念为指导,着力改善生态环境,以人与自然和谐共生、良性循环的更可持续发展为目标。实现更可持续发展,要求把科技创新作为可持续发展的长期的、根本的动力,实现宏观调控的要素驱动管

---

[1] 《习近平关于社会主义经济建设论述摘编》,中央文献出版社2017年版,第52页。
[2] 习近平:《在中法建交五十周年纪念大会上的讲话》,载《人民日报》2014年3月29日。

理向科技驱动管理转变；要求经济发展方式由粗放式向集约式转变，实现宏观调控由数量速度目标向质量结构目标转变；要求以绿色理念引领发展，推进绿色发展、循环发展、低碳发展，实现宏观调控由资源消耗型向环境友好型转变，由注重经济发展转向经济和生态协调发展转变。

总之，新时代宏观调控要贯彻落实新发展理念，通过实现更高质量、更有效率、更加公平和更可持续经济发展等具体目标，进而实现新时代中国特色社会主义高质量发展总体目标。

第三节　新时代中国特色社会主义宏观调控新体系理论

党的十八届三中全会提出了"健全宏观调控体系"[①]。所谓宏观调控体系是政府为实现宏观经济调控目标，对宏观经济运行进行干预、调节和控制而运用的各种政策和措施的总称。党中央基于新时代中国特色社会主义宏观经济运行出现的新变化，提出了宏观调控新体系理论。这里"新"体现在两个方面：一方面，新时代宏观调控体系内容"新"。较之传统西方宏观调控体系，新时代中国特色宏观调控体系内容不仅包括宏观政策工具，而且包括宏观制度和体制，这是因为我们面临的经济结构失衡的重要原因在于宏观体制机制障碍，因此，宏观调控不仅需要运用宏观政策工具，而且需要完善宏观经济制度和体制。另一方面，新时代宏观调控体系的政策和体制"新"，这不仅表现在新时代中国特色宏观调控创新的财税、货币、产业等政策方面，而且表现在创新的制度和体制方面。可见，党中央以高质量发展为目标，提出了包含着丰富内容的宏观调控新体系理论。

一、坚持和加强党的统一领导是新时代我国宏观调控的根本保证

新时代中国特色社会主义条件下，坚持和加强党对宏观调控工作的统一领导是新时代中国特色社会主义宏观调控的根本保证。首先，这是由中国共产党的性质和宗旨决定的。习近平总书记指出，"全心全意为人民服务，是

---

① 《中共中央关于全面深化改革若干重大问题的决定》，载《人民日报》2013年11月16日。

我们党一切行动的根本出发点和落脚点"①，而中国特色社会主义宏观调控也是为了最广大人民根本利益。因此，坚持党对宏观调控的核心领导作用与新时代中国特色社会主义宏观调控目的是一致的。其次，"党的坚强有力领导是政府发挥作用的根本保证"②。在新时代中国特色社会主义经济建设中，我们只有坚持中国共产党对于宏观调控的统一领导，充分发挥我们的政治优势，才能不断完善社会主义市场经济体制，引领和推动新时代中国特色社会主义经济健康稳定可持续发展。对此，习近平总书记指出："我们有党的坚强领导，有集中力量办大事的政治优势，全面深化改革不断释放发展动力，宏观调控能力不断增强。"③

为此，在新时代中国特色社会主义条件下，我们党需要不断创新领导我国经济改革和发展的方式方法，不断提高党把握经济改革方向、谋划经济发展大局，制定宏观经济改革发展的长远战略和有效政策的能力，从而为新时代中国经济改革和发展的"航船定好向、掌好舵"④。同时，中国共产党还要"通过加强和完善党对国有企业的领导"⑤，使国有企业特别是处于关系国民经济命脉的关键领域和重要行业的国有大中型企业成为坚决贯彻执党的战略决策和战略部署的重要力量。只有这样，中国共产党才能对新时代中国特色社会主义宏观调控更好地发挥统一领导作用，才能保证宏观调控的科学性和实施效果。

二、坚持和完善中国特色社会主义基本经济制度是新时代我国宏观调控的可靠基础

中国特色社会主义制度是发挥宏观调控的可靠基础。习近平总书记指出："中国特色社会主义制度是当代中国发展进步的根本制度保障。"⑥ 在新时代条件下，坚持和完善中国特色社会主义基本经济制度是更好地发挥宏观调控的根本基础。因为以公有制为主体、多种所有制经济共同发展的基本经济制度为政府在社会再生产各个环节进行宏观调控的政策抉择和行为选择提供了

---

① 《习近平谈治国理政》，外文出版社2014年版，第28页。
② 《习近平谈治国理政》，外文出版社2014年版，第118页。
③ 习近平：《在民营企业座谈会上的讲话》，人民出版社2018年版，第11~12页。
④ 《习近平谈治国理政》（第二卷），外文出版社2017年版，第19页。
⑤ 《习近平谈治国理政》（第二卷），外文出版社2017年版，第175页。
⑥ 《习近平谈治国理政》（第二卷），外文出版社2017年版，第51页。

可靠的基础。对此,习近平总书记指出:公有制经济是全国广大劳动人民的宝贵财富,"国有企业是推进国家现代化、保障人民共同利益的重要力量"[①]。因此,为了更好地发挥宏观调控,新时代中国特色社会主义要毫不动摇地坚持公有制主体地位,毫不动摇坚持国有经济主导作用,推动国有资本更多投向关系国家安全、国民经济命脉的重要行业和关键领域,从而更好地服务国家宏观战略目标。

三、全面深化市场经济体制改革是新时代我国宏观调控的重要保障

习近平总书记指出:"科学的宏观调控,有效的政府治理,是发挥社会主义市场经济体制优势的内在要求"[②],而我国的市场经济体制仍然是不完善的。因此,新时代中国特色社会主义需要全面深化市场经济体制改革,"使市场在资源配置中起决定性作用"[③],这就要求转变政府职能,以更好地发挥宏观调控的作用。对此,习近平总书记指出:"更好发挥政府作用,就要切实转变政府职能"[④],解决政府职能错位、越位、缺位问题。新时代条件下,党中央提出,只有政府职能有效转变,才能有利于市场决定作用的发挥,才能更好地发挥政府宏观调控职能。

为此,首先,政府要培育统一开放、公平公正的市场环境,为有效发挥市场决定作用创造条件。即政府转变职能,废除妨碍统一市场和公平竞争的有关规定,解决市场运行中的错位和越位问题,为有效地发挥市场决定作用提供条件。其次,政府提供公共服务和公共产品。政府需要加强基础设施建设,积极提供公共产品、搭建公共服务平台和建立健全社会保障体系,从而解决政府的缺位问题。这既解除市场机制的后顾之忧,充分调动起劳动者积极性,促进资源优化配置,又能有效发挥政府调控职能。最后,政府要根据新时代经济发展要求制定经济发展规划和发展战略。政府制定经济发展规划和战略,可以"更好"地发挥政府对经济发展的引领作用,为市场"决定性"作用的有效发挥把握好方向。总之,新时代条件下,全面深化市场经济体制改革,切实转变政府职能,为新时代宏观调控提供可靠的保障。

---

① 《习近平谈治国理政》,外文出版社2014年版,第78~79页。
②④ 《习近平谈治国理政》,外文出版社2014年版,第117~118页。
③ 习近平:《决胜全面建成小康社会 夺取新时代中国特色社会主义伟大胜利》,人民出版社2017年版,第21页。

四、完善财政政策、货币政策和国际经济政策协调理论

新时代中国特色社会主义宏观调控体系的"新"还体现在财政、货币、产业、区域政策以及与国际宏观政策相协调的理论创新方面。

财政政策理论。党中央为解决经济结构不平衡问题，以新发展理念为指导，以实现经济创新协调发展为目标，提出区间调控思路和定向调控、精准调控、跨周期设计和调节等财政政策。比如通过减税降费降低市场主体成本负担，推动供给体系高端化和自动化发展，为补短板在公共福利方面采取更为精准的财政支持政策等。

货币政策理论。以习近平同志为核心的党中央创新了货币政策的内涵，提出"健全货币政策和宏观审慎政策双支柱调控框架，深化利率和汇率市场化改革"。① 这里不仅注重传统货币政策，而且通过宏观审慎政策对原调控政策不足进行弥补，以实现金融稳定，维护金融安全。同时将货币政策目标聚焦于结构平衡，政策中介目标从数量型为主向价格型为主转变，从直接调控向间接调控转变。将管理手段从目标管理向预期管理转变。对此，习近平总书记指出："实施宏观调控，要更加注重引导市场行为和社会心理预期。"②

产业政策理论。以习近平同志为核心的党中央，为实现经济高质量发展目标，提出以供给侧结构性改革为主线，把以制造业为主体的实体经济发展作为产业政策的主攻方向。对此，习近平总书记指出："产业政策要准，就是要准确定位经济结构性改革方向，发展实体经济。"③ 为此，提出建立健全政府和市场都发挥作用的产业政策，即"通过市场筛选把新兴产业培育起来"④；同时，"政府要管好该管的，在关系国计民生和产业命脉的领域，政府要积极作为"⑤，主要是确定产业发展的方向和路线，以重大工程和项目为抓手，集中力量抢占产业发展前沿和制高点。

区域经济政策理论。以习近平同志为核心的党中央，以新发展理念为指

---

① 习近平：《决胜全面建成小康社会　夺取新时代中国特色社会主义伟大胜利》，人民出版社2017年版，第34页。
② 《习近平谈治国理政》（第二卷），外文出版社2017年版，第242页。
③ 《习近平主持召开中央财经领导小组第十一次会议强调全面贯彻党的十八届五中全会精神落实发展理念推进经济结构性改革》，载《人民日报》2015年11月11日。
④⑤ 中共中央文献研究室：《习近平关于科技创新论述摘编》，中央文献出版社2016年版，第57页。

导,实施区域发展总体战略,"发挥各地区比较优势,促进生产力布局优化"①,重点推动"一带一路"倡议、京津冀协同发展战略以及长江经济带发展战略,不断缩小地区发展差距,实现区域经济协调发展。为此,提出指向精准的区域经济政策。如对长江经济带,要"保护生态环境、建立统一市场、加快转方式调结构"②。同时,强调跨区域联动政策推动区域市场一体化。习近平总书记指出:"区域政策的一个要点是统一国内大市场"③。为此,要创新区域协调合作机制,如为推动长江经济带发展而建立统筹协调的领导体制,为推动京津冀一体化,加强顶层设计等。

国际宏观经济政策协调理论。以习近平同志为核心的党中央,提出建立国际宏观政策协调机制,推动全球化普惠共赢发展。习近平总书记指出:"加强宏观经济政策协调,推动国际经济、金融、货币体系改革"④。同时,坚定支持贸易自由化政策,"将继续深入参与经济全球化进程,支持多边贸易体制"⑤,以推动全球经济普惠共赢发展。特别是当前因"疫情对全球生产和需求造成全面冲击,各国应该联手加大宏观政策对冲力度,防止世界经济陷入衰退"⑥。

总之,以习近平同志为核心的党中央,基于马克思主义宏观经济理论,根据我国进入新时代面临的新矛盾、新形势和新问题,提出了包含党的坚强有力领导是政府发挥作用的根本保证,完善财政政策、货币政策和国际宏观政策等理论的宏观调控新体系理论。

新时代中国特色社会主义宏观调控理论是习近平新时代中国特色社会主义经济思想的重要内容,是对马克思宏观经济理论在新时代中国特色社会主义的丰富和发展。全面准确地把握新时代宏观调控理论具有重要的理论意义。首先,准确地把握新时代宏观调控理论有助于正确认识习近平中国特色社会主义宏观调控理论的科学性、系统性。新时代中国特色社会主义宏观调控理论是一个包含宏观调控依据、调控目标以及调控体系等的内容丰富的理论体系,其理论内容之间存在着密切的联系,其中宏观调控依据理论是基础,宏

---

① 《习近平谈治国理政》(第二卷),外文出版社2017年版,第206~207页。
② 《习近平谈治国理政》(第二卷),外文出版社2017年版,第237页。
③ 《习近平谈治国理政》(第二卷),外文出版社2017年版,第236页。
④ 《习近平在中法建交五十周年纪念大会上的讲话》,载《人民日报》2014年3月29日。
⑤ 《习近平出席2016年二十国集团工商峰会开幕式并发表主旨演讲》,载《人民日报》2016年9月4日。
⑥ 习近平:《携手抗疫 共克时艰——在二十国集团领导人特别峰会上的发言》,人民出版社2020年版,第4页。

观调控目标理论是引领，宏观调控体系理论是主体，这几个方面共同构成了新时代中国特色社会主义宏观调控理论的主要内容。其次，全面准确地把握新时代中国特色社会主义宏观调控理论，有助于我们正确理解新时代中国特色社会主义宏观调控理论是马克思主义宏观经济理论在新时代的最新理论成果，是与西方经济学理论宏观调控理论不同的新时代的马克思主义宏观经济理论。

全面把握新时代中国特色社会主义宏观调控理论具有重要的现实意义。首先，全面把握新时代宏观调控理论有助于正确理解新时代中国特色社会主义宏观调控的新目标以及新政策工具。其次，全面把握新时代中国特色宏观调控理论，有助于深入贯彻落实新时代中国特色社会主义制定的各项宏观制度和政策措施，并逐步建立和"健全以国家发展规划为战略导向，以财政政策和货币政策为主要手段，就业、产业、投资、消费、区域等政策协同发力的宏观调控制度体系"①。

---

① 《中共中央关于坚持和完善中国特色社会主义制度　推进国家治理体系和治理能力现代化若干重大问题的决定》，载《人民日报》2019年11月6日。

第九章

习近平新时代中国特色社会主义生态经济理论

习近平总书记将马克思主义生态经济理论与中国特色社会主义建设实践相结合,提出了一系列新观点新理念新论断,形成了习近平新时代中国特色社会主义生态经济理论。习近平新时代中国特色社会主义生态经济理论丰富与发展了马克思主义生态经济理论。新时代中国特色社会主义生态经济理论是在总结国内外经济建设和生态环境保护相关实践经验的基础上,立足于新时代生态环境保护和经济发展的实践要求而形成的,对未来生态经济发展实践方向的科学把握,是马克思主义关于生态经济的思想在我国实践基础上的理论创新。新时代中国特色社会主义生态经济理论指引着我国生态环境保护事业和生态经济建设的发展,指引着我国为推进全球环境治理和可持续发展贡献力量。

第一节 对马克思主义生态经济理论的丰富与发展

生态文明建设是关系人民福祉、关乎民族未来的大计。习近平总书记将马克思主义生态经济理论与中国特色社会主义建设实践相结合,提出了一系列新观点新理念新论断,形成了习近平生态经济理论。习近平新时代中国特色社会主义生态经济理论主要包括促进人与自然和谐共生、环境紧密关联民生、绿水青山就是金山银山、保护环境就是保护生产力、推动绿色发展和构建人类命运共同体等重要内容。

一、促进人与自然和谐共生的思想丰富和发展了马克思主义生态和谐理论

马克思主义认为人类是自然界发展到一定阶段的产物，人与自然之间是能动性与受动性的统一，相互作用且相互制约，人类必须在遵从自然规律的前提下，才能认识和改造自然。因此马克思恩格斯一直致力于促进人与自然和谐统一，人与自然实现真正的"和解"。习近平总书记把生态环境比喻为人的双眼和生命，提出了以制度建设促进人与自然和谐共生的具体主张，丰富和发展了马克思主义生态和谐理论。

（一）习近平关于促进人与自然和谐共生的思想

人类虽然可以有目的地利用和改造自然，但人类的行为必须符合自然规律。习近平总书记指出："人因自然而生，人与自然是一种共生关系，对自然的伤害最终会伤及人类自身。"① 围绕生态文明的发展规律，习近平总书记指出："历史地看，生态兴则文明兴，生态衰则文明衰。古今中外，这方面的事例众多。"② 的确，历史上的诸多人类文明因为生态环境的破坏而衰落，楼兰古城早已被大漠黄沙所湮没，古埃及、古巴比伦皆因土地荒漠化导致的生态环境退化而灭亡，我国的太行山脉、黄土高原、河西走廊、渭河流域等也因毁林开荒而导致生态环境遭到严重破坏。到了工业文明阶段，虽然人类通过自动化、电气化和机械化的设备创造了大量的物质财富，但也使人与自然的关系逐渐紧张对立，频繁出现震惊世界的环境污染事件。对此，习近平总书记一针见血地指出："很多国家……搞起一堆东西，最后一看都是一些破坏性的东西。再补回去，成本比当初创造的财富还要多。"③ 因此，为了中华民族的永续发展，我们必须遵从自然法则的约束，维护与自然的和谐关系。

（二）对马克思主义生态和谐理论的丰富与发展

1. 人与自然是生命共同体

马克思主义认为人类是自然界发展到一定阶段的产物，人与自然是有机

---

① 中共中央文献研究室：《习近平关于社会主义生态文明建设论述摘编》，中央文献出版社2017年版，第11页。

② 中共中央文献研究室：《习近平关于社会主义生态文明建设论述摘编》，中央文献出版社2017年版，第6页。

③ 中共中央文献研究室：《习近平关于社会主义生态文明建设论述摘编》，中央文献出版社2017年版，第3页。

的统一体，习近平总书记将这一理念上升到了"人与自然是生命共同体"，实现了对马克思主义生态和谐理论的丰富与发展。

马克思主义认为，人与自然也是有机的统一体，人离不开自然，自然也离不开人，人离开自然便不能生存，自然离开了人，也就失去了意义和价值。习近平总书记将有机统一体的概念上升到了"人与自然是生命共同体"，丰富和发展了马克思主义生态和谐理论。一方面，习近平总书记始终倡导人与自然和谐共生，就是因为他认识到自然界具有优先存在性，人类不可能脱离自然界而生存，所以必须将大自然珍惜好、守护好。另一方面，历史告诉我们，人类善待自然，自然也会给予慷慨的回报，而人类无序开发甚至粗暴掠夺自然时，也必将受到残酷的惩罚。因此，人与自然是相互依存的共同体，对自然不能只想着索取和利用，要友好地保护自然、善待自然。可以说，保护大自然其实就是保护人类自己，建设生态文明为的就是造福人民群众，发展经济是为了民生，保护自然环境同样也是为了民生。"生命共同体"理念不仅强调了人与自然之间相互依赖、紧密依存的关系，而且为马克思主义生态和谐理论注入了新的时代内涵。

2. 像对待生命一样对待生态环境

马克思主义认为，人类必须在遵从自然规律的前提下，才能认识和改造自然，因此，生态环境对于促进人与社会的发展起着至关重要的作用。习近平总书记把生态环境比喻为人的双眼和生命，将对待生态环境的态度提升到了一个新的高度，丰富和发展了马克思主义生态和谐理论。

马克思主义认为，人与自然界中其他物种的区别在于人具有主观能动性，人可以能动地认识自然和改造自然。但同时，恩格斯强调，人类应正确地认识自然规律，并谨慎估计干预自然界所带来的影响，他反复提醒人类不要过分陶醉于对大自然的征服，因为必然会招致大自然冷酷无情的报复。

习近平总书记丰富和发展了马克思主义生态和谐理论，他曾多次列举美索不达米亚、小亚细亚、希腊等人类历史上遭遇自然惩罚的事例，要求我们以史为鉴。并且，他结合我国生态环境保护的严峻形势，把生态环境比喻为人的双眼和生命，将对待生态环境的态度提升到了一个新的高度。一双清澈明亮的眼睛，揉进沙子或者被其他东西污染，轻则视力受损，重则再也无法看到这个丰富多彩的世界。大自然亦是如此，人类如果不保护自然，甚至肆意地破坏自然环境，美丽的大自然终将千疮百孔，最终受损失的还是人类自己。同样地，人的生命只有一次，人类的家园也只有一个，唯有像珍惜生命一样珍惜我们的自然家园，人类才能在大自然的怀抱里世代繁衍、生生不息。

人依靠自然而生存，在与自然的关系中又处于能动的地位，因此现实的世界是人与自然相互作用的世界。在这个相互作用的过程中，自然规律是客观存在的，人类必须遵从自然规律合理地开发和改造世界，否则会遭到自然界的惩罚和报复。"像对待生命一样对待生态环境"的论断既通过生动比喻体现出对生态环境应有的重视态度，又丰富和发展了马克思主义生态和谐理论。

3. 以最严格的制度保护生态环境

人与自然之间是能动性与受动性的统一，相互作用且相互制约，因此马克思恩格斯一直致力于促进人与自然和谐统一，人与自然实现真正的"和解"。要实现这一目标，首先应改变人类对大自然的态度，要变破坏为保护、变征服为敬畏。习近平总书记在总结中国生态环境治理过往经验的基础上，提出要以最严格的制度保护生态环境，丰富和发展了马克思主义生态和谐理论。

人类自觉做到尊重自然、敬畏自然、守护自然，自然也一定会哺育人类、滋养人类、启迪人类，这是马克思对人与自然达到真正"和解"的期盼。不以规矩，不能成方圆。习近平总书记提出要以最严格的制度保护生态环境，在实践路径方面丰富和发展了马克思主义生态和谐理论。近年来，虽然我国在生态环境保护方面已经付出了巨大的努力，但形势依然不容乐观。"建设生态文明是一场涉及生产方式、生活方式、思维方式和价值观念的深刻变革，实现这样的根本性变革，必须依靠制度和法治"①。习近平总书记提出要建立责任追究制度、资源生态环境管理制度、入海污染总量控制制度、大气环境承载能力监测预警机制，健全国家自然资源资产管理体制等具体措施。他还要求尽快完善法律法规，推进司法公正，加大执法力度，大幅提高违法违规成本，对破坏生态环境的行为要严惩重罚。习近平总书记的这些要求和举措充分体现了马克思主义生态文明观的核心价值，体现了对马克思主义生态和谐理论的丰富与发展。

二、环境紧密关联民生的思想丰富和发展了马克思主义生态人本理论

马克思恩格斯始终关注人的自由全面发展问题，也一直致力于维护人民群众的生态权益。习近平总书记关于环境紧密关联民生的思想体现了"以人民为中心"的宗旨和满满的为民情怀，丰富和发展了马克思主义生态人本理论。

---

① 潘家华等：《生态文明建设的理论构建与实践探索》，中国社会科学出版社2019年版，第152页。

（一）环境紧密关联民生的思想

习近平总书记指出："建设生态文明是关系人民福祉、关系民族未来的大计。"① 生态环境关乎人的健康，关系人类生存和社会发展，人民群众渴望获得清新的空气、干净的水源和美丽的家园，追求良好生态环境的意识不断提高，而大力推进生态文明建设的目的就是创造良好的生态环境，实现民生福祉。总书记指出："人民群众对环境问题高度关注，可以说生态环境在群众生活幸福指数中的地位必然会不断凸显。"② 习近平总书记想人民之所想，急人民之所急，强调："解决好人民群众反映强烈的突出环境问题，既是改善环境民生的迫切需要，也是加强生态文明建设的当务之急。"③环境紧密关联民生的思想体现了"以人民为中心"的宗旨，也彰显了新时代中国特色社会主义生态文明建设的价值指向。

（二）对马克思主义生态人本理论的丰富与发展

1. "以人民为中心"作为处理人与自然关系的基本原则

马克思主义认为，人民群众是物资资料生产活动的主体和社会变革的决定力量，因此要维护人民群众的利益。习近平总书记丰富和发展了这一理论，指出一切依靠人民，也必须做到一切为了人民，要以人民为中心作为处理人与自然关系的基本原则。

马克思主义认为，人民群众作为物质资料生产活动的主体，生产了人类生存所必需的生活资料，人民群众也是社会变革的决定力量，必须借助人民群众的力量，生产力发展才能最终推动社会变革。因此，人民群众的利益必须得到维护。

中国共产党始终与人民群众团结在一起，习近平总书记坚持"以人民为中心"的宗旨，强调正确处理人与自然的关系事关人民的根本利益，他指出："从老百姓满不满意、答不答应出发，生态环境非常重要。"④ 人民是社会生产的主体，也是生产力发展的动力，以人民为中心，要尊重人民的主体地位，一切依靠人民，也必须做到一切为了人民。因此，要尊重人民的利益

---

① 中共中央文献研究室：《习近平关于社会主义生态文明建设论述摘编》，中央文献出版社2017年版，第7页。

② 中共中央文献研究室：《习近平关于社会主义生态文明建设论述摘编》，中央文献出版社2017年版，第84页。

③ 习近平在参加内蒙古代表团审议时强调：《保持加强生态文明建设的战略定力守护好祖国北疆这道亮丽风景线》，载《人民日报》2019年3月6日。

④ 中共中央文献研究室：《习近平关于社会主义生态文明建设论述摘编》，中央文献出版社2017年版，第83页。

需求，保障好人民的权益，解决好人民反映强烈的突出问题。而生态环境的好坏，就是事关人民利益的一个重要问题。可以说，坚持人与自然和谐共生，就是维护人民的利益；相反，以破坏生态环境为代价换取经济发展，就是损害人民的利益。因此，创造并维护良好的生态环境，事关人民最关心最直接最现实的利益问题，是以人民为中心认识人与自然的关系的深刻体现。习近平总书记坚持以人民为中心作为处理人与自然关系的基本原则，提出的解决损害群众健康突出环境问题、强化公民环境意识、把建设美丽中国转化为全体人民自觉行动等主张，无不体现出对马克思主义生态人本理论的丰富与发展。

2. 不断满足人民日益增长的优美生态环境需要

生态权益是马克思恩格斯一直较为关注的问题。不断满足人民日益增长的优美生态环境需要，是在新的历史条件下维护人民群众生态权益的体现，也是丰富与发展马克思主义生态人本理论的体现。

马克思主义认为，良好的生态环境有利于人的身体健康，可以提升人的幸福感，促进人的自由全面发展；反之，恶劣的生态环境会危害人的身心健康，加重人的异化，阻碍人的生存和发展。马克思恩格斯将人民群众的生态权益问题上升到了政治问题和社会问题，将人民群众的生态权益与政治权益、经济权益和社会权益紧密联系在了一起。

习近平总书记也多次强调生态环境问题既是民生问题，也是政治和经济问题，必须得到高度重视。如今，人们期盼良好的环境、清洁的空气和干净的水源，可以说，人们过去是"盼温饱""求生存"，现在是"盼环保""求生态"。对此，习近平总书记指出："人民对美好生活的向往是我们党的奋斗目标，解决人民最关心最直接最现实的利益问题是执政党使命所在"①，要切实改善生态环境质量，让人民群众生活在"青山常在、清水长流、空气常新"的良好生态环境中。"马克思主义政党的一切理论和奋斗都应致力于实现以劳动人民为主体的最广大人民群众的根本利益，这是马克思主义最鲜明的政治立场"②。如果我们的经济社会发展不能回应人民的期待，不能维护好、实现好人民群众的生态权益，这样的发展就不符合生态文明建设的要求，也就失去了意义。增进民生福祉是坚持立党为公、执政为民的本质要求。习近平总书记从切实维护人民群众生态权益的目标出发，将生态文明建设上

---

① 《习近平在全国生态环境保护大会上强调：坚决打好污染防治攻坚战，推动生态文明建设迈上新台阶》，载《人民日报》2018年5月20日。

② 张云飞、李娜：《开创社会主义生态文明新时代》，中国人民大学出版社2017年版，第26页。

升到民生福祉的高度，指明了新时代中国特色社会主义生态文明建设的价值取向，既体现了满满的为民情怀，也体现了马克思主义政党的宗旨，在新的历史条件下丰富和发展了马克思主义生态人本理论。

3. 生态文明建设成果由人民共享

马克思主义生态人本理论的核心追求是改善人与自然的关系，使人类享受社会发展的成果，收获大自然的"奖励"。习近平总书记肯定了人民在生态文明事业中的主体地位，丰富和发展了马克思主义生态人本理论。

人类尊重、善待自然，大自然也会反哺人类、"奖励"人类，受益的是人类自己；而人类如果不停止对大自然无度索取、肆意破坏的行为，大自然也会对人类进行冷酷的报复和惩罚。马克思一生致力于追求人类解放和人的自由全面发展，而自然环境是人类发展的必要条件，人类发展和人与自然的协同进化是有机统一的。因此，改善人与自然的关系是马克思主义生态人本理论的核心追求，改善人与自然关系的最终目的依然是造福人类。

习近平总书记指出，生态文明建设要依靠人民，建设成果由人民共享。一方面，在社会历史发展过程中人民群众起着决定性的作用，没有人民群众的支持和参与，生态文明建设事业将寸步难行。只有坚持人民群众在生态文明建设中的主体地位，我们才能解决好"依靠谁"的问题。因此，生态文明是人民群众共同参与、共同建设的事业，"每个人都是生态环境的保护者、建设者、受益者，没有哪个人是旁观者、局外人、批评家，谁也不能只说不做、置身事外"[①]。另一方面，民生连着民心，民心决定着中国共产党的执政基础。生态文明不仅要共建，而且要共享。生态文明建设是人民的事业，人民是建设的主体，理应也是建设成果的享有主体。清洁的空气、安全的食品、干净的水源和优美的景观都是最普惠的民生福祉，全体人民都将受益其中。"生态文明建设成果由人民共享"的论断表明了中国共产党来自人民、为了人民的价值追求，体现了共享共富的执政目的，丰富和发展了马克思主义生态人本理论。

三、绿水青山就是金山银山的思想丰富和发展了马克思主义生态财富理论

马克思主义认为，自然界蕴藏着人类赖以生存和发展的珍贵资源，自然

---

① 《习近平在全国生态环境保护大会上强调：坚决打好污染防治攻坚战，推动生态文明建设迈上新台阶》，载《人民日报》2018年5月20日。

界也是社会财富的源泉,因此人类在开发利用自然资源的同时要保护好生态环境。习近平总书记肯定了大自然在社会财富形成过程中的重要作用,论证了保住生态优势的重要性,丰富和发展了马克思主义生态财富理论。

(一) 绿水青山就是金山银山的思想

习近平总书记指出:"绿水青山和金山银山决不是对立的,关键在人,关键在思路"①,"我们既要绿水青山,也要金山银山"②。大自然蕴藏着宝贵的资源,因此经济发展不应是对资源和生态环境的竭泽而渔;发展是党执政兴国的第一要务,坚持以经济建设为中心是党的基本路线,因此生态环境保护也不应是舍弃经济发展的缘木求鱼。我们既要为人民群众创造出丰富的物质财富,又要使中华大地天更蓝、山更绿、水更清,让优美的环境代代相传。

(二) 对马克思主义生态财富理论的丰富与发展

1. 良好的生态环境是社会财富的重要源泉

马克思主义认为自然界也是社会财富的源泉,习近平总书记肯定了大自然在社会财富形成过程中的重要作用,为生态环境补偿、生态产品有偿使用等生态经济行为提供了理论依据,在新的历史条件下丰富和发展了马克思主义生态财富理论。

马克思指出:"劳动和自然界在一起才是一切财富的源泉,自然界为劳动提供材料,劳动把材料转变为财富。"③ 马克思主义生态财富理论的主旨在于,自然界蕴藏着人类赖以生存和发展的珍贵资源,自然界也是社会财富的源泉。

习近平总书记指出:"良好生态本身蕴含着无穷的经济价值,能够源源不断创造综合效益,实现经济社会可持续发展。"④ 这个论断既深刻而透彻地表明,大自然在财富形成的过程中起着重要的作用,又为生态环境补偿、生态产品定价等生态经济行为提供了理论依据。现在能源紧张、资源短缺,清新空气、清洁水源和优美环境越来越成为稀缺的资源,应该进行有偿的使用,把优质的生态产品转化为人民群众的经济收入。并且,人类劳动需要以自然资源为依托来创造社会财富,脱离自然界,人类就无法通过与大自然之间的物质变换来获得物质生活资料,也就无法生存,更何谈发展。因此,自然环

---

① 中共中央文献研究室:《习近平关于社会主义生态文明建设论述摘编》,中央文献出版社2017年版,第23页。

② 中共中央宣传部:《习近平总书记系列重要讲话读本》,学习出版社、人民出版社2016年版,第230页。

③ 《马克思恩格斯文集》(第9卷),人民出版社2009年版,第550页。

④ 《共谋绿色生活,共建美丽家园——在二〇一九年中国北京世界园艺博览会开幕式上的讲话》,载《人民日报》2019年4月29日。

境也是生产力发展的重要源泉,保护自然环境就是增值社会财富的过程,应该得到合理回报和经济补偿。习近平总书记肯定了大自然在财富形成过程中的重要作用,丰富和发展了马克思主义生态财富理论。

2. 明确生态环境保护的优先地位

自然界的先在性是马克思主义生态经济理论的基本观点,习近平总书记在总结人类社会发展经验的基础上,明确了生态环境保护的优先地位,丰富和发展了马克思主义生态财富理论。

自然界是人类社会产生和发展的前提和基础,具有先在性和第一性的地位,人类在保护好自己的"无机身体"的基础上才能谋求发展。习近平总书记继承了这一基本原理,明确了生态环境保护的优先地位。当经济发展与生态环境保护发生矛盾时,该如何取舍?习近平总书记一针见血地回答:"宁要绿水青山,不要金山银山。"[1] 总书记多次强调,我们建设现代化国家不能再走欧美国家的老路,如果继续不计成本地污染环境、无节制地消耗资源,社会发展将难以为继。一方面,发展经济是为了让人民群众过上更好的生活,但如果将最基本的生存条件都破坏了,还要用获得的财富来修复生态环境,是得不偿失的。另一方面,正所谓留得青山在,不怕没柴烧。保护好绿水青山,就保住了可持续发展的基础,生态优势也可以继续转化为经济优势。"鱼逐水草而居,鸟择良木而栖。"[2] 优美的生态环境可以吸引高新技术产业和优秀人才,可以创造发展机遇、带动发展动能、释放发展红利,源源不断地产生经济效益和社会效益。习近平总书记明确生态环境保护优先地位的思想,既把对自然规律的遵循居于首要地位,丰富和发展了马克思主义生态财富理论,又表明了中国共产党加强生态环境保护的坚决意志和坚定决心。

3. 实现经济发展与生态环境保护互动共赢

"绿水青山就是金山银山"的思想是理论联系实际、理论指导实践的创新性成果,习近平总书记不但揭示了经济发展与生态环境保护的内在统一关系,并且提出了实现二者互动共赢的思想,丰富和发展了马克思主义生态财富理论。

马克思指出,自然界也是社会财富的源泉,因此人类在开发利用自然资源的同时要保护好生态环境。习近平总书记揭示了经济发展与生态环境保护的内在统一关系,他指出,良好的生态环境不仅具有生态价值,还具有经济

---

[1] 中共中央文献研究室:《习近平关于社会主义生态文明建设论述摘编》,中央文献出版社2017年版,第21页。

[2] 中共中央文献研究室:《习近平关于社会主义生态文明建设论述摘编》,中央文献出版社2017年版,第23页。

使用价值和社会价值，拥有生态优势的地区能够吸引大量的人力物力财力，推动经济社会的发展，促进生态优势转化为经济优势。在此基础上，习近平总书记还提出了实现经济发展与环境保护互动共赢，在实践路径方面丰富和发展了马克思主义生态财富理论。实现互动共赢，首先要做到不能以牺牲环境为代价换取经济增长，要牢固树立底线意识。习近平总书记多次强调："对破坏生态环境的行为，不能手软，不能下不为例。"[①] 其次要优化经济发展方式，推动绿色发展、循环发展、低碳发展。要协调推进新型城镇化、农业现代化和绿色化，引导生态驱动型、环境友好型产业的发展，把环境保护与倒逼企业转型升级联动起来，让环境保护与经济增长进入相互促进的良性循环，真正使绿水青山成为人民生活质量的增长点、成为展现我国良好形象的发力点。"绿水青山就是金山银山"的思想深刻揭示了经济发展与生态环境保护的内在统一关系，体现了对马克思主义生态财富理论的丰富和发展。

四、保护环境就是保护生产力的思想丰富和发展了马克思主义自然生产力理论

马克思主义认为，自然生产力在社会物质生产中具有重要的作用和地位。习近平总书记创新地提出了"生态环境生产力也是生产力"的论断，指明了在发展中保护、在保护中发展的道路，丰富和发展了马克思主义自然生产力理论。

（一）保护环境就是保护生产力的思想

习近平总书记明确将生态环境纳入生产力的范畴，指出："保护生态环境就是保护生产力，改善生态环境就是发展生产力"[②]，为马克思主义生产力理论注入了新的内涵。一方面，生态环境为人类提供了生产力的各种自然要素，因此会影响生产力的运行效率，保护和改善生态环境对于生产力发展有着重要作用。另一方面，习近平总书记创新地指出，生态环境本身也是生产力。对于经济相对落后，但生态环境资源较为丰富的地区，总书记指出，要学会转变思路，"让资源变资产、资金变股金、农民变股东"[③]，通过盘活这

---

① 中共中央文献研究室：《习近平关于社会主义生态文明建设论述摘编》，中央文献出版社2017年版，第107页。

② 中共中央文献研究室：《习近平关于社会主义生态文明建设论述摘编》，中央文献出版社2017年版，第9页。

③ 中共中央宣传部：《习近平新时代中国特色社会主义思想三十讲》，学习出版社2018年版，第245页。

些生产力要素,来探索一条生态脱贫的道路。正如习近平总书记指出的:"实际上,只要指导思想搞对了,只要把两者关系把握好、处理好了,既可以加快发展,又能够守护好生态。"① 可见,生产力发展与生态环境保护并不是相互制约的关系,二者完全可以实现协同共进、协调发展。因此,要坚持在发展中保护,在保护中发展,走出一条生态文明建设与生产力发展相辅相成、相得益彰的道路。

(二) 对马克思主义自然生产力理论的丰富与发展

1. 生态环境也是生产力

马克思主义认为,自然生产力在社会物质生产中具有重要的作用,马克思多次提出"自然生产力也是生产力"的观点。习近平总书记不仅肯定了自然资源在社会生产中的作用,而且将生态环境作为内生变量,也归入了生产力系统中,创新地提出了"生态环境也是生产力"的论断,丰富和发展了马克思主义自然生产力理论。

马克思在《资本论》以及1857~1858年、1861~1863年、1863~1865年三部经济学手稿中多次明确了"自然生产力也是生产力"的观点。马克思主义认为,劳动者、劳动对象和劳动资料这三大生产力要素都与自然生产力紧密相关,自然生产力是这三大要素的自然基础和能量之源。"而一切生产力都归结为自然界"②,马克思充分肯定了自然生产力在社会物质生产中的重要作用和地位,认为人类合理利用自然生产力,可以促进资源循环利用、推动科学技术的进步,实现可持续发展。

习近平总书记以马克思主义自然生产力理论为基础,深刻把握自然界与生产力发展的内在联系,指出良好的生态环境本身就是生产力,就是发展后劲,也是一个地区的核心竞争力。一方面,生产力的发展不仅包括数量扩张,也会发生质量和结构的变化,生态环境提供了生产力三大基本要素中的各种自然要素,因此会对生产力的结构调整和运行效率产生影响。另一方面,生态环境不仅包括土地资源、水资源、油气资源等要素资源,也包括各种生态系统,它既是劳动对象的物质资源的源泉,也是劳动者生存生活的前提条件。因此,习近平总书记指出,如果劳动者的生存生活权益都得不到保证,生产力发展就无从谈起,我们必须为劳动者创造优良的生态环境。"生态环境也是生产力"的论断不仅肯定了自然资源在社会生

---

① 中共中央文献研究室:《习近平关于社会主义生态文明建设论述摘编》,中央文献出版社2017年版,第22页。
② 《马克思恩格斯文集》(第8卷),人民出版社2009年版,第170页。

产中的作用,而且将生态环境作为内生变量归入生产力系统中,提升了我们对生态环境与生产力各要素之间紧密关系的认识,体现了对马克思主义自然生产力理论的丰富与发展。

2. 树立发展和保护相统一的理念

马克思恩格斯倡导当代人应按照代际生态公正的原则,合理地开发和利用自然资源,促进人类社会的可持续发展。习近平总书记既具有马克思恩格斯相同的责任情怀,要求我们要以对子孙后代高度负责的态度推进生态文明建设,又从提升人民群众的幸福感出发,提出了发展和保护相统一的理念,体现了对马克思主义自然生产力理论的丰富和发展。

马克思主义认为,人类在开发和利用自然资源的过程中应恪守生态公正的准则。一方面,当代人之间要公平合理地开发利用自然资源;另一方面,当代人也不能过度预支自然资源,不得损害后代人享受良好生态环境的权利。马克思指出,在代内关系中,资产阶级和无产阶级之间的不公正不仅表现在财富占有方面,还表现在生态资源使用方面,资产阶级占有大量的自然生产要素,而无产阶级连基本的生态权益都不能获得保障;在代际关系中,资产阶级为了追求超额利润而肆意破坏土地等自然生产要素,剥夺了后代人合理开发利用自然资源的权利,严重违背了生态公正的准则。

习近平总书记丰富和发展了马克思主义自然生产力理论中关于生态公正方面的理念,多次强调保护环境是功在当代、利在千秋的事业,要求我们要以对子孙后代高度负责的态度推进生态文明建设,为子孙后代留下"天更蓝、山更绿、水更清"的优美生态环境。我国40多年来快速发展中积累的环境问题如今开始集中显现,雾霾天气频出、饮水安全得不到保障、土壤重金属含量过高,老的污染问题还未解决,新的环境问题又接踵而至。因此,对生态环境的保护刻不容缓,必须坚持节约优先、保护优先的基本方针。但同时,习近平总书记也说:"生态环境保护也不应是舍弃经济发展的缘木求鱼。"① 因为发展依然是党执政兴国的第一要务,以经济建设为中心一百年不能动摇是党的基本路线的根本要求。党的一切执政理念归根到底都是为了让人民群众的幸福感不断增强,人民群众的幸福感既包括生态权益的实现,也包括物质生活水平的提升。因此也不能为了保护生态环境就停止发展的步伐,要树立"发展和保护相统一"的理念,坚持在发展中保护,在保护中发展。

---

① 中共中央文献研究室:《习近平关于社会主义生态文明建设论述摘编》,中央文献出版社2017年版,第19页。

可见,"当代人要为后代人负责"的原则秉承了马克思主义的观点,具有马克思恩格斯相同的责任情怀。并且,习近平总书记从党情、国情出发,提出了"发展和保护相统一"的理念,明确了"贫穷不是生态,发展不能破坏""当代人也要为自己负责"的原则,既凸显了时代特点和现实指导意义,又丰富和发展了马克思主义自然生产力理论。

3. 将生态优势转变为经济优势

马克思主义认为自然条件是人类生产活动的构成要素,会直接影响生产效率,因此保护好自然环境是人类社会良好发展的前提。习近平提出生态环境资源较为丰富的地区可以盘活自然生产力要素,探索生态脱贫的道路,指明了生态优势转变为经济优势的实践路径,丰富和发展了马克思主义自然生产力理论。

大自然是人类存在和发展的基础,自然条件必然要纳入人类的劳动生产过程中,因此自然条件是人类生产活动的构成要素。马克思在《资本论》中指出:"撇开社会生产的形态的发展程度不说,劳动生产率是同自然条件相联系的。"① 现如今,尽管社会生产力受自然环境制约的程度在逐渐减轻,但在人类劳动和价值形成过程中,自然条件的基础性地位不会改变。

习近平总书记反复强调"把不损害生态环境作为发展的底线。生态环境没有替代品,用之不觉,失之难存"②,就是在警醒我们要重视自然条件对生产效率的影响,要爱惜珍贵的自然资源。习近平总书记指出,生态环境较好的地区可以因地制宜地开发生态旅游和生态产品,以保护促发展,将生态优势转变为经济优势。他站在最广大人民的立场上,为经济落后地区指出了生态脱贫的新道路。人们过去总以 GDP 论英雄,自然财富和自然资本的概念较为淡薄,没有意识到优质生态产品也是人民群众越来越向往的生活资料,没有正确处理好人与自然的关系,造成了生态环境的破坏和自然财富的损失。尤其是经济落后地区的人民群众基于生存的压力和对脱贫致富的迫切需要,重经济发展、轻生态环境保护,导致资源环境承载能力下降,经济未获得持续稳定增长,贫困问题也没有得到真正的解决。其实,缓解这些地区经济发展与环境保护矛盾的关键在于转变思路。很多地区最大的比较优势是自然资源优势和生态环境优势,应该探索适合自身发展的资源转化途径,盘活自然生产力要素,搞绿色养殖、生态观光等产业,走上经济发展与生态环境保护

---

① 《马克思恩格斯文集》(第5卷),人民出版社2009年版,第586页。
② 中共中央宣传部:《习近平总书记系列重要讲话读本》,学习出版社、人民出版社2016年版,第233页。

相得益彰的致富之路。"让资源变资产、资金变股金、农民变股东"①，习近平总书记明确了土地、劳动力、自然风光的生产力要素属性，指明了生态优势转变为经济优势的实践路径，既从根本上转变了以牺牲环境为代价的传统发展模式，遵循了马克思主义生态文明观的基本要求，又扩展了生产力要素的范畴，丰富和发展了马克思主义自然生产力理论。

五、推动绿色发展的思想丰富和发展了马克思主义物质循环变换理论

马克思主义认为，废物的循环再利用能够使人与自然之间的物质循环与变换不断进行，从而可以从源头上解决生态问题，而人民群众作为社会历史的主体，其观念和行为将决定人与自然之间物质循环与变换的效率。习近平总书记提出了推进资源的全面节约和循环利用、树立绿色文化价值观念以及推进产业结构和能源结构绿色转型等切实可行的对策，丰富和发展了马克思主义物质循环变换理论。

（一）推动绿色发展的思想

习近平总书记指出："中国的绿色机遇在扩大。我们要走绿色发展道路，让资源节约、环境友好成为主流的生产生活方式。"② 绿色发展是五大发展理念的重要组成部分，其最终目的是"实现经济社会发展和生态环境保护协调统一、人与自然和谐共处"③。推动形成绿色发展方式和生活方式是贯彻绿色发展理念的必然要求，习近平总书记指出："我们要充分认识形成绿色发展方式和生活方式的重要性、紧迫性、艰巨性。"④ 因此，推进经济发展方式绿色化转变势在必行，必须"调整经济结构和能源结构，既提升经济发展水平，又降低污染排放负荷"⑤，塑造更多依靠创新驱动和发挥先发优势的引领性发展。习近平总书记关于推动绿色发展的思想扩宽了发展的内涵和途径，体现了我国加快转变经济发展方式的必然要求，为建立经济社会发展和生态

---

① 中共中央宣传部：《习近平新时代中国特色社会主义思想三十讲》，学习出版社 2018 年版，第 245 页。

② 《在同出席博鳌亚洲论坛年会的中外企业家代表座谈时的讲话》，载《人民日报》2015 年 3 月 30 日。

③⑤ 《习近平在全国生态环境保护大会上强调：坚决打好污染防治攻坚战，推动生态文明建设迈上新台阶》，载《人民日报》2018 年 5 月 20 日。

④ 中共中央文献研究室：《习近平关于社会主义生态文明建设论述摘编》，中央文献出版社 2017 年版，第 37 页。

环境保护相协调的可持续发展模式指明了方向。

（二）对马克思主义物质循环变换理论的丰富与发展

1. 推进资源的全面节约和循环利用

马克思主义认为废物的循环再利用能够使物质资源不断进行变换，从而可以从源头上解决生态问题。习近平总书记不但指出资源过度开发、粗放利用和奢侈消费是造成生态环境问题的根源，并且提出了推进资源全面节约和循环利用的切实可行的对策，在实践路径方面丰富和发展了马克思主义物质循环变换理论。

马克思主义认为，劳动过程是人与自然之间的物质循环与变换的过程，这个过程既包括人类从自然界获取资源并加工成物质产品，也包括将生产过程中产生的"生产排泄物"和消费之后的"消费排泄物"合理回归到自然界。如果这个过程中断，就会导致环境污染以及自然资源的衰竭。马克思非常重视对这些"排泄物"的循环再利用，"所谓的废料，几乎在每一种产业中都起着重要的作用"[1]。马克思主义认为，废物的循环再利用能够使人与自然之间的物质循环与变换不断进行，这种双向互动使物质资源不断进行交换，达到自然界物质的循环往复、生生不息，从而可以从源头上解决生态问题，最终实现可持续发展。

习近平总书记进一步深化了马克思主义物质循环变换理论，他指出，资源节约和循环利用是保护生态环境的根本之策。一方面，自然资源的总量是有限的，人类不可能无限地进行开发与利用，尤其随着科学技术的进步，人类社会的建设与发展速度也在不断增快，对资源的需求量不断增大，如果不采取节约高效、循环利用的方式，必将导致自然资源消耗殆尽。另一方面，我国近几十年快速发展的经验告诉我们，与传统的发展模式相伴随的是对自然资源的过度开发和对生态环境的粗放利用，在新的历史条件下，我们应吸取经验教训，力争从源头上解决问题。因此，习近平总书记提出，要大幅降低土地、水资源消耗强度，促进能源循环再利用，推动发展模式的根本性转变。他还警醒我们，当代人要用最少的资源环境代价取得最大的经济社会效益，"资源开发利用既要支撑当代人过上幸福生活，也要为子孙后代留下生存根基"[2]。习近平总书记一针见血地指出了造成生态环境问题的根源，并提出了推进资源全面节约和循环利用的切实可行的对策，丰富和发展了马克思

---

[1]《马克思恩格斯文集》(第7卷)，人民出版社2009年版，第116页。
[2]《习近平谈治国理政》(第二卷)，外文出版社2017年版，第396页。

主义物质循环变换理论。

2. 树立绿色文化价值观念

在马克思主义物质循环变换理论中，人民群众作为社会历史的主体，其观念和行为将决定人与自然之间物质循环与变换的效率。习近平总书记明确了绿色发展依靠人民、造福人民的原则，提出了在全社会树立绿色文化价值观念的要求，丰富和发展了马克思主义物质循环变换理论。

马克思主义认为，在人与自然的关系中，人类处于能动的地位，在人与自然进行物质循环与变换的过程中，人类发挥着重要的作用。人民群众是社会历史的主体，是历史的创造者，因而在人类生产生活中，人民群众的观念和行为将决定人与自然之间物质循环与变换的效率。

习近平总书记丰富和发展了马克思主义物质循环变换理论，要求在全社会树立绿色文化价值观念，使生态文明理念成为规范人们行为的价值标准。他指出："要增强全民节约意识、环保意识、生态意识，培育生态道德和行为准则，开展全民绿色行动，动员全社会都以实际行动减少能源资源消耗和污染排放，为生态环境保护作出贡献。"[1] 一方面，生态环境关系国家长远发展的大计，保护生态环境是当代人的基本义务，在环境状况不断恶化的今天，提高人民群众的环保意识已刻不容缓。另一方面，生态环境关乎人的健康，关系人类生存，人民群众越来越向往良好的生态环境。而生态文明建设的目的就是创造优美的环境，保障人民群众的健康，促进人民群众的全面发展。因此，人民群众是生态文明建设的主体。推动形成绿色生活方式与每个人息息相关，每个人都应该做践行者和推动者。人民群众应坚持知行合一，只有使绿色文化价值观念在人民群众中入脑入心，才能激发人们建设绿色家园的积极性和责任感。习近平总书记"树立绿色文化价值观念"的倡导，既明确了绿色发展依靠人民、造福人民的原则，又体现了形成绿色发展方式和生活方式的重要性和紧迫性；既符合新发展理念的目标和方向，又体现了对马克思主义物质循环变换理论的丰富和发展。

3. 推进产业结构和能源结构的绿色转型

马克思主义认为采取"循环经济"的模式，可以达到既减少自然资源的消耗，又减少环境污染物排放的效果。习近平总书记以既提升经济发展水平，又降低污染排放的目标为出发点，提出了推进产业结构和能源结构绿色转型

---

[1] 《习近平在全国生态环境保护大会上强调：坚决打好污染防治攻坚战，推动生态文明建设迈上新台阶》，载《人民日报》2018年5月20日。

的主张，丰富和发展了马克思主义物质循环变换理论。

马克思主义认为，生态文明的生产方式要求通过技术和管理的创新，达到节约资源、降低损耗、减少污染的目的，最有效的办法是采取"循环经济"的模式来解决生态问题。"循环经济"模式要求在生产消费过程中尽量降低资源消耗、减少废弃物的产生，并将废弃物最大化地转化为资源，达到既减少自然资源的消耗，又减少环境污染物的排放的效果，体现了低消耗、低排放、高效率的特征。

习近平总书记关于推动形成绿色发展方式和生活方式论断的核心要义就是既提升经济发展水平，又降低污染排放，形成资源节约和循环利用的产业结构和生产生活方式。他指出，全面推动绿色发展的"目的是改变传统的'大量生产、大量消耗、大量排放'的生产模式和消费模式，使资源、生产、消费等要素相匹配相适应"①，因此要推进产业结构和能源结构的绿色转型。发展是党执政兴国的第一要务，但发展的内涵不仅包括经济效益的提高，也包括生态环境的改善和经济结构的优化。我国生态环境形势严峻，生态资源总量有限，加快经济结构的优化进程，是保障我国经济社会可持续发展的必然要求。一方面，产业结构不合理是造成生态环境问题的重要原因之一，因此要减少过剩和落后产能，增加新的增长动能，以增强节能环保工程技术能力拉动投资增长，以推广节能环保产品拉动消费需求，"培育壮大节能环保产业、清洁生产产业、清洁能源产业，发展高效农业、先进制造业、现代服务业"②。另一方面，能源结构单一、能源利用较为低效也是造成生态环境问题的又一重要原因。因此，"要促进能源绿色转型，推进能源生产和消费革命，构建清洁低碳、安全高效的能源体系"③，加快太阳能发电、核电、风电等新材料、新装备的研发和推广，推进沼气、地热、浅层地温能等应用，发展分布式能源网络。绿色发展是对可持续发展理念的升华，是对我国长远发展的战略谋划，习近平总书记关于推进产业结构和能源结构的绿色转型等一系列论断，明晰了绿色发展的实践路径，丰富和发展了马克思主义物质循环变换理论，对我们树立正确的发展理念、推进绿色生产生活方式具有重要意义。

---

①② 《习近平在全国生态环境保护大会上强调：坚决打好污染防治攻坚战，推动生态文明建设迈上新台阶》，载《人民日报》2018年5月20日。

③ 中共中央宣传部：《习近平新时代中国特色社会主义思想三十讲》，学习出版社2018年版，第248页。

六、构建人类命运共同体的思想丰富和发展了马克思主义理论

马克思恩格斯以实现人的自由全面的发展为他们的最高理想和终极目标。习近平总书记发出构建人类命运共同体的倡导,开创了中国生态文明建设国际合作的新篇章,丰富和发展了马克思主义终极人文关怀理论。

(一)构建人类命运共同体的思想

生态文明建设不仅是我国"五位一体"总体布局的一项,也是人类社会发展的重大进程,是实现人与自然和谐共处的必然要求。习近平总书记多次提出:"人类是命运共同体,保护生态环境是全球面临的共同挑战和共同责任"①,他在党的十九大报告中也呼吁各国人民齐心协力"建设持久和平、普遍安全、共同繁荣、开放包容、清洁美丽的世界"②,并表示"中国人民愿同各国人民一道,推动人类命运共同体建设,共同创造人类的美好未来!"③ 世界是国家与国家之间相互联系的整体,各国应共同面对生态环境挑战,商议全球性措施,构筑尊崇自然的全球生态体系。习近平总书记关于构建人类命运共同体的思想体现了中国立场、世界眼光,对于应对全球生态环境危机、提升我国国际话语权具有重要意义。

(二)对马克思主义理论的丰富与发展

1. 推动构建人类命运共同体,深化全球可持续发展

马克思恩格斯倡导建立自由人的联合体,实现人的自由全面的发展,这也是他们的最高理想和终极目标。习近平总书记着眼世界发展大势、把握人与自然和谐共处的必然要求,发出推动构建人类命运共同体的倡导,深化了马克思主义"自由人的联合体"理念,丰富和发展了马克思主义终极人文关怀理论。

实现人的自由全面的发展是马克思主义的最高理想和终极目标。马克思说:"代替那存在着阶级和阶级对立的资产阶级旧社会的,将是这样一个联合体,在那里,每个人的自由发展是一切人的自由发展的条件。"④ 只有建立

---

① 《习近平在全国生态环境保护大会上强调:坚决打好污染防治攻坚战,推动生态文明建设迈上新台阶》,载《人民日报》2018年5月20日。
② 习近平:《决胜全面建成小康社会 夺取新时代中国特色社会主义伟大胜利——在中国共产党第十九次全国代表大会上的报告》,人民出版社2017年版,第58页。
③ 习近平:《决胜全面建成小康社会 夺取新时代中国特色社会主义伟大胜利——在中国共产党第十九次全国代表大会上的报告》,人民出版社2017年版,第60页。
④ 《马克思恩格斯文集》(第9卷),人民出版社2009年版,第53页。

自由人的联合体,才能实现人的自由全面的发展,马克思主义饱含着对人类命运的关怀和对人类解放的渴望。

习近平总书记丰富和发展了马克思主义终极人文关怀理论,他在2019年北京世界园艺博览会开幕式、2016年二十国集团领导人杭州峰会、2015年联合国气候问题领导人工作午餐会等多个公开场合向全世界发出了"共建人类命运共同体"的倡议,表示"我们要与世界各国人民同心协力,构建人类命运共同体,建设持久和平、普遍安全、共同繁荣、开放包容、清洁美丽的世界"[1]。生态环境质量关系着全人类的生存和发展,空气、水、土壤、石油等自然资源用之不觉、失之难存。人类社会的快速发展在带来大量物质财富的同时,也产生了难以恢复的生态创伤。现如今,水源污染、土地沙化等自然灾害在全球频发,面对生态危机,没有哪个国家能独善其身。因此,习近平总书记指出,各国应同筑生态文明之基,同走绿色发展之路,共建全球治理新秩序,深化全球可持续发展。"人类命运共同体"思想是对马克思主义"自由人的联合体"理念的进一步深化。习近平总书记的号召既反映了人类社会共同的价值追求,也符合全人类的根本利益,其最终目的是实现人类社会永续发展,这丰富和发展了马克思主义关于实现人的自由全面的发展最高理想的理论。

2. 构建绿色发展的全球生态体系

马克思恩格斯出于对人类命运的关怀,始终警醒人类要尊重自然规律,倡导人与自然和谐相处。处理好人类社会发展与生态环境保护的关系是人类共同的责任,习近平总书记发出了构建绿色发展的全球生态体系的倡导,丰富和发展了马克思主义终极人文关怀理论。

良好的自然环境是人的自由全面发展的条件和基础,人类与自然的关系决定了人类的未来,马克思恩格斯出于对人类命运的关怀,始终警醒人类要尊重自然规律,正确处理好与自然的关系。习近平总书记进一步深化了马克思主义终极人文关怀理论,指出处理好人类社会发展与生态环境保护的关系是人类共同的责任。因此推进人类命运共同体建设,首先必须构建绿色发展的全球生态体系,"这是人类命运共同体作为一个有机、完整的整体,与自然发生互动关系的根本指导原则,是人类命运共同体最终走向何方的指南针"[2]。绿色发展生态体系是人类的公共生态产品,发达国家构建绿色发展生

---

[1] 中共中央宣传部:《习近平新时代中国特色社会主义思想学习纲要》,学习出版社2019年版,第219页。

[2] 张宇燕:《习近平新时代中国特色社会主义外交思想研究》,中国社会科学出版社2019年版,第112页。

态体系可以有效解决工业文明带来的经济发展与生态环境之间的矛盾；发展中国家构建绿色发展生态体系可以实现"弯道超车"，以绿色、可持续的方式探索更利于环境保护的发展道路。因此，绿色发展是转变发展方式、破解生态环境问题的有效途径，国际社会应坚持走绿色发展之路，共同构建绿色发展的全球生态体系。习近平总书记构建绿色发展的全球生态体系的倡导既是对人类命运共同体思想理论体系的丰富，也是对马克思主义终极人文关怀理论的丰富和发展。

3. 开创中国生态文明建设国际合作新篇章

马克思恩格斯一生都在为推翻旧世界、建立新世界战斗，一生都在为人类解放和人的自由全面发展而不懈奋斗。马克思主义不仅深刻改变了世界，也深刻改变了中国。进入新时代，中国正日益走向世界舞台的中央，逐渐成为全球生态文明建设的重要贡献者和引领者。习近平总书记指出，生态文明建设事关全人类的生存和发展利益，他号召世界各国一起为人类社会永续发展作出贡献。中国是一个拥有 14 亿多人口的发展中大国，改善民生、发展经济、保护生态环境的任务都非常艰巨，但习近平总书记强调，作为一个负责任的大国，"中国将继续承担应尽的国际义务，同世界各国深入开展生态文明领域的交流合作，推动成果分享，携手共建生态良好的地球美好家园"①。我国作为世界上最大的发展中国家，在全球生态治理中起着举足轻重的作用，而我国也一直积极参与各项环境保护公约和国际合作计划。习近平总书记坚持"各尽所能、合作共赢""包容互鉴、共同发展"②的正确义利观，倡导发达国家主动承担节能减排义务，发展中国家也要尽可能避免"高碳发展"。我国一直以身作则，将推进全球治理新秩序作为实现发展方式转变的重大机遇，积极探索符合我国国情的低碳发展之路。习近平总书记关于加强生态文明建设国际合作的思想为解决世界范围内的生态环境问题贡献了中国智慧，促进了全球的包容发展，丰富和发展了马克思主义终极人文关怀理论，为马克思主义全球观注入了新的时代内涵。

综上所述，习近平总书记将马克思主义生态经济理论与中国特色社会主义建设实践相结合，提出了一系列新观点新理念新论断，形成了习近平生态经济理论，丰富和发展了马克思主义生态经济理论。

---

① 《习近平谈治国理政》（第一卷），外文出版社 2014 年版，第 212 页。
② 习近平：《携手构建合作共赢、公平合理的气候变化治理机制——在气候变化巴黎大会开幕式上的讲话》，人民出版社 2015 年版，第 4~5 页。

第二节 实践来源与实践基础

党的十八大以来，党中央坚持以人民为中心，在总结国内外发展经验的基础上，科学把握发展大势，在实践中形成了以"新发展理念"为主要内容的习近平新时代中国特色社会主义经济思想①和以"绿色发展"为核心的习近平生态经济理论②。其中，具体到生态经济领域，有着一系列新理念新思想，包括良好的生态环境紧密关联民生福祉思想、人与自然和谐共生理念、良好的生态环境就是生产力思想、绿水青山就是金山银山理念、绿色发展理念，为绿色发展提供严密的法制保障思想，国际社会携手共建清洁美丽世界思想等，它们构成了内涵丰富的新时代中国特色社会主义生态经济思想。新时代中国特色社会主义生态经济思想以"增进民生福祉"为出发点和落脚点，以实现"人与自然和谐共生"为目标，以"正确认识和处理生态环境保护和经济发展的关系"为核心内容。它是我们党在总结国内外生态环境保护和经济发展相关实践经验的基础上，立足于新时代生态经济发展的实践要求，科学把握未来生态经济发展的实践方向而形成的，是马克思主义关于生态经济的思想在我国社会主义实践基础上的理论创新。

一、对国内外经济发展和生态环境保护相关历史实践的经验总结

新时代中国特色社会主义生态经济思想是在实践中逐步演化形成的，是对新中国成立以来我国经济建设和生态环境保护事业发展实践经验的总结。西方资本主义工业经济发展实践为我们提供了参考借鉴。从国内外经济发展与生态环境保护的实践历程中总结经验和教训，绿色发展是对传统经济发展观念和发展模式的总结与升华。

（一）对新中国成立以来我国经济建设和生态环境保护事业发展实践经验的总结

新中国成立以来，我国经济发展和生态环境保护的关系经历了"经济发

---

① 2017年12月，中央经济工作会议上首次提出了习近平新时代中国特色社会主义经济思想。相关研究可参见：白暴力、李翠玲等：《新时代中国特色社会主义经济思想研究》，经济科学出版社2019年版。

② 2018年5月，全国生态环境保护大会召开，此次大会标志着习近平生态经济理论的确立。

展优于生态环境保护"到"追求经济发展与生态环境保护协调并重",再到"生态优先,绿色发展"的演进历程①,实践中人们对经济发展与生态环境保护之间关系的认识不断提升。

1. 新中国成立以来经济发展和生态环境保护关系的演进历程

新中国成立以来,我国经济发展取得伟大成就,与此同时,生态环境问题也逐渐累积显现。回顾我国经济社会发展实践历程,习近平总书记指出改革开放以来我国生态环境保护相对于经济发展是明显的短板。"在三十多年持续快速发展中,我国农产品、工业品、服务产品的生产能力迅速扩大,但提供优质生态产品的能力却在减弱"②。改革开放以来,我国工业化、城镇化的快速发展给自然资源和生态环境带来不小压力,日益突出的生态环境问题给我国可持续发展带来不利影响。相关研究报告显示:2004年我国总环境污染退化成本达到5118.2亿元,占GDP的3.05%③。党和政府对此十分重视,及时确立了保护环境和节约资源的基本国策④,积极推进生态环境保护事业的发展。我国环境保护事业从20世纪70年代起步,从无到有、逐渐加强,走出了一条中国特色生态文明建设道路。在此过程中,可持续发展战略⑤、科学发展观⑥等重大战略和思想不断被提出,推进生态环境保护与经济协调发展的意识越来越强。1989年第三次全国环境保护会议上就提出了要"促进经济与环境协调发展",1996年第四次全国环境保护会议上提出了"保护环境的实质就是保护生产力",2006年第六次全国环境保护大会提出了"推动经济社会全面协调可持续发展"的"三个转变"⑦战略思想,等等。在2018

---

① 吴舜泽、黄德生等:《中国环境保护与经济发展关系的40年演变》,载《环境保护》2018年第20期。

② 中共中央文献研究室:《习近平关于社会主义生态文明建设论述摘编》,中央文献出版社2017年版,第10页。

③ 资料来源:《2004中国绿色国民经济核算研究报告》。

④ 1983年第二次全国环境保护工作会议正式把环境保护确定为我国的一项基本国策,1999年中央召开的人口、资源、环境工作座谈会上将节约资源确定为我国的又一项基本国策。

⑤ 1995年中共十四届五中全会正式将可持续发展战略写入《中共中央关于制定国民经济和社会发展"九五"计划和2010年远景目标的建议》,提出"必须把社会全面发展放在重要战略地位,实现经济与社会相互协调和可持续发展"。

⑥ 2003年党的十六届三中全会通过《中共中央关于完善社会主义市场经济体制若干问题的决定》明确提出要"坚持以人为本,树立全面、协调、可持续的发展观,促进经济社会和人的全面发展"。

⑦ 从重经济增长轻环境保护转变为保护环境与经济增长并重;从环境保护滞后于经济发展转变为环境保护和经济发展同步;从主要用行政办法保护环境转变为综合运用法律、经济、技术和必要的行政办法解决环境问题。

年全国生态环境保护大会上,习近平总书记作了重要报告①。对于生态环境保护和经济发展关系的认识越来越深刻,发展理念越来越科学、发展方式也越来越具体,这些为新时代中国特色社会主义生态经济思想的形成打下了基础。

2. 实践中对经济发展与生态环境保护之间关系的认识不断提升

习近平总书记指出,实践中人们对"绿水青山"(代指生态环境)和"金山银山"(代指经济社会发展)关系的认识会有一个"由表及里、由浅入深"的发展过程②,我国的经济社会发展实践就是现实例证。我国正是经历了"用绿水青山去换金山银山"的阶段,导致经济发展与资源、环境之间的矛盾越来越凸显,人们普遍意识到环境是我们生存发展的根本而呼吁"既要金山银山,也要保住绿水青山"。随着实践的发展,人们越来越清晰地认识到良好生态环境本身就是生产力,"绿水青山就是金山银山"理念在实践中逐渐形成。2005 年,时任浙江省委书记的习近平到安吉县余村考察时,受该地发展生态经济实现景美民富的实践经验的启发而提出"绿水青山就是金山银山",并在此后不久发表了《绿水青山也是金山银山》一文。文中写道:"如果能够把这些生态优势转化为生态农业、生态工业、生态旅游等生态经济的优势,那么绿水青山也就变成了金山银山。绿水青山可带来金山银山,但金山银山却买不到绿水青山。绿水青山与金山银山既会产生矛盾,又可辩证统一。"③首次对"两山"关系作出了公开且明确的阐释。随着实践的发展,"两山"理论成为我国社会主义生态文明建设的重要指导思想并传播世界。2013 年,作为国家总书记的习近平出访哈萨克斯坦,他在扎尔巴耶夫大学发表演讲时讲到:"中国明确把生态环境保护摆在更加突出的位置。我们既要绿水青山,也要金山银山。宁要绿水青山,不要金山银山,而且绿水青山就是金山银山。"④向世界传播了我国的特色生态经济理念。2015 年,"坚持绿水青山就是金山银山"被正式写入中央文件⑤。2017 年,党的十九大把"绿水青山就是金山银山"作为新时代坚持人与自然和谐共生必须树立和践行的理念确定下来⑥。2018 年,全国生态环境保护大会明确指出,"绿水青山就是金山银山"理念是习近平生态经济理论的重要组成部分,"两山"理念在实践中不断得到深化。

---

① 生态环境部:《生态环境部历史记》,http://www.mee.gov.cn/zjhb/lsj/,2020 - 08 - 12。
② 习近平:《之江新语》,浙江人民出版社 2007 年版,第 186 页。
③ 习近平:《之江新语》,浙江人民出版社 2007 年版,第 153 页。
④ 习近平:《弘扬人民友谊 共同建设"丝绸之路经济带"》,《人民日报》2013 年 9 月 8 日。
⑤ 《中共中央国务院关于加快推进生态文明建设的意见》。
⑥ 《习近平谈治国理政》(第三卷),外文出版社 2020 年版,第 19 页。

(二) 对西方资本主义经济发展路径实践教训的鉴戒

西方资本主义社会较早地开启了工业化进程，在其近两百年的工业经济发展过程中，经历了严重生态环境问题的大量、大范围爆发，时至今日造成了生态危机的全球蔓延。作为人类社会工业化道路的"先行"案例，它对我国的工业化发展有一定的参考借鉴意义，其"先污染后治理"的经济发展模式带来的实践教训也让我们引以为戒。习近平总书记指出："人类进入工业文明时代以来，传统工业化迅猛发展，在创造巨大物质财富的同时也加速了对自然资源的攫取，打破了地球生态系统原有的循环和平衡，造成人与自然关系紧张。从上世纪30年代开始，一些西方国家相继发生多起环境公害事件，损失巨大，震惊世界，引发了人们对资本主义发展模式的深刻反思。"[①] 西方国家从18世纪中期开始其工业化进程，在其近200年的工业化发展过程中，产生了严重的环境问题，给全球造成较大影响。20世纪全球最严重的十大环境污染事件全部集中在资本主义国家，其中发生在美国、英国、日本的严重污染事件就占了七件[②]，每一次事件都给人类带来沉痛的教训。资本主义发展方式让我们引以为戒。马克思、恩格斯认为资本主义社会生态环境问题产生的根源是其生产方式的不可持续性，改变资本主义私有制走向共产主义社会是解决这一问题的根本途径。习近平总书记指出，而今"发达国家上百年工业化过程中分阶段出现的环境问题在我国集中出现"，我们应高度警醒，"建设现代化国家，走美欧老路是走不通的"[③]，我们"决不以牺牲环境为代价去换取一时的经济增长，决不走'先污染后治理'的路子"[④]。

(三) 绿色发展是对传统经济发展模式与观念的总结和升华

历史是一步步走过来的，正是历史中的每一步积累才成就了现在。历史实践证明，生态文明建设需要充分的物质基础和社会条件，随着经济社会的不断发展，我国逐步到了有条件和有能力把生态环境保护与经济发展并重变为现实的阶段，绿色发展理念是我们党在实践中认识的深化，是我们党对历

---

① 习近平：《推动我国生态文明建设迈上新台阶》，载《求是》2019年第3期。
② 包括：1930年比利时马斯河谷烟雾事件、1943年美国洛杉矶光化学烟雾事件、1948年美国的多诺拉烟雾事件、1952年英国伦敦烟雾事件等大气污染事件；1953年日本水俣病事件、1955年日本骨痛病事件、1986年剧毒物污染莱茵河事件等水污染事件；1984年印度博帕尔剧毒爆炸外泄事件、1986年切尔诺贝利核泄漏事件等生态安全事件。
③ 中共中央文献研究室：《习近平关于社会主义生态文明建设论述摘编》，中央文献出版社2017年版，第3页。
④ 中共中央文献研究室：《习近平关于社会主义生态文明建设论述摘编》，中央文献出版社2017年版，第20页。

史发展实践经验的总结与升华。

1. 绿色发展是生态环境问题的"治本"之策

分析我国生态环境问题产生的根本原因，习近平总书记指出生态环境问题"归根到底是经济发展方式问题"①"归根结底是发展方式和生活方式问题"②"归根到底是资源过度开发、粗放利用、奢侈消费造成的"③"生态环境保护的成败，归根结底取决于经济结构和经济发展方式"④。我们要创新经济发展方式、树立节约集约循环利用的资源观、走绿色低碳循环发展之路，以解决好人与自然和谐共生问题为要义的绿色发展是解决生态环境问题的根本之策。一直以来，我们党和政府都极为重视生态环境保护，追求生态环境保护和经济协调发展的思想早有提出，但是受生产力发展水平的限制，一定历史阶段的实践中生态环境保护难免相对滞后于经济发展⑤。"过去由于生产力水平低，为了多产粮食不得不毁林开荒、毁草开荒、填湖造地"⑥，我们也因此受到了来自大自然的"惩罚"，大气、水、土壤等环境污染的日益严重、资源约束的趋紧等都是"惩罚"的表现。习近平总书记指出，我们要吸取历史发展的教训，改变过去"过多依赖增加物质资源消耗、规模粗放扩张、高能耗高排放产业"的发展模式⑦，以及"不太注重资源环境承载能力、能源供给的可能性和可持续性"⑧发展观念及做法。绿色发展的"目的是改变传统的'大量生产、大量消耗、大量排放'的生产模式和消费模式，使资源、生产、消费等要素相匹配相适应，实现经济社会发展和生态环境保护协调统一、人与自然和谐共处"⑨，它既是理念又是举措，是我们党对我国传统经济发展模式及观念的改进与提升。党的十八大以来，随着我国经济结构和经济

---

① 中共中央文献研究室：《习近平关于社会主义生态文明建设论述摘编》，中央文献出版社2017年版，第25页。
②⑨ 习近平：《推动我国生态文明建设迈上新台阶》，载《求是》2019年第3期。
③ 中共中央文献研究室：《习近平关于社会主义生态文明建设论述摘编》，中央文献出版社2017年版，第78页。
④ 中共中央文献研究室：《习近平关于社会主义生态文明建设论述摘编》，中央文献出版社2017年版，第19页。
⑤ 吴舜泽、黄德生等：《中国环境保护与经济发展关系的40年演变》，载《环境保护》2018年第20期。
⑥ 中共中央文献研究室：《习近平关于社会主义生态文明建设论述摘编》，中央文献出版社2017年版，第14页。
⑦ 中共中央文献研究室：《习近平关于社会主义生态文明建设论述摘编》，中央文献出版社2017年版，第38页。
⑧ 中共中央文献研究室：《习近平关于社会主义生态文明建设论述摘编》，中央文献出版社2017年版，第60页。

发展方式以及资源利用方式的优化调整，生态环境质量取得明显改善。

2. 绿色发展是我国对可持续发展道路的实践创新

近年来我国经济发展速度变缓、环境承载能力已经达到或接近上限、人民群众对优质生态产品的需求越来越迫切①，这些成为经济发展进入新常态的表现。绿色低碳循环发展是从根本上解决生态环境问题、缓解经济发展的自然生态资源压力、为人民群众创造良好生态产品的重要途径，是我国适应经济发展新常态的必然选择。我国多年形成的产业结构具有高能耗、高碳排放的特征，绿色发展是化解过剩产能、推动产业结构调整，依靠创新来推动经济发展的重要路径②，是供给侧结构性改革的重要任务。习近平总书记指出："绿色循环低碳发展，是当今时代科技革命和产业变革的方向，是最有前途的发展领域，我国在这方面的潜力相当大，可以形成很多新的经济增长点。"③ 绿色发展更多是依靠科学技术而非依靠资源和能源的消耗，利用循环模式减少资源和能源使用量、提高资源能源的利用效率，它更加注重满足人民的生态环境需求，为人民创造更加美丽的生活生产环境，是符合人民期待的更加健康的发展模式。绿色发展过程中注重对生态环境的保护，是实现生态环境与经济发展相互促进的发展模式，是我国对可持续发展道路的实践创新。

3. 绿色发展在我国有着越来越坚实的实践基础

我国经济实力的不断增强为绿色发展打下了越来越坚实的物质基础。近年来我国环境污染带来的经济损失依旧呈现增长趋势，但是增长速度有所放缓，我国的国内生产总值及其增长率始终保持在相对较高的水平，这为环境污染的治理提供了充足的资金保障。有了强大的经济实力作支撑，我国环境保护投入稳步增加。国家统计局数据显示，我国环境污染治理投资总额不断提升，进入 21 世纪之后突破了每年 1000 亿元并持续保持在较高水平，2017 年达到 9538.95 亿元。一定程度上得益于 GDP 增长率高于环境污染损失的增长率，我国才能较好地保持经济发展和生态环境的平衡性。

现代科学技术的发展与应用为绿色发展提供了引领和支撑。随着环境保护相关技术的不断发展，新能源与可再生资源、智能电网、洁净煤等技术应用越来越广。绿色科技支撑了我国一系列污染防治行动计划的落实，在促进

---

① 《习近平谈治国理政》（第三卷），外文出版社 2020 年版，第 25 页。

② 习近平：《推动形成绿色发展方式和生活方式为人民群众创造良好生产生活环境》，载《人民日报》2017 年 5 月 28 日。

③ 中共中央文献研究室：《习近平关于社会主义生态文明建设论述摘编》，中央文献出版社 2017 年版，第 28 页。

传统产业转型升级方面发挥了重要作用。环保科技与新技术的不断融合带动了环保产业的发展，我国节能环保产业领域不断扩大、逐步形成了门类较为齐全的产业体系。国际可再生能源署（IRENA）数据显示，2018年我国可再生能源产业从业者达到410万人，占全球的39%，居世界第一。产业结构和能源结构的不断优化为绿色发展创造了越来越有利的条件。党的十八大以来，我国经济结构战略性调整和转型升级加快推进，工业经济不断向中高端迈进，能源消费结构发生积极变化，能源利用效率也在不断提高。2014~2019年，我国清洁能源消费比重从14.5%提高到23.4%，煤炭消费比重由66%下降到57.7%；单位GDP能耗累积下降22.9%。[1] 新产业、新业态、新模式的不断涌现为我国生态经济提供了越来越大的发展空间。党的十八大把生态文明建设纳入了我国"五位一体"总布局和协调推进"四个全面"战略布局中，三大污染防治攻坚战全力实施，生态环境保护领域改革不断推进，生态环境法律法规不断健全，生态环境质量改善明显，全社会生态环境法治观念和意识不断提升，全民环保积极性显著提高。这些为我国生态经济的发展提供了越来越有力的支撑，也为新时代中特色社会主义生态经济理论的形成进一步打下基础。

二、对新时代生态环境保护和经济发展矛盾问题的现实思考

立足于我国新的历史方位和实践要求，习近平总书记指出保护生态环境是经济发展的题中之义，发展生态经济是满足人民日益增长的优美生态环境需要的必然选择。

（一）新时代我国生态环境和经济发展面临新的挑战

党的十九大报告明确提出"中国特色社会主义进入了新时代"[2]，这个新时代是承前启后、继往开来、又有着新的历史条件的时代[3]。新时代我国面临：生态环境状况已难以承载经济的持续高速发展、经济发展处于向高质量发展转型的关键阶段的新特点。

1. 生态环境难以承载经济的持续高速发展

生态系统的修复和保护任重道远。习近平总书记指出三十多年快速发展积累下来的"环境问题进入了高强度频发阶段"[4]。党的十八大以来，我国生

---

[1] 资料来源：《中华人民共和国2019年国民经济和社会发展统计公报》。
[2] 《习近平谈治国理政》（第三卷），外文出版社2020年版，第8页。
[3] 《习近平谈治国理政》（第三卷），外文出版社2020年版，第9页。
[4] 《习近平谈治国理政》（第三卷），外文出版社2020年版，第4页。

态环境治理强力推进，三大污染防治攻坚战取得显著成效，生态环境质量实现了总体改善但是成效并不稳固，"我国环境容量有限，生态系统脆弱，污染重、损失大、风险高的生态环境状况还没有根本扭转"①，并且存在地区间不平衡的特点，资源相对不足仍然是制约我国经济发展的短板，这些是我国现阶段重要的基本国情。生态环境问题成为我国全面小康社会建设、社会主义现代建设的突出短板，只有补齐生态环境质量短板，才能建设成符合人民群众期待的全面小康社会和社会主义现代化。

2. 经济发展面临向高质量发展转型的关键阶段

近年来我国国内生产总值虽然在不断增加，但是增长速度有所放缓。党的十九大报告明确指出"我国经济已由高速增长阶段转向高质量发展阶段，正处在转变发展方式、优化经济结构、转换增长动力的攻关期"②，需要跨越一些常规和非常规的关口。习近平总书记指出："现在，我们已到了必须加大生态环境保护建设力度的时候了，也到了有能力做好这件事情的时候了""现在温饱问题稳定解决了，保护生态环境就应该而且必须成为发展的题中应有之义"③"如果现在不抓紧，将来解决起来难度会更高、代价会更大、后果会更重。我们必须咬紧牙关，爬过这个坡，迈过这道坎"④，改善生态环境以促进经济的高质量可持续发展。

（二）人民群众对优美生态环境的需要

新时代，我国社会主要矛盾转化为"人民日益增长的美好生活需要和不平衡不充分的发展之间的矛盾"⑤，人民群众对优美生态环境的需要已成为当务之急，广大人民群众热切期盼加快提高生态环境质量⑥。

1. 优美生态环境需要成为人民美好生活需要的重要内容

生态环境影响着人民的衣食住行，与人民的健康、安全等基本需要的满足以及幸福感的提升息息相关，优美生态环境是美好生活的重要内容。随着经济社会的发展，人民群众对干净的水、新鲜的空气、洁净的食品、优美宜居的环境等方面的要求越来越高，日益提升的优美生态环境需要成为人民美好生活需要的重要内容。

---

①④⑥　习近平：《推动我国生态文明建设迈上新台阶》，载《求是》2019 年第 3 期。

②　《习近平谈治国理政》（第三卷），外文出版社 2020 年版，第 23 页。

③　中共中央文献研究室：《习近平关于社会主义生态文明建设论述摘编》，中央文献出版社 2017 年版，第 14 页。

⑤　《习近平谈治国理政》（第三卷），外文出版社 2020 年版，第 9 页。

2. 生态环境问题成为影响生产力发展不平衡不充分的重要因素

马克思认为生产力包括"自然生产力"和"社会生产力"两部分，自然生产力是社会生产力存在和发展的前提与基础，二者存在于人类的经济活动当中，共同推动着经济社会的发展。新时代，我国生产力发展的不平衡、不充分一定程度上与我国自然资源分布的不平衡及自然生产力作用发挥的不充分有关。我国自然地理环境特殊导致自然资源和人口分布不均匀，不同地区面临的自然生态环境状况以及对自然生产力的开发利用程度也不尽相同，经济发展程度相对较高的地区生态环境压力较大，经济发展程度较低的地区多存在生态环境脆弱的特点。"瑷珲—腾冲"一线"东南方43%的国土，居住着全国94%左右的人口，以平原、水网、低山丘陵和喀斯特地貌为主，生态环境压力巨大；该线西北方57%的国土，供养大约全国6%的人口，以草原、戈壁沙漠、绿洲和雪域高原为主，生态系统非常脆弱"①，我国因此存在森林草原区、生态脆弱区、深度贫困地区高度耦合的特点，全国60%的贫困人口、80%的国家扶贫开发重点县分布在山区、林区和沙区，其中相当一部分是重要的生态功能区或生态脆弱区域②。生态环境是"自然生产力"的重要组成部分，生态环境问题影响着自然生产力作用的发挥，也成为生产力发展不平衡、不充分的重要表现。

3. 创造良好生态环境和优质生态产品是增进民生福祉的重要内容

新时代，人民群众期盼享有更优美的生产生活环境，而现阶段我国的生态环境状况还不能满足人民的需要，生态环境问题不仅影响着人民美好生活的满足，还成为制约生产力平衡、充分发展的重要因素。习近平总书记指出"良好生态环境是最普惠的民生福祉、最公平的公共产品"③"环境紧密关联民生，青山就是美丽，蓝天也是幸福。发展经济是为了民生，保护生态环境同样也是为了民生"④，增进民生福祉是我们发展生态经济的出发点和落脚点。他指出"人民群众对美好生活的向往是我们党的奋斗目标，解决人民最关心最直接最现实的利益问题是执政党的使命所在"⑤，我们要"顺应人民群众对优美生态环境的新期待，把提供生态产品作为发展应有的内涵，为人民提供更多蓝天净水"⑥，让人民群众"感受到经济发展带来的实实在在的环境

---

①④⑤　习近平：《推动我国生态文明建设迈上新台阶》，载《求是》2019年第3期。
②　张建龙：《践行"两山"理论完成生态扶贫目标任务》，载《学习时报》2020年4月5日。
③　中共中央文献研究室：《习近平关于社会主义生态文明建设论述摘编》，中央文献出版社2017年版，第4页。
⑥　中共中央宣传部：《习近平新时代中国特色社会主义思想三十讲》，学习出版社2018年版，第246页。

效益"①。习近平总书记指出：人民群众对生态产品的需求与现实的差距是激励我们发展的潜力，"这些潜在的需求如果能激发出来并拉动供给，就会成为新的增长点，形成推动发展的强大动力"②。实践证明这是可以实现的。随着人民对优美生态环境需要的日益提升，良好生态环境的"经济使用价值"越来越凸显，带有"绿色""天然""有机"等标签的生态产品越来越受到消费者的青睐。随着科技的发展、需求的升级，良好的生态环境越来越多地被开发利用成为"商品"，彰显出其蕴含的经济使用价值，当下为洁净的水付费已成为人们普遍接受的事实，甚至连新鲜的空气也被开发成为"商品"。

（三）保护生态环境成为新时代经济发展的题中之义

1. 为了经济的高质量持续发展，必须扭转生态环境恶化趋势

生态环境是经济发展的自然根本，自然生态环境的恶化必然导致经济发展的停滞、衰退甚至人类的灭亡。马克思、恩格斯一再强调人类活动要以尊重、顺应和保护自然为前提，否则必然受到来自自然界的"报复"。习近平总书记指出"良好生态环境是人和社会持续发展的根本基础"③，自然资源不是取之不尽用之不竭的资源，也不是服从于经济增长的无价资源，自然生态的承载力是有限的，经济发展要与自然资源和生态环境相均衡，要把自然生态环境承载力作为经济活动的刚性约束，坚持"生态优先、绿色发展"，强力推进生态环境治理，扭转生态环境恶化的趋势。

2. 改善生态环境成为推动生产力发展的重要途径

马克思认为自然界是生产力的最终来源，自然生产力的发展对于人类社会进步具有重要意义。习近平总书记指出：保护好生态环境就是保护好经济发展的自然资本、潜力和后劲，有利于经济发展可持续性的增强，我们要坚持长远眼光，"保护好中华民族永续发展的本钱"④。在此基础上，习近平总书记创造性地提出良好生态环境本身就是生产力，并指出改善生态环境是促

---

① 中共中央文献研究室：《习近平关于社会主义生态文明建设论述摘编》，中央文献出版社 2017 年版，第 3 页。

② 中共中央文献研究室：《习近平关于社会主义生态文明建设论述摘编》，中央文献出版社 2017 年版，第 25 页。

③ 习近平：《坚持节约资源和保护环境基本国策　努力走向社会主义生态文明新时代》，《人民日报》2013 年 5 月 25 日。

④ 中共中央文献研究室：《习近平关于社会主义生态文明建设论述摘编》，中央文献出版社 2017 年版，第 24 页。

进"自然生产力"作用的发挥、推动生产力发展的重要途径①。

生态环境关系着人类经济社会的"生命"健康，保护和改善好生态环境，经济社会发展才能更加健康。习近平总书记形象地指出，生态环境好比人的消化器官，消化器官健康，身体更加健康。人类经济活动会产生需要自然界生态环境帮助"消化"的污染和废料。经济发展需要一定的环境容量来承载它给自然界带来的影响，而环境容量的大小又与生态空间紧密相关。他讲道："环境容量的基础是生态空间。这一区域环境问题突出，说明其吸附污染的空间少了。这就好比一个人的消化器官出了问题，整个身体必然会出现不适。"② 保护好生态空间才能更好地发挥生态系统在涵养水源、净化空气等方面的生态功能，进而为经济发展提供更加优越的条件，实现生态和经济的循环发展。否则，就会受到自然的报复。因此，可以说保护好生态环境就是保护好经济发展的生态空间。

3. 遵循实践规律需要系统开展生态环境保护

坚持系统工程思路保护和改善生态环境。习近平总书记指出："生态是统一的自然系统""山水林田湖是一个生命共同体"③"要从系统工程和全局角度寻求新的治理之道"④，要认识到自然生态系统内在的联系，坚持用系统工程的思路开展生态环境的保护和修复，统筹山水林田湖草的治理，"全面提升自然生态系统稳定性和生态服务功能，筑牢生态安全屏障"⑤。他还提出要顺应自然规律开展生态环境保护和修复，坚持自然修复为主，人工修复为辅，减少人为扰动，重塑自然健康生态环境。以生态系统的整体视角入手、系统开展对生态环境的保护和修复，体现了我们党对自然生态规律的总结与遵循。

三、对未来生态经济发展实践方向的科学把握

（一）以实现"人与自然和谐共生"为目标

对马克思主义关于人与自然的关系思想的继承和发展。马克思主义认为

---

① 中共中央文献研究室：《习近平关于社会主义生态文明建设论述摘编》，中央文献出版社 2017 年版，第 4 页。

② 中共中央文献研究室：《习近平关于社会主义生态文明建设论述摘编》，中央文献出版社 2017 年版，第 52 页。

③ 中共中央文献研究室：《习近平关于社会主义生态文明建设论述摘编》，中央文献出版社 2017 年版，第 55～56 页。

④ 习近平：《推动我国生态文明建设迈上新台阶》，载《求是》2019 年第 3 期。

⑤ 习近平：《以新的发展理念引领发展，夺取全面建成小康社会决胜阶段的伟大胜利》，人民数据库——十八大以来重要文献选编上，2015 - 10 - 29。

在人和人类经济社会发展过程中,"人化自然"有其必然性,在"人化自然"的过程中,人类与自然界之间的矛盾的产生也有其必然性,解决二者矛盾的关键在于"人"、在于"人类社会生产方式的调整",人类如果能够正确地认识和对待自然界、采用合理的生产方式,就能够实现人与自然之间矛盾的"和解"。马克思、恩格斯指出:人类活动要以尊重顺应和保护自然为前提、注重自然生产力和社会生产力作用的共同发挥,采用合理的劳动方式,以共产主义社会制度为发展方向,努力实现"人与自然之间""人与人之间"以及二者之间关系的和解。经济发展和生态环境的关系问题是实践中人与自然关系问题的反映,也是国内外经济社会普遍存在、关注和研究的重要课题。以马克思主义理论为指导,我国坚持共产主义发展方向,不同于西方资本主义社会的发展道路与方式,以增进人民福祉为出发点和落脚点,我国坚持以实现人与自然和谐共生为目标。

习近平总书记讲到:"生态环境是人类生存最为基础的条件,是我国持续发展最为重要的基础""人类发展活动必须尊重自然、顺应自然、保护自然,否则就会遭到大自然的报复。这是规律,谁也无法抗拒"[1]。他多次引用马克思、恩格斯的话解释这一道理,引用"我们不要过分陶醉于我们人类对自然界的胜利"这段文字给我们以警示。他讲到"人因自然而生,人与自然是一种共生关系,对自然的伤害最终会伤及人类自身。只有尊重自然规律,才能有效防止在开发利用自然上走弯路"[2],经济发展要以尊重自然生态规律为前提。我国之所以出现自然生态的严峻形势,主要原因是"长期以来对经济规律、自然规律、生态规律的认识不够、把握失当"[3]。我们善待自然就会得到自然的回馈,反之,破坏自然就会受到自然界的惩罚,这是在人类经济社会历史发展过程已经被证明了的,不可违抗的规律。经济发展要以保护和改善自然生态环境为前提,要顺应自然规律开展生态环境保护和修复,用系统工程的思路保护和改善生态环境等是对这些实践规律的遵循,实践证明这些是提升生态环境质量、促进经济发展的科学路径。

(二)探索"绿水青山"向"金山银山"转化的丰富路径

实践证明"绿水青山就是金山银山"。习近平总书记指出要让绿水青山

---

[1] 中共中央文献研究室:《习近平关于社会主义生态文明建设论述摘编》,中央文献出版社2017年版,第13页。

[2] 习近平:《深入理解新发展理念》,载《求是》2019年第10期。

[3] 中共中央文献研究室:《习近平关于社会主义生态文明建设论述摘编》,中央文献出版社2017年版,第54页。

充分发挥经济社会效益,保护好它是前提,"关键是树立好发展思路、因地制宜的选择好发展产业"①。那些把生态环境保护和经济发展对立起来的观点都是不全面的,"关键在人,关键在思路"② "只要指导思想搞对了,只要把两者关系把握好、处理好了,既可以加快发展,又能够守护好生态"③ "人不负青山,青山定不负人",我国生态脱贫实践就是很好的例证。近年来,我国把生态建设和脱贫攻坚结合起来,通过生态补偿扶贫、国土绿化扶贫、生态产业扶贫等多项举措,推动脱贫攻坚取得积极成效,生态扶贫带动300万人稳定增收脱贫④。良好的生态环境可以吸引投资、居住、工作、旅游等,为一个地方带来经济增长的动力与发展活力,这种意义上讲,"绿水青山就是金山银山"。近年来,我国多地结合地区自然资源优势、民俗文化、休闲农业等发展生态旅游经济,展现出生态和经济双赢的丰富路径。以生态优势突出的江西省为例,依托绿水青山发展旅游业,2014~2018年江西省实现旅游总收入25883.18亿元⑤。

在"绿水青山就是金山银山"理念指引下,我国多地探索出生态和经济双赢的路径。比较具有代表性的是我国河北塞罕坝林场建设事迹,该地区历史上曾因过度采伐导致土地贫瘠、风沙肆虐,通过植树造林将森林覆盖率从11.4%提高到了80%以上,实现了荒原沙地变林海,生态环境的改善也带来了丰富的经济效益,"目前,这片人造林每年提供的生态服务价值超过了120亿元"⑥。习近平总书记指出,河北塞罕坝林场的建设者们"用实际行动诠释了绿水青山就是金山银山的理念,铸就了牢记使命、艰苦创业、绿色发展的塞罕坝精神"⑦,是全党全社会都要学习的生动范例。2020年3月,时隔15年,习近平总书记再次来到"两山"理论的发源地余村考察,看到美丽乡村建设在这里变成现实,他讲到:"实践证明,经济发展不能以破坏生态为代

---

① ② 中共中央文献研究室:《习近平关于社会主义生态文明建设论述摘编》,中央文献出版社2017年版,第23页。

③ 中共中央文献研究室:《习近平关于社会主义生态文明建设论述摘编》,中央文献出版社2017年版,第22页。

④ 资料来源:《全国绿化委员会办公室.2019年中国国土绿化状况公报》。

⑤ 龚艳平:《美丽江西秀天下》,载《江西日报》2019年8月4日。

⑥ 生态环境部:《河北塞罕坝林场建设者获联合国"地球卫士奖"》,http://www.mee.gov.cn/ywdt/dfkx/201712/t20171207_427525.shtml,2017-12-07/2020-05-27。

⑦ 习近平:《持之以恒推进生态文明建设 努力形成人与自然和谐发展新格局》,载《人民日报》2017年8月29日。

价,生态本身就是经济,保护生态就是发展生产力"①"余村现在取得的成绩证明,绿色发展的路子是正确的"②,我们要坚持走下去。

(三) 推动国际社会携手共建清洁美丽世界

保护生态环境是全球面临的共同挑战和共同责任,实践证明,人类是命运共同体,习近平总书记提出国际社会应携手合作,共谋全球生态环境治理及推进世界经济可持续发展。地球是一个整体,生态系统无国界。近年来,气候变暖、荒漠化、海洋污染等生态环境问题以及引发的各种自然灾害不断威胁到全球经济社会的发展。生态危机面前任何国家都不能独善其身,2020年新冠肺炎疫情在全球范围的爆发就是较为典型的说明。实践一再证明,人类是命运休戚与共的共同体,国际社会只有团结合作,才能共同应对来自大自然的挑战。习近平总书记指出,全球性生态环境问题的解决需要各国共同努力,"我们要解决好工业文明带来的矛盾,以人与自然和谐相处为目标,实现世界的可持续发展和人的全面发展"③。将经济发展、社会进步的目标回归到人类本身,共建清洁美丽世界。20世纪70年代初联合国人类环境会议的召开是人类环境保护史上的一次里程碑,标志着国际社会携手共同应对全球环境问题的开始,此后在联合国环境规划署的牵头组织下,各国经过艰苦谈判,达成一系列环境公约,推动国际社会采取共同行动,促进环境问题得到解决或改善。实践证明,国际合作是解决全球生态环境问题的重要途径。习近平总书记呼吁,"国际社会应该携手同行,共谋全球生态文明建设之路,牢固树立尊重自然、顺应自然、保护自然的意识,坚持走绿色、低碳、循环、可持续发展之路"④。

综上,新时代中特色社会主义生态经济思想来源于实践,它是我们党以马克思主义理论为指导,在"总结历史—立足当下—面向未来"的实践过程中形成的科学理论。认识世界的目的是更好地改造世界,新时代中国特色社会主义生态经济思想以增进人民福祉为目标,着眼于解决新时代我国的主要矛盾,努力推动生态和经济的高质量发展,站在人类命运的高度为促进国际经济社会的可持续发展提供了中国方案。

---

① 鞠鹏、申宏:《统筹推进疫情防控和经济社会发展工作奋力实现今年经济社会发展目标任务》,载《人民日报》2020年4月2日。
② 周咏南、毛传来等:《春风又绿江南岸》,载《人民日报》2020年4月3日。
③ 中共中央文献研究室:《习近平关于社会主义生态文明建设论述摘编》,中央文献出版社2017年版,第131页。
④ 习近平:《携手构建合作共赢新伙伴,同心打造人类命运共同体》,载《人民日报》2015年9月29日。

第三节　对我国生态经济建设的指导

党的十八届五中全会提出我国坚持"创新、协调、绿色、开放、共享"的新发展理念。"新发展理念是习近平新时代中国特色社会主义经济思想的主要内容，是管全局、管根本、管长远的，具有战略性、纲领性和引领性，为我国建设现代化经济体系提供战略指引和重要遵循"[1]。作为具有内在联系的集合体，"新发展理念"贯穿于我国经济社会发展的各领域各环节。绿色发展理念作为新发展理念的重要组成部分，是实现永续发展的必要条件和人民对美好生活追求的重要体现。新时代中国特色社会主义生态经济思想以绿色发展理念为核心，是新发展理念在生态经济领域的具体化，为我国缓解生态环境问题、提高经济发展质量、推动生态环境保护与经济发展的协同共进提供着具体的指引。

"理念是行动的先导，一定的发展实践都是由一定的发展理念来引领的"[2]。新时代中国特色社会主义生态经济思想指出，良好的生态环境紧密关联民生福祉、良好的生态环境就是生产力，要以实现人与自然和谐共生为目标、以增进民生福祉为出发点和落脚点，坚持系统工程思路开展生态环境治理，坚持"绿水青山就是金山银山"的绿色发展路径，用最严格的制度、最严密的法治保护生态环境，全球携手共建清洁美丽家园，指引着我国生态环境保护事业和生态经济建设的发展，为推进全球生态环境治理和可持续发展贡献力量。

一、指引着我国生态环境保护事业的发展

党的十八大以来，坚持人与自然和谐共生、山水林田湖是生命共同体思想的指导下，我国从全局出发统筹兼顾开展生态环境保护和修复，对生态环境保护的重视程度显著提高，环境污染治理力度不断加大，环境保护对经济发展的优化作用得到了更加积极有效的发挥。

（一）对生态环境保护的重视程度显著提高

党的十八大以来，生态文明建设被摆在了更加重要的战略位置，我国对

---

[1] 白暴力、方凤玲：《牢固树立和深入贯彻新发展理念》，载《人民日报》2017年12月29日。

[2] 习近平：《推动我国生态文明建设迈上新台阶》，载《求是》2019年第3期。

生态环境保护的支持力度不断增强。

1. 生态文明建设被摆在了更加重要的战略位置

党的十八大把生态文明建设纳入了中国特色社会主义事业"五位一体"总体布局和"四个全面"战略布局当中。贯彻新发展理念、推动生态文明发展的相关要求被历史性地写入了宪法①,"美丽"被纳入我国现代化建设的价值目标当中。党的十九大进一步将"坚持人与自然和谐共生"作为新时代坚持和发展中国特色社会主义的十四条基本方略之一,并作出了"加快生态文明体制改革""建设美丽中国"的战略部署②。2018 年全国生态环境保护大会上习近平生态经济理论正式确立,成为推动我国生态文明建设的重要思想。这些是全党全国人民共同意志的体现,彰显出社会生态意识的提升。习近平总书记指出:"生态文明建设已经纳入中国国家发展总体布局,建设美丽中国已经成为中国人民心向往之的奋斗目标。中国生态文明建设进入了快车道,天更蓝、山更绿、水更清将不断展现在世人面前。"③

2. 对生态环境保护的支持力度不断增强

以强大的综合国力为基础,我国不断增强对生态环境保护和环境污染治理的财政支持力度和技术信息保障。2017 年我国环境污染治理投资总额达 9539 亿元,比 2012 年增长了 15.57%④。政府安排了环境污染治理专项资金并不断扩大投入,2018 年,中央财政安排生态环境保护及污染防治攻坚战相关资金达 2555 亿元⑤。党的十八大以来,我国不断推进实施大气、水体、场地土壤等污染的相关成因控制与治理技术、典型脆弱生态修复与保护重点科技专项研究,推进环境污染治理及保护技术的发展与应用。生态环境信息化建设不断加强,通过积极推进生态环境大数据工程建设,数据资源整合和应用取得了积极进展。全国地市级以上环保部门全部开通了官方微博和微信公众号,有效利用新媒体平台促进了生态环境相关信息的发布与解读,拉近了环境保护与人民群众的距离。

(二) 生态环境治理强力推进下生态环境质量实现总体改善

党的十八大以来,我国围绕大气、水、土壤污染治理三项重点工作,以

---

① 2018 年十三届全国人大一次会议第三次全体会议表决通过的《中华人民共和国宪法修正案》。

② 国家统计局能源司:《环境保护效果持续显现　生态文明建设日益加强》,载《中国信息报》2019 年 7 月 19 日。

③ 习近平:《共谋绿色生活,共建美丽家园》,载《人民日报》2019 年 4 月 29 日。

④ 资料来源:国家统计局。

⑤ 资料来源:生态环境部:《2018 年中国生态环境状况公报》2019 年。

改善生态环境质量为核心扎实推进生态环境保护,环境污染治理取得显著成效,生态状况改善明显。

环境污染治理强力推进,成效显著。大气、水、土壤污染防治三大行动计划分别于2013年、2015年、2016年相继出台并强力推进,污染防治力度不断加大。2017年《大气污染防治行动计划》空气质量改善目标和重点工作任务全面完成①。主要污染物减排效果明显,2018年全国化学需氧量、氨氮、二氧化硫、氮氧化物排放量分别比2012年下降59.15%、46.48%、61.44%和48.79%②。《关于禁止洋垃圾入境推进固体废物进口管理制度改革实施方案》《中华人民共和国土壤污染防治法》等法律法规相继印发,我国固体废物进口种类和数量大幅度下降,2019年全国固体废物进口量比2016年减少71%③。

生态保护和修复建设不断加强,成效明显。党的十八大以来,我国稳步实施天然林资源保护、退耕还林还草、自然保护区建设等重大生态保护与修复工程,深入开展山水林田湖草系统性生态保护和修复以及大规模国土绿化行动取得显著成效。2013~2019年,我国完成造林面积总和达到4673.45万公顷、森林抚育面积总和5695.5万公顷④,不断提升生态系统的质量和稳定性。我国还积极建立国家公园体制并开展试点,构建以国家公园为主体的自然保护地体系。我国自然保护区数量不断增加,2019年,全国共建立以国家公园为主体的各级、各类自然保护地超过1.18万个,保护面积覆盖我国陆域国土面积的18.0%、管辖海域面积的4.1%⑤。习近平总书记指出,我国"实行国家公园体制,目的是保持自然生态系统的原真性和完整性,保护生物多样性,保护生态安全屏障,给子孙后代留下珍贵的自然资产。这是中国推进自然生态保护、建设美丽中国、促进人与自然和谐共生的一项重要举措"⑥。在生态环境治理的强力推进下,我国生态状况改善明显。森林覆盖率和草原综合植被盖度不断增加,荒漠化沙化面积实现"双缩减"。第九次全国森林资源清查(2014~2018)数据显示,我国森林覆盖率达到22.96%,

---

① 2017年《中国生态环境状况公报》。
② 国家统计局能源司:《环境保护效果持续显现 生态文明建设日益加强》,载《中国信息报》2019年7月19日。
③ 孙金龙:《提高全面建成小康社会的绿色底色和成色》,载《求是》2020年第11期。
④ 资料来源:《我国2013~2019年的国土绿化状况公报》。
⑤ 2019年《中国生态环境状况公报》。
⑥ 习近平:《为携手创造世界生态文明美好未来推动构建人类命运共同体作出贡献》,载《人民日报》2019年8月20日。

与第八次相比提高了 1.33 个百分点。全国生态状况第三次调查评估结果显示，2010~2015 年，全国生态系统格局整体稳定，自然生态系统质量持续改善，生态退化范围减小、程度降低，生态系统服务功能有所提升，生态保护和恢复成效明显，生态状况总体呈改善趋势①。

（三）生态环境保护促进经济高质量发展

党的十八大以来，我国不断完善环境影响评价及审批制度、严把环境质量，有效发挥生态环境保护对经济高质量发展的促进作用。党的十八大以来，我国完成了西部大开发、中部发展以及京津冀、长三角和珠三角地区的战略环评，开展了城镇化、经济发展转型政策试点，2013~2016 年，国家层面批复建设项目环评涉及总投资 64608 亿元。与此同时，我国积极推进环评审批制度改革、提高审批效率，2017~2018 年完成环评涉及总投资达 550400 亿元，不断激发了经济发展的活力与动力。我国不断完善环境标准体系、严格环境准入，不断推进主体功能区建设、"三线一单"等制度建设，严格生态开发与保护。经济发展的绿色化水平因此不断提高。我国能源消费结构发生积极变化，清洁能源消费量占能源消费总量的占比不断上升，由 2013 年的 15.5% 上升至 2019 年的 23.4%。2019 年我国能源产出率比 2013 年提升了 43.66%，"十三五"以来全国能耗强度累计下降 11.35%。

（四）生态环境的改善增进了人民福祉

习近平总书记指出，"良好的生态环境是最普惠的民生福祉"，要把解决突出生态环境问题作为民生优先领域，"坚持生态惠民、生态利民、生态为民，重点解决损害群众健康的突出环境问题"②，坚决打赢蓝天、碧水、净土保卫战，打造美丽城镇和美丽乡村。随着我国生态环境治理的强力推进，大气、水、土壤污染以及人居环境等人民群众关心的突出环境问题得到明显改善，人民福祉因此不断提升。

党的十八大以来，我国城市空气质量达标比率、全国地表水优良水质断面比例不断上升。2019 年全国 337 个地级及以上城市年均优良天数比例达到 82%，全国地表水优良（Ⅰ—Ⅲ类）水质占比上升至 74.9%。新型城镇化建设和美丽乡村建设持续推进，人居环境改善明显。党的十八大以来，我国城镇化建设进入规模和质量并重的新阶段，生态环境服务业迅速兴起，城乡结

---

① 生态环境部卫星环境应用中心：《生态环境部通报 2010~2015 年全国生态状况变化遥感调查评估成果》，http://www.secmep.cn/gzdt/zxdt/201812/t20181203_677033.html，2018-12-03/2020-03-29。

② 习近平：《推动我国生态文明建设迈上新台阶》，载《求是》2019 年第 3 期。

合,生产、生态和生活融合的特色小(城)镇建设蓬勃发展。城市园林绿化事业快速发展,城市污水处理率、生活垃圾无害化处理率、建成区绿化覆盖率不断提高,促进了人居环境改善明显。我国地级及以上城市建成区黑臭水体消除比例达86.7%[①]。统计数据显示:相比于2012年,2018年我国城市污水处理率达到95.5%,提高了10.6个百分点;生活垃圾无害化处理率为99%,提高了14.2个百分点;建成区绿化覆盖率为41.1%,提高了1.5个百分点。党的十八大以来我国"积极开展村庄环境整治,重点治理农村垃圾和污水,推动农村家庭改厕,农村人居环境日益得到改善"。"十三五"以来,我国新增完成12万个建制村环境整治任务[②]。"2018年,我国83.6%的户所在自然村实现了垃圾集中处理,比2013年提高34.9个百分点。65.3%的户所在自然村实现了饮用水集中净化处理,比2013年提高19.7个百分点。2018年农村居民使用卫生厕所的户比重为56.0%,比2013年提高20.4个百分点"[③]。天更蓝了、水更清了、生活环境也更加美丽了,人民群众切切实实感受到了生态环境质量的积极变化。2019年,"全国'12369环保举报联网管理平台'接到公众举报件数相较于2017年下降了14.2%"[④],说明了群众对身边环境问题的不满在降低,这在一定程度上反映出公众对环境保护工作的认可。

二、指引着我国生态经济的发展

习近平总书记指出"绿水青山就是金山银山",生态环境保护和经济发展是统一的。他要求:"要探索政府主导、企业和社会各界参与、市场化运作、可持续的生态产品价值实现路径,开展试点,积累经验"[⑤]。在新时代中国特色社会主义生态经济思想指导下,我国积极探索并推广生态与经济共赢的实践路径,绿色发展取得明显成效,生态经济相关法律法规不断健全,经济与环境发展的协调性不断提高。

(一) 我国积极探索和推广生态经济实践路径

党的十八大以来,我国积极开展"绿水青山就是金山银山"实践基地建

[①②] 孙金龙:《提高全面建成小康社会的绿色底色和成色》,载《求是》2020年第11期。

[③] 国家统计局住户办:《人民生活实现历史性跨越阔步迈向全面小康》,载《中国信息报》2019年8月12日。

[④] 生态环境部:《生态环境部公布2019年度全国"12369"环保举报情况》。http://www.mee.gov.cn/xxgk2018/xxgk/xxgk15/202005/t20200513_779050.html,2020-05-13/2020-05-13。

[⑤] 习近平:《推动我国生态文明建设迈上新台阶》,载《求是》2019年第3期。

设、生态文明示范区建设等，为发展生态经济打造示范样板。

1."绿水青山就是金山银山"实践创新基地建设

2017 年至今，我国先后分三批命名了浙江省安吉县、北京市延庆区等涵盖 26 个省市的 52 个地区为"绿水青山就是金山银山"实践创新基地，积极探索"绿水青山就是金山银山"实践路径的典型做法和经验，成功探索出了一批又一批"绿水青山"和"金山银山"相互转化的经验和模式。多地依托自然生态资源和环境，将"生态财富"转化为"物质财富"，实现了增收与增绿的"双赢"。一些贫困地区通过生态资产的累积变现，实现了脱贫增收；一些资源枯竭地区通过生态环境修复与保护以及对传统产业进行绿色改造升级，实现了"牺牲生态发展"到"发展靠生态"的转变；一些生态环境良好的地区围绕已有的产业基础探索"生态+"的丰富模式，推动生态与健康、大数据、旅游等多种产业的融合发展①。这些地区通过因地制宜将生态环境优势转化为绿色发展优势，建立了持续的内生发展动力，成为我国生态经济建设的鲜活案例和实践样本，有力推进了绿色发展，形成了具有借鉴意义的有效模式。例如，江苏省徐州市贾汪区，曾因长期发展煤炭经济导致生态破坏严重。2017 年，习近平总书记到此视察时指出，"只有恢复绿水青山，才能使绿水青山变成金山银山"，为推进该地区生态修复、绿色转型指明了方向。通过大力实施生态治理和修复，该地区探索出了资源枯竭城市生态发展的特色之路，为全国其他地区提供了样本和经验，潘安湖案例成为全国采煤塌陷地治理的典范和标杆②。

生态文明示范区建设成为践行新时代中国特色社会主义生态经济思想的重要途径。党的十八大以来，我国积极为生态文明示范区建设提供政策引领③，还通过评选国家生态旅游示范区、国家生态工业示范园区、表彰"中国生态文明奖"④、先进集体和个人等荣誉激励方式，推进各地区、各行业积极进行生态文明建设。福建省、江西省、贵州省、海南省国家生态文明试验区建设顺利进行，有力地增强了生态文明试验区的引领示范效应。

---

① 《生态环境部 9 月例行新闻发布会实录》，载《中国环境报》2019 年 9 月 23 日。
② 生态环境部：《"绿水青山就是金山银山"实践创新基地——江苏省徐州市贾汪区》，http://www.mee.gov.cn/ywgz/zrstbh/stwmsfcj/202004/t20200430_777131.shtml，2020 – 04 – 30/2020 – 08 – 09。
③ 生态环境部印发了《国家生态文明建设试点示范区指标（试行）》《"绿水青山就是金山银山"实践创新基地建设管理规程（试行）》等多个文件，为实施生态文明示范区建设提供指引。
④ 2014 年，生态环境部设立了"中国生态文明奖"。

2. 生态经济助力脱贫攻坚

针对我国存在的森林草原区、生态脆弱区、深度贫困地区高度耦合的特点，在绿色发展理念引领下，我国把生态建设和脱贫攻坚结合起来，走出了有效实现"脱贫增收"和"环境保护"双赢的生态扶贫路径。"通过生态扶贫、易地扶贫搬迁、退耕还林还草等，贫困地区生态环境明显改善，贫困户就业增收渠道明显增多，基本公共服务日益完善"①。贫困地区因地制宜建设特色生态扶贫产业体系，以生态扶贫带动精准脱贫，做到了产业发展与环境保护相互促进，经济和生态效益有机统一，进而实现了生态环境保护和减贫脱贫的"双赢"。2020年4月，习近平总书记来到位于秦岭深处的金米村②考察时，称赞当地把小木耳办成了大产业；考察女娲凤凰茶业现代示范园区③时，他讲到"人不负青山，青山定不负人""绿水青山既是自然财富，又是经济财富。希望乡亲们坚定不移走生态优先、绿色发展之路，因茶致富、因茶兴业，脱贫奔小康"④。

3. 国家级区域生态经济发展战略实施

以长江经济带发展战略和黄河流域生态保护和高质量发展战略为典型代表，我国大力实施区域生态经济发展战略。在习近平总书记提出的"生态优先、绿色发展""共抓大保护，不搞大开发"的思想和路径指引下，长江经济带发展取得了积极进展，环境和经济质量都不断提升。2019年，长江流域水质优良（Ⅰ—Ⅲ类）断面比例达91.7%，较2015年提高了24.7个百分点，长江经济带地区生产总值占全国的比重提高到了46.2%，增速高于同期全国平均水平，人民生活水平明显提高。2018年，习近平总书记在深入推动长江经济带发展座谈会上，再次重申要在思想认识上将生态环境保护和经济发展的统一起来，要清晰地认识到生态环境保护蕴含的潜在需求可能激发出来供给，形成的新的增长点，深入探索"绿水青山转化成金山银山"的路径方法，对于全国区域生态经济发展有重要的参考意义。2019年黄河流域生态保护和高质量发展上升为国家战略，习近平总书记同样指出"要坚持绿水青山就是金山银山的理念，坚持生态优先、绿色发展，共同抓好大保护，协同

---

① 习近平：《在决战决胜脱贫攻坚座谈会上的讲话》，载《人民日报》2020年3月7日。
② 该村曾是极度贫困村，近年来通过发展木耳、中药材、旅游等产业实现了整村脱贫。
③ 该园区属于苏陕扶贫协作项目，通过"党支部+龙头企业+贫困户"的模式带动100多户贫困户年人均增收千元以上。
④ 谢环驰：《扎实做好"六稳"工作 落实"六保"任务 奋力谱写陕西新时代追赶超越新篇章》，载《人民日报》2020年4月24日。

推进大治理，让黄河成为造福人民的幸福河"①。他强调新形势下要积极发挥不同地区的比较优势，"经济发展条件好的地区要承载更多产业和人口，发挥价值创造作用。生态功能强的地区要得到有效保护，创造更多生态产品"②，推动形成优势互补高质量发展的区域经济布局。

（二）大力推动绿色产业发展取得明显成效

习近平总书记指出绿色发展是解决生态环境问题的根本途径。我们要贯彻新发展理念，以"调结构、优布局、强产业、全链条"③为重点，推动形成绿色发展方式和生活方式。党的十八大以来，我国的国土空间布局、产业结构、能源消费结构不断优化，资源消耗强度大幅下降，绿色发展取得明显成效。在绿色发展理念的指导下，我国积极支持绿色产业发展的政策不断出台，绿色金融体系不断完善，助力绿色产业发展迅速，绿色经济规模不断扩大。

绿色产业发展政策不断出台。党的十八大以来，我国发布多项政策措施促进绿色产业发展。2015年政府工作报告中首次明确提出，将"节能环保产业培育成为我国发展的一大支柱产业"。2019年，我国对"绿色产业"的边界加以界定，提出了绿色产业发展的重点，推进产业政策聚焦的同时，体现出绿色发展是一场经济社会发展的总体转型，涉及工业农业服务业、生产和生活、资源生态环境、基础设施建设等。绿色富民产业发展和生态扶贫成效显著。2019年3月，国家林业和草原局、民政部、国家卫生健康委员会和国家中医药管理局联合出台《关于促进森林康养产业发展的意见》，积极推动生态经济的发展。数据显示，2019年全国森林旅游游客量约18亿人次，创造社会综合产值约1.75万亿元④。2019年9月，我国生态环境部印发了《关于进一步深化生态环境监管服务推动经济高质量发展的意见》，推出20项具体举措，进一步优化营商环境，推动企业绿色发展。

绿色金融助力绿色产业发展。我国政府重视发展绿色金融，通过绿色债

---

① 习近平：《在黄河流域生态保护和高质量发展座谈会上的讲话》，载《求是》2019年第20期。

② 习近平：《推动形成优势互补高质量发展的区域经济布局》，载《求是》2019年第24期。

③ 调整经济结构和能源结构，既提升经济发展水平，又降低污染排放负荷。对重大经济政策和产业布局开展规划环评，优化国土空间开发布局，调整区域流域产业布局。培育壮大节能环保产业、清洁生产产业、清洁能源产业，发展高效农业、先进制造业、现代服务业。推进资源全面节约和循环利用，实现生产系统和生活系统循环链接。

④ 全国绿化委员会办公室：《2019年中国国土绿化状况公报（摘要）》，载《人民日报》2020年3月12日。

券助力绿色产业发展。从 2015 年开始，一系列促进绿色金融发展的政策和意见在政府主导下不断出台实施，我国绿色债券市场实现快速、有序、健康发展，目前我国已成为全球最大的绿色债券市场，建立了全球首个比较完整的绿色金融政策体系。我国积极通过绿色金融助力绿色产业的发展。利用绿色债券解决绿色项目融资难、融资成本高等问题，通过发展绿色金融，动员和激励了更多社会资本投入到绿色产业。银监会数据显示，党的十八大以来，我国绿色信贷规模稳步增长，从 2013 年末的 5.2 万亿元增长至 2019 年末，已超过 10 万亿元，为先进制造业、战略性新兴产业、低碳循环经济的发展提供了越来越有力的金融支持，推动了产业转型升级、新旧动能转换的加快以及经济的高质量发展。

绿色产业发展势头稳健前景可期。相关研究指出我国绿色产业整体规模在不断扩大，成长能力处于上升期。2013～2016 年，我国绿色产业的整体规模不断扩大[①]，环保营收总额不断增长。2019 年，104 家 A 股环保上市公司实现环保营业收入总额达 2131.9 亿元，环保上市公司在成长性方面的表现好于预期。绿色产业为经济增长提供了新动能。我国环保产业发展存在旺盛需求，研究数据显示，"2018 年，我国污染防治领域仅三大污染攻坚战投资需求约为 34778 亿元"[②]，环保产业的有效需求不断得到释放。国家统计局发布的数据显示，2019 年我国生态保护和环境治理业固定资产投资（不含农户）比 2018 年增长了 37.2%[③]。《中国环保产业分析报告（2019）》发布的数据显示，2018 年，全国环保产业营业收入约 1.6 万亿元，较 2017 年增长约 18.2%，该报告预测"2020 年环保产业发展规模在 1.8 万亿～2.4 万亿元之间，对应年增长率区间为 6.1%～22.5%""从数据看，环保产业一直保持着快速发展态势"[④]。环保产业发展为我国经济增长作出积极贡献。中国环保产业协会测算数据显示预计到 2025 年，我国绿色经济产值将达到 12 万亿元，约占 GDP 的 8%；到 2035 年，有望达到 GDP 的 10% 以上[⑤]。从这些数据可以看出，我国绿色发展有着大好的前景。

（三）生态经济相关法律法规不断健全完善

新时代中国特色社会主义生态经济思想强调，要用最严格的制度和最严

[①] 参见：《中国绿色产业景气指数报告》，2016 年和 2017 年。
[②] 中国环境保护产业协会：《中国环保产业发展状况报告（2018）》，2019 年。
[③] 国家统计局：《中华人民共和国 2019 年国民经济和社会发展统计公报》，2020 年。
[④] 徐卫星：《环保产业一直保持快速发展》，载《中国环境报》2019 年 12 月 27 日。
[⑤] 刘毅、孙秀艳等：《既要金山银山，也要绿水青山》，载《人民日报》2019 年 8 月 14 日。

密的法制保护生态环境并促进经济的发展。在这一思想的指导下，我国生态环境保护制度改革不断深化、生态经济相关法律法规不断完善、环境保护执法监督力度不断加强。

生态环境保护制度改革不断深化。党的十八大以来，我国生态文明制度体系逐步完善、体制改革措施不断深化和落实。生态文明顶层设计和制度体系建设加快推进，生态环境损害赔偿制度、排污许可、河湖长制、禁止洋垃圾入境等制度出台实施，生态环境治理水平有效提升。我国积极推进排污许可证管理制度、生态环境损害赔偿制度的改革、开展试点实施，生态环境保护综合执法体系和能力建设不断加强。在党和国家的机构改革中，组建了生态环境部和生态环境保护综合执法队伍，整合了职能，强化对生态保护修复和保护的统一监管，省以下生态环境机构垂管等改革举措加快推进，生态环境保护职责更加优化强化。

生态环境法制建设不断完善。习近平总书记指出，"让制度成为刚性的约束和不可触碰的高压线"①。他本人多次就严重破坏生态环境事件②作出批示，要求严肃查处。党的十八大以来，我国环保立法力度之大、执法尺度之严、守法程度之好前所未有。先后制修订9部生态环境法律和20余部行政法规，"史上最严"的新《环境保护法》自2015年颁布实施，此后我国完成了环境保护税法、环境影响评价法、建设项目环境保护管理条例等法律法规的修订。"全国人大常委会、最高人民法院、最高人民检察院对环境污染和生态破坏界定入罪标准，加大惩治力度，形成高压态势"③。目前，我国生态经济相关法律法规及环境经济政策丰富，拥有环境法律56条、环境法规91条、环境规章138条④。环境经济政策种类丰富，包括环境信用、绿色信贷、绿色证券、生态补偿、排污权交易等多个方面政策，为生态经济的发展提供了充分的政策支持与保障。

执法监督力度不断加大。党的十八大以来，我国积极推进生态环境监测和环境保护督察及执法能力建设，目前，我国建成了由2767个监测断面组成的国家地表水监测网，初步建成国家土壤环境监测网，生态环境保护综合执法体系和能力建设不断加强。我国持续开展环保专项行动及安全大检查，执

---

①③ 习近平：《推动我国生态文明建设迈上新台阶》，载《求是》2019年第3期。

② 陕西延安削山造城、浙江杭州千岛湖临湖地带违规搞建设、秦岭北麓西安段圈地建别墅、新疆卡山自然保护区违规"瘦身"、腾格里沙漠污染、青海祁连山自然保护区和木里矿区破坏性开采、甘肃祁连山生态保护区生态环境破坏等。

④ 资料来源：生态环境保护部数据中心，截至2020-08-12。

法力度不断加大。2018 年，全国实施行政处罚案件 18.6 万件，罚款数额 152.8 亿元，是新环境保护法实施前 2014 年的 4.8 倍。环保督察大力推进，该制度推动了生态环境保护责任的落实。从 2015 年环境保护督察机制明确建立之后，生态环境保护督察试点积极开展，2017 年实现了第一轮中央环保督察全覆盖，推动了数万件群众身边的环境问题以及一大批长期难以解决的流域性、区域性突出环境问题得到解决。

三、指引我国为推进全球环境治理和可持续发展贡献力量

习近平总书记指出："我国已成为全球生态文明建设的重要参与者、贡献者、引领者""要深度参与全球环境治理，增强我国在全球环境治理体系中的话语权和影响力，积极引导国际秩序变革方向，形成世界环境保护和可持续发展的解决方案。要坚持环境友好，引导应对气候变化国际合作。要推进'一带一路'建设，让生态文明的理念和实践造福沿线各国人民。"① 党的十八大以来，在新时代中国特色社会主义生态经济思想的指导下，我国积极为推进全球生态环境治理贡献力量，绿色发展理念在国际上得到越来越多的认可。

（一）我国积极为全球生态环境的治理贡献力量

在新时代中国特色社会主义生态经济思想指导下，我国高度重视、积极参与并不断深化环境保护国际合作。我国在努力解决自身环境问题的同时，积极参与全球环境治理，同世界各国在应对气候变化、追求高质量绿色发展方面深入开展交流合作。目前，我国已与 100 多个国家开展了环保交流合作，与 60 多个国家和国际组织签署近 150 项合作文件，与多个国家、国际或区域组织建立合作机制，打造合作平台，在促进国内环保工作、履行国际履约义务、帮助其他发展中国家等方面发挥积极作用。我国以实际行动彰显出在全球治理中的责任和担当，不断赢得更高层次的国际影响力和话语权。习近平总书记指出我们追求可持续的绿色发展，我国将发挥负责任大国的作用和影响力，与其他国家一道推动全球绿色、低碳、可持续发展。

1. 我国为应对全球气候变化作出积极的贡献

党的十八大以来，我国政府将应对气候变化全面融入国家经济社会发展的总战略，我国积极参与气候变化国际合作、主动承担大国责任。"我国率

---

① 习近平：《推动我国生态文明建设迈上新台阶》，载《求是》2019 年第 3 期。

先发布《中国落实2030年可持续发展议程国别方案》，实施《国家应对气候变化规划（2014～2020年）》，向联合国交存《巴黎协定》批准文书。我国消耗臭氧层物质的淘汰量占发展中国家总量的50%以上，成为对全球臭氧层保护贡献最大的国家"[1]，在全球应对气候变化中逐渐起到了中流砥柱的作用，受到国际社会的高度肯定。我国不断加大控制温室气体排放力度，2015年，我国向联合国提交了国家自主贡献。近年来，我国碳排放减排效果明显，单位GDP碳排放强度逐渐降低。自2013年以来我国碳排放增速基本为0。我国能源消费结构持续优化，2018年我国一次能源结构中煤炭占比由十年前的72%下降至58%[2]。2018年我国单位国内生产总值（GDP）二氧化碳排放比2005年累计下降45.8%，相当于减排52.6亿吨二氧化碳，非化石能源占能源消费总量比重达到14.3%，基本扭转了二氧化碳排放快速增长的局面[3]，提前完成对外承诺的到2020年碳强度下降40%～45%的目标。此外，我国积极参与并促进全球生态环境变化监测数据共享，启动了全球生态环境遥感监测年度报告工作、成功发射了第一颗全球二氧化碳监测科学实验卫星，相关数据及成果公开对外发布，无偿与相关国家和国际组织共享，遥感科技为全球生态环境变化监测和积极应对全球变化作出的贡献。

2. 生态环境治理方面为国际社会提供了成功经验和方案

我国走出了荒漠化治理与经济发展共赢之路。党的十八大以来，我国坚持在"绿水青山就是金山银山"的绿色发展理念的指导下，积极开展京津风沙源治理、退耕还林还草、沙化土地封禁保护等一系列生态保护和修复工程，对荒漠化治理发挥了重要作用，实现了从沙化严重到如今的沙化土地面积年均缩减1980平方公里[4]的转变。在荒漠化治理过程中，我国还积极发展沙漠经济，实现了生态与经济的共赢发展。其中最具代表性的案例就是我国的库布齐沙漠治理，该地区在实践中摸索出了各种灌木的搭配种植方法，让沙柳、沙棘等沙生植物发挥了作为药材的经济价值，实现了从沙化严重、农牧民贫困，到沙漠上绿色遍布、居民富裕的转变，走出一条"治沙与治穷共赢"的防治荒漠化之路。库布齐沙漠三十年的治沙经验表明沙漠是可以大规模治理的，沙漠治理可以实现可持续发展和多方共赢。

---

[1] 习近平：《推动我国生态文明建设迈上新台阶》，载《求是》2019年第3期。
[2] 资料来源：《BP世界能源统计年鉴2019》。
[3] 曹红艳：《〈中国应对气候变化的政策与行动2019年度报告〉发布》，载《经济日报》，2019年11月28日。
[4] 傅晓怡：《治沙路上绿意浓》，载《人民日报海外版》2019年7月9日。

我国植树造林为全球生态环境修复树立了榜样。2019年2月，美国航天局等机构发表的研究数据表示，2000~2017年间我国植被增量占全球绿化增量总量的约25%，其中42%的贡献来自人工植树造林。中国人工林面积已居全球第一，对全球植被增量的贡献比例居世界首位。① 塞罕坝机械林场是我国植树造林成就中具有代表性的典型案例，其森林覆盖率从11.4%提高到了80%，实现沙漠到绿洲的转变，凝聚着我国人民对植树造林的热爱与不懈坚持，体现着中华民族追求人与自然和谐相处的毅力与精神。它坚持并实现了生态、经济和社会效益的统一，是"绿水青山就是金山银山"理念的充分证明与体现。

3. 绿色"一带一路"建设促进了沿线国家的生态环境保护与经济发展

绿色"一带一路"建设是我国参与全球环境治理、推动绿色发展理念的重要实践。在绿色"一带一路"建设中，我国充分考虑沿线各国人民对良好生态环境的期待，与合作伙伴共同探索经济效益与生态效益并重的合作模式②。"2017年，我国同联合国环境署等国际机构一道发起，建立'一带一路'绿色发展国际联盟"③。2018年，我国发起《"一带一路"绿色投资原则》，携手国际伙伴共同推动"一带一路"投资绿色化，积极引导更多资金流向绿色产业④。国家发展改革委发布的数据显示，2019年1月至10月，我国在"一带一路"沿线完成可再生能源的投资达23.8亿美元，能源和基建等领域的合作为"一带一路"沿线国家经济发展提供了重要助力⑤。《全球生态环境遥感监测2018年度报告》显示，"一带一路"沿线互联互通建设工程在绿色施工和生态保护方面已取得了显著的成效。实践证明绿色"一带一路"建设提供了巨大的绿色发展空间，释放了绿色发展潜力，不仅带来即期的经济效益，而且能消除制约可持续发展的瓶颈。"一带一路"沿线国家共同保护生态环境，有利于提高防范生态环境风险的能力，增强发展中国家在环境保护和应对气候变化等重大国际问题上的整体谈判能力，进而推动形成更加公正合理的全球治理体系，对于改革和完善全球治理体系具有积极作用。

(二) 绿色发展理念得到国际社会越来越多的认可

我国为国际社会提供了实现生态和经济共赢的成功经验与方案，绿色发

---

① 周舟：《美国航天局卫星数据表明——全球新增绿化四分之一来自中国》，载《人民日报》2019年2月14日。
② 周亚敏：《经济效益与生态效益并重的合作模式》，载《人民日报》2015年8月25日。
③ 习近平：《推动我国生态文明建设迈上新台阶》，载《求是》2019年第3期。
④ 陈果静：《引导更多资金流向绿色产业》，载《经济日报》2019年4月18日。
⑤ 姜波、寇江泽：《"用实际行动践行绿色发展理念"》，载《人民日报》2019年12月18日。

展理念在国际上得到越来越多的认可。2014年,联合国环境规划署将库布其沙漠生态治理区确立为"全球沙漠生态经济示范区"。2016年,联合国环境大会发布了《绿水青山就是金山银山:中国生态文明战略与行动》指出,以"绿水青山就是金山银山"为导向的中国生态文明战略为世界可持续发展理念的提升提供了"中国方案"和"中国版本"①。2017年,塞罕坝机械林场被联合国授予"地球卫士奖";2018年,浙江"千万工程"被联合国授予"地球卫士奖"……国外学者们普遍认为,过去几年,我国生态环境质量实现持续好转的重要原因就是经济和社会发展理念发生了重大变化,绿色发展理念是符合人民期待的正确选择②。"当今世界,国家治理与全球治理模式各有千秋,但唯有人民群众满意、符合自然发展规律并契合科学精神的发展理念,才是最有价值的发展理念以及最有实践意义的发展模式",出席2018年"地球卫士奖"颁奖典礼的一位联合国官员做出如此评价③。

综上,新时代中国特色社会主义生态经济思想指引着我国向着生态环境高水平保护和经济高质量发展协调迈进,也为全球生态环境治理及经济的可持续发展贡献了力量。实践是检验真理的唯一标准,实践证明,新时代中国特色社会主义生态经济思想是科学的、具有强大生命力的。

---

① 罗上华、高馨婷:《践行"绿水青山就是金山银山"理念》,载《先锋》2018年第8期。
② 任彦、林芮、刘军国等:《中国为实现可持续发展作出榜样》,载《人民日报》2018年5月21日。
③ 新华社:《从"千万工程"看习近平生态经济理论的生动实践和世界回响》,新华网,http://www.xinhuanet.com/2018-12/28/c_1123921379.htm,2018-12-28/2020-04-15。

第十章

习近平新时代中国特色社会主义现代化经济体系理论

随着中国特色社会主义进入新时代，我国经济发展也进入新时代，以新发展理念为指导建设现代化经济体系。深化供给侧结构性改革是调整宏观经济结构、建设现代化经济体系的战略举措，建设创新型国家是建设现代化经济体系的战略支撑，实施乡村振兴战略是补齐农村短板、建设现代化经济体系的重要基础，实施区域协调发展战略是拓展发展空间、建设现代化经济体系的内在要求，加快完善社会主义市场经济体制是建设现代化经济体系的制度保障，形成全面开放新格局是建设现代化经济体系的必要条件。本章，首先系统介绍新时代中国特色社会主义现代化经济体系理论，然后，重点讨论深化供给侧结构性改革和建设现代化经济体系的战略举措等问题。

第一节 习近平新时代中国特色社会主义现代化经济体系理论系统

随着中国特色社会主义进入新时代，我国经济发展也进入新时代，宏观经济运行以新发展理念为指导、以供给侧结构性改革为主线、以稳中求进为工作总基调，建设现代化经济体系。

一、深化供给侧结构性改革是调整宏观经济结构、建设现代化经济体系的战略举措

供给侧结构性改革从生产端入手，以提高社会生产力为目的。供给侧结构性改革的着眼点在于生产，在于生产领域通过优化要素配置和调整产业结

构，提高供给体系质量和效率。供给侧结构性改革的根本目的在于通过解放和发展生产力，增加有效供给、减少无效供给、增强优质供给，实现更好满足人民美好生活需要的目的。供给侧结构性改革的主要任务是长期推进创新驱动战略和近期实现"三去一降一补"，有效化解过剩产能，促进产业优化重组，增加公共产品和服务供给，提高供给结构对需求变化的适应性和灵活性。

调整经济结构，是供给侧结构性改革的主攻方向。建设现代化经济体系，必须把发展经济的着力点放在实体经济，特别是提升制造业水平上，不断培育新的经济增长点和新动能，以创新引领绿色发展、低碳发展和循环发展，建设知识型、技能型、创新型劳动者大军，培育世界级先进制造业集群。加强基础设施网络建设，坚持去产能、去库存、去杠杆、降成本和补短板，提升供给体系质量，在更高水平上实现供需动态平衡。

深化企业改革是供给侧结构性改革的根本途径。供给侧改革的"本质属性是深化改革，推进国有企业改革，加快政府职能转变，深化价格、财税、金融、社保等领域基础性改革"[①]。推动企业兼并重组，化解过剩产能，淘汰僵尸企业，提高国有资本运行效率；推动技术革新，促进创新链与产业链和市场需求有机衔接；建立现代企业制度，发挥各类人才的积极性、主动性、创造性，激发各类要素活力；形成有效制衡的公司法人治理结构、灵活高效的市场化经营机制，提升企业竞争力。

以深化供给侧结构改革为主线，推动经济发展提质增效，是我国经济宏观调控的着力点，丰富和发展了马克思主义产业结构调整理论。

二、建设创新型国家是建设现代化经济体系的战略支撑

强化基础研究，加强应用基础研究。坚持战略引领，着力原始创新，力争在前瞻性基础研究和引领性原创成果上打开缺口，实现重大突破。同时，强化应用基础研究，在一些领域突破关键共性技术、现代工程技术及前沿引领技术，掌握一批颠覆性创新技术，拥有更多原创性技术，加强重点领域的技术开发与集成、装备研制与大规模运用，强力支撑现代化强国建设，实现科技创新能力从量的积累向质的飞跃转变、从点的突破向系统能力提升转变。

---

① 《坚定不移推进供给侧结构性改革　在发展中不断扩大中等收入群体》，载《人民日报》2016年5月17日。

加强国家创新体系建设。建设体现国家意志、具有世界高水平的战略科技创新基地，建设一批重大科技基础设施和综合性科学中心；优化整合国家科研基地和平台布局，推动科技资源开放共享；以产学研深度融合推动技术创新，建设一批引领企业创新和产业发展的国家技术创新中心，培育一批核心技术能力突出、集成创新能力强的创新型领军企业；打造"一带一路"协同创新共同体，全方位提升科技创新国际化水平；协同推进发展理念、体制机制、商业模式等创新，系统构建国家创新体系，提升国家发展水平和国际竞争力。

深化科技体制改革。"建立以企业为主体、市场为导向、产学研深度融合的技术创新体系"①，不断完善支持企业创新的普惠性政策体系、完善国家技术转移体系、完善科技成果转化激励评价体系，强化知识产权创造、保护和运用，推进项目评审、人才评价、机构评估改革，激发科技人员的积极性，逐渐形成以创新为主要引领和支撑的经济体系和发展模式，实现科技创新能力和水平巨大跃升。

培养科技人才和高水平创新团队。习近平总书记强调，我们一定要树立强烈的人才意识，要求贤如渴地寻觅人才，如获至宝地发掘人才，不拘一格地推举人才，各尽其能地使用人才，开阔视野地引进汇聚人才，择天下英才而用之。要坚持"科学技术是第一生产力""人才是第一资源"的理念，努力培养高水平的科技创新团队，培育成就出具有国际水准的大批战略科技英才，努力把我国建设成为世界科技强国。

三、实施乡村振兴战略是补齐农村短板、建设现代化经济体系的重要基础

十九大报告指出："农业农村农民问题是关系国计民生的根本性问题，必须始终把解决好'三农'问题作为全党工作重中之重。"② "实施乡村振兴战略"的提出既切中了农村这块短板，也指明了新时代乡村发展方向，明确了乡村发展新思路，是加快农业农村现代化、提升亿万农民获得感幸福感的必然要求。

---

① 习近平：《决胜全面建成小康社会　夺取新时代中国特色社会主义伟大胜利》，人民出版社2017年版，第31页。

② 习近平：《决胜全面建成小康社会　夺取新时代中国特色社会主义伟大胜利》，人民出版社2017年版，第32页。

(一) 实施乡村振兴战略是建设现代化经济体系的必然选择

农业农村农民问题是关系国计民生的根本性问题。城乡发展不平衡不协调，是现阶段我国经济社会发展中最为突出的结构性矛盾。实施乡村振兴战略，突出抓重点、补短板、强弱项的要求，加快农业农村现代化进程，显著改变几亿农民生产生活面貌，既是解决人民日益增长的美好生活需要和不平衡不充分的发展之间矛盾的客观需要，也是顺应亿万农民对美好生活的向往，统筹推进农业农村优先高质量发展、城乡融合发展，是推动农业全面升级、农村全面进步、农民全面发展的必然要求。实施乡村振兴战略，把全党工作重中之重的"三农"问题放在突出位置，通过采取更加有力的举措，切实改变农业农村落后面貌，解决好制约农业农村发展、制约城镇化水平和质量提升等问题，补齐全面小康社会农村这块短板，为建设现代化经济体系提供重要基础。

乡村振兴是新时代乡村发展的新动力。乡村振兴战略的提出，是要从根本上解决我国农业不发达、农村不兴旺、农民不富裕的问题，是要使生产、生活、生态协调，农业、加工业、现代服务业融合发展，建立更加可持续的农村发展内生增长机制。

(二) 乡村振兴战略的总要求

习近平总书记在吉林调研时指出，任何时候都不能忽视农业、不能忘记农民、不能淡漠农村，必须始终坚持强农惠农富农政策不减弱、推进农村全面小康不松劲，在认识的高度、重视的程度、投入的力度上保持好势头。"中国要强，农业必须强；中国要美，农村必须美；中国要富，农民必须富。"[1] 党的十九大报告从全局和战略高度明确提出，"要坚持农业农村优先发展，按照产业兴旺、生态宜居、乡风文明、治理有效、生活富裕的总要求，建立健全城乡融合发展体制机制和政策体系，加快推进农业农村现代化"[2]。

实施乡村振兴战略，必须坚持农业农村优先发展。坚持农业农村优先发展，应坚持创新、协调、绿色、开放、共享的新发展理念，推动农业农村实现更加平衡、更加充分的优先发展。党的十九大报告强调，必须始终把解决好"三农"问题作为全党工作的重中之重，真正摆在优先位置。坚持农业农村优先发展，要在制度设计和政策创新上想办法，依靠科技创新延伸农业产业链，提升农业价值链；依靠体制机制创新，推进生产要素在城乡之间的自

---

[1] 习近平：《中国要强农业必须强 中国要富农民必须富》，载《京华时报》2016年4月29日。
[2] 习近平：《决胜全面建成小康社会 夺取新时代中国特色社会主义伟大胜利》，人民出版社2017年版，第32页。

由流动和优化配置,提高农业供给体系的质量和效益。要坚持补齐短板与拓展空间并举,处理好农业农村发展与新型城镇化建设的关系,进一步调整理顺工农城乡关系,优先满足要素配置,优先保障资源条件,优先安排公共服务,加快补齐农村短板,缩小城乡差距。不能以牺牲环境、透支资源为代价优先发展农业农村,要将山水林田湖作为一个生命共同体统筹谋划,加快转变农业生产方式、生活方式,推进人与自然和谐共生的农业农村现代化,让农村成为安居乐业的美丽家园。要在确保粮食等重要农产品供给安全前提下,进一步扩大农业对外开放,促进农业转型升级,"使得农业成为有奔头的产业"①,农民成为有吸引力的职业,让亿万农民过上更加富裕体面有尊严的生活,加快形成城乡经济社会发展一体化新格局。

实施乡村振兴战略,必须不断深化农村改革。加强和完备农村基本经营制度,深化农村土地制度改革,保持土地承包关系长期稳定不变,实行土地所有权、承包权、经营权"三权分置"。深化农村集体产权制度改革,构建产权明晰、权能完善的中国特色社会主义农村集体产权制度。完善农业支持保护制度,探索建立粮食生产功能区、重要农产品生产保护区的利益补偿机制;深化粮食收储制度和价格形成机制改革,扩大轮作休耕制度试点;完善财政补贴政策、农村金融保险政策和农产品调控政策,优化存量,扩大增量,促进产业健康发展。

加快建设现代农业。确保国家粮食安全,把中国人的饭碗牢牢端在自己手中。实施"藏粮于地、藏粮于技"战略,提高农业机械化、科技化、信息化和良种化水平。构建现代农业产业体系、生产体系、经营体系,促进农产品加工流通业、林业、渔业、种植业、畜牧业、农业服务业转型升级和融合发展;用现代物质装备武装农业、现代生产方式改造农业、现代科学技术服务农业,大力推进农业生产经营机械化和信息化;培育新型职业农民和新型经营主体,提高农业经营集约化、组织化、规模化、社会化、产业化水平。

调整农业结构,促进农村各产业融合发展。调整优化农业产品结构、产业结构和布局结构,促进"粮经饲"统筹、农林牧副渔结合、种养销一体,促进农业产业链条延伸和农业与二三产业尤其是文化旅游产业的深度融合,发展特色产业、休闲农业、农村电商、乡村旅游等新产业新业态,延长产业链、提升价值链,坚持质量兴农、绿色兴农,为农民持续稳定增收提供更加坚实的农村产业支撑。

---

① 《中共中央国务院关于实施乡村振兴战略的意见》,载《人民日报》2018年2月5日。

适度规模经营，实现小农户和现代农业发展有机衔接。推进土地入股、土地流转、土地托管、联耕联种等多种经营方式，提升农业适度规模经营水平，探索建立公益性农技推广与经营性技术服务共同发展新机制，保护好小农户利益，使其通过多种途径和方式进入规模经营和现代生产，与大农户一起分享现代化成果。

四、实施区域协调发展战略是拓展发展空间、建设现代化经济体系的内在要求

建立更加有效的区域协调发展新机制。加快建立全国统一开放、竞争有序的市场体系；创新区域合作机制，鼓励创新区域合作的组织保障、规划衔接、利益协调、激励约束、资金分担、信息共享、政策协调和争议解决等机制；完善区域互助机制，促进对口支援从单方受益为主向双方受益深化；建立健全区际补偿机制，促进区际利益协调平衡。加大力度支持老少边穷地区加快发展，推进西部大开发、东北等老工业基地振兴、中部地区崛起，建立全方位统筹协调新机制，形成新格局。

以城市群为主体构建大中小城市和小城镇协调发展的城镇格局。优化提升东部地区城市群、培育发展中西部地区城市群，形成一批参与国际合作竞争、国土空间均衡开发和区域协调发展的城市群。强化大城市对中小城市辐射带动作用，形成横向错位发展、纵向分工协作的发展格局。完善城市群协调机制，形成大中小城市和小城镇协调发展的城镇格局。深化户籍制度改革，加快居住证制度全覆盖。建立健全财政转移支付同农业转移人口市民化挂钩、城镇建设用地增加规模与吸纳农业转移人口落户数量挂钩、中央预算内投资安排向吸纳农业转移人口落户数量较多的城镇倾斜的激励机制。

京津冀协同发展。着力建设以首都为核心的世界级城市群、区域整体协同发展改革引领区、全国创新驱动经济增长新引擎、生态修复环境改善示范区。疏解北京非首都功能，走出一条中国特色解决"大城市病"的路子。加快北京城市副中心建设，优化京津冀城市群的空间格局和功能定位，形成区域发展主体功能区和定位清晰、分工合理、功能完善、生态宜居的现代城镇体系。构建轨道交通、公路交通、空中交通、海上交通一体化现代交通网络，建立一体化环境准入和退出机制，扩大区域环境容量和生态空间；打造立足区域、服务全国、辐射全球的优势产业集聚区。

推动长江经济带发展。以共抓大保护、不搞大开发为导向推动长江经济

带发展。坚持生态优先、绿色发展、统筹发展的总体要求，把修复长江生态环境摆在压倒性位置，实施好长江防护林体系建设等生态保护修复工程，建设沿江绿色生态廊道。以畅通黄金水道为依托，建设高质量综合立体交通走廊、建设沿江绿色生态廊道，推进产业转型升级和新型城镇化建设，优化沿江产业和城镇布局，实现长江上中下游互动合作和协同发展。

坚持陆海统筹，加快建设海洋强国。统筹陆海间相互支援、相互促进，实现陆海资源互补、陆海发展并举、陆海安全并重的目标，推进陆海全面协调可持续发展和陆地大国向陆海强国转变。充分利用海洋资源，增加资源供给，破解我国可持续发展的资源瓶颈；统筹陆地、海洋开发开放布局，建设海洋生态文明；增强海上通道保护，维护海上通道安全。加快建设海洋强国，提高海洋开发、控制、综合管理能力，促进陆海在经济、军事、科技等领域一体化建设。

五、加快完善社会主义市场经济体制是建设现代化经济体系的制度保障

加快完善产权制度，实现产权有效激励。社会主义市场经济体制的基石是现代产权制度，深化经济体制改革的重点之一是完善产权制度。在坚持和完善我国基本经济制度下，要着力加强产权保护，依法保护各种所有制经济产权和合法利益，激励知识产权在科技创新和成果转化上作用的持久发挥。

加快推进要素市场化配置，实现要素自由流动。深化劳动力市场改革，依法保障平等就业，实现劳动力的自由流动；深化土地市场改革，加快建设城乡统一的建设用地市场；深化资本市场改革，健全金融监管体系，促进多层次资本市场健康发展。

加快完善市场决定价格机制，实现价格灵活反应。深化要素价格形成机制改革，打破资源性产品和垄断行业等领域各种形式的行政垄断，根据行业特点配置资源；深化商事制度改革、投融资体制改革、税收制度改革、利率和汇率市场化等改革，完善市场监管体制。

加快完善公平竞争的市场环境，实现统一开放、有序竞争。对于妨碍统一市场和公平竞争的各种规定和做法，一定要坚决予以废除和清理，全方位地实施市场准入负面清单制度，最大限度地缩小政府对市场主体经营的干预，大幅度放宽市场准入，促进贸易和投资自由化、便利化，推动经济全球化。

深化国有企业改革，发展混合所有制经济。国有企业改革的深化进行，

必须在各类国有资产管理体制完善下，稳妥有序发展混合所有制经济，优化国有经济布局，调整结构，加快战略重组，做强做大做优国有资本。支持民营企业的发展，依法保护其法人财产权和经营自主权，弘扬企业家精神，激发各类市场主体活力，创建良好的法治环境、市场环境和社会环境。

加快完善社会主义市场经济体制，构建市场机制有效、微观主体有活力、宏观调控有度的经济体制，加快完成要素市场化配置和完善产权制度的重点工作，促进生产要素自由流动、产权有效激励、企业优胜劣汰，实现市场价格灵活反应、公平有序竞争，为建设现代化经济体系提供制度保障。

六、形成全面开放新格局是建设现代化经济体系的必要条件

形成陆海内外联动、东西双向互济的开放格局。在共商共建共享原则下，以"一带一路"建设为重点，"引进来"与"走出去"并重，加强对外投资合作和创新能力合作。积极有效地利用外资，坚持引资和引技引智并举，促进经济迈向中高端水平，实现互利共赢。在深化沿海开放的同时，将内陆和沿边地区的开放洼地，打造提升为开放高地，形成陆海内外联动、东西双向互济的开放格局，进而形成区域协调发展新格局。

培育贸易新业态新模式，推进贸易强国建设。深化外贸领域供给侧结构性改革，优化国际市场布局和国内区域布局，优化商品结构、经营主体和贸易方式，加快外贸转型升级示范基地、贸易平台和国际营销网络建设，积极培育贸易新业态新模式，支持跨境电子商务、市场采购贸易、外贸综合服务等健康发展，打造外贸新的增长点，形成更为全面及多元化的全球贸易合作关系，促使我国由外贸大国变为外贸强国。

实行高水平的贸易和投资自由化便利化政策。全面实行准入前国民待遇加负面清单管理制度，对市场准入放宽条件，对服务业进一步开放，深化我国与发达国家的经贸合作和与发展中国家的经贸联系。加大西部地区的开放力度，使自由贸易试验区、边境经济合作区、跨境经济合作区有更大的改革自主权，促进贸易和投资自由化、便利化。探寻摸索自由贸易港的建设，完善外商投资管理体制，营造公平竞争的外商投资市场环境，保护外商在华投资的合法权益，加强海关合作，为跨境电子商务发展营造良好环境。

创新对外投资方式，加快培育国际经济合作和竞争新优势。促进以企业为主体、以市场为导向、以国际惯例为遵循、以政府为导引的国际产能合作，逐步构筑辐射"一带一路"、面向全球的高标准的贸易投资和生产服务网络。

加强海外并购引导、扩大市场渠道、提高创新能力、打造国际品牌，增强企业核心竞争力；在扩大轻工、纺织、建材、家电、冶金等传统产业投资合作的同时，加快推进数字经济、智能经济、绿色经济、共享经济等新兴产业合作，推动陆、海、空、网互联互通。

"推动形成全面开放新格局"①，从统筹国内国际两个大局的高度、从理论和实践两个维度，系统回答了新时代要不要开放、要什么样的开放、如何更好推动开放等重大命题，丰富了全面开放的内涵。

第二节 深化供给侧结构性改革是建设现代化经济体系的战略举措

以习近平同志为主要代表的中国共产党人，根据我国经济新常态发展的实际状况，提出了一系列的政策措施，构建了从生产端入手，以提高社会生产力为目的，以调整宏观经济结构为主攻方向，以深化企业改革为根本途径的供给侧改革政策体系，这对于构建设现代化经济体系，推动我国经济向更高质量、更有效率、更加公平、更可持续的发展发挥了重要的政策引导作用。

一、供给侧结构性改革从生产端入手，以提高社会生产力为目的

党中央根据我国经济新常态的发展现状，提出了供给侧结构性改革政策的着眼点、根本目的和主要任务。首先，供给侧结构性改革的着眼点在于生产。因此"推进供给侧结构性改革，要从生产端入手"②。这里的生产端改革不仅在于生产领域"通过优化要素配置和调整产业结构提高供给体系质量和效率"③，而且在于生产领域通过产权、企业劳动关系、内部治理关系以及竞争关系等方面改革来提高供给体系的质量和效率。其次，供给侧结构性改革的根本目的在于提高劳动生产力、满足人民需求。习近平总书记指出："供给侧结构性改革的根本目的是提高社会生产力水平，落实好以人民为中心的

---

① 汪洋：《推动形成全面开放新格局》，载《人民日报》2017年11月10日。
② 习近平：《在省部级主要领导干部学习贯彻党的十八届五中全会精神专题研讨班上的讲话》，载《人民日报》2016年5月10日。
③ 习近平：《中国发展新起点全球增长新蓝图》，载《人民日报》2016年9月4日。

发展思想。"① 所以，我国供给侧结构性改革的根本目的在于通过解放和发展生产力，推动生产领域社会生产力的不断提高。而社会生产力发展的最终目的在于落实"以人民为中心"的思想，满足人民不断提高的需要。对此，习近平总书记指出："从政治经济学的角度看，供给侧结构性改革的根本，是使我国供给能力更好满足广大人民日益增长、不断升级和个性化的物质文化和生态环境需要，从而实现社会主义生产目的。"② 因此，概而言之，我国供给侧改革的目的就是要通过生产领域的改革，不断解放和提高社会生产力，增加有效供给，减少无效供给、增强优质供给，从而满足人民日益增长的物质文化生活需要。对此，2016 年底党的中央经济工作会议进一步明确指出，供给侧结构性改革"最终目的是满足需求，就是要深入研究市场变化，理解现实需求和潜在需求，在解放和发展社会生产力中更好满足人民日益增长的物质文化需要"③。最后，供给侧结构性改革的主要任务是长期推进创新驱动战略和近期实现"三去一降一补"。从长期来看，实现创新驱动战略是推动供给侧改革的根本动力，我国"要大力推进经济结构性战略调整，把创新放在更加突出的位置，继续深化改革开放，为经济持续健康发展提供强大动力"④。因此，要将推进创新驱动战略作为供给侧结构性改革的长期任务。同时，从短期看，"三去一降一补"及其深化是供给侧结构性改革的重点任务。习近平总书记指出，供给侧结构性改革的重点任务在于"促进产能过剩有效化解，促进产业优化重组，降低企业成本，发展战略性新兴产业和现代服务业，增加公共产品和服务供给，提高供给结构对需求变化的适应性和灵活性。简言之，就是去产能、去库存、去杠杆、降成本、补短板"⑤。虽然 2016 年已经在这方面取得一定成效，但是，"三去一降一补"任务仍然很繁重，因此，2017 年我国要继续将深入推进"三去一降一补"，把深入推进农业供给侧结构性改革、着力振兴实体经济、促进房地产市场平稳健康发展等作为我国经济新常态下深化供给侧结构性改革的主要任务。

---

① 《习近平主持召开中央财经领导小组第十二次会议研究供给侧结构性改革方案、长江经济带发展规划、森林生态安全工作》，载《人民日报》2016 年 1 月 27 日。
② 习近平：《在省部级主要领导干部学习贯彻党的十八届五中全会精神专题研讨班上的讲话》，载《人民日报》2016 年 5 月 10 日。
③ 《中央经济工作会议在北京召开》，载《人民日报》2016 年 12 月 17 日。
④ 《习近平在贵州调研时的讲话》，载《人民日报》2015 年 6 月 19 日。
⑤ 习近平：《在省部级主要领导干部学习贯彻党的十八届五中全会精神专题研讨班上的讲话》，载《人民日报》2016 年 5 月 10 日。

二、调整经济结构，建设现代化经济体系，是供给侧改革的主攻方向

党中央准确把握了我国供给侧结构性改革解决的核心问题，并据此确定政策的主攻方向。对于供给侧结构性改革所解决的核心问题，习近平总书记认为，供给侧结构性改革既涉及"供给"问题，又包含"结构"问题，实质上是宏观供给结构问题。他指出："我们提的供给侧改革，完整地说是'供给侧结构性改革'，我在中央经济工作会议上就是这样说的。'结构性'3个字十分重要，简称'供给侧改革'也可以，但不能忘了'结构性'3个字。"① 因此，我国当前在国内外经济调整的大背景下出现的产品过剩、经济增速下降等问题，不是需求不足，而是供给不足，是供给结构问题。正是基于对当前供给侧结构性改革的核心问题是结构性经济问题的认识，党中央确定了供给侧结构性改革的主攻方向是调整宏观经济结构。对此，习近平总书记指出："要解决我国经济深层次问题，必须下决心在推进经济结构性改革方面作更大努力。"② 供给侧改革的"主攻方向是提高供给质量，就是要减少无效供给、扩大有效供给，着力提升整个供给体系质量，提高供给结构对需求结构的适应性"③。那么我们如何提升整个供给体系的质量呢？习近平总书记指出，我们需要"通过优化要素配置和调整产业结构提高供给体系质量和效率，激发市场活力，促进协调发展"④。具体地说，主要通过两个方面来推进供给结构调整：一方面是通过生产要素优化配置而提高供给体制质量和效率；另一方面是通过技术水平提高、产业结构升级来优化供给结构，提高供给质量和效率。前者主要是通过政府简政放权，激发市场主体活力，推动劳动力、资本、土地、技术、管理等要素优化配置来实现；后者主要是通过自主创新，实现优势领域、关键技术的重大突破，尽快形成一批带动产业发展的核心技术，从而逐步建立新产业、发展新业态、生产新产品，推动产业结构和供给结构优化、升级来实现。

---

① 习近平：《在省部级主要领导干部学习贯彻党的十八届五中全会精神专题研讨班上的讲话》，载《人民日报》2016年5月10日。
② 中共中央宣传部：《习近平总书记系列重要讲话读本》，人民出版社2016年版，第154页。
③ 《中央经济工作会议在北京召开》，载《人民日报》2016年12月17日。
④ 习近平：《中国发展新起点全球增长新蓝图——在二十国集团工商峰会开幕式上的主旨演讲》，载《人民日报》2016年9月4日。

建设现代化经济体系，必须把发展经济的着力点放在实体经济特别是提升制造业水平上，在中高端消费、创新引领、绿色低碳、共享经济、现代供应链、人力资本服务等领域培育新增长点、形成新动能，建设知识型、技能型、创新型劳动者大军，培育世界级先进制造业集群。加强基础设施网络建设，坚持去产能、去库存、去杠杆、降成本、补短板，提升供给体系质量，在更高水平上实现供需动态平衡。

三、深化企业改革是供给侧结构性改革的根本途径

供给侧结构性改革的"本质属性是深化改革，推进国有企业改革，加快政府职能转变，深化价格、财税、金融、社保等领域基础性改革"[①]。推动企业兼并重组，化解过剩产能，淘汰僵尸企业，提高国有资本运行效率；推动技术革新，促进创新链与产业链和市场需求有机衔接；建立现代企业制度，发挥各类人才的积极性、主动性、创造性，激发各类要素活力；形成有效制衡的公司法人治理结构、灵活高效的市场化经营机制，提升企业竞争力。

供给侧结构性改革主要通过供给结构调整来提高社会劳动生产力，而这最终要通过供给主体，即企业来落实。因此，企业的创新和改革是提高供给质量体系的关键，所以，深化企业改革是供给侧结构性改革的根本途径。要从深化企业改革和完善市场体制机制两个方面来推进供给侧结构性改革，其中微观经济主体或企业特别是国有企业通过深化改革可以"加强激励、鼓励创新，增强微观主体内生动力，提高盈利能力，提高劳动生产率，提高全要素生产率，提高潜在增长率"[②]。因此，企业改革是提高劳动生产力、提高供给质量体系的根本途径。

供给侧结构性改革的微观主体是企业，其中国有企业是重要的微观主体。企业适应供给侧结构性改革的要求，首先，要积极采取多种改革措施，化解过剩产能，淘汰僵尸企业。各类企业特别是国有企业要积极采取措施，推动企业兼并重组，抓紧处置"僵尸"企业和长期亏损企业，提高国有资本运行效率，增强国有企业活力、竞争力，确保国有资产保值增值。其次，要积极进行技术创新，使得企业成为技术创新的主体。对此，习近平总书记指出："企业持续发展之基、市场制胜之道在于创新，各类企业都要把创新牢牢抓

---

① 《习近平主持召开中央财经领导小组第十三次会议强调坚定不移推进供给侧结构性改革在发展中不断扩大中等收入群体》，载《人民日报》2016年5月17日。

② 《中央经济工作会议在北京召开》，载《人民日报》2016年12月17日。

住,不断增加创新研发投入,加强创新平台建设,培养创新人才队伍,促进创新链、产业链、市场需求有机衔接,争当创新驱动发展先行军。"①特别是国有企业,要在创新驱动发展战略中发挥主导作用。最后,国有企业要积极推进制度创新。国有企业要按照创新、协调、绿色、开放、共享的发展理念,在供给侧结构性改革中发挥带动作用,为此,"要坚定不移深化国有企业改革,着力创新体制机制,加快建立现代企业制度,发挥国有企业各类人才积极性、主动性、创造性,激发各类要素活力。"②当前深化国企国资改革尤其要"加快形成有效制衡的公司法人治理结构、灵活高效的市场化经营机制。混合所有制改革是国企改革的重要突破口,按照完善治理、强化激励、突出主业、提高效率的要求,在电力、石油、天然气、铁路、民航、电信、军工等领域迈出实质性步伐。加快推动国有资本投资、运营公司改革试点"③。总之,国有企业只有进行了多方面的制度创新,才能充分激发活力,提升企业竞争力,成为供给侧结构性改革的强大动力。

四、供给侧结构性改革的理论基础与创新

党的十八大以来,党中央坚持以马克思主义物质资料再生产理论、宏观经济结构理论和生产关系理论为基础,并根据我国经济发展新常态对其进行了发展和创新,构建了供给侧结构性改革理论,丰富和发展了马克思主义经济学理论。

(一)供给侧结构性改革目的理论丰富和发展了马克思主义物质资料再生产理论

马克思主义认为,物质资料生产是人类社会存在和发展的基本条件。无论哪一种社会形态,人类为了生存和发展,都要进行生产。人类社会正是在物质资料的再生产中不断向前发展。人类社会物质资料再生产包含生产、分配、交换和消费四个环节,其中生产决定了分配、交换、消费。具体地说,生产决定消费,这是因为生产"生产出消费的对象、消费的方式,消费的动力"④;生产决定分配,因为"分配本身是生产的产物,不仅就对象来说是如

---

① 霍小光:《干在实处永无止境走在前列要谋新篇》,载《人民日报》2015年5月28日。
② 《理直气壮做强做优做大国有企业尽快在国企改革重要领域和关键环节取得新成效》,载《人民日报》2016年7月5日。
③ 《中央经济工作会议在北京召开》,载《人民日报》2016年12月17日。
④ 《马克思恩格斯选集》(第2卷),人民出版社1995年版,第10页。

此，而且就形式说也是如此。就对象说，能分配的只是生产的成果，就形式说，参与生产的一定方式决定分配的特殊形式，决定参与分配的形式"①。生产决定交换，因为"交换就其一切要素来说，或者是直接包含在生产之中，或者是由生产决定"。因此，概而言之，生产、分配、交换和消费"它们构成一个总体的各个环节，一个统一体内部的差别。……一定的生产决定一定的消费、分配、交换和这些不同要素相互间的一定关系。当然，生产就其单方面形式来说也决定于其他要素"②。

同时，马克思主义物质资料再生产理论认为，一定社会生产资料所有制决定了该社会物质资料再生产过程中生产、分配、交换和消费关系的性质和目的。在资本主义私有制条件下，资本家占有生产资料，处于支配地位，工人一无所有，被迫出卖劳动力，处于被支配地位。分配中资本家占有全部剩余价值，工人只能获得相当于自身劳动力的价值。在交换中，资本家用剩余价值的一部分来购买消费品，另一部分进行资本积累，工人用工资购买生活必需品，不断地再生产出劳动力，以便继续出卖给资本家。可见，资本主义生产资料私有制决定了资本主义再生产过程中生产、分配、交换和消费的性质。因此，马克思指出："给资产阶级的所有权下定义不外是把资本主义生产的全部社会关系描述一番。"③ 正因为如此，资本主义私有制决定了在资本主义社会再生产的目的在于实现资本的价值增殖，导致了资本主义社会生产一方面促进了生产力发展，但同时又限制了生产力的持续发展。马克思主义经济理论在对资本主义经济制度、生产性质和生产目的给予批判的基础上，指出，在社会主义制度中，生产资料归劳动者共同占有的公有制决定了社会主义生产、分配、交换和消费的性质，决定了社会主义生产的目的在于通过发展生产力，达到共同富裕，从而实现人的全面自由发展。

供给侧结构性改革目的理论不仅提出了在经济新常态下我国社会主义基本经济制度下物质资料生产的目的，而且提出了必须从生产方面入手来实现这些目的。在经济新常态下，在公有制为主体、多种所有制经济共同发展的中国特色社会主义基本经济制度中，人民日益增长的美好生活需要和不平衡不充分的发展之间的矛盾是社会主要矛盾，因此，供给侧改革要以发展生产力为目标，只是发展生产力的具体内容发生了变化。这是因为，经过新中国成立以来特别是改革开放40多年的经济发展，我国的生产力发展已经取得了

---

① 《马克思恩格斯选集》（第2卷），人民出版社1995年版，第13页。
② 《马克思恩格斯选集》（第2卷），人民出版社1995年版，第17页。
③ 《马克思恩格斯选集》（第2卷），人民出版社1995年版，第177页。

举世瞩目的伟大成就，但是仍然存在供求不平衡、质量和效率不高的问题，因此，"提高社会生产力水平"，以更好地满足人民日益增长的多样化的、个性化的、高层次的需求成为新常态条件下供给侧结构改革的主要任务。对此，习近平总书记指出："供给侧结构性改革的根本，是使我国供给能力更好满足广大人民日益增长、不断升级和个性化的物质文化和生态环境需要。"① 那么，如何实现这个目的呢？这就需要从生产方面入手，"从生产领域加强优质供给，减少无效供给，扩大有效供给，提高供给结构适应性和灵活性，提高全要素生产率，"② 只有在生产领域不断增加有效的、优质的供给，才能为实现广大劳动人民不断增长和升级的物质、文化和生态需要奠定坚实的物质基础。因此，供给侧结构性改革就是要从生产领域入手，以不断提高生产力为目的，通过不断提高供给体系质量和效率，以满足社会不断升级的物质文化和生态需要。这是马克思主义物质资料再生产理论在我国经济新常态下的新的表现，是对马克思主义物质资料再生产理论的创新和发展。

（二）供给侧改革理论丰富和发展了马克思主义宏观经济结构理论

1. 供给侧结构性改革理论发展了马克思主义经济结构平衡和优化理论

马克思主义经济学社会总资本再生产理论的两大部类比例关系原理阐述了经济结构平衡和优化理论。在这里，马克思首先论述了社会资本简单再生产实现的基本条件是 $I(v+m) = IIc$，即第一部类可变资本和剩余价值等于第二部类的不变资本价值，或者说第一部类提供给第二部类的生产资料价值等于第二部类所需的生产资料价值，或第一部类所需要的消费资料价值应等于第二部类提供给第一部类的消费资料价值。其次马克思论述了社会资本扩大再生产实现的基本条件：$I(v+\Delta v + m/x) = II(c+\Delta c)$，即第一部类原有可变资本加上追加可变资本以及资本家用于个人消费的剩余价值之和等于第二部类原有不变资本加追加不变资本之和，或第一部类扩大再生产条件下工人与资本家的消费资料总价值应等于第二部类在扩大再生产条件下所需的生产资料总价值。这就要求为了实现宏观经济各部门正常运行，就必须保证社会资本再生产中各部门及其部门内部比例的合理性。党中央基于马克思主义社会资本再生产理论，根据我国经济新常态现状，揭示了我国经济发展所面对的矛盾在于总供给结构层次，认为当前我国经济发展中"结构性问题最突

---

① 习近平：《在省部级主要领导干部学习贯彻党的十八届五中全会精神专题研讨班上的讲话》，载《人民日报》2016 年 5 月 10 日。

② 《习近平主持召开中央财经领导小组第十二次会议研究供给侧结构性改革方案、长江经济带发展规划、森林生态安全工作》，载《人民日报》2016 年 1 月 27 日。

出，矛盾的主要方面在供给侧"①。当然，这里的结构性问题，既有第一部类生产的生产资料难以满足第一部类和第二部类扩大再生产对于生产资料的需要，比如第一部类的生产企业由于技术创新不足、产品的科技含量不高，难以满足两大部类对于生产资料技术升级的需要；也有消费资料的生产难以满足两大部类对于不断提高的消费资料的需求，比如升级的消费资料和第三产业产品、服务以及公共服务供给不足，难以满足两大部类对于不断提高的消费资料和服务的需要。正是因为第一部类和第二部类生产供给的结构性不足，难以满足社会对升级生产资料和消费资料的需要，导致整个社会扩大再生产不能顺利进行，成为经济发展的障碍。既然问题在于供给方的结构方面，那么解决这些结构性问题，就必须从供给侧的结构方面发力，通过去除绝对过剩产能、减少无效供给，发展新产业、扩大有效供给，实现供给结构的优化和升级，从而不断适应需求结构的提高和变化。

2. 供给侧结构性改革理论发展了马克思主义产业结构调整理论

马克思主义经济学不仅研究了社会资本再生产过程中各产业间的比例关系理论，而且进一步研究了资本运动和技术进步推动下的产业结构调整理论。

马克思主义经济学对于资本主义社会产业结构调整的研究是从两个层次展开的。首先，马克思研究了在技术条件不变的情况下，各个部门的资本有机构成不同，但是资本趋利本性促使其在不同的产业部门流动，推动产业结构优化，从而导致利润率平均化。其次，资本的本性促使企业为了获得高额利润而进行技术创新，当新技术在每一个产业扩散，所有产业的产品、生产方式都是建立在新技术上，这就实现了产业结构的升级。在新的技术条件下，各产业之间经过重组和更新，又在新的产业结构条件下回到新的平衡。

在我国经济新常态下，党中央基于马克思主义产业结构调整理论提出的供给侧结构性改革，主要是从两个方面推动供给结构调整的：第一，在生产技术基本不变的情况下，主要通过生产要素的优化组合和配置，实现供给结构的优化，提高全要素生产率，从而在短期内实现由低水平供需平衡向高水平供需平衡跃升。对此，习近平总书记指出，我们"要把推进供给侧结构性改革作为当前和今后一个时期经济发展和经济工作的主线，着力优化现有生产要素配置和组合，着力优化现有供给结构，着力优化现有产品和服务功能，

---

① 《习近平主持召开中央财经领导小组第十三次会议强调坚定不移推进供给侧结构性改革在发展中不断扩大中等收入群体》，载《人民日报》2016年5月17日。

切实提高供给体系质量和效率，为经济持续健康发展打造新引擎、构建新支撑"①。第二，通过技术进步推动产业结构升级来实现供给结构优化，为国民经济持续快速发展提供长久的动力。习近平总书记指出："推进供给侧改革，必须牢固树立创新发展理念，推动新技术、新产业、新业态蓬勃发展，为经济持续健康发展提供源源不断的内生动力。"② 因此，在供给侧结构性改革过程中，我们要在创新发展观念的指引下，切实适应新一轮产业革命发展要求，"坚持自主创新、重点跨越、支撑发展、引领未来的方针，以全球视野谋划和推动创新，改善人才发展环境，努力实现优势领域、关键技术的重大突破，尽快形成一批带动产业发展的核心技术"③，从而逐步建立基于新技术的新产业、发展新业态，实现产业结构的优化和升级。

以习近平同志为核心的党中央以马克思主义经济学社会资本再生产两大部类比例关系理论和产业结构调整理论为基础，提出了我国新常态条件下通过生产要素优化组合和科技创新升级产业结构推进供给侧结构性改革的重要理论，为我国深入推进供给侧结构性改革奠定了坚实的理论基础。

（三）供给侧结构性改革理论丰富和发展了马克思主义微观主体的生产力和生产关系理论

马克思以唯物辩证法为指导，运用生产力和生产关系的矛盾分析方法分析了资本主义社会发展变化规律。马克思认为资本主义社会生产力和生产关系之间存在着矛盾关系，其中，资本主义生产力发展决定资本主义生产关系的发展，而资本主义生产关系的发展变化对于生产力发展发挥着重要作用，因此，要促进资本主义生产力的发展，就要改革和发展资本主义生产关系，而企业既是资本主义生产关系的微观载体，也是实现生产力发展的微观主体，因此，促进资本主义生产力发展，归根到底要通过变革和发展企业的生产关系，促进企业生产力的发展来实现。马克思主义认为资本主义企业通过多个途径促进劳动生产力发展。第一，生产方式，即一定社会生产的技术条件和社会条件。对此，马克思在相对剩余价值生产中说，"必须变革劳动过程的技术条件和社会条件，从而变革生产方式本身，以提高劳动生产力"④。首先，

---

① 《习近平在青海考察时强调尊重自然顺应自然保护自然坚决筑牢国家生态安全屏障》，载《人民日报》2016年8月25日。
② 习近平：《在省部级主要领导干部学习贯彻党的十八届五中全会精神专题研讨班上的讲话》，载《人民日报》2016年5月10日。
③ 《习近平在参加上海代表团审议时强调坚定不移深化改革开放加大创新驱动发展力度》，载《人民日报》2013年3月6日。
④ 马克思：《资本论》（第1卷），人民出版社1975年版，第350页。

生产的技术条件变化会提高劳动生产力。即企业的生产技术条件越好，劳动生产力越高，对此，马克思有一句名言："劳动生产力是随着科学和技术的不断进步而不断发展的。"① 其次，生产的社会条件的变化，即分工和协作的变化会提高劳动生产力。对此，马克思分析了资本主义简单协作对于提高劳动生产力的重要作用，他指出："不论在一定的情况下结合工作日怎样达到生产力的这种提高：是由于提高劳动的机械力，是由于扩大这种力量在空间上的作用范围，是由于与生产规模相比相对地在空间上缩小生产场所，是由于在紧急时期短时间内动用大量劳动，是由于激发个人的竞争心和集中他们的精力，是由于使许多人的同种作业具有连续性和多面性，是由于同时进行不同的操作，是由于共同使用生产资料而达到节约，是由于使个人劳动具有社会平均劳动的性质，在所有这些情形下，结合工作日的特殊生产力都是劳动的社会生产力或社会劳动的生产力。这种生产力是由协作本身产生的。"② 此后，马克思又分析了分工和工场手工业以及后来到机器大工业发展过程中生产的社会条件变化对于提高劳动生产力的重要作用。第二，企业生产关系的变化对于劳动生产力的提高。这种生产关系的变化对生产力的作用不仅表现在随着企业制度的发展、股份制的出现对劳动生产力发展的推动，而且表现在资本主义发展过程中，生产社会化程度的不断提高同以私有制为基础的资本主义生产关系日益严重的冲突而导致建立的生产资料公有制对劳动生产力发展的推动。

在我国当前的经济新常态背景下，供给侧结构性改革的目的是解放和发展劳动生产力，为此，我们要坚持以马克思主义生产力和生产关系辩证关系理论为基础，不断地改革和完善适应生产力发展的生产关系，为发展生产力提供持续的动力。对此，习近平总书记指出："只有紧紧围绕发展这个第一要务来部署各方面改革，以解放和发展社会生产力为改革提供强大牵引，才能更好推动生产关系与生产力、上层建筑与经济基础相适应。"③ 我国的供给侧结构改革的最终落脚点同样是在企业层次，特别是国有企业层次的改革。因此，企业需要从以下方面改革提高劳动生产力。第一，企业要加快技术创新，提升核心竞争力，实现转型升级。要充分发挥企业创新主体的积极性，坚持创新驱动战略，国有企业和中小企业的大众创新、万众创业结合起来，

---

① 马克思：《资本论》（第1卷），人民出版社1975年版，第664页。
② 马克思：《资本论》（第1卷），人民出版社1995年版，第382页。
③ 《推动全党学习和掌握历史唯物主义更好认识规律更加能动地推进工作》，载《人民日报》2013年12月5日。

紧跟技术创新发展的方向,"要下大力气培育一批新生企业"①,积极进行技术、管理等方面的创新,提高企业的全要素生产率,提升企业的核心竞争力。第二,要充分发挥企业主体地位,积极采取兼并重组等多种措施,化解过剩产能。各类企业,特别是国有企业要深化改革,推动企业兼并重组,引导国有资本从产能严重过剩行业向战略性新兴产业和公共事业领域转移,提高行业集中度,提高国有资本配置和运行效率。同时"支持兼并重组企业整合内部资源,优化技术、产品结构,压缩过剩产能。鼓励和引导非公有制企业通过参股、控股、资产收购等多种方式参与企业兼并重组"②。第三,供给侧结构性改革的关键是国有企业改革,这里的国有企业改革并不是要改变国有企业的性质,而是要通过国有企业体制机制创新,进一步增强国有企业的活力、控制力、影响力和竞争力。为此,党中央、国务院颁布实施了《关于深化国有企业改革的指导意见》以及七个专项配套文件,已经完成的国企改革"1+N"文件体系对于国企分类改革、国企整体改制上市、国有资本管理体制、混合所有制改革等都提出了深化改革、激发企业活力的有力措施。总之,通过对我国经济新常态条件下企业生产关系的改革和完善,有利于切实提高企业劳动生产力,充分发挥企业特别是国有企业在供给侧结构性改革中的主体地位。

(四)供给侧结构性改革与西方"供给学派"的根本区别

习近平总书记指出:"供给侧结构性改革,重点是解放和发展社会生产力,用改革的办法推进结构调整,减少无效和低端供给,扩大有效和中高端供给,增强供给结构对需求变化的适应性和灵活性,提高全要素生产率"③。这里"讲的供给侧结构性改革,同西方经济学的供给学派不是一回事,不能把供给侧结构性改革看成是西方供给学派的翻版,更要防止有些人用它们的解释来宣扬'新自由主义',借机制造负面舆论"④。因此,我们要深刻认识到西方供给学派的本质,正确区分我国供给侧结构性改革和西方供给学派的根本区别,只有这样,才能使我国的供给侧结构性改革切实以马克思主义经济学理论为指导,根据我国当前面临的经济发展新常态的实际,科学地制定

---

① 中央编办理论学习中心组:《加快转变政府职能 推动供给侧结构性改革》,载《人民日报》2016年10月26日。

② 《国务院关于化解产能严重过剩矛盾的指导意见》,http://www.scio.gov.cn/32344/32345/32347/33367/xgzc33373/Document/1447657/1447657.htm,2015-09-11。

③④ 习近平:《在省部级主要领导干部学习贯彻党的十八届五中全会精神专题研讨班上的讲话》,载《人民日报》2016年5月10日。

推动供给侧结构性改革的政策措施,才能切实有效地推动供给结构调整。

1. 供给侧结构性改革理论和供给学派的指导思想根本不同

我国的供给侧结构性改革理论是以唯物辩证法为指导,以马克思主义经济学理论为基础,改革的目的是提高社会劳动生产力,不断满足人民日益增长的物质文化生活的需要;而供给学派是以形而上学唯心主义为指导,以新自由主义经济理论为基础,供给管理的目的在于维护资本主义制度的稳定和发展。可见,两者在指导方法、理论基础和根本目的方面是不同的。

2. 供给侧结构性改革和供给学派面对的根本问题不同

供给学派是解决当时资本主义经济所面临的经济滞胀问题,即经济停滞与通货膨胀共存的问题。实际上,其根本原因在于资本主义私有制和生产社会化之间矛盾,这是基本经济制度层次的问题。而供给侧结构性改革主要是解决我国目前存在的供求结构不平衡的问题,因此,根本上是结构问题。对此,习近平总书记指出:"当前和今后一个时期,我国经济发展面临的问题,供给和需求两侧都有,但矛盾的主要方面在供给侧。……解决这些结构性问题,必须从供给侧发力,找准在世界供给市场上的定位;必须把改善供给侧结构作为主攻方向,实现由低水平供需平衡向高水平供需平衡跃升。"① 因此,我国的供给侧结构性改革所面临的根本问题是社会再生产过程中生产端和需求不相适应的问题,是经济运行层次的问题。可见,供给侧结构性改革和供给学派所要面对的是根本不同的两个问题。

3. 政府调控对象和政策措施不同

供给学派以形而上学为指导,片面强调供给方的管理,而忽视了需求方的管理,而这种放弃需求侧谈供给侧或放弃供给侧谈需求侧都是片面的,都不是我国供给侧改革所取的。我国的供给侧结构性改革坚持唯物辩证法为指导,是全面的改革,"我们讲的供给侧结构性改革,既强调供给又关注需求,既突出发展社会生产力又注重完善生产关系,既发挥市场在资源配置中的决定性作用又更好发挥政府作用,既着眼当前又立足长远"②。而不是供给学派那样只注重市场,不注重政府;只注重供给数量,而不注重质量提高和结构优化。因此,从所采用的政策措施来看,我国供给侧结构性改革就不是通过减税、放松管制措施,而是要通过系统性、整体性、协同性和持续性政策措

---

①② 中共中央宣传部:《习近平总书记系列重要讲话读本》,学习出版社、人民出版社2016年版,第155页。

施来调整和改革生产关系、上层建筑的。正因为如此，习近平总书记强调改革全面性，他指出，我们面临的"突出矛盾和问题，仅仅依靠单个领域、单个层次的改革难以奏效，必须加强顶层设计、整体谋划，增强各项改革的关联性、系统性、协同性。只有既解决好生产关系中不适应的问题，又解决好上层建筑中不适应的问题，这样才能产生综合效应"①。因此，"只有把生产力和生产关系的矛盾运动同经济基础和上层建筑的矛盾运动结合起来观察，把社会基本矛盾作为一个整体来观察，才能全面把握整个社会的基本面貌和发展方向"②。同时，社会矛盾运动的持续性决定了改革的持续性。习近平总书记指出："社会基本矛盾总是不断发展的，所以调整生产关系、完善上层建筑需要相应地不断进行下去。改革开放只有进行时、没有完成时，这是历史唯物主义态度。"③ 因此，我们要以历史唯物主义理论为指导，"坚持和发展中国特色社会主义，必须不断适应社会生产力发展调整生产关系，不断适应经济基础发展完善上层建筑"④，只有这样，才能不断地深化改革，推动我国国民经济健康持续发展。

正是因为我国供给侧结构性改革理论和供给学派理论构建的指导思想、所面对的问题以及所解决的对策等都是不同的，因此，我国供给侧结构性改革理论和供给学派的理论是根本不同的。

（五）供给侧结构性改革的制度基础：公有制

宏观经济政策主要有需求侧管理政策和供给侧管理政策，它们从根本上说是政府对于宏观供给或需求的调节。不过采用这两种管理政策所解决问题产生的根源是不同的，进行相应管理的制度基础也是不同的。需求管理政策主要解决有效需求不足的问题，而有效需求不足产生的根源在于私有产权，因此，需求管理基于私有产权建立的市场经济条件下通过政府的财政和货币政策是难以从根本上解决有效需求不足问题的。供给侧管理主要解决产品供给结构难以适应社会需求结构的问题，其产生的根源在于企业生产的目的和人民的物质文化生活需要不一致，所以，需要以满足人民日益增长的美好生活需要作为生产目标的公有制企业来解决供给结构不足的问题，因此，供给侧结构性改革的制度基础是公有制。概而言之，在中国特色社会主义条件下，坚持公有制为主体的社会主义基本经济制度是供给侧结构性改革坚实的制度基础。

---

①②③④ 《习近平在中共中央政治局第十一次集体学习时强调推动全党学习和掌握历史唯物主义更好认识规律更加能动地推进工作》，载《人民日报》2013年12月5日。

1. 需求侧管理的制度基础是市场经济体制

西方资本主义国家发生有效需求不足的原因在于资本主义基本经济制度层次，但是需求侧管理是在不改变资本主义基本经济制度下，在市场经济体制层次，通过政府的宏观经济政策来缓解有效需求不足的问题，也就是说"需求侧管理，重在解决总量性问题，注重短期调控，主要是通过调节税收、财政支出、货币信贷等来刺激或抑制需求，进而推动经济增长"①，因而不能从根本上解决有效需求不足的问题。

这是因为在资本主义私有制条件下，劳动者的工资收入按照劳动力价值支付，而劳动力创造的价值大于劳动力的价值，因此，资本家不断地、无偿地获得了更多的剩余价值。其结果是劳动者收入在所创造的价值（国民收入）中所占的比重不断下降。而劳动者的消费取决于劳动者的收入，占人口绝大多数的广大劳动者的消费需求就会被限制在劳动力价值之内。从整个社会来说，劳动者收入所占的比重不断下降就决定了劳动者的消费需求对于整个社会的产值来说是不断下降的。但是，与此同时，整个国民产出却是在不断增加的，因为资本家对于剩余价值的无限追求导致社会投资的不断增加，产出的不断增加，国民收入的不断增加，即社会总供给的不断增加。因此，劳动者的消费需求总是落后于社会总供给的增加，必然导致社会总消费需求不足。可见，产生消费需求不足的原因在于资本主义私有制，解决这个问题的根本出路在于对资本主义基本经济制度的改革或革命。但是，资本主义国家为了维护资产阶级利益，在坚持资本主义基本经济制度的条件下，在市场经济体制层次，加强政府在市场经济体制中的作用，力图通过政府的扩张性宏观财政政策和货币政策增加政府的购买，力图在一定程度上缓解资本主义消费需求不足的问题。虽然历史已经证明，这种基于市场体制层次的需求管理政策对于缓解消费需求不足问题发挥了一定作用，但是，这种作用是有限的。因此，需求管理不能从根本上解决社会总需求小于总供给的问题。

2. 供给侧管理的制度基础是生产资料公有制

我国进行供给侧改革的原因在于我国供求结构错配、供给结构性不足。所以，"供给侧管理，重在解决结构性问题，注重激发经济增长动力，主要通过优化要素配置和调整生产结构来提高供给体系质量和效率，进而推动经济增长"②。导致供给结构性不足的根源在于供给方的生产目的和社会消费需求不一致，因此，这就要从生产方的本质层次或企业的所有制方面来推进供

---

①② 中共中央宣传部：《习近平总书记系列重要讲话读本》，人民出版社2016年版，第155页。

给侧管理,具体地说,公有制经济主体的生产目的和人民日益增长的物质文化生活需要是一致的,所以,中国特色社会主义公有制基础是供给侧结构性改革的根本制度基础。对此,习近平总书记指出,"公有制主体地位不能动摇,国有经济主导作用不能动摇,这是保证我国各族人民共享发展成果的制度性保证,也是巩固党的执政地位、坚持我国社会主义制度的重要保证"①。

在我国经济新常态背景下,当前"经济发展面临'四降一升',即经济增速下降、工业品价格下降、实体企业盈利下降、财政收入下降、经济风险发生概率上升。这些问题的主要矛盾不是周期性的,而是结构性的,供给结构错配问题严重"②。这种供求结构错配、供给不足问题的解决是要落实到生产主体层次,而不是政府调控层次,也就是基本经济制度层次的不同所有制企业方面,而不是市场经济体制层次的政府调控方面。在中国特色社会主义市场经济条件下,公有制经济为主体、多种所有制经济共同发展是我国的基本经济制度。非公有制经济生产的直接目的并不是为了满足广大人民物质文化生活需要,它生产的目的是利润最大化,生产过程只是它为了获取利润而不得不经历的中间环节。只有以公有制经济为主体,才能将满足人民日益增长的物质、文化和生态需要作为生产的目的,在经济新常态下,只有以公有制经济为主体,才能"使我国供给能力更好满足广大人民日益增长、不断升级和个性化的物质文化和生态环境需要,从而实现社会主义生产目的"③。因此,我国的供给侧结构性改革,必须坚持公有制经济的主体地位,将改善供给结构作为主攻方向,满足不断提高的需求结构,从而实现由低水平供需平衡向高水平供需平衡跃升。

3. 需求侧管理与供给侧管理的辩证统一

供给侧管理和需求侧管理二者之间存在着辩证统一关系。它们之间既存在着对立面,又存在着相互依存性。

就对立关系而言,第一,供给侧管理和需求侧管理的理论基础不同。需求侧管理是基于通过刺激总需求促进经济增长的理论;供给侧管理是基于通过生产能力提高促进经济增长的理论。第二,供给侧管理和需求侧管理的制度基础不同。需求管理是在基本经济制度不变的情况下,在市场经济体制层次,通过政府调控来实现;而供给侧改革是在公有制经济基础上,通过国有

---

① 习近平:《立足我国国情和我国发展实践　发展当代中国马克思主义政治经济学》,http://news.xinhuanet.com/politics/2015-11/24/c_1117247999.html,2015年11月24日.

②③ 《习近平在省部级主要领导干部学习贯彻党的十八届五中全会精神专题研讨班上的讲话》,载《人民日报》2016年5月10日.

经济主体和集体经济主体的生产来实现的。第三，供给侧管理和需求侧管理采取的政策措施不同。需求侧管理是指主要通过财政政策和货币政策的刺激需求来推动经济增长，而供给侧改革则主要通过生产领域结构性调整，优化要素配置，提高生产要素效率来推动经济增长。

就供给侧管理和需求侧管理的相互依存关系而言，政府的两方面管理是相互补充的，在一定时期根据实际经济状况以某一种宏观管理为主。对此，习近平总书记指出："纵观世界经济发展史，经济政策是以供给侧为重点还是以需求侧为重点，要依据一国宏观经济形势作出抉择。放弃需求侧谈供给侧或放弃供给侧谈需求侧都是片面的，二者不是非此即彼、一去一存的替代关系，而是要相互配合、协调推进。"① 因此，在中国当前的新常态经济形势下，我国宏观管理要在适度扩大总需求的同时，着力加强供给侧结构性改革，正是将供给侧管理和需求侧管理合理结合的典型。具体地说，我国要坚持公有制经济主体地位，优化资源配置，推进技术创新，增加有效供给，促进经济增长。同时，为了克服社会消费需求不足的问题，在改革和完善生产关系的基础上，也要发挥市场经济体制中政府的需求管理政策作用，通过财政政策和货币政策刺激总需求，推动经济增长。当然，因为"当前和今后一个时期，我国经济发展面临的问题，供给和需求两侧都有，但矛盾的主要方面在供给侧"②，因此，我国主要采用供给侧结构性改革政策。

总之，党中央从我国经济发展新常态的实际出发，提出了从生产端入手，以提高社会生产力水平为目的，以调整宏观经济结构为主攻方向，以深化企业改革为根本途径的供给侧结构性改革政策体系；我国推进供给侧结构性改革的根本制度基础是以公有制为主体的中国特色社会主义基本经济制度；供给侧结构性改革理论是以马克思主义经济学理论为基础，并根据我国经济发展新常态而进行的理论发展和创新。

---

① 《习近平在省部级主要领导干部学习贯彻党的十八届五中全会精神专题研讨班上的讲话》，载《人民日报》2016年5月10日。
② 中共中央宣传部：《习近平总书记系列重要讲话读本》，学习出版社、人民出版社2016年版，第155页。

第十一章

习近平新时代中国特色社会主义国际发展战略理论

围绕"建设一个什么样的世界、如何建设这个世界"等课题，以习近平为核心的党中央提出了建立以合作共赢为核心的新型国际关系和共商共建共享的全球治理观，创新和丰富了全球治理理念。提出了"一带一路"倡议，推动形成全面开放新格局、探索全球经济治理新模式、构建人类命运共同体的新平台，丰富和发展了马克思主义全球化理论、地域分工理论、生产力发展理论和社会资本理论。提出了从政治、安全、经济、文化、生态等五个方面构建"人类命运共同体"的新型时代观、世界观、主权观和发展观，是实现马克思"自由人联合体"的重要探索，既符合马克思主义人类社会发展形态理论，更与中国传统文化思想相契合。本章，首先对新时代中国特色社会主义国际发展战略理论进行了系统介绍，然后重点讨论建设新型国际关系、"一带一路"倡议对马克思主义经济理论的丰富和发展等问题。

第一节 习近平新时代中国特色社会主义国际发展战略理论系统

围绕"建设一个什么样的世界、如何建设这个世界"等重大课题，以习近平为核心的党中央提出一系列新思想，形成了科学完整、内涵丰富、意义深远的国际发展战略理论。

一、建设新型国际关系

建设新型国际关系，相互尊重是基础，公平正义是保障，合作共赢是目标。中国尊重各国人民自主选择发展道路的权利，反对干涉别国内政。中国秉持共商共建共享的全球治理观，创造了一个奉行法治、公平正义的未来，确保国际规则的有效遵守和实施。中国积极倡导国家间建立平等相待、互商互谅的伙伴关系，努力营造公平正义、共建共享的安全格局，创造各尽所能、合作共赢、开放创新、互鉴互惠、共同发展的未来发展前景，文明交流、兼容并包，创建尊重自然、崇尚自然的绿色、低碳、循环发展的生态体系。

建立相互尊重、公平正义、合作共赢的新型国际关系，是习近平对新时代中国特色社会主义国际发展战略理论的最新诠释，是把持久和平、共同繁荣的人类梦想变为现实的有效途径。

二、完善全球经济治理体系

经济全球化发展需要建立更加包容与可持续发展的体制机制，改革和完善全球治理体系，引导全球贸易向着更加开放、普惠和均衡的方向发展。

习近平总书记指出，面对当前挑战，我们应该完善全球经济治理体系，"共同构建公正高效的全球金融治理格局，维护世界经济稳定大局；共同构建开放透明的全球贸易和投资治理格局，巩固多边贸易体制，释放全球经贸投资合作潜力；共同构建绿色低碳的全球能源治理格局，推动全球绿色发展合作；共同构建包容联动的全球发展治理格局，以落实联合国 2030 年可持续发展议程为目标，共同增进全人类福祉"！① 这种以平等为基础、以开放为导向、以合作为动力、以共享为目标的全球经济治理观，为完善全球经济治理体系贡献了中国方案。

三、促进"一带一路"国际合作，建设开放型世界经济

"一带一路"建设以共商共建共享为基本原则，尊重各国差异，着力解决发展失衡、治理困境、数字鸿沟、分配差距等问题，以实现各国优势互补、协同并进，推动共赢共享发展。"一带一路"建设以政策沟通、设施联通、贸易畅通、资金融通、民心相通为核心内容，促进各国经济要素有序自由流动、资源高效配置和市场深度融合，推动全球经济增长。"一带一路"建设强调求同存异兼容并蓄，致力于缩小发展鸿沟、破解全球发展难题，给予各

---

① 习近平：《中国发展新起点全球增长新蓝图》，载《人民日报》2016 年 9 月 4 日。

国参与国际事务的权利，推动现有国际秩序和规则增量改革，推动全球治理变革。

"一带一路"倡议契合各国发展需要，为促进各国协调联动发展、实现共同繁荣、发展开放型世界经济提供了新方案。

四、推动人类命运共同体建设

构建人类命运共同体，需要全国各族人民齐心协力，共同建设一个开放包容的、普遍安全的、共同繁荣的、绿色低碳的、拥有持久和平的世界。

政治上，构建彼此尊重、对话不对抗、结伴而不结盟的相互尊重、合作共赢的新型国际关系。安全上，用对话解决争端，用和平协商化解矛盾冲突，加强安全领域的合作，协力打击恐怖主义，维护各国人民的生命安全。经济上，加强全球经济治理，维护世界贸易组织规则，促进不同国家、阶层、人群平等协商，建设开放型的世界经济。文化上，摒弃傲慢与偏见，尊重各国文化的差异性和文明的多样性，使文明交流互鉴成为增进世界各国友谊的桥梁、推动人类社会发展的动力、维护世界和平的纽带，促进人类文明进步。生态上，以人与自然和谐相处为目标，尊重、顺应、保护自然，平衡推进2030年可持续发展议程，实现世界绿色低碳循环可持续发展和人的全面发展。超越传统，以开放的胸襟、包容的姿态、科学的精神，与不同制度、不同民族、不同文化背景的基金会发展友好合作关系，求同存异。

构建人类命运共同体既是中国对外开放的目标，也是中国向世界提供的全球治理中国智慧、中国方案；既是积极推动经济全球化、大力倡导国际合作、促进国际经贸投资自由化便利化、反对任何形式保护主义的更加积极主动的开放战略，又是站在全人类和平发展利益高度创新全球化思维，为世界和平与发展事业做出的重大贡献，为人类社会实现共同发展、持续繁荣、长治久安绘制了蓝图，对中国和平发展、世界繁荣进步具有重大而深远的意义。

第二节　建设新型国际关系

党的十九大报告指出，"中国将高举和平、发展、合作、共赢的旗帜，恪守维护世界和平、促进共同发展的外交政策宗旨，坚定不移在和平共处五项原则基础上发展同各国的友好合作，推动建设相互尊重、公平正义、合作共赢的新型国际关系"。建设相互尊重、公平正义、合作共赢的新型国际关系,是我们党立足时代发展潮流和我国根本利益、世界各国同舟共济的客观要求作出的战略选择,为国际关系发展提供了新理念。

一、高举和平、发展、合作、共赢的旗帜

习近平总书记在2014年11月28日至29日召开的中央外事工作会议上指出:"当今世界是一个变革的世界,是一个新机遇新挑战层出不穷的世界,是一个国际体系和国际秩序深度调整的世界,是一个国际力量对比深刻变化并朝着有利于和平与发展方向变化的世界"①。和平与发展仍是时代主题,和平、发展、合作、共赢的时代潮流更加强劲。世界各国相互联系、相互依存的程度越来越高。党的十八大报告指出:"人类生活在同一个地球村里,生活在历史和现实交汇的同一个时空里,越来越成为你中有我、我中有你的命运共同体。"②

随着世界多极化、经济全球化、文化多样化、社会信息化深入发展,我们今天比以往任何时候都更有条件朝和平与发展的目标迈进,更应努力构建合作共赢的新型国际关系。习近平总书记强调,坚持独立自主的和平外交方针、走和平发展道路,在和平共处五项原则基础上发展同各国的友好合作,这是中国对外政策的基础,过去、现在、将来都不会改变。

党的十九大报告指出,我们"坚持国家不分大小、强弱、贫富一律平等"③,中国"尊重各国人民自主选择发展道路的权利,维护国际公平正义,反对把自己的意志强加于人,反对干涉别国内政,反对以强凌弱"④。习近平总书记强调,"一个强劲增长的世界经济来源于各国共同增长"⑤,"每个国家在谋求自身发展的同时,要积极促进其他各国共同发展"⑥。各国要共同维护世界和平,以和平促进发展,以发展巩固和平;各国要同心协力,妥善应对各种问题和挑战,共同变压力为动力、化危机为生机,谋求合作安全、集体

---

① 《中央外事工作会议在京举行习近平发表重要讲话》,载《人民日报》2014年11月30日。
② 《习近平对世界如是说》,载《人民日报海外版》2015年11月23日。
③ 习近平:《决胜全面建成小康社会 夺取新时代中国特色社会主义伟大胜利》,人民出版社2017年版,第60页。
④ 习近平:《决胜全面建成小康社会 夺取新时代中国特色社会主义伟大胜利》,人民出版社2017年版,第59页。
⑤ 习近平:《共同维护和发展开放型世界经济》,载《人民日报》2013年9月6日。
⑥ 习近平:《顺应时代前进潮流促进世界和平发展》,载《人民日报》2013年3月24日。

安全、共同安全，以合作取代对抗，以共赢取代独占。

习近平总书记指出，中美应该也可以走出一条不同于历史上大国冲突对抗的新路。中国是维护世界和平、促进共同发展的重要力量，是国际社会可以信赖的伙伴和朋友。中国积极推动构建不冲突不对抗、相互尊重、合作共赢的中美新型大国关系；中俄关系是新型大国关系的典范，两国正在把高度政治互信优势转化为更广泛的务实合作成果；中欧双方共同制定了《中欧合作2020战略规划》，打造和平、增长、改革、文明四大伙伴关系。中国将高举和平、发展、合作、共赢的旗帜，加强同各国人民友好往来，扩大同世界各国利益交汇点，为促进人类和平与发展的崇高事业作出积极贡献。

二、坚持和平发展之路

习近平总书记在庆祝中国共产党成立95周年大会上指出，坚持不忘初心、继续前进，就要始终不渝走和平发展道路，再次重申了中国走和平发展道路的一贯立场。他在中共中央政治局第三次集体学习时强调，实现中华民族伟大复兴中国梦的奋斗目标，必须有和平的国际环境。没有和平，中国和世界都不可能顺利发展；没有发展，中国和世界也不可能有持久和平。坚持走和平发展道路，是中国根据时代发展潮流和国家根本利益作出的战略抉择。

有着五千年历史的中华民族深知和平的珍贵和发展的价值，始终把促进世界和平与发展视为自己的神圣职责。中国人民抗日战争和世界反法西斯战争的胜利给我们留下的最宝贵的启示，就是必须毫不动摇走和平发展道路。

走和平发展道路，是新中国成立以来特别是改革开放以来，顺应时代潮流，符合中国根本利益，符合周边国家利益，符合世界各国利益作出的基于中国国情、社会制度、文化传统的战略抉择。

走和平发展道路，"对中国有利，对亚洲有利，对世界也有利"[①]。中国"既积极争取和平的国际环境发展自己，又以自身发展促进世界和平；既让中国更好利用世界的机遇，又让世界更好分享中国的机遇，促进中国和世界各国良性互动、互利共赢"[②]。

走和平发展道路，中国始终维护《联合国宪章》的宗旨以及国际关系的基本准则。中国大力推动国际发展事业，积极推动实现联合国千年发展目标，

---

① 《习近平对世界如是说》，载《人民日报海外版》2015年11月23日。
② 《习近平接受拉美四国媒体联合采访》，载《人民日报》2014年7月15日。

积极应对气候变化等全球性问题，发出中国声音，提出中国方案，贡献中国智慧。

三、深化周边国家关系

2013年10月，国家主席习近平在周边外交工作座谈会上说："无论从地理方位、自然环境还是相互关系看，周边对我国都具有极为重要的战略意义。"[①] 他指出，要谋大势、讲战略、重运筹，把周边外交工作做得更好。这是实现百年目标，争取良好的周边发展环境，让我国发展更多惠及周边国家，实现共同发展的需要。他在党的十九大报告中明确我国周边外交方针是，按照"亲、诚、惠、容"的理念，与邻为善、以邻为伴，深化同周边国家的关系。

"亲"指关系近、感情好。与周边国家"亲"，是指睦邻友好、守望相助，与周边国家平等、友善、亲近、认同、支持，像亲戚一样经常走动、感情深厚。"诚"，信也。与周边国家"诚"，是指诚信为本，诚心诚意对待周边国家，结交更多朋友和伙伴。"惠"是恩，是给人财物或好处等。与周边国家"惠"，是指惠及周边、互利共赢的合作理念，本着互惠互利的原则同周边国家开展合作，让周边国家得益于我国发展，我国也从周边国家共同发展中获益，实现双赢的目的。"容"是指容纳、宽容、容许等。展示的是开放包容、求同存异的大国胸怀，同周边国家建立多层次、多领域、多元化的地区合作关系，深化与周边国家的政治互信、经济交流、安全合作、人文交流。

全面推进周边外交，要着力维护周边和平稳定大局，深化互利共赢格局，推进同周边国家的安全合作。习近平总书记指出，对待周边国家，要找到利益的共同点和交汇点，坚持正确义利观，有原则、讲情谊、讲道义，多向发展中国家提供力所能及的帮助。

四、坚决维护主权和核心利益

习近平总书记在党的十九大上严正指出："我们坚决维护国家主权和领土完整，绝不容忍国家分裂的历史悲剧重演。一切分裂祖国的活动都必将遭

[①]《习近平在周边外交工作座谈会上发表重要讲话强调：为我国发展争取良好周边环境》，载《人民日报》2013年10月26日。

到全体中国人坚决反对。我们有坚定的意志、充分的信心、足够的能力挫败任何形式的'台独'分裂图谋。我们绝不允许任何人、任何组织、任何政党、在任何时候、以任何形式、把任何一块中国领土从中国分裂出去!"① 我们不惹事,但也不怕事。在涉及我国核心利益问题上,我们决不让步!

习近平总书记在党的十九大报告中郑重声明:"中国坚定奉行独立自主的和平外交政策,尊重各国人民自主选择发展道路的权利,维护国际公平正义,反对把自己的意志强加于人,反对干涉别国内政,反对以强凌弱。中国决不会以牺牲别国利益为代价来发展自己,也决不放弃自己的正当权益,任何人不要幻想让中国吞下损害自身利益的苦果。"②

第三节 "一带一路"倡议对马克思主义经济理论的丰富与发展

一、"一带一路"倡议植根于马克思主义经济理论基础

"一带一路"倡议是以习近平同志为核心的党中央在发展中国特色社会主义、推进社会主义现代化建设进程中提出的新战略。这一倡议一经提出就得到众多国家的支持与响应,展现出旺盛的生命力和发展活力。"一带一路"倡议具有深刻的马克思主义经济理论基础。"一带一路"倡议体现了中国的全球发展战略创新,既有助于本国经济发展,又有助于区域合作,建设开放型世界经济,是马克思主义经济学的丰富与发展。

(一)"一带一路"倡议的合作基础植根于马克思主义社会交往理论

在人类的发展过程中,交往是一种非常普遍的社会现象和行为。马克思十分注重对于交往的研究,而且从不同层次对交往进行了论述。马克思和恩格斯在《德意志意识形态》中写道:"一开始就纳入历史发展过程的第三种关系就是:每日都在重新生产自己生活的人们开始生产另外一些人,即增殖。这就是夫妻之间的关系,父母和子女之间的关系,也就是家庭。这个家庭起初是唯一的社会关系,后来,当需要的增长产生了新的社会关系,而人口的

---

① 习近平:《决胜全面建成小康社会 夺取新时代中国特色社会主义伟大胜利》,人民出版社2007年版,第57页。

② 习近平:《决胜全面建成小康社会 夺取新时代中国特色社会主义伟大胜利》,人民出版社2007年版,第59页。

增多又产生了新的需要的时候，家庭便成为（德国除外）从属的关系了。"①人与人之间的关系，是人的类存在和发展的必要条件。交往是人与人之间各种各样社会联系的一般性规定。交往不仅是人际关系的基本形式，又是个人生存的前提。任何人不能脱离这种条件，整个人类的发展，也以此为内在的要素，交往是现代社会必不可少的社会活动。

社会的分工和交换由交往而生。在生产力发展的基础上，生产和交换的关系也在不断发展、变化。"个人之间进行交往的条件是与他们的个性相适应的条件，这些条件对于他们说来不是什么外部的东西；它们是这样一些条件，在这些条件下，生存于一定关系中的一定的个人只能生产自己的物质生活以及与这种物质生活有关的东西，因而它们是个人自主活动的条件，而且是由这种自主活动创造出来的。"②"生产力与交往形式的关系就是交往形式与个人的行动或活动的关系"③。人类的交往是人本质的需求，交往活动会促进社会生产的发展，同时，社会生产以及社会关系的变化会影响交往的程度与进程。除了马克思用历史唯物主义理论阐述社会交往理论外，还有诸多马克思主义者对交往进行论述。恩格斯在《家庭、私有制和国家的起源》一文中论述了部落交往是形成单一的民族的先决条件；列宁提出，随着社会发展，交往将日益频繁，从而促进了国际统一的形成；斯大林也强调了交往的社会生产意义。

习近平总书记立足于马克思主义"社会交往"理论，尊重人类社会的交往需求，提出"一带一路"倡议。"一带一路"倡议注重沿线各国间的交往活动，其中包括经济交往、文化交往和各种类型的社会交往，强调应加强"政策沟通、道路联通、贸易畅通、货币流通、民心相通"④，以实现"物畅其流、政通人和、互利互惠、共同发展"⑤。上述这些"一带一路"的发展理念都深刻地体现着马克思主义的社会交往理论。

（二）"一带一路"倡议的分工模式植根于马克思主义地域分工理论

马克思主义劳动地域分工理论是以劳动为切入点的。马克思认为："各种使用价值或商品体的总和，表现了同样多种的、按照属、种、科、亚种、变种分类的有用劳动的总和，即表现了社会分工。……在商品生产者的社会里，作为独立生产者的私事而各自独立进行的各种有用劳动的这种质的区别，

---

① 《马克思恩格斯全集》（第3卷），人民出版社1960年版，第32~33页。
②③ 《马克思恩格斯全集》（第3卷），人民出版社1960年版，第80页。
④⑤ 中共中央宣传部：《习近平总书记系列重要讲话读本》，学习出版社、人民出版社2016年版，第267页。

发展成为一个多支的体系，发展成社会分工。"① "单就劳动本身来说，可以把社会生产分为农业、工业等大类，叫作一般的分工；把这些生产大类分为种和亚种，叫作特殊的分工；把工场内部的分工，叫作个别的分工。"② 马克思在阐明社会分工的内涵和类别后，对产生社会分工的原因做了如下精辟论述："在家庭内部，随后在氏族内部，由于性别和年龄的差别，也就是在纯生理的基础上产生了一种自然的分工。随着共同体的扩大，人口的增长，特别是各氏族间的冲突，一个氏族之征服另一个氏族，这种分工的材料也扩大了……不同的共同体在各自的自然环境中，找到不同的生产资料和不同的生活资料。因此，它们的生产方式、生活方式和产品，也就各不相同。这种自然的差别，在共同体互相接触时引起了产品的互相交换，从而使这些产品逐渐转化为商品。交换没有造成生产领域之间的差别，而是使不同的生产领域发生关系，从而使它们转化为社会总生产的多少互相依赖的部门。在这里，社会分工是由原来不同而又互不依赖的生产领域之间的交换产生的。"③

"一带一路"沿线各国自然条件、生产劳动条件以及生产关系条件等方面都存在诸多差异，"一带一路"倡议尊重这些差异，有效利用这些差异，力争形成适合各国利益的新型国际分工模式。"一带一路"倡议强调各国间的互联互通、相辅相成。"如果将'一带一路'比喻为两只翅膀，那么互联互通就是两只翅膀的血脉经络。我们要建设的互联互通，不仅是修路架桥，不光是平面化和单线条的联通，而是全方位、立体化、网络状的大联通，是生机勃勃、群策群力的开放系统。各国提出的许多发展战略或倡议和'一带一路'倡议有不少契合点，完全可以开展互利合作，实现共同发展。"④

"一带一路"倡议以分工协作、实现共赢为目标，力求做到合作、开放、包容和互利共赢，主动寻求利益契合点和合作面，坚持共商、共建、共享原则，加强与沿线国家政策沟通。这些都充分体现了马克思主义地域分工理论。

（三）"一带一路"倡议的动力来源植根于马克思主义生产力发展理论

马克思主义认为，生产力是人类"全部历史的基础"。马克思和恩格斯在《德意志意识形态》中写道："人们所达到的生产力的总和决定着社会状

---

① 《马克思恩格斯文集》（第5卷），人民出版社2009年版，第55~56页。
② 马克思：《资本论》（第1卷），人民出版社1975年版，第389页。
③ 马克思：《资本论》（第1卷），人民出版社1975年版，第390页。
④ 中共中央宣传部：《习近平总书记系列重要讲话读本》，学习出版社、人民出版社2016年版，第267页。

况"。① 生产力作为人的劳动能力的表现，其发展的方向是始终向前的，与人本质发展是一致的，这是一个连续的、不可逆的过程。马克思主义生产力发展理论，充分说明了解放和发展生产力是"一带一路"倡议的内在动力。"一带一路"倡议作为我国进入经济"新常态"下的重要发展方略，符合我国生产力发展需要，顺应经济全球化潮流，对实现中华民族伟大复兴具有重要意义；同时，也是增强沿线各国生产力的重要途径，对各国经济实力增强具有重要的现实意义。

1. "一带一路"倡议符合我国生产力发展需要

社会主义能最大限度调动劳动者的积极性，其本质就是解放和发展生产力。在我国现阶段提出"一带一路"倡议，符合生产力发展的需要，有利于解放和发展生产力。

市场是市场经济存在的条件。市场的扩展是市场经济发展的条件。我国正处于中国特色社会主义市场经济的发展阶段，对于市场的扩展有必然的需求。一方面，随着我国经济实力的不断增强，劳动生产率日益提高，因而越需要开拓市场的深度与广度，需要不断开发新市场。原因在于，社会生产的劳动生产率越高，某种具体产品就会越快地在市场上达到饱和，于是，对某种具体产品的国内市场需求的有限性就必然需要增加国外市场容量来解决。从我国经济发展来看，当前我国经济已经形成巨大的产能和基础设施的建设能力，需要走出去。"一带一路"倡议有助于生成新的市场需求，有助于我国经济获得巨大的增长空间。另一方面，"一带一路"倡议不仅有助于克服国内发展经济方面资源与技术的不足，对经济增长起到重要的拉动作用，而且对平衡国内经济、调节经济增长速度发挥积极作用。我国这些年的实践证明，"关起门来搞建设是不能成功的，中国的发展离不开世界"②。对初级阶段的社会主义中国来说，要发展生产力，就只有打开国门"走出去""请进来"，积极扩大同世界的交往，充分吸收和利用世界上一切先进的东西，为社会主义经济发展提供保障。

此外，马克思曾形象地写道："一个骑兵连的进攻力量或一个步兵团的抵抗力量，与单个骑兵分散展开的进攻力量的总和或单个步兵分散展开的抵抗力量的总和有本质的差别，同样，单个劳动者的力量的机械总和，与许多人手同时共同完成同一不可分割的操作（如举重、转绞车、清除道路上的障

---

① 《马克思恩格斯全集》（第3卷），人民出版社1960年版，第33页。
② 《邓小平文选》（第三卷），人民出版社1993年版，第90页。

碍物等）所发挥的社会力量有本质的差别。在这里，结合劳动的效果要么是个人劳动根本不可能达到的，要么只能在长得多的时间内，或者只能在很小的规模上达到。这里的问题不仅是通过协作提高了个人生产力，而且是创造了一种生产力，这种生产力本身必然是集体力。"①在经济发展过程中，注重与其他国家的协同合作是提高劳动生产力的有效方式，也是经济发展的重要内容。"一带一路"倡议为我国开辟巨大国外市场的同时，也为我国与其他国进行经济合作与交往提供了一个很好的平台，进而成为提升我国生产力水平的重要方式。

"以'一带一路'建设为契机，开展跨国互联互通，提高贸易和投资合作水平，推动国际产能和装备制造合作，本质上是通过提高有效供给来催生新的需求，实现世界经济再平衡。特别是在当前世界经济持续低迷的情况下，如果能够使顺周期下形成的巨大产能和建设能力走出去，支持沿线国家推进工业化、现代化和提高基础设施水平的迫切需要，有利于稳定当前世界经济形势。"②"一带一路"倡议可以从国内和国际两个方面促进我国生产力的发展和经济实力的增强。

2. "一带一路"倡议符合沿线各国生产力发展需要

绝对成本说、比较成本说、要素禀赋论等都从不同角度阐述了国际贸易在互通有无、提高效率，从而增进各自利益、提高生产力方面的积极作用。对外贸易带来利益是被马克思肯定的，"就使用价值来看，交换双方显然都能得到好处"。③

当今世界没有一个国家拥有现代科技进步和经济发展所需要的一切资源和生产条件，没有一个国家能在社会生产上做到完全自给自足。要想实现经济发展和生产力水平的提高，必须与其他国家发生各种各样的经济往来。"一带一路"倡议为沿线各国实现互赢合作的经济交往提供了崭新的途径，从而，有利于沿线各国生产力的提高和经济实力的增强。

此外，各国由于地理位置、社会发展的不同，导致经济资源禀赋、生产技术水平和社会经济结构等方面存在差异，这就决定了发展国际贸易、进行国际生产技术转让和产业结构转移，对相关国家和民族的经济与社会发展都是有利的。"一带一路"沿线各国处在不同的发展水平之上，可以形成多层

---

① 马克思：《资本论》（第1卷），人民出版社1975年版，第362页。
② 习近平：《总结经验坚定信心扎实推进让"一带一路"建设造福沿线各国人民》，载《人民日报》2016年8月18日。
③ 《马克思恩格斯文集》（第5卷），人民出版社2009年版，第183页。

次的供给与需求关系。这些互利互惠的国际经济关系已经渗透到各国的生产、分配、交换和消费的各个环节，国家间的相互影响日益加深。国家间的依赖表现为产品生产流程的互相依赖、生产技术的互相依赖、销售市场的互相依赖、原材料与半成品的互相依赖，经济周期的互相影响和宏观调控政策的互相依赖。总之，"一带一路"倡议为沿线各国提供了有机统一的大市场，使得各国间可以互通有无、互相提供市场，互相补充、扬长避短，发挥各自的比较优势，提高资源的利用效率，促进各国经济和社会更快发展。

"'一带一路'是共赢的，将给沿线各国人民带来实实在在的利益，将为中国和沿线国家共同发展带来巨大机遇"[1]。"一带一路"倡议，是以习近平同志为核心的党中央提出的经济"新常态"下的重要发展方略。这符合中国特色社会主义发展的需要，也是对马克思主义以及社会主义发展模式的新探索，是对马克思主义经济理论的坚持与发展。

二、"一带一路"倡议丰富和发展了马克思主义全球化理论

当今世界，人类的交往和联系达到了空前的程度，社会化达到了空前的规模和范围。世界各国已经紧密地连接在一起，进入到了互相依存的时代。各民族国家之间的互相依赖达到了前所未有的程度。20世纪80年代以来，全球化迅猛发展，深刻地影响了世界各国。但总体而言，全球化的发展仍旧没有脱离马克思和恩格斯在《共产党宣言》中的科学论断。"一带一路"倡议的提出开创了一个崭新的全球化发展模式，是马克思主义经济学的丰富与发展。

（一）"一带一路"倡议是以人类共同利益为核心的全球化

现阶段的全球化，本质属性是资本全球化，受资本的支配。在资本全球化下，人的一切经济行为都按照资本的逻辑进行。资本家按照资本追求利润的逻辑进行投资、发展生产、开拓市场。雇佣工人在资本追求利润的规律支配下出卖自己的劳动力，进入到工业、商业等各个经济领域。对于利润的狂热追求是资本制度下人类经济活动的方向和目标。只要是能获取利润，资本可以采取任何手段和任何方式，资本全球化的过程也是资本进行"血腥"掠夺的过程，是为过剩的产品和资本寻找市场的过程。马克思、恩格斯在《共

---

[1] 中共中央宣传部：《习近平总书记系列重要讲话读本》，学习出版社、人民出版社2016年版，第268页。

产党宣言》中曾对资本全球化进行了深刻剖析。资本全球化以对利润狂热追求为终极目标，是资本拜物教的具体表现。

在"一带一路"倡议这一新型全球化模式下，经济发展的动力不再是外在于人民的物的因素，而又重新回归到人类自身。马克思主义认为，劳动是财富、商品价值的唯一来源，人民是社会文明进步的推动者，社会进步的重要标志是全体人民的解放和自由发展。"一带一路"倡议以全人类共同利益为根本目标，是对私有制下异化劳动的破解，也是对资本拜物教的终结。"一带一路"倡议以构建全人类命运共同体为目标追求，重新将经济发展、社会进步的目标回归到人民自身，这既是对马克思主义劳动价值理论的坚持，也是对全球化理论的丰富与发展。

（二）"一带一路"倡议重塑了全球化中的各国关系

当今世界经济体系可以划分为两大阵营，一是少数的发达国家，二是大多数不发达国家（或发展中国家）。在资本全球化下，资本通过侵入非资本主义国家和地区，不断扩大资本主义经济的世界范围，把越来越多的国家和地区置于资本的国际统治之下。以资本增殖作为本质的资本全球化必然会带来社会分化，贫富分化严重，从而导致众多劳动者与少数富人间的尖锐对立，使更多发展中国家面临进一步被边缘化的危险。在资本全球化下，世界经济表现为由相对发达国家主导的世界经济体系的不平等，即发达国家对落后国家的剥削和掠夺。"当我们把目光从资产阶级文明的故乡转向殖民地的时候，资产阶级文明的极端伪善和它的野蛮本性就赤裸裸地呈现在我们面前。"[①] 只要世界经济还处于资本关系的主导之下，世界范围的不平等分配关系就不可能消失。因此，在资本全球化下，各国间的关系是不平等的，带来的只会是两极分化和社会矛盾尖锐对立。

在"一带一路"倡议这一新型全球化模式中，参与的国家间是真正的合作共赢关系。与资本全球化的不平等和对立不同，"一带一路"倡议以各国劳动者利益为共同基础，注重各国间的平等地位，强调国家间的合作共赢。"一带一路"倡议以"开放、包容、互利、共赢"为核心概念。"恪守联合国宪章的宗旨和原则。遵守和平共处五项原则，即尊重各国主权和领土完整、互不侵犯、互不干涉内政、和平共处、平等互利。坚持开放合作。'一带一路'相关的国家基于但不限于古代丝绸之路的范围，各国和国际、地区组织均可参与，让共建成果惠及更广泛的区域。坚持和谐包容。倡导文明宽容，

---

① 《马克思恩格斯全集》（第1卷），人民出版社1960年版，第772页。

尊重各国发展道路和模式的选择,加强不同文明之间的对话,求同存异、兼容并蓄、和平共处、共生共荣。"① "坚持互利共赢。兼顾各方利益和关切,寻求利益契合点和合作最大公约数,体现各方智慧和创意,各施所长,各尽所能,把各方优势和潜力充分发挥出来。"②

"一带一路"倡议彻底改变了资本全球化中少数发达国家对大多数发展中国家的剥削关系,强调的是各国间的共同利益,追求的目标是合作共赢,各国间是真正的互利、平等关系。"一带一路"倡议致力于与沿线各国共同打造政治互信、经济融合、文化包容的利益共同体、命运共同体和责任共同体。这一崭新的合作关系丰富和发展了马克思经济学的全球化思想。

(三)"一带一路"倡议是最有发展前景的崭新全球化

按照资本本性进行的资本全球化有其逻辑终点,也就是说资本全球化会导致资本制度的最终灭亡,这就是资本全球化的悖论。资本全球化是为了缓解国内生产相对过剩与有效需求不足间的矛盾、资本相对过剩与投资需求不足间的矛盾而展开的。这些矛盾随着世界市场空间的日益狭小而异常尖锐。可以说,资本全球化虽然在一定程度上缓解了资本制度的矛盾,但资本全球化在带来资本主义生产方式普遍性的同时,也埋下了自我毁灭的种子。马克思、恩格斯曾在《共产党宣言》中,辩证地分析了资本全球化与资本制度危机间的关系:"资产阶级用什么办法来克服这种危机呢?一方面不得不消灭大量生产力,另一方面夺取新的市场,更加彻底地利用旧的市场。这究竟是怎样的一种办法呢?这不过是资产阶级准备更全面更猛烈的危机的办法,不过是使防止危机的手段越来越少的办法。"③ 可见,资本全球化只是人类社会全球化发展历程中的一个阶段,它具有自身的历史局限性。

"一带一路"倡议从提出以来,已经显示出旺盛的生命。目前,已有100多个国家和国际组织参与到"一带一路"建设中来,中国同30多个沿线国家签署了共建合作协议、同20多个国家开展了国际产能合作,联合国等国际组织也态度积极,以亚投行、丝路基金为代表的金融合作不断深入,一批有影响力的标志性项目逐步落地。"一带一路"建设从无到有、由点及面,进度和成果超出预期。之所以能在短时间取得积极成果,关键在于"一带一路"倡议是以劳动者利益为根本的崭新的全球化。代表更广泛劳动者的共同利益,决定了"一带一路"倡议拥有最坚实的合作基础和合作动力;以国家

---

①② 国家发展改革委、外交部、商务部:《推动共建丝绸之路经济带和21世纪海上丝绸之路的愿景与行动》,载《人民日报》2015年3月29日。

③ 《马克思恩格斯文集》(第2卷),人民出版社2009年版,第37页。

间的合作共赢为出发点,决定了"一带一路"倡议发展的可持续性和强劲动力;强调国家间的开放、包容,决定了"一带一路"倡议的和谐发展、持久发展。"一带一路"倡议是比资本全球化更加具有旺盛生命力和发展前景的新模式,代表着更深层次、更高水平的全球化方向,是对马克思主义经济理论的丰富与发展。

"一带一路"倡议作为取代资本全球化的崭新全球化方向,能更有力地促进生产力的发展,能有利于人性自由的发挥,拥有更强大的发展动力和更广阔的前景未来,是对马克思主义经济学全球化理论的丰富和发展。

三、"一带一路"倡议丰富和发展了马克思主义社会资本理论

"一带一路"倡议以马克思主义社会资本理论为基础,从更加广阔的视角认识社会资本,并将马克思主义的社会资本扩大再生产理论进行了丰富与发展。

(一)"一带一路"倡议丰富了社会资本概念

马克思在《资本论》第二卷第三篇中指出:个别资本的循环本来就是互相交错在一起的,它们互为前提,互为条件,并且恰好也就是在这种交错中,形成社会总资本的运动。和简单商品流通中的一个商品的总形态变化表现为商品世界形态变化系列的环节一样,个别资本的形态变化现在表现为社会资本形态变化系列的环节。不过,虽然简单商品流通不必要包括资本的流通(因为简单商品流通在非资本主义生产的基础上也可以进行),但如上所述,社会总资本的循环却包括那种不属于个别资本循环范围以内的商品流通,那就是,包括那些不形成资本的商品的流通。① 由此可见,社会资本的内涵包括了个别资本的商品流通,以及不属于个别资本循环范畴内的,但与社会生产相关的商品流通活动。简而言之,这里的社会资本指代的是社会生产范畴中的各种商品流通活动。

"一带一路"倡议拓展了社会资本的外延。"一带一路"倡议将马克思的社会资本概念应用于更为广阔的范围,将对社会资本认知的视角从国内扩展到更广大的范围。"'一带一路'贯穿亚欧非大陆,一头是活跃的东亚经济圈,一头是发达的欧洲经济圈,中间广大腹地国家经济发展潜力巨大。"② 此

---

① 《马克思恩格斯文集》(第6卷),人民出版社2009年版,第392页。
② 国家发展改革委、外交部、商务部:《推动共建丝绸之路经济带和21世纪海上丝绸之路的愿景与行动》,载《人民日报》2015年3月29日。

外,习近平总书记曾在伦敦金融城举行的中英工商峰会上指出,"'一带一路'是开放的,是穿越非洲、环连亚欧的广阔'朋友圈',所有感兴趣的国家都可以添加进入'朋友圈'"。对于沿线各国而言,原本的"社会资本"变成了"一带一路"倡议中的"个别资本"。我们可以从更加广阔的视角来认识社会资本。

从更加广阔的视角来认识社会资本,有利于沿线各国的生产资料、生活资料等经济要素的深层次融合,有利于经济要素的有序自由流动和更加高效的配置;有利于沿线各国实现经济政策协调,开展更大范围、更高水平、更深层次的区域合作;真正做到各国间的生产要素的互联互通、产业的协同发展,有助于各国共同打造开放、包容、均衡、普惠的区域经济合作架构。

"一带一路"倡议丰富了社会资本的内涵。"一带一路"倡议将社会资本的内涵由经济因素扩展为经济、政治、文化三大因素的综合。经济、政治、文化作为人类社会活动的三个基本领域,虽然各自具有相对独立性,但彼此间存在着互相影响、互相作用的紧密联系。政治、文化因素如能与经济因素相协调,会转变成新型的"经济"因素,推动经济发展。正是由于社会资本的内涵由纯经济因素扩展为经济、政治、文化因素的有机统一,"一带一路"倡议在以经济合作为核心内容的同时,十分重视以各国的文化交流、学术往来、人才交流、媒体合作、青年和妇女交往、志愿者服务等民间合作,充分发挥政治、文化因素对于经济的促进作用。习近平总书记曾经强调,"一带一路"是多元的,涵盖各个合作领域,合作形式也可以多种多样。可以说,在"一带一路"倡议中,社会资本的内涵得到了充实和发展,政治、文化因素在某种程度上也被视为社会资本的构成要素,是促进经济进步和生产力水平提高的推动力量。

(二)"一带一路"倡议发展了马克思主义社会资本扩大再生产理论

马克思在《资本论》第二卷第三篇"社会总资本的再生产和流通"中,通过对社会总产品实现问题的分析,阐述了社会资本再生产理论,并解读了经济增长或者扩大再生产的实现条件。所谓扩大再生产就是指生产规模比原来扩大的再生产。马克思认为,社会资本的扩大再生产能否实现的前提条件为:社会总产品能否为扩大再生产的进行提供追加的生产资料和追加劳动力所需要的追加消费资料。扩大再生产所追加的生产资料都是第Ⅰ部类生产的,因此,第Ⅰ部类的年产品除了满足两大部类简单再生产对生产资料的需要外,还必须有一个余额,用于满足两大部类扩大再生产对追加生产资料的需要。

同样，第Ⅱ部类的年产品，除了满足两大部类简单再生产过程中工人和资本家对消费资料的需求外，也必须有一个余额，用以满足两大部类扩大再生产对追加消费资料的需要。简而言之，扩大再生产以本国拥有可供追加的足量的生产资料和消费资料为前提。如果一个国家不能为扩大再生产准备可供追加的生产资料和消费资料，扩大再生产是无法开展的。

"一带一路"倡议丰富了马克思主义社会资本的概念，进而拓展了马克思主义扩大再生产的实现条件。"一带一路"倡议强调国家间的互联互通，可以通过沿线国家间的交流合作弥补本国扩大再生产条件不足的缺憾。由于各国所处的经济发展阶段不同，要素禀赋也不尽相同。有的国家拥有诸多生产要素而没有较好的投资方向，有的国家则因缺少可供追加的生产要素而烦恼；有的国家的某一产业处于产能过剩状态，有的国家的同一产业则正处于起步阶段；有的国家天然拥有某一特殊的生产要素，有的国家则严重缺少这一生产要素……这些国家可以通过互利合作，在"一带一路"这个更广阔平台上进行生产要素重新有效配置，进而有利于各国为扩大再生产准备必需的生产资料和消费资料，实现经济发展。

"一带一路"倡议，陆上依托国际大通道，共同打造新亚欧大陆桥、中蒙俄、中国—中亚—西亚、中国—中南半岛等国际经济合作走廊；海上以重点港口为节点，共同建设通畅安全高效的运输大通道。此外，"一带一路"倡议并不局限于地域范围，而是欢迎任何国家加入到合作共赢的经济圈中。"一带一路"倡议充分利用广阔的世界市场，通过产能合作，既能让闲置的生产力得到充分利用，也能让缺少生产要素的国家借力实现扩大再生产。从这个角度而言，"一带一路"倡议在更广泛的范围内为社会资本的扩大再生产准备条件，进而丰富和发展了马克思主义社会资本扩大再生产理论。

四、"一带一路"倡议丰富和发展了社会主义市场经济理论

"一带一路"倡议是以习近平同志为核心的党中央在经济处于"新常态"下提出的，是建设社会主义市场经济的新思路、新途径。

（一）"一带一路"倡议开创了我国经济开放的新姿态

全球化作为人类发展的必然趋势，是当今任何国家都不可能回避的世界潮流，中国的发展离不开世界。毛泽东同志曾经指出，"中国不是孤立的也不能孤立，中国与世界紧密联系的事实，也是我们的立脚点，而且必须成为

我们的立脚点。我们不是也不能是闭关主义者，中国早已不能闭关。"①

1. 变被动"参与"为主动"开展"

十一届三中全会以来，改革开放一直是我国经济发展的重要途径。这一时期的经济开放主要以在适应当前国际经济交往规则和模式下，参与国际经济交往和国际分工，如开放更多的城市、区域，鼓励外国资本进入中国市场，为中国经济发展增添活力；积极参与国际贸易与国际经济组织活动；不断增强民族企业的市场竞争力，鼓励本国企业"走出去"，等等。这些经济开放活动大多是以适应当今资本全球化的规则而展开的，中国经济开放更多的只是"参与"到世界经济发展大趋势中。

中国作为发展中国家的典型代表，随着经济实力和国际影响力日益加强，应该在全球化进程中承担起大国的责任，应该主动"开展"新型的全球化，而不应该仅仅停留在被动适应资本全球化这个层面上。主动开展有利于全体人民的全球化，就是指在全球化进程中一切行为的出发点都是全体人民利益，全球化的目的是实现中国经济的发展与各国人民的共同利益。在主动开展全球化过程中，中国是主角而不只是配角。"要让经济全球化进程更有活力、更加包容、更可持续。我们要主动作为、适度管理，让经济全球化的正面效应更多释放出来，实现经济全球化进程再平衡。"②"一带一路"倡议就是中国作为倡导者，积极带动沿线各国以人民利益为目标，追求经济发展，实现合作共赢的新型经济全球化。"一带一路"倡议的提出从根本上转变了我国"参与全球化、适应当前规则"的状态，变成新的全球化的积极倡导者。

2. 变被动"适应"为主动"合作"

当前国际经济中，世界各国间不仅仅是竞争的关系，更是合作伙伴的关系。随着生产的"社会化"，国际分工日益加深，各国间的关系会日益紧密。各国基于自然条件、生产劳动条件以及生产关系条件的差异，合作共赢是大多数国家的共同选择。而资本全球化的逻辑是少数发达国家对大多数发展中国家的不平等关系。这一逻辑已经与当前国际分工、各国经济发展需要不相适应。包括我国在内的很多国家要求改变以往被动"适应"资本全球化规则的状态，主动倡导国家间的协商合作。"一带一路"倡议就是顺应这一时代需求而产生的。

---

① 《毛泽东外交文选》，中央文献出版社1994年版，第16页。
② 习近平：《共担时代责任，共促全球发展》，载《人民日报》2017年1月18日。

第十一章　习近平新时代中国特色社会主义国际发展战略理论

"一带一路"不同于以往的任何一个经济组织,它不仅仅是各国进行经济交往的平台,更是一种全新的合作发展理念——共商、共建、共享。"一带一路"倡议以全体人民的利益为出发点,"要本着互利共赢的原则同沿线国家开展合作,让沿线国家得益于我国发展。要实行包容发展,坚持各国共享机遇、共迎挑战、共创繁荣"①"我们要讲求效率、注重公平,让不同国家、不同阶层、不同人群共享经济全球化的好处"②。中国是一个负责任大国,"我们要树立人类命运共同体意识,推进各国经济全方位互联互通和良性互动,完善全球经济金融治理,减少全球发展不平等、不平衡现象,使各国人民公平享有世界经济增长带来的利益"③。

(二)"一带一路"倡议开创了社会主义市场经济系统化发展新思路

习近平总书记创造性提出的"一带一路"倡议,不仅是全球化的新思路,而且是我国经济新常态下国内经济发展的新模式。"一带一路"倡议将系统化发展思路应用于社会主义市场经济发展中。

"一带一路"倡议注重国内与国际协同合作的系统化发展。将国内经济发展与沿线各国经济振兴统一起来,是"一带一路"倡议实现的重点策略。这一思路将国内区域协同发展与国际经济合作通盘考虑,是对中国特色社会主义市场经济的丰富与发展。在国内看,应加强"一带一路"建设同京津冀协同发展、长江经济带发展等国家战略的对接,同西部开发、东北振兴、中部崛起、东部率先发展、沿边开发开放的结合,带动形成全方位开放、东中西部联动发展的局面。

"一带一路"倡议注重各部门、各产业的系统化统筹。"一带一路"倡议强调全方位的互联互通,致力推进统筹协调,坚持陆海统筹,坚持内外统筹,加强政企统筹;鼓励国内企业到沿线国家投资经营,也欢迎沿线国家企业到我国投资兴业;要切实推进金融创新,创新国际化的融资模式,由我国倡议成立的亚投行以及金砖国家新开发银行等金融机构弥补了当前国际金融机构对于中小国家贷款的空白。可见,"一带一路"倡议的目标是打造一个全方位、立体化、多渠道的共融共通的国际经济合作新平台。

"一带一路"倡议注重经济、政治、文化的系统化合作。"一带一路"倡议在发展经济的同时,也注重对文化、教育等领域的合作与发展。"一带一

---

① 习近平:《加快推进丝绸之路经济带和二十一世纪海上丝绸之路建设》,载《人民日报》2014年11月7日。
② 习近平:《共担时代责任,共促全球发展》,载《人民日报》2017年1月18日。
③ 习近平:《构建创新、活力、联动、包容的世界经济》,载《人民日报》2016年8月17日。

路"倡议在承载古代丝绸之路精神的基础上，重视人文合作与深入交流，推动不同文明的互鉴共荣，实现各国人民相知相交，以和平发展为根本，以区域合作的平台架起合作友好的桥梁。"一带一路"不仅是经济带，更是文化带。单纯的经济合作，是缺乏基础的合作。有了文化、政治的积极响应，经济合作才能真正实现共赢和长久发展。注重经济、政治、文化的系统化合作，才能抓住各国共同的利益需求和共赢共建共享的发展潮流，才能得到各国的普遍响应。

（三）"一带一路"倡议是对社会主义的坚持与发展

"一带一路"是发展中国特色社会主义的重要方略，这就要求"一带一路"倡议必须坚持社会主义方向不动摇。

坚持社会主义方向不动摇，就是坚持劳动优先、人民至上。坚持社会主义方向，就是劳动优先、人民至上。习近平总书记指出，"我们的改革开放是有方向、有立场、有原则的"①。这一论述不仅发展了邓小平的改革开放理论，而且坚守了马克思主义政治经济学的群众立场。中国特色社会主义一定要坚持"以人民为中心"，决不能牺牲劳动者的利益。坚持和发展中国特色社会主义是推进党和人民事业发展、国家和民族振兴的伟大实践所必须围绕的一条主线。

坚持社会主义方向不动摇，就是坚决维护国家核心利益。无论是在过去、现在，还是在将来，都需要一直坚持下去，一个国家如果丧失了国家主权，无论对外开放，不是经济发展，都是空谈。"坚持走和平发展道路，但绝不能放弃我们的正当权益，决不能牺牲国家核心利益。任何外国不要指望我们会拿自己的核心利益做交易，不要指望我们会吞下损害我国主权、安全、发展利益的苦果。"②坚决维护国家的核心利益是我国外交的神圣使命。我国在维护国家独立和领土完整、民族尊严的立场上是一贯的。在"一带一路"倡议发展进程中，坚持社会主义方向，表现为坚决维护国家核心利益不动摇。

坚持社会主义方向不动摇，就是坚持自主创新。"中国无论何时也应以自力更生为基本立脚点"③。要想不受外国资本的控制，与外国资本平等地进行经济交往，除了在指导思想上坚持国家主权外，还要在实践中不断增强自

---

① 中共中央文献研究室：《习近平关于全面深化改革论述摘编》，中央文献出版社2014年版，第14页。

② 中共中央宣传部：《习近平总书记系列重要讲话读本》，学习出版社人民出版社2016年版，第272页。

③ 《毛泽东外交文选》，中央文献出版社1994年版，第16页。

主创新能力。坚持自主创新，不断提高自主创新能力，才能真正增强自己在国际竞争中的竞争力和话语权。毛泽东曾经说过："我们接受外国的长处，会使我们自己的东西有一跃进。中国的和外国的要有机地结合，而不是套用外国的东西。学外国织帽子的方法，要织中国的帽子。外国有用的东西都要学到，用来改进和发扬中国的东西，创造中国独特的东西。"① "一带一路"倡议必须以自力更生为基础，以创新驱动为基石。

"一带一路"建设以共商共建共享为基本原则，尊重各国差异，着力解决发展失衡、治理困境、数字鸿沟、分配差距等问题，以实现各国优势互补、协同并进，推动共赢共享发展。"一带一路"建设以政策沟通、设施联通、贸易畅通、资金融通、民心相通为核心内容，促进各国经济要素有序自由流动、资源高效配置和市场深度融合，推动全球经济增长。"一带一路"倡议强调求同存异、兼容并蓄，致力于缩小发展鸿沟、破解全球发展难题，给予各国参与国际事务的权利，推动现有国际秩序和规则增量改革，推动全球治理变革。"一带一路"建设是沿线各国开放合作的宏大经济愿景，代表了最广大的劳动者利益，强调各国间的平等、合作、共赢，坚持开放、包容的理念，契合各国发展需要，为促进各国协调联动发展、实现共同繁荣、发展开放型世界经济提供了新方案，是对马克思主义经济学的创新与发展，也是社会主义实践的丰富与充实。

习近平新时代中国特色社会主义经济思想立足于人民，服务于人民；来自实践，指导实践；坚持马克思主义，又发展马克思主义；系统完整，重点突出，具有鲜明的时代性、科学性、革命性、实践性特征。不但含括生产、分配、交换和消费等社会经济的各个环节，还含括了生产力、生产关系在内的中国特色社会主义基本经济制度、经济体制、市场经济机制、宏观经济运行、微观经济基础和对外经济开放等经济改革、现代化建设和发展等各个方面，形成了相互联系、相互依存、有机统一的科学完整的习近平新时代中国特色社会主义经济思想理论体系，将我们党对社会主义经济建设规律的科学把握提升到了一个新境界，丰富和发展了马克思主义政治经济学。

---

① 毛泽东：《同音乐工作者的谈话》，载《人民日报》1979年9月9日。

附录　主要阶段性成果（31项）

1. 《治国理政经济思想研究文集》，经济科学出版社 2017 年版。
2. 《新时代中国特色社会主义经济思想研究》，经济科学出版社 2019 年版。
3. 《牢固树立和深入贯彻新发展理念》（4000 多字），载《人民日报》2017 年 12 月 29 日。
4. 《深入认识和积极应对市场经济考验》（4000 多字），载《人民日报》2018 年 4 月 8 日。
5. 《新发展理念指引我国经济强起来》（4000 多字），载《人民日报》2018 年 10 月 12 日。
6. 《公有制经济是改革发展的中坚力量》（4000 多字），载《人民日报》2019 年 2 月 19 日。
7. 《构筑中国经济制度建设理论的学术体系》（4000 多字），载《人民日报》2020 年 3 月 30 日。
8. 《对马克思主义发展观的丰富和发展》（4000 多字），载《经济日报》2017 年 7 月 14 日。
9. 《"五大发展理念"对马克思主义生产力理论的丰富与发展》，载《经济纵横》2017 年第 7 期。
   《中国社会科学文摘》2017 年第 11 期全文转载。
10. 《"一带一路"战略的政治经济学分析》，载《陕西师范大学学报》2017 年第 3 期。
    人大复印资料《社会主义经济理论与实践》2017 年第 8 期全文转载。
11. 《人民主体论：中国特色社会主义政治经济学的逻辑起点》，载《中国特色社会主义研究》2017 年第 1 期。
    人大复印资料《社会主义经济理论与实践》2017 年第 6 期全文转载。
12. 《"两手合力"推动经济建设持续健康发展》，载《马克思主义与现实》2017 年第 3 期。

13. 《新时代中国特色社会主义生产力的内涵与特征》,载《当代世界与社会主义》2018 年第 2 期。
14. 《供给侧改革的理论和制度基础与创新》,载《中国社会科学院研究生院学报》2017 年第 2 期。
15. 《五大发展理念对马克思主义发展观的丰富和发展》,载《福建论坛》2017 年第 5 期。
16. 《中国特色社会主义经济创新发展理论体系》,载《当代经济研究》2017 年第 7 期。
17. 《中国特色社会主义生产力理论研究》,载《上海经济研究》2017 年第 9 期。
18. 《党的十八大以来生产力布局理论的政治经济学分析》,载《经济纵横》2017 年第 12 期。
19. 《中国特色社会主义政治经济学的基本特征》,载《江汉论坛》2017 年第 8 期。
20. 《习近平新时代中国特色社会主义交通运输理论研究》,载《陕西师范大学学报》2018 年第 2 期。
21. 《新时代中国特色社会主义生产力布局探讨》,载《西北工业大学学报》（社会科学版）2018 年第 1 期。
22. 《习近平新时代中国特色社会主义经济思想体系研究（上）》,载《上海经济研究》2018 年第 6 期。
    人大复印资料《社会主义经济理论与实践》2019 年第 3 期全文转载。
23. 《习近平新时代中国特色社会主义经济思想体系研究（下）》,载《上海经济研究》2018 年第 7 期。
    人大复印资料《社会主义经济理论与实践》2019 年第 3 期全文转载。
24. 《习近平经济"新常态"思想对马克思主义政治经济学的丰富与发展》,载《人文杂志》2018 年第 7 期。
25. 《新时代中国特色社会主义生产关系特征研究》,载《学术前沿》2018 年第 7 期。
26. 《习近平新时代中国特色社会主义收入分配理论探讨》,载《西安财经学院学报》2018 年第 4 期。
27. 《习近平新时代中国特色社会主义经济布局理论》,载《经济研究参考》2018 年第 6 期。
28. 《新时代中国特色社会主义社会主要矛盾研究》,载《治理现代化研究》

2019 年第 1 期。
29. 《认真领会习近平总书记讲话精神　建设中国政治经济学体系》，载《上海经济研究》2020 年第 10 期。
30. 《中国特色社会主义经济制度学术体系构建的若干思考》，载《福建论坛》2020 年第 11 期。
人大复印资料《社会主义经济理论与实践》2021 年第 3 期全文转载。
31. 《新时代中国特色社会主义生态经济理论的实践性研究》，载《西安财经学院学报》2021 年第 2 期。